도서출판 대장간은
쇠를 달구어 연장을 만들듯이
생각을 다듬어 기독교 가치관을
바르게 세우는 곳입니다.

대장간이란 이름에는
사라져가는 복음의 능력을 되살리고,
낡은 것을 새롭게 풀무질하며, 잘못된 것을
바로 세우겠다는 의지가 담겨져 있습니다.

www.daejanggan.org

Copyright ⓒ 2007 by Editions Labor et Fides

Original published in Switzerland under the title ;
Jacques Ellul- une pensée en dialogue
　　by FRÉDÉRIC ROGNON
Published by Editions Labor et Fides, Genève

Korean Edition Copyright ⓒ 2010 by Daejanggan Publisher. in Daejeon, South Korea.

자끄 엘륄, 대화의 사상

지은이	프레데릭 호농 FRÉDÉRIC ROGNON
옮긴이	임형권
초판발행	2011년 3월 3일
펴낸이	배용하
책임편집	박민서
등록	제364-2008-000013호
펴낸곳	도서출판 대장간
	www.daejanggan.org
	대전광역시 동구 삼성동 285-16
	전화 (042) 673-7424 전송 (042) 623-1424
ISBN	978-89-7071-205-5

이 책은 한국어 저작권은 Editions Labor et Fides와 독점 계약한
대장간에 있습니다. 저작권법에 의해 보호를 받는 출판물입니다.

  값 18,000원

자끄 엘륄, 대화의 사상

프레데릭 호농 지음

임 형 권 옮김

Jacques Ellul-Une pensée en dialogue
FRÉDÉRIC ROGNON

일러두기●편의상 자끄 엘륄의 저서의 출전은 저자의 성과 초판 년도를 함께 표시하고, 페이지는 가장 최신판의 페이지를 명기하였다. 예를 들면, "엘륄, 1984a, p.104"는 "자끄 엘륄, 『뒤틀려진 기독교』 *La subversion du christianisme*, 1984, Paris, La table Ronde (coll. La petite Vermillon), 2001, p.104"를 의미한다. 책 뒤편에 있는 참고문헌은 초판을 바탕으로 연대기적으로 정리되어 있으며, 최신판도 초판 다음에 기록되어 있다. 빈번히 인용되는 세 명의 저자도 편의상 약어를 사용한다. 쇠렌 키에르케고르(Søren Kierkegaard)는 SK로, 칼 마르크스(Karl Marx)는 KM으로, 칼 바르트(Karl Barth)는 KB로 표시한다. ●번역에서의 우리말 선택은 '한국자끄엘륄협회'에서 연구 결과로 내놓은 것을 기준으로 삼았다.

차 례,

한국어판 발행을 축하하며　　　　　　　　　　　　17

서론: 대화적 사상　　　　　　　　　　　　　　　23

1부 자끄 엘륄의 사상

서언: 삶과 저술의 역설　　　　　　　　　　　　32

A. 사회학적 측면　　　　　　　　　　　　　　　42
　I. 자끄 엘륄의 기술관
　　a) 도박　　　　b) 체계　　　　c) 허세
　II. 기술사회에서의 정치: 대환상　　　　　　　57
　　a) 환상　　　　b) 무정부
　III. 선전: 일상에서의 통제와 조작　　　　　　63
　　a) 정치적 선전　b) 사회학적 선전
　IV. 혁명: 신화의 해체　　　　　　　　　　　　69
　　a) 신화　　　　b) 반란들　　　c) 오늘에 있어서 혁명
　V. 근대 사회에 있어서 예술: 무의미의 제국　　80
　　a) 두 얼굴의 야누스　b) 예술가와 비평가　c) 비약(飛躍)
　VI. 이미지 앞에 선 언어, 최고의 굴욕　　　　88
　　a) 성서 속에서　　b) 이미지들의 승리　c) 말의 굴욕
　　d) 교회사 가운데서　e) 기술사회에서　　f) 화해

B. 신학적 측면

I. 성서 주석: 문제들의 책　　　　　　　　　　　　98
　a) 성서와의 관계　　b) 대도시　　c) 코헬레트(Qohélet)
　d) 무정부적 성서 읽기

II. 자끄 엘륄의 신앙-의심을 거쳐서　　　　　　　112
　a) 자끄 엘륄의 하나님　　b) 구원

III. 자끄 엘륄의 소망-희망을 넘어서　　　　　　　119
　a) 하나님께 버림받은 시대의 소망　　b) 희망과 소망
　c) 뒤틀려진 기독교　　　　　　　　d) 기독교와 서구
　e) 새로운 성스러움

IV. 자끄 엘륄의 윤리: 기독교 윤리는 존재하는가?　　130
　a) 선　　　　b) 불가능하지만 필요한 기독교 윤리

V. 자끄 엘륄의 윤리: 근본적인 자유　　　　　　　137
　a) 소외(疎外)　　b) 그리스도 안에 있는 자유
　c) 세상에 속하지 않는 참여　　d) 자유의 투쟁
　e) 전투의 현장　　　　　　　f) 여성

VI. 현대 세계에서의 참된 임재와 거짓된 임재-기독교인과 정치　156
　a) 거짓된 임재　　b) 참된 임재　　c) 무정부로의 회귀

VII. 폭력과 비폭력: 좁은 길　　　　　　　　　　　165
　a) 폭력인가 아니면 비폭력인가?　　b) 비폭력인가 비능력인가?

VIII. 이스라엘과 이슬람: 뜻하지 않은 장애물　　　170
　a) 이스라엘　　b) 이슬람

IX. 예언자적 사상인가?　　　　　　　　　　　　180
　a) 현대의 예언자　　b) 실현된 예견과 실현되지 않은 예견들
　c) 예언인가 명철함인가?

2부. 엘륄 다시 읽기

A. 사상의 원천들

I. 키에르케고르의 독자 엘륄: 사상의 원천   191

    a) 사상적 빛   b) 저술의 건축물   c) 작품의 궁극적 목적

    d) 변증법   e) 성서   f) 신앙

    g) 소망   h) 사랑   i) 기도

    j) 자유   k) 정치   l) 기술

    m) 세상을 본받지 않음   n) 고통

    o) 키에르케고르주의자가 된다는 것은 무엇인가?

II. 마르크스의 독자 엘륄: 사회학 측면의 원천   238

    a) 칼 마르크스와의 만남과 그 사상의 교훈   b) 현실주의

    c) 칼 마르크스, 마르크스주의자들과 기술   d) 정치와 국가

    e) 사회 계급   f) 이데올로기   g) 유토피아

    h) 참된 혁명과 거짓 혁명   i) 소외(疎外)

    j) 마르크스주의 윤리의 비판   k) 마르크스주의 주석 비판

    l) 기독교 신앙에서 마르크스주의의 의미

    m) 마르크스 작품의 자유로운 읽기

III. 바르트의 독자 엘륄: 신학적 측면의 원천   265

    a) 칼 바르트의 발견   b) 계시와 종교의 대립

    c) 명백한 바르트적 윤리   d) 내포된 바르트의 해석학

    e) 과도하게 해석된 바르트의 구원론

    f) 이스라엘에 대한 같은 사랑   g) 국가의 권리에 대한 엇갈린 시각

    h) 노동   i) 칼 바르트의 키에르케고르적 비판

    j) 바르트 우파?   k) 등불

B. 담화자들
  I. 의심에서 자유로   311
    a) 니체와 프로이트: "인류의 악당들"
    b) 사르트르의 실존주의-절대적 반대 모델
  II. 주석에서 해석학으로   331
    a) 깔뱅적인 성서 중심주의- 실망한 사랑의 이야기
    b) 성서 본문의 정신분석적 읽기-하나의 사기
    c) 뽈 리꾀르의 성서 해석학- 인정과 비판
  III. 기술에서 창조로   345
    a) 하이데거에 있어서 기술-철학과의 대화 거부
    b) 몰트만과 창조-신학과의 대화 거부
  IV. 문화에서 유토피아로   352
    a) 본훼퍼와 세속화- 현대인은 성숙했는가?
    b) 틸리히와 문화 -화합의 신학이 성서적인가?
    c) 리꾀르, 이데올로기와 유토피아. 어떤 변증법?
  V. 정치적 권위에서 제도적 규제로   359
    a) 깔뱅과 국가: 분열의 모티브
    b) 하이데거와 나치즘-치명적인 정치적 과오
    c) 디트리히 본훼퍼. 국가와 '신성한 나치' 왜 그렇게 눈이 멀었나?
    d) 폴 틸리히와 정치적 권위들-대화의 실마리.
    e) 뽈 리꾀르와 제도: 윤리와 정치
  VI. 소망에서 삼위일체로   381
    a) 뽈 리꾀르와 폴 틸리히에게 있어서의 소망: 급진화의 두 번의 기회
    b) 위르겐 몰트만, 소망과 삼위일체 - '사상 도약'의 기회들.

결론: 불가능한 유산: 어떻게 엘륄주의자가 될 수 있는가?
    a) 자끄 엘륄의 독자 그리고 그의 독서   397
    b) 저자, 자끄 엘륄 그리고 그의 독자들.   404

주제어 찾아보기   422

인명 찾아보기   425

참고 문헌 및 저술 목록   427

한국어판 발행을 축하하며

　자끄 엘륄의 저술들은 물론 이 책과 같은 자끄 엘륄에 대한 입문서가 한국어로 번역된다는 사실은 자끄 엘륄이 가장 관심을 가질만한 사회학적인 현상이다. 우리는 엘륄의 저술들이 미국에서 어려움 없이 수용되었다는 것을 알고 있다. 미국에서는 엘륄의 저술들을 1960년대 중반부터 가르쳤고 대학의 연구 자료가 되었다. 이점은 1971년에 프랑스에서 처음으로 엘륄에 관한 석사학위 논문이 심사되었다는 사실과 비교된다. "선지자가 자기 고향과 자기 집 외에서는…."

　프랑스에서는 엘륄이 살아있을 때 그의 사상을 외부로 내몰거나 멸시하곤 했지만, 엘륄이 죽은 지 15년이 지난 다음에서야 그를 알아보기 시작한 반면, 브라질과 아르헨티나 그리고 다른 개발 도상국가들과 더불어 한국이 엘륄 사상의 예언자적 명료성과 적절성 그리고 힘을 인식하고 있다. 우리는 자끄 엘륄이 너무 일찍 옳은 이야기를 했기 때문에 배척받았다고 단순하게 말할 수 있다…. 그는 기술사회가 남긴 후유증들과 생태학적 위험의 상승 그리고 교착 상태에 빠진 세상에 맞서는 기독교 신앙의 결정적인 역할을 무엇보다도 잘 인식했었다.

　숨 가쁜 산업화, 경제·재정적 위기 그리고 역시 중대한 부분을 차지하는 개신교 때문에 한국은 자끄 엘륄이 제시하는 분석에 다른 어떤 나라보다 많은 흡수력을 가질 수 있다. 현대 사회에서 기술의 결정적인 지위, 정치가 대표하는 스펙터클의 환상, 강력한 사회학적 선전의 힘, 모든 진정한 혁명의 불가능성, 그럼에도 불구하고 의식 있는 개인에게 주어진 해방, 기만에 맞서 조직된 작은 집단들의 저항, 여전히 항상 생겨나는 소망과 같이 자끄 엘륄이 문제 삼은 이 다양한 주제들은 그 어느 때보다 현실적이라는 것이 입증된다.

세계화된 우리 사회가 모든 수단, 모든 에너지, 모든 상상력을 동원해 자기 자신을 신속하게 파탄 속에 던져 넣을 때(그것도 우리와 함께!), 자끄 엘륄의 저서들을 읽는 것은 신선한 공기, 숙명론과 자포자기에 대한 해독제, 진정 신선하고 해방적인 모험이 될 것이다. 그러나 이것은 우리의 눈을 현실로 돌리고, 현대의 우상들이 우리에게 행사하는 매력에서 벗어나고, 우리의 삶을 우리 손으로 일구어 간다는 조건 아래에서다.

바로 여기에 한국 독자들에게 그의 사상에 이제부터 접근하도록 해준 역자들과 출판사들에 무한한 감사를 표명할 이유가 있는 것이다. 현실적으로, 그들은 여기서 큰 위험을 감수하고 있다. 이들은 오늘날의 사람들을 그 어느 때보다도 더욱 명석하고, 더욱 자유롭고 더욱 결단력 있게 하는 사람들이다. 이것은 독자로 하여금 자기 자신에게도 돌아가도록 하고, 자기 자신의 존재에 더 큰 충실성을 갖도록 하는 것이고, 자신의 신념과 삶 사이에 통일성을 새롭게 주는 도전이다. 자끄 엘륄은 간단히 꿋꿋이 살라고 우리에게 권면한다.

프레데릭 호농

서론 대화적 사상

22 자끄 엘륄, 대화의 사상

서론. 대화적 사상

자끄 엘륄은(1912-1994) 상당한 분량의 책을 저술했음에도(58권의 단행본과, 1,000편이 넘는 논문) 평생 그늘 속에 가려진 인물이었다. 영광의 30년2차 세계대전 후(1945)부터 오일쇼크(1973)년까지의 OECD에 속한 구미 선진국들의 현저한 경제 성장의 기간을 가리킨다. 이 시기에 선진 국가들은 완전 고용, 급속한 산업 생산량의 증대, 베이비 붐으로 일컫는 현격한 인구 성장을 보았다-옮긴이주 동안에 기술적 근대성사물이나 인간을 수단으로 취급하는 근대 사회의 성격 -옮긴이주에 대한 비판가로서 "모든 것은 정치적이다"라는 사고가 지배적일 때 세속적 유토피아에 대해 회의적인 입장을 취했고, 마르크스주의가 '지배 이데올로기'로서 공인되었을 때 그것과 철저한 대화를 시도했으며, 모두가 종교의 종말을 이야기할 때, 엘륄은 기독교 신앙을 고백하면서 지적 문화적 유행에 흔들리지 않았다. 그가 죽은 지 10년이 더 지난 오늘날, 간단히 말해서, 아마도 우리는 그가 다른 어떤 이들에 앞서서 옳은 주장을 했다고 말하면서 그의 사상을 재발견하게 된다. 절판된 그의 책들이 다시 편집되고 있다는 사실은 그가 틀리지 않았다는 징표라 할 수 있다. 기술사회에 대한 그의 비판은 특히 생태주의자들과 반反세계화주의자들뿐 아니라, 미래 세대와 지구의 장래를 염려하는 많은 현대인에게 반향을 일으키고 있다. 엘륄의 기독교 윤리는 아직 많이 알려지지 않았지만, 그의 윤리 사상은 앞으로 몇 년 안에 다소 침체하여 있는 신학연구에 활력을 불어넣을 가능성이 크다.

20세기 개신교 지성인인 자끄 엘륄은 21세기를 위한 사상가로서 새롭게 등장한다. 다시 말해 그는 현대에 사는 우리의 상황과 특별히 오늘날 기독교인들의 사명을 더욱더 잘 이해할 수 있게 해 주는 인물이다.

엘륄의 저술들은 매력만을 풍기거나 불쾌감만을 주는 책이 아니다. 그의 책을 읽는 다양한 독자들은 매력과 함께 불쾌감을 느끼고, 이 둘 사이의 균형을 경험하게 된다. 무엇보다도, 엘륄의 사상은 매우 독창적이고, 매우 비전형적이면서, 심지어 일탈적이기 때문에, 분명하게 분류할 수 없는 것처럼 보인다는 것을 말해야 한다.[1] 다시 말해 그가 도대체 어떤 사상의 흐름 속에 있는가? 마르크시즘인가? 무정부주의인가? 급진적 생태주의인가? 정통 깔뱅주의인가? 바르트주의인가? 그의 사상은 대치시킬 반대 사상적 범주를 찾기가 어렵다. 그의 사상은 어떤 학문에 속하는가? 사회학인가, 신학인가 아니면 역사나 정치학인가? 그의 사상의 독특성은 다양한 학문의 영역 사이의 담을 무너뜨린다. 그러나 '모든 것을 단순화해버리는 사상' prêt-à-pensée이 갖는 순응적 피상성을 뒤엎는 것은, 무엇보다도, 자끄 엘륄의 논제들의 급진성에 있다. 여기에서 우리는 자문하게 된다. 그렇다면, 우리는 가끔 받는 인상처럼, 선도적인 급진적 입장 앞에 서 있는 것인가? 아니면 반대로 우리가 듣기 꺼리는 진리를 밝히는 예언자적 계시 앞에 서 있는 것인가? 어리둥절해하건, 당혹스러워하건 아니면 매력에 이끌리거나 열광하든지 간에, 우리는 자끄 엘륄의 이름이 새겨진 한 권의 책을 쉽게 지나쳐 버릴 수는 없을 것이다.

이 책은 두 가지 목적을 지니고 있다. 한 편으로, 불어권 독자들에게 엘륄의 저술을 전체적으로 종합해주는 것이고, 다른 한 편으로, 엘륄에게 영감을 주었거나 엘륄과 논쟁의 상대가 된 저자들과의 관계를 밝히는 것

---

1) 참조. Patrick TROUDE-CHASTENET, "Jacques Ellul l'inclassable", in Patrick TROUDE-CHASTENET dir., *Jacques Ellul, penseur sans frontières*, Le Bouscat, L'Esprit du Temps, 2005, p. 19-29.

이다.

　필자는 엘륄 저술 가운데에서 다양한 차원과 내적 논리로 말미암아 독자에게 신선함과 흥미를 제공하고, 심지어 여러 독자를 당혹스럽게 하는 저술을 먼저 고려해 넣으려고 노력하였다. 시발점과 길잡이를 찾기 어려운 전문적인 영역(로마법, 부르주아의 지위, 마르크스주의 저작들, 전도서…) 뿐만 아니라 가장 일반적인 영역도 많이 다루어졌다(기술 정치, 돈, 자유, 폭력, 소망…). 엘륄의 책을 모두 읽은 사람은 드물다. 하지만, 전체적인 사상의 통일성을 포착해야만 다채롭고 풍성하면서도 독창적이고 명료한 그의 사상의 역량과 비옥함을 알 수 있다. 이 책은 엘륄의 세계로 들어가기 위한 길잡이로 마련되었다.

　필자는 우선 엘륄 저술의 사회학적 측면을 소개함으로 시작해서 그의 사상의 발자취를 따라가려고 한다. 기술에 대한 분석, 정치와 선전에 대한 비판, 혁명의 신화에 대한 해체, 기술사회에 있어서 예술과 이미지의 지위에 대해서…. 이어서 필자는 신학적 측면을 추적하려고 한다. 성서주석, 신앙과 소망에 대한 관점, 예수 안에 있는 자유의 윤리, 폭력에 대한 성찰, 이스라엘에 대한 반성, 또한 필자는 사회학과 신학 사이의 변증법적 관계, 기술사회에 대한 비판과 그리스도 안에 있는 하나님이 약속하신 진정한 자유로의 부르심 사이의 변증법적 관계로 우리의 관심을 돌릴 것이다. 엘륄은 자신의 신앙과 그의 시대 그리고 그의 동시대인들이 경험하는 일상의 현실을 대화하게 하는 사상가이기 때문에, 그에게는 신학과 사회학이 서로 질문하고, 서로 대답하고, 그리고 서로 살찌운다.

　그의 사상은 변증법적 두 양극 사이를 서로 대화시키려는 시도 때문에 신학자들뿐만 아니라 인문학자들에게 오해와 공격의 소지가 적지 않았음이 사실이다. 인문학자들은 그의 신학적 편견을 비난한다. 다시 말해서 그들의 눈에 엘륄의 사상이 비과학적이라는 것이다. 그들에게 있어 비과학성은 사회학 연구를 애초부터 불가능하게 하는 것이다.[2] 신학자들에게는 그가 깔뱅주의의 성스러운 교리를 거슬러 마르크시즘과 결탁했다는 비난을 받는다. 이는 마찬가지로 반대 관점에서 치명적인 악이 된다.[3]

따라서 엘륄의 변증법적 방향성 자체가 과학적 비타당성과 신학적 이단성의 원인이 되었다. 다시 말해, 이것이 지적인 자폐증이 아니라면 너무 외로운 행보라는 비난이다. 이는 군대로 말하면 군인이 한 진영에만 머물러야지 "전선을 오가서는" 안전하지 않은 것과 마찬가지다. 그러나 그가 의용병義勇兵으로서 특정 집단에 속하기를 거부하는 자유전자自由電子와 같은 인물로서의 명성을 굳이 피하려고 하지 않고, 심지어 그 명성을 그의 매서운 태도와 문체로서 드높이려 하는 것을 볼 때, 자끄 엘륄은 그의 사상의 전제들을 굳이 감추려 하지 않는 것으로 볼 수 있다. 그는 키에르케고르처럼 익명을 사용하는 전략조차 쓰지 않는다. 그는 겸허하게 자신이 빚지고 있는 사상의 계보를 인정하고 있다.

---

2) 참조. MARCEL MERLE, "Sur un livre de Jacques Ellul: *L'illusion politique*", in *Revue française de Science politique*, volume XV, n°4, août, 1965, p.769-779, 특히, p.777. ("자끄 엘륄의 악착스러움은 신학적 수준에 속한 이유에 의해서 설명된다(…). 진리와 빛의 길을 발견하기 위해서 그는 먼저 세상에 등을 돌려야 한다. "자끄 엘륄(보르도 대학 법경제학부 교수, 보르도 정치 연구소 소장)의 동료이자 그보다 선임자에 의해 쓰인 글에서 가해진 날카로운 비판은 이런 비난에 대한 한층 고조된 반응으로서의 엘륄의 어떤 글들에 대해서 날카로움에 대한 관점을 정립시켜 준다. 이것은 그저 '그의 작품'을 읽는데 만족하는 사람에게는 가늠되기 어려운 것이다. 우리는 암묵적으로 기술을 주제로 한 그의 저작들에 대한 서평들에서 자끄 엘륄의 신학적 전제들에 대한 비난을 발견하게 된다. 삐에르 드후앙(Pierre DROUIN)은 *기술의 허세Bluff technologique*에 대한 서평에서 이같이 쓰고 있다. "어떤 사람도 다른 사람이 사회에서 사색적 삶을 선호한다는 데에 대해서는 비판하지 못할 것이다. 그러나 다른 이들과 같은 세계 속에서 살면서, 왜 인간의 독창성에 의해서 공동체에 가져온 편이와 진정한 진보에 대해서 욕을 하는가? 자끄 엘륄은 그가 필요의 영역이 확장될 때에, 우리는 반드시 타락한 세상으로 들어가는 것이 아님을 마땅히 이해했어야 했다."(르 몽드지(紙) 1988년, 3월 25일)

3) 참조. 장-마끄 베흐뚜(Jean-Marc BERTHOUD), "Jacques Ellul et l'impossible dialectique entre Marx et Calvin", in *La Revue réformée*, tome XXXIII, n° 132, 1982/4, décembre 1982, p.176-191, 특히 p. 188. ("엘륄은 자신의 사회분석의 유형적 모델로서 근본적으로 소외된 사회를 거짓된 마르크스주의로 기술하는 것을 선택했다."(…) 하나님이 그를 멸망의 길에서 다시 돌아오게 하시길!). 하지만, 같은 서평에서 장-뤽 블랑(Jean-Luc Blanc)은 엘륄 사상의 변증법적 운동에 의해서 깔뱅주의의 논리적이고 엄격한 체계를 시험대에 올릴 것을 제안하며, 엘륄을 옹호한다(참조. Jean-Luc Blanc, "Jacques Ellul et la dialectique", in *La Revue réformée*, tome LXI, n°165, 1990/3, juillet 1990, p.35-45, 특히 p.43-44

이것이 바로 우리의 연구를 엘륄의 영역에만 국한해서는 안 되는 이유이다. 우리는 이어 2부에서 그가 연구의 원천으로 삼았던 사상가들을 고찰하고, 다시 읽기를 시도함으로써 엘륄 저술의 관점을 정립할 것이다. 엘륄적 담론의 출현과 체계화를 더욱 잘 설명하기 위해서, 필자는 엘륄과 그의 사상을 지지하거나 영감을 주거나, 자극하거나, 그것이 아니면 적어도 사상의 윤곽이 분명히 드러나도록 자극을 준 저자들과 대화하도록 할 것이다. 자끄 엘륄은 명시적으로 그의 사상이 세 가지 사상적 원천에 빚지고 있음을 인정한다. 쇠렌 키에르케고르, 칼 마르크스 그리고 칼 바르트가 그들이다. 그러나 그는 논쟁적 차원에서 철학자(니체, 하이데거, 사르트르, 리꾀르), 정신 분석학자(프로이트) 그리고 신학자(깔뱅, 본훼퍼, 틸리히, 몰트만)도 외면하지 않는다. 분명히, 우리의 다작의 저자 엘륄은 무엇보다도 열정적인 독서가이다. 바로 여기에 엘륄이 읽고 쓰면서 그 자신의 고유한 사상을 차별화하기 위해, 다양한 저자들의 저술을 수용하는 방식을 분석할 이유가 있다. 자끄 엘륄은 니체, 프로이트, 그리고 본 훼퍼 등의 독자로서 관찰될 것이다. 우리가 선별한 작가는 엘륄의 작품들에서 참조되는 빈도뿐만 아니라, 신학과 철학의 영역에서 20세기 사상의 구조화 과정 가운데 지니는 결정적 지위에 의해서도 선별되었다. 우리는 자끄 엘륄과 그의 서가를 메우는 대화 상대자들 사이의 대결이라는 관점에서 그의 사상을 이해하는 것이 얼마나 적절하고도 풍성한 결과를 낳을 수 있는 것인지 확인할 수 있을 것이다.

사실상 자끄 엘륄은 대화의 사상가이다. 그는 그가 사는 현대 사회의 상황과 기독교적 신념들을 대화시키는데 그치지 않고, 과거뿐 아니라 그의 시대의 특정한 상대자들과 대화에 들어간다. 그의 입장은 단지 변증법적일 뿐 아니라(사회학과 신학 사이에 균형 있는 운동에 의해서), 대화적이다 (질문과 대답 그리고 독서와 글쓰기를 번갈아 하면서). 그러나 우리가 앞으로 고찰할 그의 사상의 대화적 성격은 몇 가지 문제를 안고 있다. 그가 인용을 불충실하게출전를 달지 않고-옮긴이주 한 경우가 아니라면 그가 다른 사상을 도용했다는 의혹은 부당하다.4) 정당하게 말해서, 그가 독서를 하면서 동시에 집필 작업을 하기 어렵다는 이유로 그의 사상을 그가 참조한 서적들과 약간 거리를 두어야 하는가? 반대로, 그가 참조한 저자들 때문에 그의 사상적 자율성이 침해를 당하는 것인가? 우리는 이 질문들에 대한 답변을 시도할 것이다.

마지막으로 이러한 연구의 과정 끝에서 우리는 자끄 엘륄의 저술의 수용 가능성에 대한 조건이 무엇인지 질문을 던져볼 것이다. 엘륄이 그의 다양한 대화 상대자들을 대하는 방식을 염두에 두고서, 우리는 그의 사상대로 행동할 권리가 있는가? 다시 말해 우리가 '엘륄주의자'가 될 수 있는가? 그리고 그렇다면 이는 무엇을 말하고 있는가? 엘륄주의자가 된다는 것은 엘륄이 키에르케고르주의자가 되는 방식과 같은 것인가? 간단히, "불충실하면서도 충실한"여기서 '불충실하면서도 충실하다'는 표현은 저자의 사상에 충실하면서도, 자기 자신의 고유한 입장을 세우려고 비판적 거리를 두는 것을 말한다. 엘륄은 키에르케고르를 이런 방식으로 수용한다.-옮긴이주 태도인가? 현저한 역설…. 그러나 엘륄 사상의 대화적 성격은(다시 말해, 다른 저자들에게 영감을 받으면서도 그들의 포로가 되지 않는) 엘륄의 독서와 저술 사이의 변증법을 조망하면서 가지게 되는 새로운 관점에 의해 드러날 것이다.

---

4) 의미심장하게도, 자끄 엘륄 사상의 주요한 참조 작품 중 하나인, 쇠렌 키에르케고르의 작품에서도 같은 왜곡을 볼 수 있다. 덴마크의 철학자는 성서를 정확하게 인용하지 않거나, 성서의 저자를 바꾸는 오류를 범한다. 참조. SK, 'L' Evangile des souffrances', *OC XIII*, Paris, Editions de l'Orante, 1966, p.297(키에르케고르는 요한의 구절을 바울을 저자로 기록한다), p.305(베드로의 구절에도 같은 오류를 범하고 있다).

1부. 자끄 엘륄의 사상

1부 자끄 엘륄의 사상

자끄 엘륄의 사상 안으로 들어가기란 쉽지 않다. 입구들이 여럿 있다. 그러나 그의 사상의 전체적 궤적은 더욱 초보자들을 절망시킨다. 그리고 사실, 불어권 개신교인들 사이에서는 자끄 엘륄의 이름이 그의 책들이나 사상들보다 더 잘 알려졌다. 그러나 어떻게 한 측면만을 접근하는데 만족하면서, 한 저자의 사상의 전체적 통일성을 전달할 수 있겠는가? 그의 글들의 풍부함 때문에 엘륄의 여러 가지 측면을 탐색하는 데에 시간이 필요할 뿐만 아니라, 무엇보다도 연속적으로 여러 가지 시각을 통해서 그것들에 접근할 결단이 요구된다. 어떤 주제들은 여러 책에 흩어져 있다(기술 사회에서 근대인의 조건, 소외와 자유…). 그러나 주변적으로만 취급된 주제(이스라엘, 폭력, 예술, 일탈…)라고 해서 소홀히 해서는 안 된다. 엘륄의 전체 저술은 하나의 퍼즐과 같다. 그 구성요소들은 주변적인 것처럼 보이지만 그것이 없는 퍼즐 전체는 불완전한 것이 된다. 결국, 각각의 요소들은 중요한 역할을 하고 있다. 문제는 한 작품의 여러 측면을 바라보는 시각을 정립하여 그것의 근본적인 방향성과 길잡이를 드러내는 데에 있다.

따라서 우리는 다음과 같은 방식으로 연구를 진행할 것이다. 전기적, 서지학적 순서의 몇몇 요소들은 우리에게 우선 삶과 작품의 역설적 논리를 전면에 드러내 줄 것이다. 이것은 이 작품의 두 측면, 즉 사회학적 측면과 신학적 측면을 구체화하는 기회가 될 것이다. 우리는 우선 기술에 대한 이 결정적인 주제에 대해 엘륄 사상의 발전과정과 그의 입장을 살펴볼 것이다. 그리고 이어 기술사회에서의 인간의 여러 조건의 차원(정치, 선전, 혁명, 예술…)들을 살펴볼 것이다. 엘륄 작품의 두 번째 측면인 신학적 측면에서는 기술사회에서 그리스도인의 특별한 소명에 대해서 알아볼 것이다. 그리고 나서 우리는 자끄 엘륄이 제시하는 성서 해석학의 원리를 설명하고, 이어 엘륄의 신앙과 그의 소망 그리고 그의 자유의 윤리의 토대를 언급할 것이다. 그리고 계속해서 엘륄의 가장 충실한 추종자들을 절망시키는 폭력, 이스라엘, 이슬람과 같은 주제를 분석하는 일이 남아있다. 1부를 끝내고서 우리는 자끄 엘륄의 예언자적 차원을 보게 될 것이다.

예비적 서론: 삶과 저술 사이의 역설

왜 우리는 자끄 엘륄의 사상을 연구해야 하는가? 이것은 비단 엘륄이 사망한 지 12년저자는 2007년 이 책을 썼고 엘륄은 1994년에 사망했다—옮긴이주이 지난 오늘날 엘륄의 저술에 대한 새로운 관심이 일어나고 상당수 그의 저술들이 재편집되고 있기(이것은 오늘날 출판계의 어려움을 고려할 때 의미심장한 일이다)때문만은 아니다. 따라서 이것은 집단적인 열광주의를 늘 거부하고, 반유행이 유행하는 것과 비순응주의를 생각 없이 따라가는 것을 경멸하는 한 인물의 사상에 대한 열광이 일어나는 것처럼 보이는 것 때문이 아니다…. 모든 연구의 대상은 자서전적이 아니라면 주관적 수준에 속한 동기들에 다소간 반응하고 있다. 그리고 우리는 기꺼이 이 작품의 상당 부분에 이데올로기적 친화성을 인정하고 받아들인다. 그러나 이것은 역시 자끄 엘륄의 입장이 너무도 독창적인데다가 급진적이고도 도발적이기 때문이기도 하다. 그의 사상은 가끔은 지나치고 자극적이다. 또한, 너무 모순적이어서 그것에 도전한다는 것은 비판적 정신을 더 예리하게 하여, 자기 자신에 대해 사고하는 좋은 연습이 될 뿐이다. 자끄 엘륄 저술독 특성은 어떤 측면에서 그것들이 우리가 살고 있는 기술사회와 이 세계에서 기독교 신앙의 지위에 대한 매력적이고 명백한 설명임과 동시에 다른 측면에서 그것들이 우리의 신경을 거스르게 하고 심지어 분노를 치밀게 한다는 점에 있다. 엄격하게 말해서 엘륄주의자가 된다는 것은 생각할 수 없는 것처럼 보인다. 그렇다면, 엘륄의 입장들을 전체적으로 어떻게 받아들일 것인가? 자끄 엘륄은 의도적으로 자신을 추종하는 것을 막으려고 역설적인 작품을 구축한 것 같다. 이것은 엘륄 학파가 생기는 것을 막고, 독자 각자가 자신의 사상을 잘 가다듬도록 하기 위함이다. 우리는 그의 저술들이 빛을 보고, 제자들이 곳곳에 생겨나는데 스승은 왜 평생 그늘에 머물러 있었는지를 알아볼 것이다.

우선 자끄 엘륄이 죽을 때까지 무관심의 희생자가 되었던 동인이 무엇인지를 밝혀보도록 하자. 우리는 여러 가지 요인을 생각해 볼 수 있다. 이 요인들이 맞물려서 결정적 요인을 형성할 것이다. 평생 지방에 머물러 있었기 때문에(그는 보르도에서 평생 교수생활을 했다) 그는 파리의 지성, 출판, 언론계에서 멀리 떨어져 있었다. 삼십 년의 영광의 시기에는 기술사회를 대놓고 경멸했다. 결국, 너무 일찍 옳은 소리를 했기 때문에 그는 죄인이 되어버렸다. 마지막으로 모든 신앙 고백적 담론이 불신당하는 시기인 마르크스주의가 승리를 구가할 때, 반순응주의자로 남아 있었다. 자끄 엘륄의 예언자적 목소리는 더는 들려지지 않았다. 이것이 바로 엘륄의 사상이 프랑스에서보다 외국, 특히 미국에서 더 많이 알려진 이유이다. 그의 이름을 딴 두 학회와, 하나의 학술 잡지(자끄 엘륄 포럼Jacques Ellul Forum) 그리고 여러 인터넷 사이트가 미국 내에 존재한다. 미국 대학에서는 그를 주제로 많은 박사 학위 논문이 제출된다. 그러나 자끄 엘륄은 평생 결코 미국에 간 적도 없고 영어를 마스터하지도 못했다.1) 미국에서의 명성은 1964년으로 거슬러 올라간다. 10년 전 프랑스에서 자끄 엘륄은 그의 첫 번째 저술인 『기술 세기의 도박』*La technique ou l'enjeu du siècle,* 2)을 출판하는데 큰 어려움을 겪었다. 유명한 영국 소설가인 『멋진 신세계』 *Meilleur des mondes,* 1932의 저자 엘더스 헉슬리Aldous Huxley, 3)가 그것을 번역하도록 주선해 『기술사회』*Technological society,* 4)라는 제목으로 미국에서 출판된다. 그곳에서 이 책은 즉시 놀라운 성공을 거두게 된다(몇 달 내에 수십만 부가 팔렸다). 프랑스에서 출판의 실패가 미국에서는 결코 부인할 수 없는 열광으로 나타났다. 자끄 엘륄의 여러 책들이(『폭력에 반대함』 *Contre les violents,* 5), 『자유의 윤리』*Ethique de la liberté,* 6))는 프랑스어로 출판되기 이전에 먼저 미국에서 영어로 출판되었다.7) 선지자가 자기 고향과 자기 집 외에서는 존경을 받지 않음이 없다. 마13:57, 8)

미국인들의 관심의 원인은 자끄 엘륄이 강조한 저서의 예언적 성격에 있었다.9) 1954년에 『기술 세기의 도박』이 프랑스에서 출판되었을 때, 프랑스인들은 그가 예고한 것이 실제로 실현될 것이라고는 상상할 수 없었다. 하지만, 1964년 미국인들은 이 책 속에서 그들이 당시 겪기 시작한 것 그리고 이미 출현하는 기술 유토피아에 대한 환멸을 이해하는 데 있어

---

1) 엘륄, 1994, p.158.
2) 참조. 엘륄, 1954a.
3) 따라서 엘더스 헉슬리는 순진하게 우리 기술 문명에 대해서 새로운 목적들을 제시할 수 있다고 믿는 "이상주의"의 입장을 무엇보다도 자신의 견해로 규정한 자끄 엘륄에 대해서 어떤 반감도 가지지 않았다. 자끄 엘륄의 판단은 이후에 동의로 발전한다. 후에 엘륄은 멋진 신세계를 우리가 피할 수 있는 것으로 생각한다(참조, 엘륄, 1948, p.42, 70) 그리고 이책을 가능한 시나리오라기 보다는 일종의 예견으로 간주하게 된다(참조. 엘륄, 1987b, p.184; 1988a, p.7, 398).
4) 참조. 엘륄, *The technological society,* New York, Alfred A. Knopf, 1964.
5) 참조. 엘륄, 1972c.
6) 참조. 엘륄, 1975a.
7) 참조. 엘륄, *Violence: Reflections from a chrisitian perspective,* New York, Seabury, 1969 *The ethics of freedom,* Grand Rapids, William B. Eerdmans, 1973.
8) 마태복음 13장 57절; 마가복음 6장 4절; 누가복음 4장 24절; 요 4장 44절.
9) 참조. 엘륄, 1981a, p.202; 1994, p.39.

분석의 열쇠를 발견하게 된다. 자끄 엘륄의 명쾌성은 항상 사건에 십 년에서 십오 년을 앞섰다. 바로 여기에 그가 죽은 지 13년이 지난 오늘날 그를 읽는 관심이 일어나는 이유이다. 2003년 까나흐 앙쉐네[Canard Enchainé]지紙의 기자, 장-뤽 뽀르께[Jean-Luc Porquet]는 엘륄을 주제로 『자끄 엘륄. 모든 것을 예견한 사람』*Jacques Ellul. L'homme qui avait(presque) tout prévu*이라는 책을 썼다. 부제는 "광우, 유전자변형체, 핵, 선전, 테러리즘"*Vache folle, OGM, nucléaire, propagande, terrorisme…*,10)이었다. 이 책은 정말 출판에 성공을 거두었다. 그러나 우리는 그의 예언자적 은사와 그의 명쾌성의 한계를 알아볼 것이다. 엘륄이 생전에 무시되었고, 오늘날 다시 발견되는 것은 아마도 이 사람이 늘 시대의 유행을 거슬렀기 때문이라고 말할 수 있다. 그의 통찰력이나 카리스마 그리고 그의 성격도 그가 주목받은 이유라고 할 수 있다. 유행이 한 번 지나가면 많은 이들이 "엘륄이 맞았었다…. 엘륄이 그렇게 말했었지…."라고 말한다.11) 그러나 우리는 몸에 쐐기를 박은 듯한 이 반순응주의와 그의 기독교 신앙을 분리해서 생각할 수 없다. 만일 자끄 엘륄이 현대 사회에서의 우상들을 쳐부순다면(그것은 정치 이데올로기, 기술 그리고 특히 정보 체계, 경제적 성장의 신화, 그에게 있어 선전 자체인 광고와, 모든 매체의 세계…), 이것은 그가 하나님의 자리를 차지하려 하고 예수 그리스도의 하나님이 없이 살려고 하는 인간의 모든 노력과 시도에 맞서서 있는 힘을 다해서 저항하기 때문이다. 그의 기술 비판은 신학적 비판으로서, 인간이 스스로 자신의 삶을 지배하려는 인간의 자기주장을 고발한다.12) 그의 신앙의 급진성과 소망의 힘을 통해서 그의 현대 세계에 대한 비판의 급진성과 날카로움을 설명할 수 있다. 그가 스스로 인정하는 대로, 만일 그의 믿

---

10) 참조. Jean-Luc PORQUET, *Jacques Ellul. L' homme qui avait(presque) tout prévu*, Paris, Le Cherche Midi (coll. Documents), 2003.
11) 참조. 엘륄, 1977, p.7.
12) 참조. 엘륄, 1952, p.158-159. 엘륄의 요나서 주석에서 선원들이 하나님에게도 돌아서기 전에 자신들이 가진 항해와 관련한 모든 수단에 의지하는 것에 주목할 필요가 있다.

음과 소망이 없다면, 허무주의와 완전한 절망에 효과적으로 비판을 가하는 데에 이르지 못했을 것이라고 말한다. 반대로, 그가 받은 법률 수업과 인문과학에서 실재의 무게에 대한 연구가 바로 분리된 신앙의 환상을 그에게서 벗겨주게 되었다. 이것이 바로 그의 신학적 저술과 사회학적 저술 전체를 통일성 있게 모두 고려해야 하는 것이 절대적으로 필요하다고 간주하는 이유이다.

첫 번째로 확실한 사실은 그의 저술이 양적으로 막대하다는 것이다. 58권의 저술과 1000편의 논문, 천삼백 페이지가 넘는 출간물이 그것이다. 따라서 자끄 엘륄은 특별히 다작을 한 인물로, 정력적인 글쓰기를 했고, 지적으로 빛났으며, 좋은 건강의 소유자였다(이것은 타고난 것이면서 또한 스스로 건강을 유지한 것이기도 하다). 그리고 그는 이 자기절제를 거의 다음과 같이 정당화한다. "나는 이 일을 하나님께로부터 온 하나의 명령이라고 받아들인다. 즉 내 지성을 그를 위해 봉사하는 것이 그것이다!"13) 자끄 엘륄은 이처럼 "(자신의)하나님을(…)(그의) 마음pensée으로부터 사랑하기를 원했다.14)

우리는 그의 저술을 두 가지 유형으로 분류할 수 있다. 사회학적 저술들은 다양한 측면에서 근대 사회의 모습을 기술한다(기술, 정치, 선전, 예술…). 그리고 성서 연구와 신학적 저술들, 특히 구약성서(창세기, 열왕기하, 요나서)에 바쳐진 연구와 신약성서(복음서, 계시록)에 바친 연구들과 기독교인의 다양한 삶에 관한 주제로 쓰인 책들이 있다(기도, 자유, 소망, 돈, 폭력). 또한 우리는 전체적으로 세 편의 삼부작을 정리할 수 있다. 기술 삼부작(『기술 세기의 도박』15), 『기술의 체계』*Le systèm technicien*, 16), 『기술

---

13) 참조. 엘륄, 1994, p.55.
14) 참조. 엘륄, 1981a, p.67.(참조. 눅10:27절)
15) 참조. 엘륄, 1954a.
16) 참조. 엘륄, 1977.
17) 참조. 엘륄, 1988a.

의 허세』*Le bluff technologique*, 17), 혁명 삼부작(『혁명의 해부』*Autopsie de la Révolution*, 18), 『혁명에서 반란으로』*De la Révolution aux révoltes*, 19), 『혁명의 변질』*Changer de Révolution*, 20), 마지막으로 윤리 삼부작(『원함과 행함』*Le vouloir et le Faire*, 21), 『자유의 윤리』22), 『자유의 투쟁』*Les combats de la liberté*, 23)이 있다. 그러나 이러한 분류는 인위적이다. 키에르케고르가 미학적 작품과 종교적 작품을 동시에 출간하여 독자들을 미학적 작품들에서 종교적 작품들로 인도하려 했던 것처럼(그러나 큰 성과 없이)24), 자끄 엘륄도 자신의 사회학적 작품들과 신학적 작품들 사이에 변증법적 관계를 설정한다.25) 이것은 신학적 작품들이 사회학적 작품들에 대한 답변이거나 해결책을 제공한다는 것을 의미하지 않는다. 오히려 그것들은 사회적 문제들에 대해서 신학적 대위점으로 위치한다는 것을 의미한다. 성서는 요리책과 같은 문제 해결의 책이 아니고, 반대로 하나님이 인간에게 질문을 던지시는 책이다.26) 따라서 성서는 신학적 성찰을 통해서 조명된다. 이것이 바로 자끄 엘륄이 독서의 열쇠를 주지 않고 독자에게 자신의 것을 찾기를 기대하는 이유이다.27) 이처럼『하나님의 책략, 인간의 책략』*Politique de Dieu, politique de l'homme*, 28)은『정치적 환상』*L'illusion politique*, 29)과 변증법적 반대극에 위치한다. 그리고『말의 굴욕』*La parole humiliée*, 30)은『선전』*Propagandes*, 31)에,『의심을 거친 신앙』*La foi au prix*

---

18) 참조. 엘륄, 1969.
19) 참조. 엘륄, 1972a.
20) 참조. 엘륄, 1982.
21) 참조. 엘륄, 1964b.
22) 참조. 엘륄, 1975a.
23) 참조. 엘륄, 1984b.
24) 참조. SK, "Point de vue explicatif de mon œuvre d'écrivain", *OC XVI*, Paris, Editions de l'Orante, 1971, p.14.
25) 참조. 엘륄, 1981a, p.67-68.
26) 참조. 엘륄, 1975a, tome1, p.203; tome2, p.164, 181-182; 1980a, p.134-139; 1987a, p.214.
27) 참조. 엘륄, 1981a, p.68-69. 1972b, p.10-11.
28) 참조. 엘륄, 1966a.
29) 참조. 엘륄, 1965.
30) 참조. 엘륄, 1981b.
31) 참조. 엘륄, 1962.

du doute, 32)은 『새로운 유령들』*Les Nouveaux possédés*, 33)에, 『자유의 윤리』34)는 『기술, 세기의 도박』35)에 『잊혀진 소망』*L'espérance oubliée*, 36)은 『기술 체계』37)에 대위점이 된다(기술 체계는 그 앞의 책의 대위점이지만…).38) 모든 분석된 각 문제에서 현대인을 짓누르는 가차 없는 결정론과 조건화의 사회학에도, 기독교인은 신앙에 의해서 어떤 제약에서도 자유롭다는 확신으로 절망적인 허무주의에서 벗어난다. 이것이 바로 자끄 엘륄이 그는 여러 책을 쓰지 않았고, 단 한 권의 책을 썼는데 각 책은 하나의 장을 이룬다고 말하는 이유다.39) 『세상 속의 그리스도인』*Présence au monde moderne*, 40)은 그 책의 서론이고, 『존재의 이유』*La raison d'être*, 41)는 결론이다.42) 엘륄 저술의 두 측면은 처음부터 "일종의 변증법적 운동 안에서 서로 대응되는데, 소망은 그 변증법의 위기점임과 동시에 출구가 된다."43) 자끄 엘륄은 구체적으로 말한다. "만일 당신이 신학적인 측면을 고려하지 않는다면 당신에게 성육신의 사건이 결여된 것이고, 만일 당신이 사회정치적 측면에만 관심을 둔다면, 당신은 계속해서 대답과 열림의 부재라는 문제에 부딪히게 될 것이다."44) 그리고 이처럼 끝을 맺는다. "나는 하나님이 인간의 전 역사 가운데 동행하신다는 확신을 하고서, 출구 없는 세상을 묘사한다."45) 따라서 우리가 사회학적 저작에 이어, 성서에 따른 신학적 저작을 연구하는 것은 바로 교훈적인 목적이 있다. 그러나 작품 전체의 통일성을 정당

---

32) 참조. 엘륄, 1980a.
33) 참조. 엘륄, 1973.
34) 참조. 엘륄, 1975a.
35) 참조. 엘륄, 1954a.
36) 참조. 엘륄, 1972b.
37) 참조. 엘륄, 1977.
38) 참조. 엘륄, 1981a, p.161-162 1994, p.40.
39) 참조. 엘륄, 1994, p.40, 141.
40) 참조. 엘륄, 1948.
41) 참조. 엘륄, 1987c.
42) 참조. 앞의 책 p.9.
43) 엘륄. 1994, p.41.
44) 앞의 책., p.40.
45) 앞의 책.,

화해주는 변증법적 운동에 유의하는 것이 필요하다.

자끄 엘륄의 저술에 들어가기 전에 몇 가지 전기적 요소에 대한 지식은 그의 저술에 관점을 부여할 수 있게 해 준다. 자끄 엘륄은 1912년에 태어나 1994년에 사망한다. 그의 가족성은 히브리어에 어원을 두고 있다. 엘륄יהוה(l이 하나인 엘륄elul)은 히브리력에서 달의 명칭 중 하나를 가리킨다.46) 자끄 엘륄의 두 부모는 유대인 조상을 가지고 있지만, 그의 아버지는 세르비아계 이탈리아인이며 회의적인 정교신자이다. 그의 어머니는 포르투갈과 프랑스 출신이고 개신교도이지만 정기적인 신앙생활은 하지 않았다. 따라서 그의 집안은 기독교적 분위기가 지배하지는 않았다. 그의 부모는 상위 부르주아지에 속해 있었지만 파산하고 엘륄의 가족은 1929년 세계 경제 위기 동안에 커다란 가난을 겪었다. 자끄 엘륄은 늘 두 가지에 대해서 조심성이 있었는데 하나는 그의 회심과 다른 하나는 여성과의 만남이다. 하지만, 그는 1930년 8월 10일에 회심했다고 말한다. 그는 하나님의 말할 수 없는 임재에 사로잡혔다. 그는 자유를 빼앗길지도 모른다는 두려움에 수년간 그것을 피하려고 했고, 그의 신앙이 견고한지 확인하기 위해서 반기독교 저작들을 읽기 시작했다. 결국, 그가 그것이 하나의 의존관계에 빠지는 것이 아니라, 반대로 진정한 자유로 들어가는 것임을 이해했을 때, 그는 회심을 확신했다.47) 이 회심의 경험은 자끄 엘륄이 나중에 그 생애의 마지막에 "우리는 신앙을 가지고 있지 않다. 신앙이 당신을 가지고 있다."라고 말하게 한다.48) 그는 비판적으로 책을 읽는 과정에서, 1929년에 마르크스를 발견한다. 이후에 그는 마르크스를 정치 연구소에서 오랫동안 강의하게 된다. 그러나 그는 그를 역시 비판한다. 특히

---

46) 참조. 엘륄, 1981a, p.9. 1994. 8월 9월에 걸쳐 있는 엘륄 월은 성서에서 단 한 번 나온다.(느헤미아 6장 15절)
47) 참조. 엘륄, 1994, p.86-88 2007c, p.272-273.
48) 엘륄, 1980a, p.161; 1992b, p.149.

교조주의적인 전투적 공산주의자들에 대한 실망과 1934-1935년의 모스크바의 소송s탈린의 독재를 공고화하기 위한 대 숙청 작업의 일환이 된 재판을 가리킨다—옮긴이주을 목도한 그는 결코 공산주의자가 될 수 없었다. 1934-1937년에 자끄 엘륄은 에스프리지紙, Esprit를 중심으로 엠마누엘 무니에Emmanuel Mounier가 이끄는 인격주의 운동에 가담한다. 이 잡지는 개인주의적 자유민주주의와 파시스트 또는 공산주의의 전제주의 사이에서 제 삼의 길을 모색한다. 이 정체政體는 '인격'을 복권하는 것, 즉 관계에 의해서 존재를 정의하려 하는 정체이다.49)

1937년 2월호 에스프리지에 발표된 엘륄의 첫 글은 "파시즘, 자유주의의 아들"50)이다. 우리는 여기에서 이미 자끄 엘륄의 도발적인 스타일을 발견하게 된다. 그러나 1937년에 그는 무니에와 결별하고 에스프리지에 더는 관여하지 않는다. 이것은 그의 눈에 파리 지성계의 잡지지만, 그는 진정 직접 민주주의를 실행할 수 있는 지역적 그룹을 결성할 수 있는 진정한 혁명적 활동 운동을 바랐기 때문이다. 그들 한가운데서 자끄 엘륄은 이미 모든 중앙화에 적대적이 되고, 무정부주의 저자를 관심 있게 발견한다(프루동, 바꾸닌).

그는 교수로서 화려한 직업적 편력을 가지고 있다. 16세에 고등학교 졸업, 24세에 법학박사, 1937년에 몽뺄리에 대학교에서 강의했고, 이어 1938년에 스트라스부르 대학교에서 강의한 다음, 1939년에 끌레르몽 뻬랑으로 물러났다. 다음해에 마레샬 뻬당Maréchal Pétan을 비난해 한 학생의

---

49) 참조. Patrick TROUDE-CHASTENET dir., "Les années personalistes", *Cahiers Jacques Ellul. Pour une critique de la société technicienne*, n°1, Association Internationale Jacques Ellul, Bordeaux, 2003. 인격주의 운동의 한 가운데서, 자끄 엘륄은 드니 후즈몽(Denis de Rougemont)을 만나게 된다 (앞의 책, p.56) 이 두 사람 사이에 몇 가지 병행점을 찾을 수 있다. 이것은 이 스위스 사상가에 대한 브루노 액커만(Bruno Ackermann)의 기념비적인 전기에서 아주 슬쩍 언급된다(참조, Bruno ACKERMANN, *Denis de Rougemont. Une biographie intellectuelle*, 2 volumes, Genève, Labor et Fides, 1996. p.479-480, 844, 1079). 이 둘은 모두 키에르케고르와 칼 바르트에게서 강하게 영향을 받았다.
50) 참조. 자끄 엘륄, "Le fascisme, fils du liberalisme" in *Esprit*, 5e annee, n°53, 1er février 1937, p.761-797. Texte réédité in: Patrick TROUDE-CHASTENET dir., 2003, *op.cit.*, p.113-137.

고발로 비시 정부에 의해서 해임당했다. 그는 그때부터 저항운동에 들어간다. 그는 전쟁 동안에 국경지방인 지롱드의 작은 마을에서 보낸다. 그는 유대인과 레지스탕스 운동원들을 숨겨주었다. 그렇지만, 그는 비밀리에 법 강의를 하고, 최고 교원 자격시험을 통과한다. 해방 후에는 보르도의 부시장직을 수행하지만 환멸을 느끼고 모든 정치적 책무에서 물러나고 결코 선거에 참여하지 않으리라고 결심한다.[51] 그가 '정치적 환상'을 신랄하게 고발할 때, 짧은 기간의 시 운영 경험에 의지한다. 그는 진정한 권력은 기술자와 전문가들의 손에 있고, 사실상 정치인은 아무것도 제어하지 못한다는 것을 보여준다.[52]

그래서 그는 가르치는 것에 몰두한다. 1944년에서부터 1980년 은퇴할 때까지 보르도 대학 법대에서 제도사 교수였고 47년에서 80년까지 정치연구소에서 소장직을 맡는다. 따라서 우리가 가끔 읽는 것과는 달리, 자끄 엘륄은 결코 목사나, 신학자가 아니었다. 그는 1951년에서 1970년까지 프랑스 개혁교회의 전국 위원회 위원와 총회Synode national의 위원이었다. 그는 늘 자유로운 사수射手로 등장한다. 소수인 개신교도들 가운데서 이탈과 맹목을 고발하며 유행과 이데올로기를 거스른다. 그는 역시 1969년에서 1986까지 바르트주의 신학 잡지인 「신앙과 삶」Foi et Vie의 편집장이었다. 두 가지 다른 참여가 그의 생을 특징짓는다. 1957-1973에 그는 거리의 젊은이들과 함께 일탈 방지 클럽의 원조가 된 단체를 창설한다. 이것은 일탈과 주변성에 대한 그의 사색을 살찌우게 된다.[53] 그리고 70년대에는 그는 '해안 개발을 위한 부처 간 위원회' Mission Interministérielle d'Aménagement de la Côte Aquitaine의 거대한 프로젝트프랑스 해안 관광단지 개발사업-옮

---

51) 참조. 엘륄, 1965, p.26, 219; 1984b, p.133; 1988b p.25; 1994, p.130-131.
52) 참조. 엘륄, 1965; 1994, p.42, 68-69, 124-125.
53) 참조. 엘륄, 1971; 1981a, p. 105-123; 1988b, p.27-28, 1992a; 1994, p.138-140 ; 2007c, p.190-192, 246-248(남서부 신분에 발표한 여러 글에서, 자끄 엘륄은 감금이나 억압보다는 예방을 옹호한다. 감금과 억압은 "타락의 장소" 이다(엘륄, 2007c, p. 190).

긴이주에 반대하는 운동에 가담한다.54) 그의 입장과 행동들 때문에 그는 생태학의 선구자가 되었다. 왜냐하면, 그는 50년대에 다음과 같이 단언하기 때문이다. "우리는 유한한 세계 내부에서 무한한 발전을 계속할 수 없다."55) 대안적 세계화 운동은 역시 그의 상속자이다. 이 운동은 슬로건을 만들려고 엘륄의 원칙 중 하나를 빌려온다. "세계적으로 사고하고, 지역적으로 행동하라Penser globalement, agir localement"56) 그러나 우리는 자주 그의 입장이 그것을 배양한 신앙과 분리해서 생각할 수 없다는 것을 잊어버린다. 이것은 우리가 곧 구체적으로 살펴볼 것이다.

A. 사회학적 측면

I. 자끄 엘륄이 보는 기술관

자끄 엘륄은 평생에 걸쳐 기술 현상을 분석했다. 그는 많은 책에서 이 문제와 씨름하였다. 그중에서 기술에 관한 삼부작(『기술, 세기의 도박』1), 『기술의 체계』2), 『기술의 허세』3))은 35년에 걸친 저자의 개인적인 사색과 기술의 진화과정을 보여주고 있다. 그의 다른 책들은 바로 이 세 축을 중심으로 맴돌고 있다고 할 수 있다. 선전宣傳을 주제로 다룬 책은4) 개인을 개조시키기 위해서 사용하는 기술적 수단을 분석하고 있고, 정치를 다룬 책은5) 기술사회에서 정치가 차지하는 위치를 보여준다. 부르주아지라는

---

54) 참조. 엘륄, 1981a, p.127-128; 1988a, p.196, 412; 1994, p.186.
55) 엘륄, 1981a, p.127-128; 1988a, p.196, 412; 1994, p.186.
56) 엘륄, 1981a, p.176; 1994, p.37, 55; 2007c, p.5.

1) 참조. 엘륄, 1954a.
2) 참조. 엘륄, 1977.
3) 참조. 엘륄, 1988a.
4 참조. 엘륄, 1962; 1967b.

주제로 쓰인 책은6) 기술사회에서 사회적 계급이 진화하는 양상을 분석하며, 혁명을 소재로 한 책은7) 기술사회에서 가능한 혁명의 양식을 묻고 있다. 종교심이 책에서 종교심은 'croyance' 번역어로, 믿음은 'foi' 번역어로 사용되었다—옮긴이주을 문제 삼은 책은8) 기술사회가 낳은 종교심들을 지적하며, 예술을 소재로 삼은 책은9) 기술적 환경 내에서 예술의 위치를 살피고 있으며, 언어를 문제로 한 책은10) 기술에 의해 언어가 어떤 방식으로 저급화 되고 있는지를 보여주고 있다.

a) 도박

기술적 사실은 확실히 현대 사회의 결정적인 요소이다. 이것은 삶의 다른 모든 측면들을 재편하고, 인간 자신을 점점 새롭게 고치고 있다. 따라서 **"기술"**은 **"세기의 도박"**11) 이다. 이런 단호한 주장은 명백한 표징이 드러나기 이전이었기 때문에 이해하는데 어려움을 겪을 수밖에 없었다. 자끄 엘륄은 기술을 "효율성의 추구라는 원리에 종속된 수단들의 총체", 그리고 "모든 일에 절대적으로 가장 효율적인 수단을 추구하는 것에" 우선적인 관심을 두는 것이라고 정의한다.12) 이어, 그는 기술의 여덟 가지 특징을 끄집어 낸다. 1) **합리성** (이는 모든 자발성, 모든 개인적인 창조, 그리고 모든 비합리적인 것들을 적극적으로 배재시킨다)13), 2) **인공성**(이는 이미 모두 사라져버린 자연적 환경을 파괴시킨다)14), 3) **자동성**(기술적 지향성과 기술적 선택은 인간이 저항할 수 없이 스스로 실행된다. 그

---

5) 참조. 엘륄, 1965.
6) 참조. 엘륄, 1967a.
7) 참조. 엘륄, 1969; 1972a; 1982.
8) 참조. 엘륄, 1973.
9) 참조. 엘륄, 1980b.
10) 참조. 엘륄, 1981b.
11) 참조. 엘륄, 1954a.
12) 앞의 책, p.18-19; 참조, 1977, p.37-38.
13) 참조. 엘륄, 1954a, p.73.
14) 참조. 앞의 책, p.73-74.

리고 삶의 모든 비기술적인 측면, 가령 정치라든가 예술 또는 여가활동이 기술적 활동으로 전환된다)[15], **4) 자기 증식**(기술은 인간의 결정적인 간섭 없이 발전한다. 그것은 스스로 증식하고 모든 목적성을 상실한 채 배타적 원인으로 작용한다)[16], **5) 통일성 또는 분할 불가능성** (기술 현상은 그것이 구성하는 여러 요소로 분할할 수 없는 전체를 형성한다)[17] 따라서 같은 핵 기술의 시민적 사용과 군사적 사용을 구별한다거나 아니면 도덕적인 동기, 즉 비기술적인 동기를 위해 이런저런 측면으로 기술을 지도할 수 있다는 것은 환상이다. 왜냐하면, 기술은 도덕적 판단을 참아낼 수가 없기 때문이다(당신이 전체를 통제할 수 없다면 아무 것도 통제할 수 없다. 기술 관련 윤리 위원회라는 것은 쓸모가 없다. 왜냐하면, 그 기술적 문제는 별개의 문제가 아니라 전체 기술체계 속에 통합되어 있기 때문이다)[18], **6) 기술들의 연쇄** (기술들은 서로서로 연결짓는다. 왜냐하면, 이전의 기술들이 이후의 기술들을 필요하게 하기 때문이다.)[19] **7) 보편주의**(기술은 자신의 행동 지경을 세계 전체로 확장한다. 다시 말해, 어떤 사회도 어떤 삶의 영역도-일과 놀이에서부터 사랑과 죽음에 이르기까지-그것을 피할 수 없다.)[20] 마지막으로, **8) 자율성**(기술은 경제, 정치, 도덕, 영적 가치들에 대해서 독립적이다.)[21] 기술은 사회 정치적, 경제 문화적 변화를 통제하고 촉발시킨다. 그것은 자기 충족적으로 스스로 존재하는 실체가 되고, 선과 악을 넘어서 자신이 스스로 자신의 목적이 된다. 기술은 인간을 그 자신에게 강제로 동화시키지만, 인간에 대해서 자율적이다. 기술은 그것이 적용하는 대상은 근본적으로 변화시키지만, 그 대상에 의

---

15) 참조. 앞의 책, p.74-79.
16) 참조. 앞의 책, p.79-87.
17) 참조. 앞의 책, p.87-102.
18) 참조. 엘륄, 1988a, p.290-291.
19) 참조. 엘륄, 1954a, p.102-106.
20) 참조. 앞의 책, p.106-121.
21) 참조. 앞의 책, p129-135.

해서는 절대로 변화되지 않는다. 이 마지막 진리가 현대인들의 귀에 거슬리는 엘륄의 주장이다.

 기술의 이러한 특징들은 자연의 위압적인 힘을 약화시켰던 어제의 기술과 전혀 공통분모가 없다. 왜냐하면, 오늘날의 기술은 새로운 방식으로 인간을 더욱 억압하기 때문이다. 기술은 더는 중립적 사실이 아니다. 그것은 자신의 고유한 힘을 가진 신성모독적이면서(기술은 아무것도 존중하지 않는다. 모든 것이 그것에는 허용되어 있다. 엘륄은 포르노 산업의 발전을 이미 예견했다), 동시에 신성한(인간은 기술을 신앙의 대상으로 삼고 그것을 이용하는 대신 그것을 섬긴다)[22] 비인격적인 힘이다. 인간에게는 기술에 저항할 어떤 수단도 없다. 인간은 그것을 지배할 수도, 그것을 제한할 수도, 그것의 방향을 설정할 수도 없다. 인간은 기술이 "제멋대로"[23] 부과한 한도 내에서 기술에 복종하고 그것을 이용할 수 있다. 자끄 엘륄은 이 충격적인 논제에 대한 수 없는 예를 제시하는 것에 만족하지 않고 그 논제들의 논리를 끝까지 밀고 나가 인본주의적이고 민주주의적인 이념의 토대를 공격하는 위험을 무릅쓴다. 학교의 기능은 아이들을 기술사회에 적응하도록 하는 데 있다고 주저치 않고 말한다. 다시 말해서, 결국 학생들을 불행하게 만들 환경에서 행복한 인간을 양산한다는 모순이다. 이는 인간의 순응과 소외疎外의 첨단尖端이다.[24] 이어 "선전"(다시 말해 광고, 여가, 미디어, 스포츠, 그리고 생산주의 이데올로기의 총체)이 성인들을 고치려고 바톤을 이어받는다. "성인들은 조건반사에 길든 동물 이상의 아무것도 아니다."[25] 엘륄이 내세우는 것은 바로 인간의 유연함이다. 이는 인간이 자기 자신을 계발해낼 수 있다는 긍정적 이미지에 직접적으로 타격을 가하는 것이다.

---

[22] 참조. 앞의 책, p.129-135.
[23] 앞의 책, p.277.
[24] 참조. 앞의 책, p.314-316.
[25] 앞의 책, p.340.

이런 점에서 볼 때, 우리는 엘륄이 삼십 년의 영광의 한복판에 있는 프랑스에서 그의 첫 책을 출판하는데 왜 몹시 어려움을 겪었는지 이해하게 된다. 게다가, 그는 자기의 저작 자체를 위협하게 될 반향을 의식하고 있었다 "이제는 기술을 매개로 하지 않는 행동 양식은 없다." —특히 기술적 조직을 통해서 하는 출판할 때에. 그러나 "누구도 우리 시대의 종교를 공격하는 책을 편집하지는 않을 것이다."26) 하지만 보이는 것과는 달리, 이 책은 비관적이지도 낙관적이지도 않다. "기술 숭배자들은 이 책을 비관주의적이라고 판단할 것이고, 기술 공포자들은 낙관주의적이라고 판단할 것이다."27) 그는 단지 전체적으로 기술 현상을 객관적으로 해석하려는 것이라고 이 책을 소개한다.

b) 체계

『기술 세기의 도박』이 출간되고 사반세기 정도 지나고 나서, 엘륄은 그의 삼부작의 두 번째 작품, **『기술의 체계』**28) 를 출판한다. 그 사이에, 기술의 진보는 기하급수적으로 계속 이어졌다. 이러한 양적인 팽창은 기술의 수준과 본성의 변화를 낳는다. 돌발적인 변화를 가속화 시킨 것은 무엇보다 정보과학의 발전에 기인한다. 정보과학은 기술 전체를 하나의 "체계"로 만들어 버린다. 이것이 의미하는 바는 기술들이 단순하게 병치되고 추가되는 것이 아니라 상호 관련된 망, 즉 한 요소의 진화는 전체의 진화를 가져오도록 조직화한 전체를 이루는 것을 말하고, 또한 전체의 변화는 각 요소의 변화시키는 반향을 일으킨다. 그리고 이 요소들은 외부적 요인들과 결합하려는 것보다는 그들 안에서 서로 결합하려는 성향을 나타낸다.29) 따라서 기술은 포괄적인 실체가 되게 된다. 즉 자연적 환경을

---

26) 앞의 책, p.380.
27) 앞의 책, p.vi.
28) 참조. 엘륄, 1977.
29) 참조. 앞의 책, p.88.

대체하는 인공적 "환경"이 되어 인간과 자연 사이의 하나의 차폐막遮蔽幕을 형성한다. 기술은 이제는 인간이 필요한 경우 이용할 수 있는 수단의 총체가 아니라 인간의 삶을 사방에서 "규제하는" 그리고 인간 자신 안에 침투하는 유일한 환경이다.30) 기술은 근본적으로 인간관계, 이데올로기적 틀 그리고 인간 자신의 특질 심지어 그 생리학까지도 변화시킨다.31)

따라서 정보과학의 등장은 이러한 근본적인 변화에서 결정적인 역할을 한다. 컴퓨터를 통해서 인간은 경험의 문명에서 지식의 문명으로 이전한다. 이는 기술의 절대적 합리성과 인간의 정서적인 불합리성 사이에 갈등을 일으킨다. 이 사실은 인간을 전대미문前代未聞의 전혀 다른 문화적 세계로 인간을 편입시킨다. 정보과학은 다른 기술도, 기술과 다른 그 무엇도 아니다. 그것은 기술 전체를 그 요소들 상호 간에 연관시키면서 완성한다. 정보과학은 현실적인 것과 비현실적인 것 사이의 관계를 완전히 변화시켜 모든 것을 소비해야 할 기호로 변화시켜 버리고 모든 현실을 그 자신과는 다른 추상적인, 멀리 동떨어진 그리고 내용 없는 것으로 만들어 버린다.32) 사람들은 인간은 표면적으로는 변했지만, 그 주권과 사상의 자유는 유지할 것처럼 생각하고 행동하지만, 실제로는 오늘날 인간은 과거와 절대 같지 않다. 인간은 기술적 대상과 마찬가지로 기술적 체계 속에 포함되어 있다.33) 컴퓨터는 기술적 정보와만 관계를 맺을 수 있을 뿐이다. 그것은 근본적으로 변증법적이지 않으며 기쁨, 고통, 소망, 절망, 열정의 표현에 무감각하다. 그러나 이 기구와 점점 더 접촉하는 시간이 많아짐으로써, 인간은 점점 더 모든 변증법적인 사상, 모든 정서적인 자발성, 모든 상징화 그리고 모든 의미에의 추구를 고갈시키면서 기능적 양식을 채택한다.34) 정보혁명 이후에 우리 각자는 일상적으로 우리의 삶과도,

30) 참조. 앞의 책, p.54.
31) 참조. 앞의 책, p.79.
32) 참조. 앞의 책, p.84-85.
33) 참조. 앞의 책, p.98-99.

나의 질문과도, 나의 미래와도 전혀 상관이 없는 수천의 정보 속에 함몰되어 있다. 우리는 우리에게 절대적인 힘과 절대적인 자유를 줄 것처럼 보이는 이 허구적인 도구에 의해서 유인되고 매료당한다. 현실적으로, 우리는 일종의 최면상태에 사는 것이다. 왜냐하면, 우리는 우리 스스로 질문을 던질 능력을 상실했기 때문이다. "왜 인간은 자신이 할 능력이 있다고 해서 그 모든 것을 하고 있는가?" 이 질문을 던지지 않는 것은 우리의 자유가 순전히 허구적이라는 것을 말해준다.[35] 인간은 더 큰 가능성의 장을 확보한 것처럼 보인다. 그러나 이것은 인간의 선택이 기술적 대상들에 근거하고 있다는 조건 아래서이다. 기술에의 순응주의는 진정한 순응주의이다. 왜냐하면, 그것은 마음속에서 내면화되고, 자명한 대상이며, 겉으로는 막대한 자유를 주는 것처럼 전혀 우리를 전혀 압박하지 않기 때문이다.[36] 모든 것이 기술이 되었기 때문에(일뿐만 아니라, 여가, 가족생활, 커뮤니케이션, '개인적 발전', 성, 환경보호, 신학!)[37] 기술에 적응된 인간은 비판적 정신으로 기술을 평가하기 위해 한 걸음 물러나는 여유가 없다. 인간은 기술 가운데서 적든 많든 효율성만을 분간할 따름이다. 결국, 기술은 내적 규제, '피드백'의 모든 현상을 박탈당한다. 기술은 문제의 원인으로 돌아가 오류를 바로잡고 체계의 정보를 변화시킬 능력이 없다. 기술은 문제가 발생할 때에 그 결과를 보상할 절차를 갖출 능력이 있을 뿐이다(가령 문제를 다시 제기할 엄두도 못 내는 기술에 의해 초래된 핵폐기물의 문제를 해결하기 위해 새로운 기술이 필요한 것과 같은). 인간만이 잘못된 방향으로 가는 것을 바로잡을 수 있다. 그러나 실제로 인간은 그렇게 하지 않는다. 어떤 것이 가능할 때는, 그것을 실현해야 한다.

---

34) 참조. 앞의 책, p.108-115. 참조. 엘륄, 2007c, p.176-178(자끄 엘륄은 미시 정보과학에 의한 비사회화의 결과를 의식하고 있다. 특히 컴퓨터 오락게임에 대해서 다음과 같이 말하기까지 한다. 컴퓨터는 친구가 아니다. 그것은 흡혈귀다.'(엘륄, 2007c, p.177)
35) 참조. 엘륄, "Préface" in André VITALIS, *Informatique, pouvoir et liberté*, Paris, Economica, 1988, p. v-xi.
36) 참조. 엘륄, 1977, p.118-119.
37) 참조. 앞의 책, p.123, 168, 180-182, 226.

다시 말해, 기술이 있을 때는 그것을 이용한다는 원칙에서 벗어나지 않는다.[38]

자끄 엘륄은 국가의 성장과 기술의 발전 사이의 긴밀한 관계를 설정한다. 국가는 권력의 유기체이기 때문에 점점 더 기술의 발전을 지원할 수밖에 없다. 결국, 현대 국가에서 정치적 선택을 하는 것은 기술자들이다. 거기에는 경제적 이득을 포기하는 것을 포함한다(예를 들면 우주탐사는 경제적 성과 없는 재정적 손실이고 덜 사회적지만 무자비하게 그것을 추구한다)[39] 기술체계에 대한 정치적 경제적 혁명의 영향은 아무것도 아니다. 그것은 체계의 내부 규칙에 어떤 변화도 주지 않는다. 따라서 인간의 조건을 변화시키지 않는다.[40] 그러나 기술적 성장은 국가가 질 수 있는 투자가 있어야 하기 때문에 가장 국가 중심적인 체제, 다시 말해 공산주의에 미래는 속하게 된다.[41]

자끄 엘륄은 『기술 세기의 도박』에서 이미 진술된 기술현상의 특별한 성격을 다시 다루지만, 그것을 약간 변형시킨다. 그것은 자율성[42], 통일성[43](그가 1954년에 통일성, 불가분해성이라고 불렀던), 보편성[44](그가 보편주의라고 불렀던), 자기증식[45], 자동화[46], 총체화[47](체계의 전체화는 각 부문의 극도의 전문화의 다른 측면에 불과하다), 인과적 진행[48](목적성의 부재. 목적들은 동력이 되거나 결정적 요인이 되지 않고 상황의 주인임을 스스로 단언하는 인간에 의해 후에 덧붙여진 단순한 정당화에

---

[38] 참조. 앞의 책, p.125-128, 232, 241-242.
[39] 참조. 앞의 책, p.137-138.
[40] 참조. 앞의 책, p.148.
[41] 참조. 앞의 책, p.150. 이처럼 1988년까지 자끄 엘륄은 공산주의가 곧 승리를 거둘 것이라 공포했다. 우리가 보겠지만, 그의 몇몇 예언은 좀 더 타당했었다.
[42] 참조. 앞의 책, p.133-162.
[43] 참조. 앞의 책, p.163-175.
[44] 참조. 앞의 책, p.177-205.
[45] 참조. 앞의 책, p.217-237.
[46] 참조. 앞의 책, p.239-261.
[47] 참조. 앞의 책, p.207-211.
[48] 참조. 앞의 책, p.263-290.

불과하다. 하지만, 기술은 스스로 발전하고 기계를 멈추는 것을 용납하지 않기 때문에 발전한다.) 그리고 마지막으로 가속화49)(기술적 체계는 끊임없이 가속화하는 경향이 있다. 감속화는 주기적으로 가속화를 억제할 수 있는 집단적 의식화나 피드백의 부재로 초래된 불균형적 파괴적 성장이 일어날 때만 가능하다)이다.50) 따라서 이 책은 한 가닥 소망을 남겨주며 끝을 맺는다. 인간은 기술적 감소를 위해 행동하기 위해, 그를 장악하는 조건들에서 탈출할 수 있을 것이다. 그러나 현실은 인간이 기술을 이용하기보다는 기술을 섬기는 것을 선호한다. 따라서 절망시키고 절망한 세상에서 이 소망은 어디에 있는가? 이 문제에 대한 답변은 기술을 주제로 한 삼부작에서 찾아볼 수 없고, 그것과 변증법적 관계 안에 있는 책들, 그리고 신학적이고 윤리적인 주제를 다루는 책들 안에 있다. 하지만, 당장은 자끄 엘륄이 기술사회 속에서 우리의 현 상태를 보도록 해주는 거울이 어두워지더라도 사회학적 연구를 계속할 것이다.51)

c) 허세

『기술의 체계』 이후 십 년이 더 지나서, 자끄 엘륄은 『**기술의 허세**』52)를 내놓는다. 이 책은 기술에 대한 관심보다는, '기술에 대한 담론' techno-logie들에 관심을 둔다. 기술을 해방자로서 없어서는 안 될 것으로, 또 집단적, 개인적인 문제들에 대한 유일한 해결책으로 제시하는 기술사회의 압력을 정당화하려 하는 거짓된 이데올로기를 문제 삼는다.53) 하지만

---

49) 참조. 앞의 책, p.291-318.
50) 참조. 앞의 책, p.231, 305.
51) 기술체계Le système technicien는 결코 기술, 세기의 도박La technique ou l'enjeu du siécle의 재판(再版)이 아니고, 그것을 구체화하는 것에 그치지 않는다(정보체계의 중대한 발달에도) 삼부작의 첫 책에서처럼, 제1부는 중립적인 서술을 하고 있지만, 이 책은 그것보다 훨씬 더 나간다. 그것은 길게 인식론적 고찰을 하고 있다(개념 분석, 방법론의 정당화), 그것은 특별히 "체계"의 개념을 발전시키고 있다(1954년에는 단순히 제시될 따름이었다). 그리고 나서 엘륄은 건설적으로 탈출구를 제시한다. 게다가, 이 책은 풍부한 주석과 저서들에 대한 비판을 담고 있어 훨씬 대학 수준의(더 기술적인) 글이라고 할 수 있다.
52) 참조. 엘륄, 1988a.

저자는 십 년 사이에 기하급수적 커브를 그리며 전대미문의 진보를 이룬 기술적 성장을 인정하는 것으로부터 시작 한다(미시 정보과학, 핵, 레이저, 우주 기술, 유전자 공학등). 그러나 그가 말한 바로는, 80년대 초부터 시작된 막대한 혁신의 실체는 인간을 기술에 더 잘 적응시키도록 인간에게 유혹적인 힘을 행사하면서 그의 마지막 저항을 분쇄하려는 유혹적인 담론 안에서 일어난 일이다.[54]

기술 담론의 영역에 대한 분석을 시작하기 전에, 자끄 엘륄은 이 담론이 엄폐하려고 하는 다양한 국면들을 제시한다. 우선, 선전이 말하는 것과는 달리, 기술적 진보는 모호한 것이다. 그것은 심각한 파괴와 사회적 강박이라는 대가를 치러야 한다.[55] 기술은 특히 그것이 해결할 수 있는 것보다 훨씬 심한 생태학적 문제를 일으킨다.[56] 이러한 해로운 결과들은 기술을 활용한 방식과 연결되어 있지 않다. 왜냐하면, 그러려면 덕 있는 인간을 전제해야 하지만, 그 해로운 영향들은 긍정적인 결과들과 떼어서 생각할 수 없다.[57] 그리고 이러한 애매모호함은 우리가 가령 "예방 원칙"[58]이라고 나중에 불리게 될 것의 적용을 엄격하게 요구하는 핵의 영역에서와 같이 모든 새로운 기술의 예측할 수 없는 결과를 상상한다면 더욱 증대될 것이다. "한 기획이 보통 예견 불가능하고 짧은 기간에 국한되지도 않는데도, 잠재적으로 상당한 위험요소를 보인다면, 그 위험을 무릅쓰지 않는 것이 현명할 것이다. 이 원칙은 상황을 완전히 제압하는 것을 전제할 것이다. 이 사실로부터 그 원칙은 반드시 적용될 것이다!"[59] 자끄 엘륄은 그 당시조차도 엄숙한 어조를 취한다. "우리가 점점 덜 우리의 기

---

53) 참조. 앞의 책, p.26-27.
54) 참조. 앞의 책, p.61-64.
55) 참조. 앞의 책, p.97-110.
56) 참조. 앞의 책, p.110-123.
57) 참조. 앞의 책, p.124-134.
58) 참조. 앞의 책, p.134-156.
59) 앞의 책, p.152-153.

술 혁신이 가져온 결과들을 인식하지 못하고, 또한 우리가 필요한 방어책을 만들어내지 못하는 한, 절대적인 위험 속에 최대한 적게 노출해야만 한다. 그리고 내가 보기에 지금 모든 기술적 성장이 가설적 위험이 아닌 절대적 위험의 수위로 높아짐에 따라 엄중히 비난받을 정도가 되었다. 이렇게 쓰는 것이 처음이다."[60]

오늘날 기술 체계는 이렇게 복잡하기 때문에 우리는 큰 재앙을 경고하고 모든 것을 반드시 예견할 필요가 있다. 그러나 정보의 과잉으로 말미암아서 미래를 예견한다는 것은 반드시 가능한 일이 아니다. 그리고 불확실성이 지배하고 있다.[61] 사실 최악의 것이 가능한 것이 되었고 심지어 있을 법한 일이 되었다. 그리고 예견할 수 있다는 환상을 선견지명으로 바꾸는 것이 더욱 현명하고 책임 있는 것이 될 것이다.[62] 전문가들은 체계적으로 정보의 오류를 들어 대중들을 안심시키려고 애쓴다. 가령 체르노빌의 구름이 프랑스에 이르지 않있고 따라서 라인강 좌편즉 프랑스가 포함된 지역-옮긴이주에는 오염 가능성이 전혀 없었다고 하였지만, 실상은 1962년 핵 계획에서 결정할 때 허용 가능한 방출 한계를 고의로 넘겼기 때문에 거짓말이었다![63] 결정들의 무책임성을 은폐하기 위해 "선전"에 호소하는 것에 맞서, 자끄 엘륄은 상식의 원칙을 상기시킨다. "유한한 세계 속에서 무한한 성장이라는 것을 불가능하다."[64]

저자는 이어 "피드백"의 개념을 다시 다룬다. 1977년에 『기술의 체계』에서 그는 모든 "피드백"의 존재를 부정했다. 1982년에 『혁명의 변질』[65]에서 그는 거시 정보과학 덕분에 피드백의 가능성을 상정한다. 그러나 그는 너무 빠르게 반응했던 것 같다. 『기술의 허세』에서 그는 다음과 같이

---

60) 앞의 책, p.156.
61) 참조. 앞의 책, p.163-200.
62) 참조. 앞의 책, p.198-200.
63) 참조. 앞의 책, p.175-180; 359-360.
64) 앞의 책, p.196, 142.
65) 참조. 엘륄, 1982, p.243-291.

쓰고 있다. "현재 나는 일부분이 소실되었다고 평가한다. 그리고 정보기술의 위력에 의해 양양된 기술 체계는 인간의 지도적 의지를 최종적으로 벗어나고 있다."66) 하지만 이중적 '피드백'이 자발적으로 구성되고 있다. 다시 말해, 하나는 정치와 과학의 진화를 가속화시키는 **양성 '피드백'**이고, 다른 하나는 경제를 정체시키는 **음성 '피드백'**이다.67) 확실히 경제는 기술을 지체시키는데 가령 우주 정복과 같이 천문학적 재정이 요구되지만, 실제적 경제적 성과가 없고 또 부차적인 결과에 대한 보상을 책임져야 하기 때문이다.68) – "외부적 요소의 내면화 과정"69)

인류에게 상당한 염려되는 현실 앞에서, 기술 담론을 특징짓는 것은, 그것이 늘 인간을 다른 모든 것보다 우선시하는 인본주의적 담론이기를 자처한다는 사실이다. 새로운 기술은 인간에게 유용하고 인간의 모든 잠재력을 완성하도록 해준다는 것이다.70) 하지만 현실에서 기술은 인간을 배려하지 않고 오직 자기 자신에만 관심을 둘 뿐이다.71) 우리가 인간에 대해 이야기하면 할수록, 인간의 자리는 적어지고, 현실이 어두울수록 그 담론은 더욱 빛난다.72) 사람들은 "자유"를 이야기하지만, 이 자유라는 것은 이런저런 컴퓨터를 선택하고, 이런저런 마크의 자동차를 선택할 자유이지, 컴퓨터나 자동차를 사거나 사지 않거나 하는 사이의 선택 그리고 그것 없이 살 수 있는 자유가 아니다.73) 기술사회는 합리적이지만 비이성적이다. 이 사회는 정보과학의 합리성을 관계적인 열정과 상상력 그리고 기쁨을 가진 존재인 인간에게 부과한다(컴퓨터는 푸르스트의 마들렌마르

---

66) 엘륄, 1988a, p.203. 참조. 엘륄, 1994, p.179-180.
67) 엘륄, 1988a, p.203-204.
68) 참조. 앞의 책, p.209-212, 446-448.
69) 앞의 책, p.448.
70) 참조. 앞의 책, p.243-253.
71) 참조. 앞의 책, p.281.
72) 참조. 앞의 책, p.251-253.
73) 참조. 앞의 책, p.293
74) 참조. 앞의 책, p.301-320.

셀 푸르스트Marcel Proust의 『읽어버린 시간을 찾아서』A la recherche du temps perdu의 주인공—옮긴이주을 경험하게 하지 못한다). 이는 사회 부적응자와 소외자들을 배가시키는 결과를 가져온다.74) 그리고 사실 합리성의 지배는 부조리에 이르게 한다. 우리는 필요가 없는 것을 생산한다. 그러나 기술적 가능성이 있기 때문에 그것을 활용해야만 한다.75) 즉 할 수 있다는 것은 해야 한다는 것을 의미한다. 다시 말해서, 자유가 없다.76) 이는 기구들을 늘어나게 한다. 이 기구들은 그것의 유용성과 그것에 쏟는 투자가 반드시 비례하지 않는 복잡다단한 물건들이다(가령 우주 탐험이든가 전자오락기).77) 마찬가지로 이는 낭비의 제도화를 가져온다(식품, 에너지, 기술적 도구들의 빠른 노후화, 그리고 쓸모없는 대규모 공공공사들).78) 예언자적인 몇 페이지에서79) 자끄 엘륄은 제3세계를 희생해서 얻은 서구의 억제되지 않은 성장이 어느 날 우리를 대항해서 돌아올 것이라고 예견한다. 즉, 우리는 제3세계기 동원 이데올로기를 갖지 않는 한 평온할 것이지만, 현재 공산주의와는 달리 제3세계로부터 오는 것은 이슬람이고 제3세계를 견고히 하는 역할을 한다. "우리는 선진국을 상대로 제3세계가 이끄는 진정한 전쟁에 들어가게 될 것이다. 이 전쟁은 테러리즘과 '평화로운 침범'에 의해서 표현될 것이다."80) 다시 말해서, 핵 시설 중심부에 가미가제식으로 행동하는 것과, 이슬람교도의 이민에 의해서다.81) 이 재앙을 어떻게 피해야 하는가? 우리의 생활수준의 심각한 저하에 동의하지만, 합리적인 해결책은 경제적 연대가 아니라 영적 연대에 달렸다. 그러나 이러한 영적

---

75) 참조. 앞의 책, p.375.
76) 참조. 앞의 책, p.403-404.
77) 참조. 앞의 책, p.467-518.
78) 참조. 앞의 책, p.519-544.
79) 참조. 앞의 책, p.425-429.
80) 참조. 앞의 책, p.428.
81) 참조. 앞의 책, p.435.
82) 참조. 앞의 책, p.435.
83) 참조. 앞의 책, p.427.

연대는 사실상 가능한 것처럼 보이지 않는다.[82]

따라서 현대인은 기술에 매료되어 있고, 최면 상태에 빠져 있고, 자기 자신을 상실하고 있다.[83] 1000중 999는 아무것에도 쓸모없는 쇄도하는 정보 속에 저항 없이 묻혀, 인간은 인격의 파탄과 혼란스러운 무력감에 빠진다.[84] 인간은 텔레비전이라는 함정에 빠져 있는데, 이것은 우리 시대의 주요한 매력적인 힘이다. 그러나 이것은 메시지를 전달하는 것이 아니라 메시지 자체이다.[85] 더는 광고가 판매의 앞잡이가 아니다. 그것은 "과학-기술-상품"의 모든 체계의 동력이 되어 버렸다. 그것은 우리 사회의 보이지 않는 지배력이 되었다. 그것은 자신이 원하는 생활 스타일을 형성하고 그것을 기술적 세계 속에 통합시킨다.[86] 인간은 놀이(산만하게 만들고 고립시키는)[87]의 재미에 먹이가 되었다. 스포츠("가장 큰 사회적 마법사이다!"[88])[89], 자동차(실재와 모든 관계를 고갈시킨다)[90], 현대 예술 그리고 소음이 그것들이다.[91] 결론적으로 자끄 엘륄은 "기술 테러리즘"[92]에 대해 말한다. 기술담론 자체는 실상 공격 조직이라는 의미에서가 아니라 방어할 수단이 전혀 없는 상황에서 무의식적 주입이라는 의미에서 "테러리스트"이다. 완전히 정보화 기술화된 미래의 사회를 대표하는 학교에서부터 기술적 담론은 부과된다. 그러나 이 사회는 숙명적이지도 가능하지도 않다. 그러나 젊은이들을 그 사회에 들어가도록 준비시키면서 우리는 그 사회를 실현 가능한 것으로 만들고, 그것이 운명적이라는

---

84) 참조. 앞의 책, p.587-595.
85) 참조. 앞의 책, p.595-607.
86) 참조. 앞의 책, p.621-639.
87) 참조. 앞의 책, p.644-653.
88) 앞의 책, p.654.
89) 참조. 앞의 책, p.654-664. 참조. 엘륄, 2007c, p.183-185(자끄 엘륄은 여기서 스포츠를 '민중의 아편' (엘륄, 2003c, p.184)이라고 제시한다.)
90) 참조. 엘륄, 1988a, p.664-671.
91) 참조. 앞의 책, p.671-680.
92) 앞의 책, p.685; 참조 앞의 책, p.685-712.
93) 참조. 앞의 책, p.711-712.

신념을 지닌 개인들을 주조하는 것이 그것을 피할 수 없게 만들 것이다.[93] 이것은 대중의 공모로서만 가능하다. 왜냐하면, '선전에 동화된 사람들'의 공모라는 조건으로만 '선전'은 성공할 수 있기 때문이다.[94]

『기술의 허세』를 읽으면 엘륄이 기술사회에 대해 무조건적이면서 절망적으로 비난한다는 인상을 받게 된다. 또한, 거기에 자끄 엘륄의 의도는 더욱 미묘하다. 우리는 병행적으로 신학적 측면에서 그의 저술이 소망과 자유를 향해 문을 여는 것을 알 수 있다. 그리고 이 두 번째 측면만이 사회학적 비판의 급진성을 허용하게 하는데, 이는 독자를 신앙으로 이끌기 위한 변증적 전략 차원의 과도한 과장에서가 아니라, 그가 부여하는 지나친 명료함에 의해서이다. 그러나 이 책의 결론에서부터, 자끄 엘륄은 화禍의 선지자의 역할을 했었다고 자신을 변호한다. 왜냐하면, 그는 단지 그의 동시대인들을 경고하고 그 현혹에서 해방되도록 노력했기 때문이다. 인간은 그 자신이 자신의 운명을 선택할 자유가 있다고 믿어서는 안 된다. 이것은 사실 그의 자유라고 증언하는 것이 필연임을 인정할 때 비로소 깨닫게 된다. 기술에 비판적 거리를 두는 것은 유일한 자유의 길이다. 그러나 이 자유는 다가오는 "엄청난 지구적 혼란"[95] 을 준비할 수 있도록 해주는 현저한 자유이다.[96]

우리는 아직 이 근본적인 자유를 실행할 조건을 생각하기 전에 좀 더 인내심을 가져야만 한다. 보이는 것과는 달리, 우리는 기술사회에서 인간 소외의 실제적 깊이를 측량하지 않았기 때문이다―다양한 책들이 여러 각도에서 다양한 소외의 양상을 다루고 있다. 따라서 우리는 다시 이 문제를 당장 분명하게 검토할 것이다.

---

94) 참조. 앞의 책, p.704.
95) 앞의 책, p.731.
96) 참조. 앞의 책, p.730-731.

II. 기술사회 속에서 정치 – 대 환상

기술적 요소가 지배하는 현 사회 속에서 정치가 차지하는 위치는 무엇인가? 기술은 인간성을 드높이려고 더 유리한 방향으로 역사를 돌려 새로운 방향으로 인도할 수 있지 않을까? 우리는 자끄 엘륄이 약간의 정치적 경험이 있다는 것을 알고 있다(엘륄은 2차 대전 후 독일 점령에서 해방될 때, 그는 6개월 동안 보르도시ⓜ 부시장을 지냈다.[1] 그때 그는 하루에 자신이 잘 알지 못하는 문제에 대한 30통의 문서에 서명해야 했다. 하지만 그것은 이미 전문가들의 사무실에서 결정된 것이었다. 따라서 우리는 삼백통의 문서에 매일 서명해야 하는 정부 각료의 상황을 상상해 볼 수 있다…[2] 바로 이렇게 해서 엘륄은 **'정치적 환상'** 을 깨닫게 된다. "모든 것은 정치다"[3]라는 사고가 팽배할 때, 불경스러운 이 제목을 가지고 이 문제를 한 권의 책에서 다룬다. 자끄 엘륄은 정치적 삶에서 물러나는 것에 그치지 않고, 그는 그때 평생 결코 투표를 하지 않겠다고 결심한다.[4] 정치적 인간이 무능하고, 정치체제의 변화나 생태주의자 장관을 임명하는 것으로는 기술사회의 전진을 진행에 아무런 영향을 미칠 수 없다는 그의 신념 때문에 그는 1981년 5월 프랑소아 미테랑의 당선 다음 날에 물의가 되었지만, 프랑스의 모든 지성인이 반기었던 (레이몽 아롱Raymond Aron을 제외하고) 한 시각을 「르 몽드」에 쓰게 된다. "1981년 5월 10일 어떤 중대한 일도 일어나지 않았다. 왜냐하면, 우리 사회가 흘러가는 방향에서 근본적으로 어떤 것도 변하지 않을 것이기 때문이다."[5]

---

1) 참조. 엘륄, 1994, p.42,48-69, 124-125.
2) 참조. 엘륄, 1965, p.208-209; 1994, p.68-69.
3) 참조. 엘륄, 1965.
4) 참조. 엘륄, 1965, p.26,129; 1984b, p.133; 1988b, p.25; 1994, p.130-131.
5) 르 몽드, 1981년 5월 27일 자, (참조. 엘륄, 1987b, 16쪽), 자끄 엘륄, "재범", Sud-Ouest지(紙), 1981년 7월 10일(참조, 엘륄, 2007c, 101-103쪽, 111-113쪽) 엘륄은 드골과 미테랑이 본질적인 점에서 동의했었다고 단언하며, 1965년에 같은 어조로 말한다(참조. 1975b, 2권, p.104).

a) 환상

자끄 엘륄은 기술사회 속에서 정치적 담론의 과잉을 확인하는 것에서 출발한다.-그러한 과잉은 일반적으로 손실을 드러내 주는 지표이다. 왜냐하면, 남는 것이 말뿐일 때, 이러한 현상은 부재나 자기 암시, 그리고 주술적 마술을 보상하려는 과정과 관련되어 있기 때문이다.[6] 모든 것이 정치적이다. 왜냐하면, 우리가 정치와 사회를 혼동하기 때문이다.[7] 정치가 존재하려면, 다수의 해결책 가운데서 효과적인 선택과 지속적인 참여가 있어야 한다. 그러나 이러한 두 가지 특징은 사라지게 마련이다. 왜냐하면, 정치는 기술적 필연성에 종속되어 있고, 기껏해야 지나가는 시사문제에만 개입할 따름이기 때문이다.[8]

근본적으로, 이러한 필연성에의 종속은 표면상으로는 구원받은 것처럼 보이고, 계속 자유에 관한 어휘들이 사용되기 때문에 개인이 더는 자유에 대한 욕구를 못 느낀다는 사실이 그 원인이다.[9] 따라서, 정치는 가장 효율적인 선택들에 대한 동의로 축소된다. 사실, 진정한 선택은 정치인이 아니라 기술자들에게 달렸다. 기술자들은 그들의 사무실에서 우선결정을 위한 서류들을 준비하고 끝으로 그것들을 집행한다.[10] 이것 때문에 "정치적 기능의 쇠퇴"[11]가 발생한다. 전문가들의 기술적 선택에 거스르는 애초의 결정 하나조차도 마지막에 가서는 적용되지 않는다. 정치의 기능은 함께 사는 궁극목적을 정의하는 것이지만, 오늘날은 목적을 결정하는 것은 기술적 수단들이다.[12] 지나가는 시사문제에 대한 정치의 집착에 관해 말하자면, 그것은 미디어와 여론의 발전에 의해 강화되었다. 언

---

6) 참조. 엘륄, 1965, p.31-33.
7) 참조. 앞의 책, p.43.
8) 참조. 앞의 책, p.57-61.
9) 참조. 앞의 책, p.64-65.
10) 참조. 앞의 책, p.70.
11) 앞의 책
12) 참조. 앞의 책, p.76.

론은 시민이 소화할 수 없고 그래서 그것을 심각하게 정치적으로 생각해 보는 데 이용할 수 없는 정보의 물결을 퍼부어 낸다. 게다가, 하나의 새로운 정보는 다른 정보를 내쫓아서 모든 정치적 연속성을 막는다.[13] 시사문제에 집중한 나머지, 시민은 근본적인 문제를 도외시하게 되고 그들에게 "정치적 볼거리"의 일부를 이루는 정보가 제공하는 거짓된 문제들을 선호하게 된다. "사실상 오늘날의 정치는 자주 볼거리의 형태를 띤다. 마치 고객을 만족하게 하려고 정치인들에 의해 제공되는 시민을 위한 볼거리이다."[14] 마지막으로, 유일하게 지속되는 정치적 결정들은 필연성의 결과고, 의지적 결정들은 일시적인 부수현상에 불과하다.[15]

만일 정치가 전적으로 기술에 종속된다면, 반대로 정치는 도덕적 가치들에 대해서 완전히 자율적임이 판명된다(효율성이 유일한 법칙이다).[16] 우리는 마르크스 이후로 국가가 폭력을 합법적으로 독점함을 알고 있다. 가장 미미하게 독립을 표명하는 것은 즉시 이러한 특권을 침해하는 것이 된다. 국가가 폭력을 사용하거나 전쟁을 해서는 안 된다고 말하는 것은, 단순히 말해 그것이 국가가 아니라는 말이다.[17] 오해를 우려해서, 자끄 엘륄은 모든 전쟁은 부당하지만, 정치의 영역이 자율성을 가진 세상 속에서 정치하는 사람은 전쟁이 정상적인 수단임을 알아야 한다는 것을 분명히 말한다.—이것은 혐오스러운 사실이지만, 이는 파괴적인 이상주의만이 거부할 수 있는 하나의 사실이다.[18]

---

[13] 참조. 앞의 책, p.89-95.
[14] 앞의 책, p.97. 자끄 엘륄은 "정치적 볼거리"라는 비유를 1962년부터 사용한다.(참조. 1962, 276쪽) 이것은 일상적인 언어로 사용되기 이전이고, 심지어 그의 친구로 상황주의자 국제(Internationale situationiste)에 드나들었던 쥐 드보(Guy Debord)가 어떤 점에서 표상(表象 représentation)이 실재(réalité)보다 우위에 있다는 것을 보여주기 이전이다.(참조. Guy DEBORD, La Société du spectacle, Paris, Gallimard, 1967; 참조. 엘륄, 1980b, 15-24쪽)
[15] 참조. 엘륄, 1965, p.103.
[16] 참조. 앞의 책, p.109.
[17] 참조. 앞의 책, p.110-116.
[18] 참조. 앞의 책, p.124-131.

오늘날 정치는 여론에 의존하고 있다. 하지만, 이 여론이란 것은 어떤 객관성도 없이 모두 허구적인 세계 속에서 움직인다. 이 세계는 심리적이고 언어적인 세계로, 실제 세계와 어떤 연관도 없는 이미지의 세계로서 순전히 미디어의 창작물이다. 이처럼 우리는 하찮은 사실을 시작으로 해서 모든 극적 문제들을 조립해 내고, 이것들이 굉장히 중요한 것처럼 여론을 동원한다.[19] 바로 이 이미지의 세계 속에서 두 가지 정치적 환상이 생겨난다. 하나는, 오늘날 특정한 정치권력의 행사를 통해서 실재를 변화시킬 수 있다고 믿는 정치인들의 환상이다. 하지만, 그들은 국가 기구에 맞서서는 아무런 힘이 없다. 다른 하나는, 시민이 가진 같은 환상이지만 반대 관점의 환상이다. 즉, 시민은 정치적 참여를 통해서 정치인들을 뽑아서 국가를 통제할 수 있다고 믿는 환상을 가지고 있다. 하지만, 사실 정치인들은 아무런 힘이 없다.[20] 왜냐하면, 대의 민주주의의 기구들은 전문가들이 작성한 결정 사항을 인순해주기만 할 뿐이기 때문이다. 현대 국가는 무엇보다도 거대한 관료적 기계이다.[21] 이 관료 조직은 독립적인 길을 걷게 된다. 장관이 결정을 내리는 순간부터, 그 결정은 그의 손에서 완전히 떠나게 된다. 그 결정은 여러 부서를 돌아다니게 되고, 모든 것은 결국 행정의 여러 회로에 의존하게 되어 있다. 종종 그것들은 이러한 과정에서 소멸하고 마는데, 이것은 마키아벨리적 의지에 의해서가 아니라 관료 기구의 엄청난 복합성이라는 단순한 사실에서 의해서다.[22] 정치인은 관료 사무실에 어떤 영향력도 행사할 수 없다. 이것은 정치인들이 완전히 무능하다는 사실을 스스로 알기 때문에 더욱 그렇다. 그가 서명하는 모든 법령과, 그가 대중에게 그리고 국회에서 하는 담화는 모두 관료 사무실에서 나오는 것이다. 현실적으로 결정의 능력이 있는 사람들은 기술적 전문가

---

19) 참조. 앞의 책, p.143-170.
20) 참조. 앞의 책, p.187.
21) 참조. 앞의 책, p.191-194.
22) 참조. 앞의 책, p.197-198.

들이다.23) 자끄 엘륄은 자신이 분석한 것의 논리적 결과를 끝까지 밀고 나가 급진성의 문턱을 넘어선다. 보편 선거는 결국 완전한 환상이다. 왜냐하면, 그것은 시민 모두를 더는 힘을 행사하지 못하는 것에 참여시키기 때문이다.24) 정당과 조합에 관해 말하자면, 그것은 개인의 책임과, 그의 판단의 자유를 박탈하는 것이다. "참여, 그것은 저당잡히는 것이다."25) 왜냐하면, 이 조직들은 "순응주의를 만들어 내는 기계들"26)이기 때문이다.

독자들은 그의 결론을 고려하며 탈정치화와 무정치주의를 선전하는 것으로 생각할 가능성이 있다. 그러나 사실 그의 의도는 다른 것에 있다. 이것은 재再정치화를 위한 탈脫정치화이다. 다시 말해, 시민으로 하여금 민주주의적 태도에 대한 자신의 환상을 벗어버리고 당파적인 운동에 참여하기보다는 자신의 삶의 양식을 바꾸는 것이 중요함을 자각하도록 하는데 그 목적이 있다.27) 이 명철한 시민은 이어 국가에 대해서 거부와 대항의 거점들을 형성할 능력이 생길 것이다. 이 지점들은 국가 앞에서 긴장과 저항의 극으로서 자신을 세울 수 있는 지역적인 집단들이 될 것이다.28) 그러한 해결책이 공상적이라고 생각하는 사람들에 대해서, 자끄 엘륄은 미리 대응한다." 나는 결코 이것이 가능하다고 말하는 것이 아니다. 나는 내가 믿는 것이 사회적, 정치적 삶의 조건과 정치적 환상에서 탈출할 수 있는 유일한 길이라고 믿고 있음을 가리킨다. 사람들이 정치적 환상에 빠지지 않기를! 이러한 조건들하에서 미래는 상당히 분명하다. 곧 일시적인 정치적 환상은 재로 변할 것이다."29) 그리고 자끄 엘륄은 다음

---

23) 참조. 앞의 책, p.208-209.
24) 참조. 앞의 책, p.219.
25) 앞의 책, p.233.
26) 앞의 책, p.245.
27) 참조. 앞의 책, p.273.
28) 참조. 앞의 책, p.298.
29) 앞의 책, p.299.

의 말로 결론을 맺는다. "이러한 소극적인 제안들은 결국 정치인이 무엇보다도 한 인간일 때 상상해 볼 수 있고, 어렵지만 실현할 수 있다고 할 수 있다. 우리가 그것을 원하든 그렇지 않든, 모든 것은 결정적으로 개인에게 달렸다. 한 인간에게? 이 주제, 즉 간단히 결정의 자유로운 중심이 인간이라는 주제에 관해 현재 일어나는 논쟁의 흐름 속에 내가 있다는 것은 우연이 아니다."30)

b) 무정부

우리는 쉽게 자끄 엘륄의 무정부주의적 방향성을 확인할 수 있을 것이다. 이러한 경향은 그의 세 권의 후기 저술에서 찾아볼 수 있다.31) 『기독교와 마르크스주의』*L'idéologie marxiste chrétienne* (대장간 역간), 32)의 마지막 장, 『자유의 투쟁』*Combats de la liberté*, 33)에서 불과 몇 페이지지만 매우 명확한 부분, 그리고 『무정부와 기독교』*Anarchie et christianisme*, 34)에서 길게 다루어지고 있다. 이 중요한 세 권의 저술은 후에 다시 살펴볼 것이다. 『자유의 투쟁』에서 자끄 엘륄은 "무정부주의에 대한 자신의 선호"35)를 정당화한다. 그는 오늘날 모든 국가는 전제주의적이라고 주장한다. 왜냐하면, 국가는 거대한 수단들을 자신에게 제공해 주고 개인의 자유를 더 위협하는 기술사회 안에 있기 때문이다. "바로 이 때문에 나는 무정부주의에 찬성한다."36) 우리는 자끄 엘륄의 분석적 연구에서 무정부주의에 대한 확신의 지위에 대해 물음을 던질 것이다. 다시 말해, 그의 무정부주의에 대한 확신은 그가 국가와 정치에 대해서 급진적 비판을 전개하도록 이끌었던 전제인가,

---

30) 앞의 책, p.301.
31) 자끄 엘륄의 초기작, 법의 신학적 기초 *Le fondement théologique du droit*에서 자끄 엘륄은 무정부주의를 가차없이 비난했음을 알려준다.(엘륄, 1946p, 77,81,92,101)
32) 참조. 엘륄, 1979, p.197-227.
33) 참조. 엘륄, 1984b, p.120-133, 246-250.
34) 참조. 엘륄, 1988b.
35) 엘륄, 1984b, p.121.
36) 앞의 책, p.132.

아니면 그의 엄격한 추론의 논리적 결과인가? 예상과 달리, 우리는 그가 무정부주의를 선택하고, 결과적으로 국가에 대해서 적대적 입장을 취하게 한 것은 바로 그의 기독교 신앙이라는 것을 보게 될 것이다. 따라서 우리는 기독교적 소명과 관련해서 정치적 문제에 다시 돌아올 것이다. 그러나 기술사회에서 정치에 대한 비판의 대상은 현대 국가와 긴밀하게 연결된 우리가 지금까지 간략하게 언급한 선전이다.

III. 선전宣傳 : 일상생활에서의 조건화와 조작

자끄 엘륄은 선전 현상에 대해서 『선전』*Propagandes*, 1) 그리고 『선전의 역사』*Histoire de la propagande*, 1967, 2) 두 권의 책에 힘을 기울였다. 이 책들에서 "선전"은 "한 조직화된 집단이 다수의 개인들을 심리적으로 조작해 어떤 조직에 편입시켜 능동적 또는 수동적으로 그 집단의 행동에 참여시킬 목적으로 사용하는 수단들의 총체"3)라고 정의한다. 이러한 개념을 통해 엘륄은 시대착오에 빠지지 않고서 비교적 광범위하게 고대 그리스 로마세계에서 현대의 선전과 유사한 현상들을 분별해 낼 수 있었다. 다시 말해서, 정치적 종교적 권력들이 심리적 영향력을 수단으로 이데올로기적 효과를 얻고자 할 때, 그것을 "선전"4)이라 부를 수 있다. 실제로 늘 국가들은 자신의 국민과 외국인들을 그리고 심지어 적들에게조차도 야만적인 힘에 의지하지 않고서도 내적 결속력을 높이려고 채택된 전략을 가동하곤 했다.5) 선전은 권력이 조직화하고, 중앙화 되고, 개인화되는 즉시 나타나는

---

1) 참조. 엘륄, 1962.
2) 참조. 엘륄, 1967b.
3) 엘륄, 1962, p.75.
4) 참조. 엘륄, 1967b, p.6.
5) 참조. 앞의 책, p.18.

것같다.6) 하지만 지배의 수단으로서 선전이 지속적으로 자리 잡고, 체계화되고, 제도화되고 더 정교한 기술적 수단이 된 것은 1차 세계대전과 특히 1917년의 혁명 때부터이다.7)

a) 정치적 선전

자끄 엘륄은 스탈린과 괴벨스 그리고 모택동에 의해 정교화되어 실행된 방법을 자세히 분석한다. 선전은 개인과 동시에 대중을 대상으로 해야 한다. 더 설명하면, 대중을 대상으로 할 경우 선전이 마치 개인화되었다는 인상을 주어야 하고, 마치 그 선전이 개인을 목표로 하는 것처럼 받아지도록 해야 한다. 이러한 측면에서 대중매체는 현저한 효과를 나타낼 수 있는 수단이다.8) 따라서 국가의 담론 앞에서 개인을 홀로 뿌리를 잃게 하려고 경쟁적으로 개인에게 미시적인 메시지를 전달하기 쉬운 집단(가족, 마을, 회사, 교구, 협회 등)을 분쇄할 필요가 있다. 국가는 정당화된 이념 그리고 높은 수준의 책임의식을 부여하면서 "고독한 군중" 한가운데 있는 개인에게 가치를 부여한다.9) 선전은 중단되어서는 안 되는데, 이는 개인이 외부적인 참조점을 점점 상실해 가면서 빠져나갈 수 없는 환경을 조성하기 위함이다.10) 선전은 정론正論—올바른 믿음(옮긴이주), orthodoxie가 아니 정행正行—올바른 실천(옮긴이주), orthopratique를 목표로 해야 한다. 왜냐하면, 행동은 선전을 돌이킬 수 없도록 하기 때문이다. 다시 말해, 행동은 행동을 불러오고, 선전에 동화된 사람은 그 사람이 이끌어 내는 행동이 의미를 갖게 하기 위해서 그 선전을 믿을 수밖에 없기 때문이다.11) 선전은 기원신화들(선과 악, 일, 진보, 행복, 평화, 자유 등) 그리고 이데올로기들(민

---

6) 참조. 앞의 책, p.48.
7) 참조. 앞의 책, p.104.
8) 참조. 엘륄, 1962, p.18-21.
9) 참조. 앞의 책, p.19-20, 107-116, 169-170.
10) 참조. 앞의 책, p.29-31.
11) 참조. 앞의 책, p.36-44.

족주의 민주주의, 사회주의 등)을 가동시키고 조작한다.12) 그것은 하지만 선전은 그것의 바탕이 되는 공인된 사실들에 의지해야만 한다. 거짓임이 입증되어야 하는 것은 그 사실들이 아니라, 그 사실들에 대한 해석이다.13) 선전은 이처럼 분명하고 단순한 설명을 제공함으로써 적대적이고 위협적인 세계 앞에서 시민이 느끼는 불안감을 제거한다. 이 설명에 모든 사람이 동의하는 것처럼 보인다.14) 이 사실로부터, 일정한 수의 표준유형이 형성되는데 이것은 개인에게 다른 담론과 심지어 반대되는 사건에 대해서 억누를 수 없는 힘을 부과하기 위함이다. 주관적인 현상들은 그때부터 집단적 신앙이 되면서 객관적인 외양을 취한다.15) 이처럼 선전은 비판적 정신과 개인적인 판단을 사라지게 하는 소외의 메커니즘임이 증명된다. 선전에 동화된 사람들은 분별력을 상실하게 되고, 모든 모순을 받아들인다. 소외는 더욱더 깊어지는데 이것은 개인이 스스로 자유롭게 사고하고, 느끼고, 행동한다고 확신하고 있다는 것과 그가 모든 다른 담론들을 선전으로 규정하기 때문이다!16) 마지막으로, 전시에 선전은 극도로 정교화된다. 포로들을 세뇌시키면 그들을 제거하지 않고도 자기편으로 만들 수 있다. 나아가 심리적 조작을 시도해서 적진을 혼란에 빠뜨리는 것도 한 예가 된다.17)

 20세기에 일어난 파시스트, 나치 그리고 공산주의 독재에서 실행한 선전에 대한 자끄 엘륄의 분석은 그의 학식과 엄격성 그리고 그 분석의 적절성을 여실히 보여주고 있다. 그러나 엘륄은 이 선전 현상이 단지 전체주의 체제에서만 일어나는 것이 아니라고 단언한다. 선전은 역시 민주주의도 만들어가고 심지어 민주주의는 그것을 필요로 한다. 자끄 엘륄은

---

12) 참조. 앞의 책, p.134-135.
13) 참조. 앞의 책, p.65-75.
14) 참조. 앞의 책, p.179-180.
15) 참조. *앞의 책* p.184-186.
16) 참조. 앞의 책, p.191-200.
17) 참조. 앞의 책, p.324-331.

냉전 상황과 관련한 자료들을 통해서 민주주의 체제들이 공산 체제를 향해 심리전을 벌였고, 공산체제가 사용하는 것과 같은 무기를 사용할 수밖에 없었음을 보여준다. "민주적 선전 즉 부드럽고, 제한적인 선전을 개발한다고 주장하는 것은 환상이다."[18] 그러나 선전에 호소하는 것은 인격, 진리 그리고 자유를 훼손하면서 민주주의 근간을 허물어뜨린다. 그것은 민주주의를 더는 견딜 수 없어하는 전체주의 문화에 적응된 인간을 창조한다.[19] 따라서 선전을 모방함으로써 서구 민주주의들은 그것이 싸우는 전체주의 국가들의 선전에 의해서 오염된다.

b) 사회학적 선전

하지만, 독재정권과 실제적 경쟁 관계에 있는 민주주의의 어두운 운명에 대한 예견을 넘어서, 자끄 엘륄은 가장 민주적이고 인본주의적인 현대 국가라 할지라도 정부는 통치수단으로서 선전에 의지해야 한다는 점에 누구도 반대하지 않을 것이라고 주장한다.[20] 이것은 선전이 오늘날의 시민을 위해서 진정한 필요가 된다는 사실 때문이다. 다시 말해서, 사회구조와 전통적 가치들이 흔들렸기때문에 결국 인간은 근본적인 소외 없이 기술사회에 적응할 수 없다.[21] 따라서 선전에 동화된 사람들은 순진한 희생양이 아니고 반대로, 바로 그가 자신의 필요를 만족하게 해주라고 요청하는 선전가들의 행동에 전적으로 공범이 된다.[22] 자끄 엘륄이 정치적 선전과 같은 수단을 쓰며 특정 모델에 따라서 시민의 사는 방식을 고치는 이 수평적인 선전의 형태를 지정하기 위해 "사회학적 선전", "통합적 선전"의 개념을 구체화하는 것은 바로 이 왜곡된 메커니즘을 고려하기 위

---

18) 참조. 앞의 책, p.258-262.
19) 참조. 앞의 책, p.152-157, 272-280.
20) 참조. 앞의 책, p.157.
21) 참조. 엘륄, 1967b, p.74.
22) 참조. 앞의 책, p.72; 엘륄, 1962, p.120-121, 137-140.

함이다.23) 바로 이것이 "선전"이라는 범주에다가 개인을 한 사회에 적응시키기 위해서 세뇌와 **공적 개인적 관계**에 대한 유연한 전략 사이에 있는 모든 현상을 포함해야 하는 이유이다.24) 또한 위에서 언급한 기준들은 한 민주적 사회 내에서 교육, 정보, 광고에 대한 설명에도 마찬가지로 적용된다. 다시 말해서, 이 세 현상은 한 원형에 따라 인간을 모델화하는 것을 목적으로 하고 기술사회에 동화시키기 위해 인간을 순응시킨다.25) 조건화의 절차는 나치와 스탈린이 호소했던 절차와 유사하다. "모든 현대 국가는 어떤 이름을 붙이든 간에 선전의 집행을 전제한다."26)

학교는 기술사회에서 가장 강력한 순응화의 모델이다. 아이에게 퍼 붙는 선전에 의해서 학교는 비판적 정신을 갖추기 전에, 학교는 아이를 선전에 동화된 성인이 되도록 준비시킨다.27) 독서력을 갖추게 되는 것은 특히 항상 자유를 향한 진보는 아니다. 왜냐하면, 중요한 것은 읽을 수 있는 능력을 갖추고 있다는 것이 아니라, 그가 읽는 것을 통해서 지식을 획득하기 때문이다. 그렇지 않으면 독서는 관찰과 기억이라는 자연스러운 능력을 파괴하는 결과를 가져올 뿐이다. 분별력 없이 읽을 줄 아는 능력은 완전하게 선전에 적응된 인간과 부합한다.28) 문맹에 대해서 말할 수 없이 칭송한 글에서(분명히 텍스트의 형태로 출판된!)29), 자끄 엘륄은 단도직입적으로 "읽기는 현대 세계에서 인간의 예속의 첫 번째 수단이다."30)

선전에 동화된 사람의 공모를 가장 뚜렷이 보여주는 예는 정보에서 찾을 수 있다. 왜냐하면, 각자는 어떤 일정한 언론에만 흠뻑 젖어 있기 때문

---

23) 참조. 엘륄, 1962, p.75-94.
24) 참조. 앞의 책, p.8-9.
25) 참조. 앞의 책, p.24-25.
26) 앞의 책, p.31-32.
27) 참조. 앞의 책, p.126-127.
28) 참조. 앞의 책 p.126.
29) 참조. 엘륄, 1966b, p.251-259.
30) 앞의 책 p.258.

이다. 공산주의자들은 공산주의 신문만을 읽고, 「피가로」지紙, Le Figaro 구독자는 피가로만 읽고, 개신교도는 기독교 미디어에 충실하다….[31] 이처럼 "독자는 그가 선택한 선전의 칼날에 자기 자신의 목을 내놓는다."[32] 따라서 정보는 선전에 반대해서는 안 된다. 그것은 선전의 본질적인 조건이다. 왜냐하면, 선전이 접붙이면 되어 있는 현재의 정치적 경제적 현실에 대한 참조점이 필요하고 그것은 그 현실에 대해서 하나의 해석을 제공하기 때문이다.[33] 그러나 그것은 그것 자체로 선전의 한 형태이다. 기술 사회에서 정보의 홍수는 개인을 익사시킨다. 정보는 개인과 직접적으로 관계가 없지만, 그것은 개인에게 지속적인 "정치적 볼거리"[34]를 연출해 준다. 그 볼거리 속에서 사건은 즉시 이전의 사건을 축출해 버리고 개인에게 참혹한 세상에 대해 참혹하고 우려에 찬 시각을 심어준다. 이 정보의 홍수는 피상적인 담론에 개인을 치명적으로 노출되게 하는 음흉한 조작이 된다.[35]

마지막으로, 광고는 결정적인 저항에 부딪히지 않고 끊임없이 새로운 필요를 창출한다.[36] 물론 광고는 판매를 목적으로 하지만, 그것은 역시 우리 사회에서 기술적 진보와 새로운 아이디어 상품에 대한 정보를 제공한다. 그리고 무엇보다도, 새로운 삶의 한 모델을 제시한다.[37] 이렇게 해서 광고는 강력하게 정신을 조건화하고 기술사회가 부과한 원형原型, prototype에 개인을 동화시키는데 이바지한다.

현대 민주주의에서 선전의 필요성을 확립한 자끄 엘륄은 자명하게도 그것의 정당성을 변호하기는커녕 그것을 비난한다. 결과적으로, 엘륄은

---

[31] 참조. 엘륄, 1962, p.237.
[32] 참조. 앞의 책 p.121.
[33] 앞의 책 p.130.
[34] 앞의 책, p.276.
[35] 참조. *ibid*…., 163-166, 333-342.
[36] 참조. 앞의 책 p.311.
[37] 참조. 앞의 책 p.341.

우리 현대인의 일상적 삶에서 실재와 심리적 호소력을 부인하는 사람들을 반대한다. 자끄 엘륄이 공격하는 금기禁忌는 현대인의 성숙과 책임이라는 금기이다. 이 신화에 맞서서 그는 모든 시대에 인간은 유연하다는 것과, 기술적 민주주의 조건을 지탱하기 위해 시민의 편에서 오히려 선전을 무의식적으로 요구한다고 한다는 것을 보여준다. 자끄 엘륄이 보기에 이 현상을 의식하는 것은 그것을 제압하는 첫 번째 발걸음이다.38) 우리가 기술하는 폐쇄된 세상 속에서조차도, 항상 출구가 열려 있고, 그가 그리는 너무도 침울한 풍경에서도, 한 가닥의 빛이 남아 있다. "인간에게 자유와 진리의 부분이 아직 잃어버려지지 않았다. 그러나 그것은 효과적으로 그렇게 될 수 있다"라고 1962년에 쓰고 있다.39)

IV. 혁명 – 신화의 해체

기술, 정치, 그리고 선전을 통한 기술사회에 대한 비판은 혁명을 주제로 한 삼부작–『혁명의 해부』1), 『혁명에서 반란으로』2), 그리고 『혁명의 변질』3)에서 그 성취를 보게 된다. '혁명' 이라는 단어는 오늘날 거의 잊혀졌지만 이 책들이 출판되었을 당시에는 엘륄이 가장 순응주의적인 상투어라고 여길 만큼, 가장 많이 반복되는 라이트모티브leitmotiv였다.4) 그 자신도 1930년대에 인격주의 혁명을 신봉했고, 그다음 1944년 해방시에는 '전투' 라는 운동의 슬로건인 "레지스탕스에서 혁명으로De la résistance à la

---

38) 참조. 앞의 책, p.11-12.
39) 앞의 책, p.280.

---

1) 참조. 엘륄, 1969.
2) 참조. 엘륄, 1972a.
3) 참조. 엘륄, 1982.
4) 참조. 엘륄, 1980b, p.243.

révolution"의 실현을 믿었다. 그러나 그는 전통 정당이 강력한 힘을 얻어 복귀하는 것을 보고 바로 실망할 수밖에 없었다. 1968년에 그는 국제 상황주의자Internationale Situationiste에 상당히 근접했었고 대학의 자율에 찬성하였지만 '그랑 수아Grand Soir, 그랑 수아란 마르크스주의자들이나 무정부주의자들이 사용하는 용어로 혁명적인 단절을 뜻한다.-옮긴이주를 학생들이 요구하고, 또 프롤레타리아 혁명을 흉내내기 시작하자 학생운동에서 이탈한다.5) 마르크스주의 사상과 기술사회에 대한 연구는 혁명에 대한 전통적 접근이 '진정한 혁명의 방해물' 6)이라고 간주하게 한다. 하지만, 우리가 보게 되겠지만, 자끄 엘륄이 입장은 책에 따라서 변하게 된다.

a) 신화

『혁명의 해부』7)에서 자끄 엘륄은 책을 시작하면서 '혁명'이라는 개념과 '빈란' 8)이라는 개념을 완진히 구분한다. 혁명의 성격에는 두 가지 변하지 않는 특징이 있다. 하나는 참을 수 없음의 감정이고, 다른 하나는 적을 향한 비난이다. 언뜻 보기에 대수롭지 않은 사실만으로도 한계를 넘어서고 일상생활을 참을 수 없는 것이 되게 할 수 있다. 그렇다면, 반란은 역사에 대한 거부와 관련되어 있다. 다시 말해서, 오늘과 똑같은 내일에 대한 거부와 연결되어 있다. 반란에는 미래가 없다. 왜냐하면, 이 미래는 현재 상황의 악화를 따름이고, 이 현재는 그것을 더 이상 원하지 않기 때문이다."9) 따라서 반란은 "역사의 정상적인 흐름을 우회시키려는"10) 의지이다. 이 사실에서 볼 때 반란은 반동적이고 광신적이고, 또한 완전히

---

5) 참조. Patrick TROUDE-CHASTENET, "Biographie de Jacques Ellul(1912-1994)", in Patrick TROUDE-CHASTENET dir., *Jacques Ellul, penseur sans frontières*, op.cit., p.356.
6) Liberté CROZON CAZIN CABOUPE, "L'idée de révolution dans l'œuvre de Jacques Ellul", in 앞의 책, p.149-170, p.152.
7) 참조. 엘륄, 1969.
8) 참조. 앞의 책, p.13-78.
9) 참조. 앞의 책, p.13-78.
10) 앞의 책, p.19.

절망적이고 자살적이다. 고발과 희생양들에 대한 확인이 반란의 특징이지만, 그것은 계급투쟁의 표현은 아니다. 오히려 이는 계급 안에서의 연대성을 드러내 준다.

　반란의 관점에서 보자면, 혁명은 성공할 가능성이 있는 반란이 아니다. "이것은 다른 범주에 속한다."[11] 이 두 현상의 공통점은 둘 다 역사에 반대한다는 사실이다. 다시 말해 "반드시 다시 시작하려는 노력"[12]이다. 이 둘을 구분시키는 것은 혁명에서 고유한 새로운 요소인 이론과 제도이다. 잠재적이면서 즉각적인 폭동과는 달리, 혁명은 미리 계획된 사상 즉, 현실에 적용시키려 하는 교조에 기대고 있다. 따라서 혁명은 자포자기적이기는커녕 오히려 반대로 희망에 넘쳐 있다. 그리고 만일 혁명에서 죽음이 가능하다면 그것은 우연한 것이다. 또한, 혁명은 제도화되기를 바란다. 이는 새로운 유형의 행위자들을 등장하게 하는데, 바로 혁명에 질서를 부여할 지도자들이다. 폭동이 운동이라면 혁명은 구조화되려는 성향이 있다. 그리고 이를 위해서 강한 국가가 필요하다.

　자끄 엘륄은 이어 역사에서 폭동과 혁명의 여러 사례를 조사한다.[13] 그의 관찰로는 하나의 모델이 세워지고 교조가 적용되기 시작한 것은 1789년부터라는 것을 확인한다. 헤겔과 특히 마르크스에게는 역사에서 혁명은 설명 가능하고, 비교적 예측 가능한 정상적인 단계이다. 따라서 혁명은 성격을 전환하고, 분노가 자발적으로 폭발하는 것을 멈추게 하고, 실현할 수 있는 미래를 지향한다. 모든 비합리적인 것들은 혁명에서 배재되고, 이 사실에서 혁명으로부터 제외되는 것은 바로 인간 자신이다. 체계적인 역사 안에 끼어든 혁명의 객관적인 메커니즘의 무게가 인간에게 고유한 요소들을 훼손시키며 증가한다. 반란은 인간의 자발적인 표현이

---

11) 앞의 책, p.21.
12) 앞의 책, p.55.
13) 참조. 앞의 책, p.79-201.

다. 하지만, 혁명과 전쟁 사이에 친화성이 있는 것처럼, 혁명에서 나온 사회에서 국가의 역할은 이러한 비인간화의 실례가 된다. 이처럼 혁명은 "정상화"되면, "왜곡"14)되게 된다.

오늘날1969년, 혁명은 "일상화되었다".15) 혁명은 풍요와 소비의 사회에서 빵과 같이 일상적 일이 되었다. 우리는 혁명에 완전히 길들어 있다. 그래서 혁명은 세상살이 이야깃거리의 중심화제가 되었다. 결국, 우리는 혁명과 우리 사회의 전체적인 모습을 혼동하게 되었다. "우리는 혁명이라는 말을 모욕적으로 사용하는 것에 일조하고 있다. 모든 것 그리고 무엇이든 간에 오늘날 이런 식으로 규정된다."16) 이러한 과장된 표현은 보상의 메커니즘으로 쉽게 설명된다. – 기술사회 속에서 우리는 음울함, 권태, 의미의 부재, 반복을 체험하고 산다. 이러한 규정들은 현실이 더욱 나쁠수록 더욱더 커지게 된다. 그리고 혁명의 이러한 개념은 이 사용 때문에 완전히 공허해진다.

자끄 엘륄은 그의 혁명 삼부작의 첫 저술을 오늘날에도 아직 진정한 혁명의 가능성이 존재하는지를 자문하며 끝을 맺는다. 여기서 진정한 혁명을 그는 "필요불가결한 혁명"17)라고 부른다. 그가 보기에 유일하게 필요한 혁명은 필연적 힘에 저항하는 것이다. 따라서 이것은 인간이 자유에 접근하게 해 주는 것이다. 결과적으로 혁명은 국가, 특히 혁명 정부에 저항하는 것이다. 그리고 그것은 기술사회에 대항해서 일어나야 한다. 자끄 엘륄은 이 유일한 해방적 혁명의 결과를 감추지 않는다. 다시 말해, 이는 분명히 생산성의 저하와 개인적 복지의 후퇴를 가져온다. "만약 우리가 이 희생을 치를 준비가 되어 있지 않다면(…), 우리는 하나의 혁명, 오늘날 필요한 유일한 혁명을 위한 준비가 되어 있지 않다."18)

---

14) 앞의 책, p.137.
15) 참조. 앞의 책, p.203-271.
16) 앞의 책, p.208.
17) 참조. 앞의 책, p.273-352.

b) 반란들

자끄 엘륄은 계속해서 『혁명에서 반란으로』[19]라고 불리는 혁명 삼부작의 두 번째 책에서 혁명에 대한 분석을 이어나간다. 그는 먼저 기술과 국가의 권력이 지배하는 우리 사회 속에서 가능한 혁명의 유형에 대한 질문을 다시 던진다. 그는 우리가 혁명에 대해 말만 할 뿐, 현재 우리의 상황 속에서 더는 혁명적 세력이 부재하다는 것을 새삼 강조한다.[20] 프롤레타리아는 완전히 소비 사회에 통합되었고 혁명에의 의지를 완전히 상실했다. 미디어에 의해 강력하게 길들여진 젊은이들은 무엇보다 통합에의 욕구가 있고 사회의 관리체계 들어가자마자 모든 자발성을 상실하게 될 것이다. 지성인들에 대해 말하자면, 그들은 기술사회의 요구 사항에 순응하여 더욱 점점 더 전문화되고 따라서 전체적인 사고능력을 상실하게 된다. 결과적으로 어떠한 조직화한 잠재적 세력도 혁명의 과정에 참여할 수가 없게 된다.

이어서 자끄 엘륄은 그의 사상을 고무시키는 원천을 찾아서 세계의 다른 지역에 관심을 둔다(제3세계[21], 중국[22], 그리고 미국[23]이다). 그러나 아프리카나, 라틴 아메리카든, 중국이든 어디에서 우리 자신의 구조와 관련해서 유럽에서 일어나야 할 '필요 불가결한 혁명'을 위한 어떤 교훈도 얻어낼 수 없다. 상황이 달라지거나, 아니면 기술사회의 모델이 혁명의 당사자들에게 아직 매력을 주거나, 또 아니면 기술체계가 모든 저항 의도를 흡수하여 그것에 의한 어떤 변화도 허용하지 않건 간에, "기술사회는 새로운 디즈니랜드를 위한 히피적 꿈을 완전히 이용할 것이다."[24]

---

[18] 앞의 책, p.329.
[19] 참조. 엘륄, 1972a.
[20] 참조. 앞의 책, p.11-63.
[21] 참조. 앞의 책, p.65-144.
[22] 참조. 앞의 책, p.145-198.
[23] 참조. 앞의 책, p.209-240.
[24] 앞의 책, p.229.

세계를 두루 둘러본 다음 저자는 우리의 유럽 사회로 돌아온다. 이는 혁명이 이곳에서 불가능하다는 것을 밝히기 위함이다.25) 사실 유럽은 목표와 수단을 결여하고 있다. 무엇보다도 혁명의 궁극적 목적은 기술적 맹목성에 깊이 침잠되어 있다. 혁명가들은 이미 낡은 혁명 모델을 표준으로 삼고, 진정 "필요한 혁명을 마비시키는 힘"26)인 유토피아를 찾아 길을 잃고 헤매고 있다. 행동의 수단으로 말하자면, 그것이 부재하다는 사실은 혁명 전략이 넘쳐난다는 사실에서 간단히 드러난다. 이는 현대 국가의 특별한 변화를 전혀 고려하지 않은 채 권력의 쟁취를 지향하는 정치적 수준의 수단과 관계된다. 우리는 폭력혁명이 국가 앞에서 무력함에도 폭력적 수단을 항상 생각한다. 폭력의 사용은 국가를 둘러싼 사회의 결속을 강화할 뿐이다. 왜냐하면, 바로 여기에서 국가는 혁명 운동을 분쇄하기 위해서 막대한 수단을 쓸 권한이 있다고 느끼기 때문이다. 만일 혁명이 어떠한 수난도 목표도 가시고 있지 않다면, 그것은 현대인의 눈에 혁명의 분명한 의미의 부재에 직면하게 되고, 마찬가지로 우리 사회의 새로운 구조에서 기인하는 걸림돌과도 부딪히게 된다. 국가의 개입 능력은 매우 크고, 기술사회의 구조는 너무도 복잡하고, 사회적 요소들은 너무도 서로 얽혀 있어서 지금부터는 급격한 단절은 가능하지 않다. 또한, 혁명은 더는 아무것도 의미하지 않는다. 어휘들이 부풀려지는 것은 그 사실의 부재함을 나타내주는 표시일 따름이다. 우리는 "우리의 의식을 마비시키려고 온갖 힘을 쏟는"27) 기술사회 안에서 진정한 혁명 의식을 찾아볼 수가 없다.

따라서 혁명은 기술사회 속에서 가능하지 않다. "지금은 혁명의 시대가 끝이 났다."28) "필요불가결한 혁명"의 희망조차도 엘륄의 눈에는 사라

---

25) 참조. 앞의 책, p.241-371.
26) 앞의 책, p.271.
27) 앞의 책, p.338.
28) 앞의 책, p.373.

지는 것처럼 보인다. 필요불가결한 혁명의 시기는 과거였다. 기술사회가 발전하기 이전에 벌써 혁명은 이루어졌어야 했다. 아직 삼십 년 전에는 그것이 가능했었다. 이미 지나간 마르크스 혁명 때문에 우리는 시간을 잃어버렸다. 방향을 바꿀 가능성이 과거에는 있었다. 하지만, 이것은 이루어지지 않았다. 지금 이 사회는 더는 문제 제기의 대상이 될 수 없다. "다만, 겉모습만을 문제로 삼는다."29) 하지만 만일 우리가 혁명을 다시는 구상할 수 없다면, "반란은 아직 가능하다."30) 기술사회 속에서는 인간은 여전히 쉽게 적을 식별할 수 없지만, 마음 깊은 곳에서 자발적인 거부를 통해 아직 폭동의 가능성은 있다. 지나간 혁명 모델은 조금도 유용하지 않다. 유일한 혁명의 장소는 개인의 의식이 될 것이다. "기술사회의 전체적 새로움은 혁명의 발걸음을 전체적으로 새롭게 만들어 버린다. 무에서 출발하는 것은 개인에서 출발하는 것이다. 이 출발점 외에는 모든 것이 허사이다."31) 따라서 자끄 엘륄은 두 번째 책의 결말에서 한 가닥 희망을 남겨둔다. " 역사 또는 진화의 법칙의 어떤 자동성에 의해서는 아무것도 얻을 수 없으며, 우리는 끝까지 밀고 나갈 혁명의 도상에 이미 들어와 있다는 사실을 확신할 필요가 있다. 그것의 문을 열어야 한다. 그리고 나는 따라서 이것이 아무리 어려워도 자유로운 인간이 아직 존재하는 이상 그것이 절대 불가능하지 않다고 확신한다."32)

c) 오늘에 있어서 혁명

『혁명에서 반란으로』 이후 십 년 만에 삼부작의 세 번째 책이 '불가피한 프롤레타리아' 라는 부제를 가지고 『혁명의 변질』33)이라는 제하에 출

---

29) 앞의 책, p.373-374.
30) 앞의 책, p.375.
31) 앞의 책, p.377.
32) 앞의 책, p.378-379.
33) 참조. 엘륄, 1982.

간된다. 자끄 엘륄은 자본주의의 내적 모순의 이론34) —자본이 점차로 일정한 개인들로 집중되는 반면에, 뿌리를 잃고, 착취당하고, 자기 자신으로부터 소외되고 "기계의 부속품"35)으로 전락하고 마는 프롤레타리아가 무한정 증가한다는 이론—을 다시 상기시키고 인정하는 것으로 시작한다. 하지만, 자본주의가 자본을 축적하면 할수록, 상품들을 생산하면 할수록, 그것들을 살 수 있는 숫자는 줄어들어 과잉생산과 저소비를 더욱 악화시킨다. 파국의 시기는 프롤레타리아가 상당한 세력이 되어 들고 일어날 때이다. 자끄 엘륄은 다음과 같이 인정한다. "나는 마르크스의 이러한 분석이 옳다고 굳게 믿고 있다."36)

하지만, 마르크스의 사상과 달리 두 가지 예기치 못한 사건들이 일어났다.37)— 1917년 혁명은 프롤레타리아가 거의 존재하지 않은 나라에서 일어났고, 서구 선진국들에서는, 기술사회가 산업사회의 뒤를 잇는다. 이러한 사실로부터 볼 때 한 편으로는, 프롤레타리아를 낳은 것은 구소련의 공산 정권이었고, 프롤레타리아를 어디에서도 철폐하지 못한 것도 이 정권 아래서였다. 다른 한 편으로 인간의 노동을 대신에서 진정한 가치의 창조적 힘이 된 것은 바로 기술이다. "마르크스의 모든 이론은 기술의 단순한 절차에 의해서 뒤집어졌다."38)

자끄 엘륄은 이어 전 세계적으로 프롤레타리아의 현저한 증가를 보여주기 위해서 소련과 중국 그리고 제3세계를 둘러본다. 소련에서는39) 자본주의 체제 아래서와 같은 성격을 가진 자유로운 프롤레타리아가 존재한다. 탄압 정치체제 수용소의 프롤레타리아로서 그 안에서 강제노동은 경제적 필요의 표현이다. 이것은 인건비가 생존에 필요한 최소한의 수준

---

34) 참조. 앞의 책, p.7-34.
35) 앞의 책, p.15.
36) 앞의 책, p.20.
37) 참조. 앞의 책, p.35-47.
38) 참조. 앞의 책, p.35-47.
39) 참조. 앞의 책, p.48-96.

으로 축소되는 실제로 전혀 비용이 들게 하지 않는 진정한 프롤레타리아를 가능하게 하는 것이다. 수용소 체제는 어떤 경우에서도 생산하도록 부추기는 자본주의 체제 아래서 실업처럼 압박의 수단이 된다. 따라서 프롤레타리아는 자본주의의 직접적 산물이 아니고, 산업화의 산물이다. 결과적으로 산업화, 경제화, 도시화로부터 가속화된 근대화를 향하는 세계 어디에서나 어떤 정치체제를 막론하고 프롤레타리아를 더더욱 양산하고 있고 양산해 낼 것이다.

중국은[40] 산업 집중의 드라마를 피하기를 바랐다. 그러나 모택동이 사망하자 국가는 모든 수단에 의해서 경제적 성장의 도상에 흘러들어 갔다. 결과적으로 산업화의 길에 접어든 것이다. 프롤레타리아적 조건은 이미 모택동 치하에서 수용소와 함께 상당히 조성되었다. 이것은 자본주의 국가의 프롤레타리아와 같은 역할을 하는 공산국가의 특징이라고 할 수 있는데 이는 현재 일반화되었다. "중국 혁명은 따라서 기술적 명령에 의해 달성되었다."[41]

제3세계 국가[42]들은 '사회주의적 자본주의' 세계보다 '프롤레타리아 국가'가 되었다. 그리고 제3세계 국가가 '프롤레타리아 국가'의 지위에서 벗어났을 때, 이는 소수의 부류만이 전체 부를 누리면서 내부의 프롤레타리아를 자신이 양산해 내기 마련이다. 엘리트들은 산업발전에 몰두해 있기 때문에 일반적으로 이런 현상은 '사회주의'로의 이행 과정이 된다. 결국 산업화와 더불어 거대한 프롤레타리아를 형성하게 된다.

이 연구의 끝에서 자끄 엘륄은 이중적 질문을 던진다.[43] 우리는 선진국에서 프롤레타리아를 소멸시키고 제3세계에서 필연적으로 프롤레타리아화 현상이 동반되는 산업화 국면에서 후기 산업화의 단계로 향하는 이

---

40) 참조. 앞의 책, p.97-147.
41) 앞의 책, p.140.
42) 참조. 앞의 책, p.148-196.
43) 참조. 앞의 책, p.197-220.

행을 촉진할 수는 없을까? 우리의 기술사회에서는 프롤레타리아적 조건의 분야들이 남아 있다. 특히 기술, 소비 그리고 순응화와 관련된 새로운 프롤레타리아가 출현한다. 기술사회의 프롤레타리아는 비참함을 제외하고는 산업 프롤레타리아와 같은 특징과 소외를 보인다. 기술사회의 프롤레타리아는 뿌리를 잃고 자기 자신을 상실하고 기술에 의해 마비되고 전체적으로 그러한 자신에 만족하는 인간이다.

그러나 예상과는 달리 자끄 엘륄은 그의 글의 마지막에서 역사적, 기술적인 특별한 상황에서 볼 때, 오늘날 우리에게 한 가지 탈출구가 제시되는데 이것은 기술사회와 제3세계의 문제를 해결할 수 있다.[44] 미시 정보과학의 등장과 비국가적 사회주의 운동은 이 역사적 기회를 잡으려고 서로가 서로에게 힘이 될 수 있을 것이다. 이는 "권력을 수단으로 삼지 않고, 현대 기술의 잠재적 힘과 그 힘을 인간 해방의 유일한 길로 인도하는 것이 유일한 혁명의 길이다."[45] 자끄 엘륄은 다섯 가지로 이 혁명의 프로그램을 요약한다.[46] 실제적 필요를 만족하기 위할 목적으로 제3세계에 전혀 무심했던 원조에 의해서 서구의 생산력을 전체적으로 다시 전환하는 것, 비非권력을 의도적으로 그리고 용기 있게 선택하는 것(이는 군사적 수단과 중앙집권적 국가를 포기하는 것을 의미한다). 모든 영역에서 분산과 다양화, 노동시간의 급격한 감소, 부의 연간 생산을 노동자 비노동자 사이에 재분배함으로써 임금제도를 철폐하는 것이 그것이다.

미시 정보과학은 이러한 변동을 가능하게 한다. 왜냐하면, 그것은 결정 단위체들의 분산과 협력을 가능하게 하기 때문이다. 그러나 이 역사적 상황을 기술체계가 미시 정보과학을 '장악' 하기 전에 활용해야 한다. 왜냐하면, 그때는 "엄격히 말해서 너무 늦을 것이기 때문이다."[47]

---

44) 참조. 앞의 책, p.221-291.
45) 앞의 책, p.256.
46) 참조. 앞의 책, p.247-256.

결론적으로 자끄 엘륄은 독자들의 반응을 기대한다. 이러한 최종적인 생각들은 이 책의 나머지 부분과 모순되는 것은 아닌가? 기술의 자율성, 혁명의 불가능성을 단언한 다음에, 어떻게 오늘날 인간이 미시 정보과학의 덕으로 기술사회를 통제하고 방향을 잡을 수 있을 것인가?[48] 저자의 답변은 전부 인용할 가치가 있다. "나는 지금 사실과 제약의 영역을 넘어서 개인적 확인, 증언 그리고 제안의 영역으로 들어가고 있다. 나는 믿는다(그리고 이것은 이제 명백한 신앙적 문제가 되었다). 나는 예수 그리스도 안에 있는 하나님의 계시만이 궁극적으로 시금석과 주춧돌이 될 수 있다고 믿는다."[49] 인간이 우상으로 삼는 자기 자신에게 몰두하는 모든 것을 비신성화 하는 것, 그리고 앞으로 가능한 힘의 수단을 쓰지 않으려는 선택인 비非능력Non-Puissance은 급진적 영적 회심으로만 가능하다. 이것은 바로 자끄 엘륄이 참된 혁명의 대가라고 분명히 말하고, 그 혁명의 성공확률이 극히 낮음을 인정하는 이유이다.

역사적 기회는 활용되지 못했다. 왜냐하면, 우리가 보았듯이 6년 후에 『기술의 허세』에서 자끄 엘륄은 다음과 같이 쓰고 있기 때문이다. "현재 나는 상당한 부분이 소실되었다고 평가한다. 그리고 정보과학의 힘으로 고도화된 기술체계는 인간의 지도적인 의지를 결정적으로 벗어났다."[50] 예언자의 목소리는 들려지지 않았다. 그리고 그때부터 엘륄이 공포한 대로 "엄격히 말해서 때는 이미 너무 늦었다."[51]

따라서 사회학적 분석과 자끄 엘륄의 신앙 사이의 연결이 변증법적 매듭과 절정에 이르게 되는 것은 바로 여기『혁명의 변질』에서 이다. 따라서 당장 그의 작품의 신학적 측면을 탐색하는 것이 적절할 것이다. 그러

---

47) 앞의 책, p.267-268.
48) 참조. 앞의 책, p.287.
49) 앞의 책, p.289.
50) 엘륄, 1988a, p.203. 참조. 엘륄, 1994, p.179-180.
51) 엘륄, 1982, p.268.

나 이 절정을 넘기 전에 기술세계에서 예술과 언어의 분석을 간결하게 살펴볼 것이다. 이 분석도 또한 사회학적 측면에서 신앙과 의미의 지평을 향한 창을 열어줄 것이다.

V. 근대 세계에서의 예술-무의미의 제국

자끄 엘륄은 기술사회에서 예술의 변이라는 주제로 한 권의 책을 썼다. -『무의미의 제국』*L'empire du non-sens*, 1)-삐에르 가르시아Pierre Garcia는, 이 책은 넘쳐나는 예술품에 대한 비판이 아니라, 매우 드물고도 값진 예술에 대한 비판이라고 설득력 있게 말하고 있다.2) 저자는 오늘날의 예술은 이전의 예술과도 선사시대 이후로 인간이 예술이라고 불렀던 것과 어떠한 공통된 척도도 없는 상태에 있다. 부연하면, 오늘날의 예술은 기술적 질서에 묻혀 있고, 또한 그 질서 속에서 특성을 얻게 된다. 따라서 예술이 더는 미도, 조화도, 기쁨도, 고귀함도, 심지어 어떠한 의미도 표현할 수 없게 되었다.3) 예술이 늘 실재를 더 잘 이해하기 위해서4) 실재를 전환하는 것이라면 현대 예술은 상황을 지배할 능력이 없고, 반대로 우리를 공포와 광기에 빠지게 한다. "그것은 도살할 양을 준비하고 있다."5) 기술과 예술 사이에는 지속적이고 보편적인 결정론이 존재하지 않지만, 반대로 새로운 실재가 존재한다. 다시 말해, 예술이 더는 자연을 재현할 수 없어서, 기술체계와 연관된 새로운 의존성을 표현한다.6) 찢긴 기술사회의

---

1) 참조. 엘륄, 1980b.
2) 참조. Pierre GARCIA,"L' art dans la société technicienne et l' empire du non-sens", in Patrick TROUDE-CHASTENET dir.,*Jacques Ellul, penseur sans frontières*, op.cit., p.311-334,p.313,317.
3) 참조. 엘륄,1980b,p.5-24. 참조. 또한, 엘륄,1987b,p.182.
4) 참조. 엘륄,1994,p.205.
5) 엘륄,1980b,p.28.
6) 참조. 앞의 책 p.61-65.

반영으로서 오늘날의 예술은 두 가지 조류로 갈라져 있다. 하나는 더 의미가 없는 사회에서 필사적으로 의미를 찾고자 하는 합리적 메시지를 담은 예술과, 다른 하나는 기술사회에 완전히 통합되어 어떤 메시지도 없이 순전히 형식주의적인 비합리적 추상예술이 그것이다. 이는 같은 무질서에서 나온 모순되는 두 표현이다.[7] 이처럼 예술은 참을 수 없는 기술성technicité에 대한 보상의 메시지를 담거나, 때로는 바로 이 기술을 정확하게 반복한다. 그러나 두 경우 예술은 기술과 관련해서 자리를 잡고, 그 모든 유파와 그 모든 표현 속에서 정확히 순응주의적 역할을 수행한다.[8]

a) 두 얼굴의 야누스

따라서 야누스의 미학적인 첫째 얼굴은 메시지와 동시에 기술적 환경에 대한 보상을 담은 예술이다.[9] 이 경우 기술은 이데올로기적 예술을 낳는다. 이데올로기는 비단 기술적 실재에 대한 반영, 폭로 그리고 정당화일 뿐 아니라, 보상補償 다시 말해서, 기술적 환경의 참을 수 없음을 해결하는 것이다. 이데올로기 없이 하나의 시스템을 만드는 것은 불가능하다. 그러나 그 이데올로기는 시스템의 실상을 감추고 그 결과들을 참아내게 한다. 시스템이 더욱 비인간적일수록 그 시스템은 그 시스템의 실상을 자각하는 것을 막고, 그 상황을 참을 수 있도록 여러 보상을 공급하는 이데올로기를 퍼트린다.[10] 예술에 의해 전달된 메시지는 반드시 반체제적이다. 하지만, 그 저항의 대상은 늘 정치적이다. 따라서 기술 자체의 성장과 결코 관련이 없다. 관심은 이렇게 잘못된 문제에 집중된다. 견고히 지켜진 본질을 제외하고는 모든 것이 문제화된다.[11]

---

7) 참조. 앞의 책, p.45-51.
8) 참조. 앞의 책, p.103.
9) 참조. 앞의 책, p.105-158.
10) 참조. 앞의 책, p.106-108.
11) 참조. 앞의 책, p.110-111, 122.

두 번째 현대 예술의 조류는 앞의 조류와 반대되지만, 기술체계에 똑같이 의존하고 있다는 사실을 공유한다. 이 조류는 메시지도, 내용도, 의미도 없이 기술에 순응하는 형식주의이다.[12] 이는 가령 회화에서 입체파와 같은 추상예술의 경우이다. 컴퓨터에 의한 미학적 산물도 마찬가지이다. 예술은 배합된 규칙의 체계로 축소되고, 예술가는 프로그래머나[13], 기존 이론을 적용하여 기구를 조작하는 엔지니어가 된다.[14] 예술은 이제 어떤 의미도 표현하지 않는다. 왜냐하면, 기술 환경에 의해 고갈되어 말할 것이 전혀 없기 때문이다.[15] 이러한 의미의 고갈 때문에 예술은 기술적 절차에 무의식적으로 종속된다. 결국 예술은 내용없는 형식적 수단으로 전락한다. 이것이 바로 자끄 엘륄이 예술의 문화적 근대화의 기능이 기술적 세계로 인간을 통합하는 기능을 한다고 말할 수 있는 이유이다. 다시 말해서, 근대의 예술가들은 "기술 체계 속의 군수담당 하사관 fourrier"[16]이다. 이 논제는 미의 기준이 기술적 척도인 효율성이라는 기준으로 전락한다는 사실에 바탕하고 있다. 다시 말해서, 엄청난 아마추어 예술가들의 지지를 얻을 수 있는 것을 아름다운 것이라고 간주한다.[17] 그렇지만 만약 새로운 제품에 대해 소비자들이 주저한다면 취향을 형성해야 한다. 즉, 선전에 의해서 그것을 주입해야 한다. 따라서 다수의 동의라는 기준은 잘못되었거나, 아니면 더욱 정확하게 말해서 나중에 개입하게 된다. 유일한 기준은 대중을 조작하는 기술에 의해서 사람들을 사로잡는 이 기구의 참신함과 잠재력이라는 기준이다. "이 이론적 현대 예술이 지지를 얻는 것은 바로 이 조건들 안에서다. 왜냐하면, 그것 자체로는 소외된 이 대중에게 매우 낯선 것이기 때문이다."[18]

---

12) 참조. 앞의 책, p.159-225.
13) 참조. 앞의 책, p.171-173.
14) 참조. 앞의 책, p.182.
15) 참조. 앞의 책, p.185.
16) 앞의 책, p.213.
17) 참조. 앞의 책, p.220.

음악의 예는 예술의 기술화 과정의 상징이다. 근대인은 매미 소리도, 천둥소리도 듣지 못한다. 자동차 경적 소리와 엔진 소리를 듣는다. 사실, 음악은 신호와 충격을 통해서만 감정을 불러일으킨다.[19] 자끄 엘륄은 자신에게 현대 음악은 음악이 아니라 소음이라고 주저하지 않고 말한다.[20] 그것은 조화도 의미도 없이 "계속해서 폭음을 내는 모터"[21]와 같다. 워크맨walkman은 우리가 침묵 속에서 듣고 자기 자신과 직면하는 것을 두려워한 나머지 선택하는 것인데, 이것은 인간관계를 파괴하고 고독을 일으키는 지속적인 음악을 부어 넣는다.[22] 록음악 아마추어는 소음 속에 빠져 있고, 자기 자신을 제어할 수 없으며, 사고의 모든 능력과 모든 의지의 능력을 막고, 그들의 인격을 파괴한다.[23] 롤링 스톤스Rolling Stones와 함께, "지옥의 소음을 위한 음악의 부재"가 일어났다.[24] 팝 음악에 대해서, 그것은 "무엇보다도 기술의 산물이다.[25] 결과적으로 급진적이라고 자부하는 저항은, 사실상, 기술 체계에 완전히 순응된 것이다. 그리고 그것은 기술체계 없이는 존재할 수 없다.[26] 마지막으로 디스코 춤의 출현은 "기술적 최면에 의한 차가운 무의미"[27]를 확인하는 것이다.

b) 예술가와 비평가

자끄 엘륄은 마지막으로 두 인물에 관심을 둔다. 예술가와 비평가가 그들이다.[28] 우리는 실재와는 아무런 상관이 없는 환상적인 담론을 예술

---

[18] 앞의 책, p.222.
[19] 참조. 앞의 책 p.71.
[20] 참조. 엘륄, 1994, p.202.
[21] 엘륄, 1980b., p.183.
[22] 참조. 엘륄, 1988a, p.675.
[23] 참조. 앞의 책, p.676-678.
[24] 엘륄, 1980b. p.109. 자끄 엘륄이 알지 못했던 오늘날 "테크노" 음악의 발달은 음악의 장르의 음악에서뿐 아니라 그 음악의 유형의 관점에서도 역시 엘륄의 분석을 확증해 주고 있다.
[25] 앞의 책, p.145.
[26] 참조. 앞의 책
[27] 앞의 책, p.158.

가에게 의존하고 있다. 예술가들은 늘 기술적 사실에서 아직 훨씬 더 자유로운 사람이라고 간주한다. 현실적으로는 예술가가 전통적 환경에 더 들어가 있지 않기 때문에, 예술가는 허공에서 창작한다. 그리고 이 사실로부터 그는 그가 결코 깨닫지 못하는 노예 상태에 종속된다.29) 예술가는 합리화된 세상에서 자유에 대한 전문가이다. 따라서 그는 무엇보다도 희극배우이다. 그리고 우리는 그에게 우리 삶 속에서 누릴 수 없는 자유에 대한 희망을 건다. 이 사실로부터 작품보다는 예술가가 강조점을 갖게 된다. 예술가는 인정을 받고 화려해 보이지만 그는 저주받은 사람처럼 유배된 것으로 엘륄은 간주한다. 왜냐하면, 사회가 그를 진정 위험에 빠지게 하는 것을 피하게 하려고 더욱더 많은 대가를 치르기 때문이다. 예술가는 자유롭다거나 반체제적이기는커녕 근대 예술이론에 의해 결정되고 기술 체계를 표현한다. 예술은 하나의 상품이 되었다. 그것은 자유를 증언하는 반체제적인 예술이라고 하지만, 그것의 본연의 기능은 대중을 소비의 종교에 적응시키는 데 있다.30) 기술의 명령에 의해서 물리적으로 규정되고, 이데올로기의 명령 또는 상업적 필연성에 의해 외부적으로 규정된 상태로, "예술가는 한 치의 자유도 누리지 못한다. 왜냐하면, 그는 이 두 가지 흐름에 가장 잘 영합하는 작품을 생산하기 때문이다."31)

    예술가 못지않게 유행과 명성을 만들어 내고, 또 무너뜨리는 사람은 바로 비평가이다. 비평가는 예술이 자신의 설명이 아니면, 예술 작품에 어떤 것도 보태지 않는다. 그러나 이런 의미에서 그는 산업 사회의 순수한 하나의 산물이다. 왜냐하면, 비평가 자신에게 어떤 의미도 없는 예술을 이해하도록 하기 때문이다. 비평가는 무의미 속에서 의미를 발견하게 하는 전문가이다. 실상 의미가 없음을 주장하는 순수한 형태 속에서 말이

---

28) 참조. 앞의 책, p.227-267.
29) 참조. 앞의 책, p.227-236.
30) 참조. 앞의 책, p.237-247.
31) 앞의 책, p.252.

다! 그는 기술 체계의 대표적인 추종자이다. 왜냐하면, 그는 예술 작품의 이해를 하나의 기술로 만들고 또 기술자처럼 그는 순 재료로 여겨지는 예술 작품에 최고의 효율성, 즉 대중에 대한 영향력을 부여하기 때문이다. 이렇게 비평가는 예술을 하나의 기술의 총체로 축소한다.[32] 예술가는 비평가가 요구하는 대로 결국 창작하게 된다. 이는 그의 비평의 가치를 확인시키기 위해서이다. 따라서 이제는 창작의 스타일의 추동력이 되는 것은 바로 비평가이다. 그는 예술의 세계에서 가장 중요한 인물이 되었다. 그리고 이것은 사회의 기술화의 모든 수준에 맞는다. 비평가는 작품의 명시적 의미의 부재를 분명한 규칙들의 기술적 틀과, 예술과 언어의 형이상학으로 대체한다. 이것은 자연적인 것들에 대한 기술 체계 발전의 과정과 같은 절차를 밟는 것이다.[33]

결론에서 자끄 엘륄은 예술은 그 현재의 역사에서 사회의 다른 모든 부문과 마찬가지로 총체적 단절과 같은 질적 비약을 경험한다고 말한다. "기술은 우리를 전혀 보지 못하고, 생각지도 못한 근본적으로 새로운 세계 안으로 집어넣는다."[34] 기술사회가 되어감에 따라서 우리는 언어 중심주의에서 모든 것의 행동 수단이라는 기준에 의해서 움직이는 세계 속으로 넘어간다. 그리고 저항이나 의식의 각성은커녕 예술은 기술사회의 현실을 강화하고 있다. 다시 말해 그것은 인간 안에 이 현실을 침투시키고, 그것에 인간을 깊숙이 통합시킨다. 그는 철저하고 근본적인 순응화의 도구이다. 왜냐하면, "효율성과 효과의 추구하기 위해서"[35] 의미로부터 이탈한다는 사실 때문이다. 그때까지 가장 덜 상업적이라는 활동을 이렇게 상업화하는 것 때문에 "예술은 기술 체계 속에 인간을 통합하는 주요한 기능 중의 하나가 되었다."[36] 예술은 사실 현재의 상태를 정당화하고

---

32) 참조. 앞의 책, p.254-263.
33) 참조. 앞의 책, p.266-267.
34) 앞의 책, p.273.
35) 앞의 책, p.276.

(다시 말해서, 기술의 승리), 인간에게 자신의 상황이 참을 수 없다고 생각하는 것을 막으려고 몇 가지 보상들을 제공한다. 다시 말해서, 인간에게 반란의 환상, 주도권의 환상, 자유의 환상을 심어준다. 그러나 동시에 그것이 전 세계적 규모의 사고 이상의 것이 아니라는 확신을 부어 넣는다. 바로 이 때문에 현대 예술은 아무것도 아니고 창조적이지도, 해방적이지도 않고 자유의 수단도 될 수 없는 이유다.37)

"예술 기능공"38)은 기술적 수단을 초월하기는커녕 그것에 직접적으로 의존되어 있다. 그는 기술 체계의 부수현상이 되어 버렸고 "기술적 장치의 강압적 요구에 부응하는 사람"39)에 불과하다. 그는 현재 세계의 공포를 반영하고 이렇게 인간의 비참함을 배가시키는 역할을 한다.40) 이러한 조건 아래서, 아직도 우리는 예술에 대해 말할 것이 있는가? 의미의 부정은 지금껏 예술 자체라고 여겨진 모든 것의 부정이다. 따라서 예술 자체의 부정이다. 이는 "기술체계와 예술 사이에 화해할 수 없는 한계가 있다는 것을 보여준다."41)

c) 비약飛躍

자끄 엘륄은 하지만 비약의 가능성을 믿는다. 더 이상의 희망이 없을지라도 소망은 늘 남아 있다. 그러나 소망은 결단과 선택을 포함한다. "그렇지 않으면 천천히 만들어진 선, 아름다움, 인간적이라는 것이 옹호될 가치가 있는 것인지 생각하게 될 것이고, 또 글의 역사를 모조리 지우고 처음부터 다시 시작하는 것을 생각해야 할 것이다."42) 예술은 윤리와

---

36) 앞의 책, p.277.
37) 참조. 앞의 책, p.280-282.
38) 엘륄, 1988a, p.671.
39) 엘륄, 1994, p.206.
40) 참조. 엘륄, 1984b, p.48-49.
41) 참조. 엘륄, 1984b, p.196.
42) 앞의 책, p.273.

의미로 되돌아가고자 기술 체계와 과감히 분리할 때에만, 그리고 또한 무의미를 거슬러서 의미를 회복하는 것에서만 자신의 비판 능력을 되찾을 수 있다.43) 그러나 이 의미는 정치의 바깥에서 즉, 기술 체계를 근본적으로 저항함으로써 찾아질 수 있다. 다시 말해서, 예술은 "인간이 진보에 종속됨과 소비적 행복에 맞서서 일어날 수 있도록 용기를 북돋을"44) 책임이 있다.

사회 가운데서 늘 누려왔던 지위 때문에 기술사회에 그것을 부과한 유래없는 조건에도, 예술은 하나의 개현開顯, ouverture, opening을 기대하게 하는 것 같다. 역설적으로, 미학의 영역은 자끄 엘륄 사상의 주석가들에 의해 가장 덜 연구된 영역이 분명하다. 그리고 엘륄 자신도 『무의미의 제국』을 제외하고는 연구를 계속하지 않았다. 하지만, 근대 세계에서 말과 이미지 사이에서 움직이는 변증법의 연구 안에서 자연스럽게 그의 연구가 연장된다. 이것은 예술에 대한 분석을 전조前兆로 해서 그의 사고가 신학적 방향으로 전환하고 있음을 보여준다.

VI. 이미지 앞에 선 말 - 최고의 굴욕

『말의 굴욕』1)에서 자끄 엘륄은 오늘날 우리의 모습이 되어 버린 이미지 사회에서 말의 지위를 묻는다. 처음부터 엘륄은 두 가지 현상에 반대한다.2) 보고 듣는 것은 사실 정확하게 반대되는 두 작용이다. 이미지들은 내 행동을 조건화하고, 그것들은 엄격하고, 명령적이며, 환원 불가능하

---

43) 참조. 앞의 책, p.282.
44) 앞의 책, p.285.

1) 참조, 엘륄, 1981b.
2) 참조. 앞의 책, p.9-53.

고, 무엇보다도 모든 비판적 거리를 없애버린다. 직접성은 시각의 특성이다. 다시 말해서, 시각은 우리에게 즉각성과 전체성 때문에 비시간적인 이미지를 준다. "시각적인 것에 기초한 지식은 반드시 직선적이고 논리적이다."3) 이 지식은 변증법적일 수 없다. 이것이 바로 시각이 기술을 가능하게 하는 효율성과 세계 지배의 기관인 이유이다. 결국, 이미지는 그의 작품 속에서 자신을 바라보는 인간의 거울인 셈이다. 반대로 "말은 시간을 보는 것에 부과한다."4) 설명하자면, 말은 지속을 포함하고, 우리를 시간성 속에 잠기게 한다. 문자에 의해 시각적 이미지로 변형되어 이렇게 공간 안으로 들어온다 하더라도 말은 결코 순식간에 이해될 수 없다. 말은 하나의 신비이고, 해독해야 하는 수수께끼이고, 해석해야 하는 텍스트이다. 말은 우리가 끝없이 몰이해 속에서 그리고 의미를 찾아서 살게 한다. 이미지와 달리, 말은 테러리스트가 아니다. 말은 청자에게 자유의 여지를 넘겨준다. 그리고 그 청자는 반대로 똑같이 자유의 은사, 즉 말을 사용하도록 이끌린다. 시각은 나에게 증거를 주지만, 말은 증거를 배제한다. 말은 인간의 모호성을 직접적으로 전달하기 때문에 역설적이다. 우리 근대 사회가 이미지를 더 선호한다면, 이는 기술의 헤게모니와 연관된 주된 유혹이 실재와 진리를 흡수하기 때문이다. 다시 말해, 우리로 하여금 현실적인 것이 참된 것이라고 믿게 하기 때문이다. 엘륄의 개념정의에 따르면, '실재'는 확인할 수 있다. 다시 말해, 나를 둘러싸고 있고 내가 시각 기관을 통해서 인지할 수 있는 세계이다. '진리'는 인간의 최종적 종착지, 인생의 의미, 즉 생의 의의와 방향을 가리키는 것이다. 진리라는 것은 생에서 인간에게 늘 열려 있는 것이다. 그러나 기술사회는 우리를 증명 가능한 것을 넘어서는 것은 아무것도 없다고 설득하려 한다. 그리고 이미지는 실제로 축소되고, 반면, 말은 이미지를 따라서 실재를 참조하려 한

---

3) 앞의 책, p.15.
4) 앞의 책, p.20.

다면, 그것은 진리와 관련된 유일한 것이 된다. 따라서, 진리를 전달할 수 있는 것이 된다. 물론, 인간은 말로서 거짓을 말할 수 있다. 그러나 말은 "그것이 진리와의 관계를 거부할 때"5) 정확하게 거짓말이 된다. 다시 말해서, 그것이 실재와는 다른 어떤 것도 말하지 않는다고 주장하는 바로 그때, 말은 이미지와 곧바로 멀어지게 된다. 이것이 우리의 현대의 조건이다. 이미지의 홍수 속에서, 우리는 말에게 그리고 결과적으로 진리에도 모욕을 주었다.

a) 성서 속에서

자끄 엘륄은 이 성서 속에서 이미지의 지위에 주목한다.6). 성서의 처음에서 마지막까지 말에 대한 문제밖에 없다. 하나님은 결코 얼굴과 얼굴을 맞대고 보이지 않는다. 그는 단지 말 속에서만 나타나고, 그것은 계시의 유일한 길이다. 하나님은 말에 의해서 창조한다. 이는 창조는 시간성 속으로 들어온다는 것을 뜻한다. 하나님이 인간에게 "땅을 지배하라"7) 명령을 내렸을 때, 그는 피조물을 자신과 같은 존경과 사랑으로 지도하라는 의도였다. 다시 말해서, 같은 수단으로, 즉 말로 인도하라는 것이다. 창조주 하나님은 역시 해방자 하나님이다. 그리고 그의 말은 자유의 표현이다. 왜냐하면, 그것은 말을 하면서 역시 자기 자신을 확증하는 대화 상대자를 부른다. 말은 이 하나님이 사랑의 하나님이시라는 것을 함축한다. 왜냐하면, 말은 관계성을 특징으로 하기 때문이다(반면 이미지는 어떤 특정한 사람을 대상으로 하지 않는다). 예수 자신은 모래 위에 한 번 쓴 것을 제외하고는8) 글을 쓰지 않았다. 그러나 여자를 자유롭게 한 것은 바로 그의 말이다. 그는 아무것도 보여주지 않는다. 그는 말만 할 뿐이다. 그의

---

5) 앞의 책, p.37.
6) 참조. 앞의 책, p.54-79.
7) 창세기 1장 29절.
8) 참조. 요한복음 8장 6절 8절.

기적들은 늘 말로서 이루어진다. 결국, 성서는 모든 것을 말로 가지고 간다. 그리고 어떤 것도 시각에 맡겨두지 않는다. 성서의 계시는 시각적인 것 모두에 근본적으로 적대적이다. 시각은 그 자체로서 정죄 되지는 않는다. 하지만, 배제되는 것은 하나님을 시각에 의해 파악하는 것이다(다시 말해서, 진리를 실재로 옮기는 것이다). 다시 말해서, 보는 것을 하나님으로 주장하는 것(이는 실재를 진리로 삼는 것을 뜻한다)이다. 성육신은 진리가 실재와 만나고 그것을 완전히 관통하는 지상의 역사의 유일한 지점이다. 완결된 성육신을 통해 인간은 실재적인 것이 참된 것이 아닌 상황 속에 다시 들어가게 된다. 하나님 안에서만 시각과 말이 서로 연계된다. 하지만, 시각이 말과 독립될 때, 시각이 진리를 참조할 때 즉시 하나님과 인간 사이의 단절이 생긴다. 시각적인 신은 우상이다. 이것들은 이미지들로 두려움을 줄여준다. 왜냐하면, 이미지의 중개로 인간은 그것들에 대해 영향력이 있기 때문이다. 따라서 시각은 종교적 소외의 탁월한 기관이나. 즉, 소유하고자 하는 자는 사로잡히게 된다. 우상은 진리 안에 존재하지 않는다. 그러나 그것은 그것을 만들 사람을 정말로 소외시킨다! 빈 방주, 빈 성전, 빈 무덤, 이 모든 모티브는 우리의 하나님에 대한 표상들을 흔들어 놓는다. 왜냐하면, 우리는 그의 자취, 그의 행적을 볼 수 있으나, 결코 그의 행적 안에서 그의 현존 안에서 볼 수 없기 때문이다. 성상 파괴는 더는 낮의 질서에 속한 문제가 아니다. 왜냐하면, 예술 작품이라는 것은, 우리가 앞장에서 보았듯이, 어떤 것도 재현하지 않기 때문이다. 그러나 다른 신들은 보이게 나타난다. 돈, 국가 그리고 기술이 그것을 대표하는 것들로서, 이것들은 "새로운 영적 삼위일체로서 유일하게 **보이는 것**의 영역의 완전하게 **가시적인** 우상들 속에서 나타나는 것들이다."[9] 실재의 승리는 오늘날 우상파괴를 정당화한다. 보이지 않는 권세, 즉 이 마귀적 힘

---

9) 엘륄, 1981b, p. 106.

의 가시적인 표시들에 대한 투쟁이 필요하다. 아마도 마니교적 이원론에 대한 고발을 예상하여, 자끄 엘륄은 자신의 사상을 명확하게 표현한다. "나는 말은 선하고 시각은 나쁘다고 주장하는 것이 아니다! 역시 말은 순수하고 시각은 불순하다는 것도 아니다! 이것이 말하는 바는 시각이 진리의 세계가 아니라 실재의 세계 속에 들어가 자율성을 가지게 된다는 사실이다. 그러나 말은 참된 질서에 속하고, 시각은 실재의 질서에 속한다는 것은 단순화이다. 이 둘이 단절되고, 그들의 일체성이 사라진다면 인간이 실재에만 종속되어 진리와 분리되게 되면, 소위 '죄'라는 하나님과의 단절이 생긴다. 이것은 죄라고 불리는 하나님과의 단절이 발생한다. 그렇게 되면 실재는 제약 없이 고삐 풀린 탐심에 종속되게 된다."10)

b) 이미지들의 승리

자끄 엘륄은 기술사회 속에서 이미지들의 승리를 절망적인 그림으로 그려낸다.11) 기술 현상과 마찬가지로 과거 사회에서 상대적으로 드물었던 이미지와 오늘의 만연되어 있는 이미지 사이에는 전혀 공통점이 없다. 과거엔 대중에게 이미지는 생소한 것이었다. 반면, 오늘날은 집단의 각 성원의 성격은 물론 집단의 심리적 구조를 바꾸는 힘이 되었다. 그것은 지속적인 이미지의 충격에 의해서 일어난 진정한 중독이다. 양적인 변화는 질적인 변화를 낳는다. 이미지의 성공적인 진전은 말의 후퇴를 가져온다. 모든 것이 볼거리로 전환된다. 그리고 사회는 볼거리에 자신을 던져 넣는다. 주된 변화는 실재 그 자체보다 이미지를 더욱더 실재적인 것으로 만든다는 사실에 있다. 다시 말해, 시각은 실재를 진공화한다. 왜냐하면, 그것은 더는 진리와 대면하지 않기 때문이다. 여행 사진과 같은 사진은 경험을 볼거리로 전환하는 살아 있는 것의 대체물이다. 그것은 표상을 통

---

10) 앞의 책, p.113.
11) 참조. 앞의 책, p.125-171.

해서 존재하게 하고, 대체를 통해서 살게 하고, 말이 나에게 자각하게 하는 공허를 보상한다. 시각이 승리하면, 그것은 그것의 유용성 때문이다. 왜냐하면, 그것은 사고하는 것을 막고 자기 자신을 돌아보지 못하게 하기 때문이다. 이것은 "대체를 통해서 나 자신을 스스로 만족시키게 하는 이미지의 마력이다."[12] 말이 설득력이 있기 위해서는 금욕이 필요하다. 다시 말해, 한순간에 얻어질 수 없는 내적인 훈련이다. 반면 이미지는 보는 이에게서 어떤 인간적인 자질도 요구하지 않는다. 엄격함은 인간에서 사물로 전이된다. 이미지는 오늘날 이미지가 나타내는 것의 증거이다. 설명하면, 우리는 사진을 사실에, 실재에 동화시킨다. 텔레비전은 이 현대의 변천에서 막대한 역할을 한다. 이 사회 통합의 견인차는 개개인의 자기 자신을 희생시킨다. 텔레비전은 세계의 획일화와 순응화의 한 요소로서 자신을 스스로 긍정한다. 영화는 올바른 삶에 의한 실재의 포착이 절대 아니고 다른 사람에 의해 보이는 실재의 이미지이다. 나의 시각은 같은 실재를 위해서 이 이미지를 취한다. 이미지의 증가는 우리의 주의를 사로잡는데, 그것은 우리를 사로잡고, 우리를 환각 시키고, 사회통제에 강하게 참여하게 한다. 오늘날 이미지의 승리는 기술의 발전과 내적으로 연관되어 있다. "이미지와 기술 사이에는 상호적인 요청이 존재하고 결국 둘 사이에는 일종의 자연적 친화성"[13]이 존재한다. 이미지의 과잉은 기술에 의해 부과된 것이다. 이것은 단순히 그렇게 할 수 있기 때문이다. 우리는 가능한 것에서 필연적인 결과로 이행한다. 그리고 기술 환경에 사는 인간은 모든 것이 시각화되어야 한다는 것을 엄격히 요구하고 있다.

c) 말의 굴욕

자끄 엘륄은 이어 말의 굴욕의 영역들을 분석한다.[14] 역설적으로 말의

---
12) 앞의 책, p.143.
13) 앞의 책, p.165.

평가절하는 말의 과잉에 의해 초래된 것이다. 곳곳에 퍼져 있고 모든 것에 관한 정보의 과잉은 말의 질을 떨어뜨리고 상하게 하고, 수다가 되게 한다. 또한, 말은 말하는 사람이 진실할 때에만 그 말이 진실하다. "인간이 말 속에 없으면 그것은 소음이다."15) 말은 또한 오늘날 이미지와 기술 범람의 환경에서 표현된다는 조건 때문에 굴욕을 겪는다. 만약 말이 수다쟁이에게서 나온 무의미한 것이라면, 말은 말이 봉사하는 기술들 때문에 도구적이 되고 이 두 가지 요소가 서로 결합하면 모든 가치를 상실한다. 기술자들에 대한 멸시는 지식인들에 대한 멸시로 나아간다. 자끄 엘륄은 여기서 특히 관찰 가능하고 분석 가능한 유일한 요소인 의미의 기표記標, signifiant에 지나친 가치를 두려고 담화의 의미를 빗나가게 한 구조주의의 흐름을 겨냥하고 있다. 기술적 사고에 휩쓸려 구조주의자들은 언어를 기계적 메카니즘으로 축소한다. 기술사회 속에서는 모든 것이 기술자가 되어야 한다. 거기에는 덜 기술적인 실재도 포함된다. 가령, 말과 같은 것이다. 자끄 엘륄은 마찬가지로 "발화가 일어나는 장소"16)를 결정하려고만 해서 말의 의미를 축출하려는 마르크스주의적 언어 접근에 반기를 든다. 이는 지배 이데올로기의 조건화로 축소하는 기계적이고 엄격한 관념이다. 현실적으로, 말은 발화자가 말한 것이 청자에게 정확하게 같이 받아들여질 때만 이데올로기가 생성된다. 그러나 청자는 해석만 할 수 있을 뿐이다. 따라서 그는 말해진 것과 전혀 다른 것을 받아들이다. 또한, 말은 혁명가들의 힘이었다. 왜냐하면, 말은 진리와의 관계 속에서 그 자체가 이미 혁명적이기 때문이다. 이처럼 말을 미워하는 것은 부르주아지의 수단에 넘어가는 것이다. 왜냐하면, "이는 지배계급을 문제화하는 유일한 힘을 무력화하는 것이기 때문이다!"17)

---

14) 참조. 앞의 책, p.171-201.
15) 앞의 책, p.175.
16) 앞의 책, p.185.

d) 교회사 가운데서

이러한 사회학적 분석을 마치고 자끄 엘륄은 교회사에서 이미지와 말 사이의 종교적 갈등을 살펴보려고 신학적 고찰로 되돌아온다.[18] 2천 년 동안 교회는 점점 더 시각화되기를 원해왔다. 그리고 이미지에 의해 점령되도록 자신을 내버려 두었다. 사실, 기독교 예술은 이미지에 의해 벗겨진 신비를 보여준다고 주장하는 순간부터 더는 기독교 예술이 아니다. 효율성의 이름으로 시각적인 것에 모든 초점을 맞추는 것은 중세와 그 이후의 모든 오류의 중요 원천이다. 교회 안에서 이미지는 순식간에 인간의 영광이 되었다. 가령, 높이 세워진 대성당은 사실상 교회의 독보적인 권세를 확인해 준다. 이처럼 세속화라는 것은 시각적인 것을 다른 모든 것보다 우선시 한 교회로부터 그리고 교회 안에서 시작했다. 교회가 보이는 것, 힘 그리고 효율성을 선택했기 때문에 "근대 세계가 본 이미지들의 홍수의 근원은 바로 교회다."[19] 18,19,20세기 반기독교 운동들은 단순히 기호들을 바꾸어서 같은 길을 밟게 될 것이다. 다시 말해, "교회가 빼앗지 못할"[20] 무기인 세속 종교를 수단으로 교회에 대항했다고 엘륄은 판단한다. 자끄 엘륄은 알퐁스 마이오Alphonse Maillot를 인용하면서 "기독교 예배의 가나안화"[21]라고 규정한 현재 예전禮典의 갱신을 포함한 이미지의 승리는 우리를 비기독교적인 종교의 세계로 인도한다고 말한다… 인간의 신뢰는 실재 속에 위치한다. 그리고 모든 것은 시각적인 실재를 기준으로 삼아야 한다. 그러나 시각화된 실재는 경험된 실재가 아닌 대중 매체에 의해서 중개된 실재이다. 따라서 이미지는 이미지에 불과하기 때문에 허구적인 실재와 관계된다. 체험된 실재는 우리의 관심사 밖이다. 우리에게

---

17) 앞의 책, p.196.
18) 참조. 앞의 책, p.202-224.
19) 앞의 책, p.211.
20) 앞의 책,
21) 앞의 책, p.212.

는 이미지에 대한 신앙밖에 없다. 그리고 하나님이나 부활을 시각적으로 재현할 수 없어서, 우리는 그것의 존재가 불가능하다고 결론을 내린다. 할 수만 있다면 우리는 읽을 수는 없지만, 텔레비전을 볼 수 있다는 것을 고려한 나머지 복음전도를 현대화하고자 한다. 그러나 이해를 위해서 어휘를 바꾸는 것은 소용없는 짓이다. 왜냐하면, 문제가 되는 것은 언어 자체의 가치이기 때문이다. 사용하는 수단이 예수 그리스도의 진리를 전달할 수 있는지를 자문하는 편이 나을 것이다. 그러나 믿음은 하나님 말씀으로 들려지는 말 위에만 근거하기 때문에 "이 말의 멸시와 방치는 반드시 하나님 말씀에 대한 멸시와 방치"[22]가 된다.

e) 기술사회에서

자끄 엘륄은 이제 이미지 사회에서 현대인의 조건 변화를 살피면서 사회학적 분석으로 돌아온다.[23] "서구인은 더는 듣지 않는다. 모든 것은 시각을 통과한다. 그는 절대 말할지 모르고, 보여 준다"[24] 이러한 변동은 선택으로 이루어진 것이 아니고 환경의 변동에 의해 일어났다. 이미지의 소비는 기술사회의 모든 추상화를 보상한다. 그것은 모든 것을 한눈에 보면서 구체적인 것으로 돌아올 수 있게 한다. 그리고 이처럼 우리 세계의 복잡성을 지탱해 준다. 현대인의 어휘는 역시 이미지의 득세라는 사실 때문에 상당히 진화했다. 현대인의 핵심 어휘들은 합리적인 내용을 벗어버린 시각적 재생산에 종속된 어휘들이다. 이것들은 마법화된 세계 속에서 그것들을 생산하는 시각들만을 상기시킨다. "이미지에서 이미지로 뛰어다니면서, 사실상 우리가 뛰어다니는 것은 감정에서 감정이다."[25] 이미

---

22) 앞의 책, p.224.
23) 참조. 앞의 책 p.225-251.
24) 앞의 책, p.225.
25) 앞의 책, p.233.

지에 의해서 사고하는 자는 점점 더 이성에 의해서, 즉 분석적, 논리적 비판에 의해서 사고할 수 없게 된다. 이미지는 사실 하나의 증명과 반대이다. 직관은 이성적 추리와 반대이다. 생각의 연상은 논리적 사고의 엄격성을 배재 시켜버린다. 우리는 두 도구를 무관심하게 쓸 수 없다. 왜냐하면, 그것들은 존재 전체를 깊숙이 조건 지우고 있기 때문이다. "인간은 자신 스스로 표현 수단에 의해서 개조된다."[26]

f) 화해

이 다소 어두운 탐색의 끝에서, 『말의 굴욕』은 말과 이미지 그리고 진리화 실재 사이의 화해를 향해 문을 여는 것으로서 마친다.[27] 만일 현대인이 진리를 실제로 가지고 간다면, 사실 그는 허구적이고, 거짓되고, 위조된, 유일해 보이는 우주를 구성하는 실재, 즉 이미지의 실재를 신뢰하게 된다. 따러서 출구는 기술사회 외부에서만 찾을 수 있다. 종말론적 약속에서, 시간의 종말에서, 우리는 팔복의 약속에 따라 진리와 실재의 충만함 속에서 하나님을 볼 수 있게 될 것이다. "마음이 청결한 자는 복이 있나니 저희가 하나님을 볼 것임이요."[28] 그러나 최종적 화해는 히브리서 저자가 들려주듯이 신앙과 소망 안에서 지금부터 체험될 수 있다. "믿음은 바라는 것들의 실상이요 보이지 못하는 것의 증거니."[29] 이처럼 화해는 약속되었고 얻어졌다. 그리고 우리가 우리의 개척해야 할 길들은 바로 확실한 화해로부터 시작해야 한다. 따라서 주권적 말의 이 재발견을 통해서 말에 굴욕을 주고자 사용되었던 이미지에 대항할 수 있다. 이미 종말이 왔다는 것을 주장하려는 것 또한 아니다. 그리고 여기 지금 의지적으로 그리고 자의적으로 우리 자신의 수단에 의해서 화해를 이루어내

---

26) 앞의 책, p.240.
27) 참조. 앞의 책, p.252-299.
28) 마태복음 5장 8절.
29) 히브리서 11장 1절.

고 유지하면서 종말론적인 것을 현실화하는 것도 아니다. 그것은 성상 파괴적 태도이고 따라서 우리 믿음의 논리와 관계된다. "인간을 제물로 바치는 것을 통해 그 진정성을 확인했던 과거의 우상들과 모든 면에서 비견될 만한 반인간적인 시청각 기제에 대한 필수불가결한 성상 파괴"[30]가 문제다. 필요한 성상 파괴의 영역은 컴퓨터를 "가장 열등한 이성"[31]으로 거부하는 것이다. 이것은 과학을 거부하는 것이 아니라 그것의 배타적이고 환원주의적인 요구를 거부하는 것이다. 말과 이미지 사이 그리고 마지막 때만을 위해 약속된 진리와 실재 사이의 화해를 준비하기 위해서 이미지를 자신의 자리로 돌려보내는 것이 우리에게 달렸다. 다시 말해서, 이미지의 숭배에 대항해서 성상 파괴적 행동을 계발하는 것이다.

이처럼 자끄 엘륄의 연구의 사회학적 극이 완성된다. 『혁명의 변질』과 『무의미의 제국』이 던진 지표 이후에, 『말의 굴욕』은 우리에게 신학적, 성서적, 윤리적 영역에서 연구를 하나 더 제공한다. 이 저작은 엘륄의 두 번째 측면을 향해서 결정적인 이행이 된다. 출구 없는 세상에서 자끄 엘륄의 신앙과 소망은 무엇인가?

---

30) 앞의 책, p.285.
31) 앞의 책, p.286.

B. 신학적 측면

I. 성서 주석. 문제들의 책

자끄 엘륄은 몇 권의 책에서 성서의 여러 책을 다루었다.-『요나의 심판과 구원』*Le livre de Jonas*, 대장간 역간, 1), 열왕기하서를 주제로 한 『하나님의 책략과 인간의 책략』*Politque de Dieu, politique de l'homme*, 2), 성서 전체에 걸쳐서 도시라는 주제로 쓴 『머리 둘 곳 없던 예수-도시의 의미』*San feu ni lieu*, 3), 『요한계시록, 움직이는 건축물』*L'Apocalypse:architecture en mouvement*, 4), 『요한 계시록 컨퍼런스』*Conférence sur l'Apocalypse de Jean*, 5), 『창세기와 오늘』*La Genèse aujourd'hui*, 6), 전도서를 다룬 『존재의 이유』*La raison d'être*, 7), 성서의 여러 책에서 정치적 권위와 국가를 문제 삼은 『무정부와 기독교』*Anarchie et christianisme*, 8) 로마서 9장에서 11장에 걸친 유대인의 지위를 소재로 한 이 『하나님은 불의한가?』*Ce Dieu injuste?*, 9), 그리고 마지막으로 예수의 고난과 유혹을 소재 삼은 『네가 하나님의 아들이라면?』*Si tu es le fils de Dieu*, 10)이 있다.

a) 성서와의 관계

무엇보다도 자끄 엘륄과 성서와의 관계를 문제 삼는 것이 필요하다. 그는 분명히 성서를 요리책같이 우리의 문제들에 대한 답변을 제공해주는 책으로도 생각지 않는다. 만일 우리가 문제들을 가지고 성서에 들어간

---

1) 참조. 엘륄, 1952.
2) 참조. 엘륄, 1966a.
3) 참조. 엘륄, 1975c.
4) 참조. 엘륄, 1975d.
5) 참조. 엘륄, 1985.
6) 참조. 엘륄, 1987a.
7) 참조. 엘륄, 1987c.
8) 참조. 엘륄, 1988b.
9) 참조. 엘륄, 1991a.
10) 참조. 엘륄, 1991b.

다면, 그것들은 성서 속에는 그 답이 없으며, 문제들이 다른 입장에서 해석되고, 문제들의 중심이 해체되고 만다. 그리고 우리는 성서 속에서 새롭게 제기된 문제들과 함께 새로운 질문들을 갖고서 성서에서 다시 나오게 된다.[11] 그렇다면, 성서 속에서 우리가 대답해야 할 대상은 우리 자신이다. 다시 말해서, 우리의 질문에 대해 대답할 책임이 있는 것은 성서가 아닌 우리에게 있다. 따라서, 성서는 인간을 자신의 자유로, 자신의 책임으로 돌려보내는 책이다. 믿음을 가지고 읽는다는 것은 하나의 들음이다. 이어 신앙은 침묵 속에서 배양된다.[12] 성서는 우리에게 주요한 세 가지 질문을 던진다.[13] "누가 당신에게 내가 누구인지 묻는가?"[14]. 윤리적 문제인 "당신은 당신의 형제에게 무엇을 하였는가?"[15] 우리가 추구하는 것에 대한 실존적 물음인 "당신이 찾는 것은 누구인가?"[16] 따라서 우리는 질문들을 받고 고백적인 대답, 즉 말과 우리의 삶에 의해서 윤리적이고 실존적인 대답을 하도록 유도된다. 가인은 그의 편에서 하나님의 질문에 답하기를 거부한다. 그리고 따라서 자신의 "책임"[17]을 감당하기를 거부한다. 우리를 성서에 또는 성서 속에서 너무도 많은 질문을 던진다. 그리고 우리는 너무나 자주 성서 자체가 우리에게 던지는 질문들을 받아들이기를 잊어버린다.[18] 자끄 엘륄의 성서 주석 전체를 주파하는데 길잡이 역할을 하는 다른 독서의 원리가 있다. '실재'와 '진리' 사이의 변증법이다. 『요나의 심판과 구원』[19]에서 엘륄은 이 예언자 이야기의 문자적 읽기를

---

11) 참조. 엘륄, 1975a, tome2, p.164; 1987a, p.214.
12) 참조. 엘륄, 1980a, p.134-139.
13) 참조. 엘륄, 1975a, tome2, p.164; 1987a, p.214.
14) 마태복음 16장 15절, 막8:장 9절, 눅9장 20절. 베드로의 다양한 대답은 엘륄이 질문들의 책으로서의 성서 읽기를 뒷받침해준다. 대답은 사람에 따라서 다를 수 있다. 그러나 역시 같은 사람에게서도 인생의 여러 단계에서 다르게 나타날 수 있다.
15) 참조. 창세기 4장 9절-10절a. 본문은 더 정확하게 다음과 같이 적고 있다. "여호와께서 가인에게 이르시되. '네 아우 아벨이 어디 있으냐?' 그가 가로되 '내가 알지 못하나이다. '내가 내 아우를 지키는 자니이까?' 가라사대 '네가 무엇을 하였느냐?'
16) 요한복음 20장 15절.
17) 참조. 엘륄, 1975a. tome 2, p.181-182.
18) 참조. 엘륄, 1975a, tome1, p.203.

거부한다. "이 '믿음의 행위'는 내가 보기에 타당하지 않다. 왜냐하면, 이 책은 이 믿음을 예수 그리스도가 아닌 문자를 향해 말하고 있기 때문이다."[20] 많은 부분이 사실 같지 않은 이야기된 사실들을 사실적인 것으로 여겨서는 안 된다. 그러나 이 책은 정경이므로, 그 이야기는 진실이다. 따라서 요나서의 실재성은 하나님과 인간 사이의 관계에 대해서 요나서를 통해서 드러난 계시보다는 덜 중요하다.[21] 자끄 엘륄은 이 이야기 속에서 기술에 대한 첫 번째 신학적 비판을 찾아낸다. 다시 말해서, 인간이 하나님 없이 스스로 자신의 삶을 지배하려고 한다는 것이다.[22] 이는 선원들이 하나님께 돌아서기에 앞서[23] 자신들이 신뢰하는[24] 항해 기술의 모든 수단을 동원하려고 하려는 것에서 나타난다.[25] 엘륄의 요나서 읽기는 그리스도 중심적이다. 부연하면, 요나가 예수 그리스도가 아니라면(왜냐하면, 그는 죄를 짊어지고 하나님의 의지를 행하려 하지 않았다), 그는 예수 그리스도의 모형(여호수아, 다윗)의 계열에 속한다. 이 각각의 모형들은 선체적으로 하나님의 아들이 가지는 하나의 측면을 대표한다. 만약 예수가 요나의 기적의 역사적 실재를 믿는 것처럼 보인다면[26], 과학적 관점에서 그 시대 사람들의 오류들을 공유했기 때문이다. 그의 인성은 실재를 지향한다. 그리고 그의 신성은 진리를 지향한다. 우리는 요나의 기적을 믿으라고 요청받지 않고 우리를 대상으로 하고 요나서가 속해 있는 하나님의 말씀을 믿으라고 요청받는다.[27] 이야기는 하나님이 뜻을 돌이키셨다고 말한다.[28] 그러나 사용된 히브리어 동사는 인간의 회개를 뜻하는 동사가

---

19) 참조. 엘륄, 1975a. tome1, p.203.
20) 앞의 책, p.118.
21) 참조. 앞의 책, p.117-120.
22) 참조. 앞의 책, p.158-159.
23) 참조. 요나서 1장 14절.
24) 참조. 요나서 1장 5절, 13절.
25) 참조. 요나서 1장 5절, 13절.
26) 참조. 마태복음 12장 39절; 16장 4절; 누가복음 11장 29절.
27) 참조. 요나서 1장 5절, 13절.

아니다. 즉, 그것은 방향의 전환이라기보다는, 인간을 정죄하고서 겪으셨던 하나님의 내적 고통과 관련된다. 그는 스스로 심판을 그만둔다. 그리고 이 심판은 그리스도에게서 완전히 성취된다.[29] 하나님의 후회가 문제일 때는 언제나 "그것이 예수 그리스도의 새로운 예언"[30]이라고 말할 수 있는 이유가 여기에 있다. 요나서는 완성되지 않은 채로 남아 있다. 예언은 하나님에 대한 질문에 답하지 않는다.[31] 따라서 이 질문은 다른 대답을 기대하며 우리 각자에게 던져진다. "요나서에는 결론이 없다. 책의 마지막 질문은 하나님의 충만한 긍휼을 구체적으로 성취하는 그리고 신화의 형태로가 아니라 실재적으로 세계의 구원을 성취할 이에게서만 그 대답을 받아들인다."[32]

『하나님의 책략과 인간의 책략』[33]은 열왕기하서의 묵상적 주석이다. 자끄 엘륄은 과학적 주석은 물론, 문자적 읽기를 거부한다. 그러나 그는 이 본문 앞에서, 그리고 그 본문 속에서 하나님의 말씀을 분간하며, 이 본문이 가지는 인생의 의미가 무엇인지 추구한다.[34] 그가 말한 바로는, 열왕기하서는 인간의 자율성과, 그의 반역, 그리고 그가 하나님 없이 살 수 있다고 주장하는 가장 큰 영역으로서의 정치의 상대성을 보여준다.[35] 이 본문들은 하나의 교리의 예가 아니다(하나님의 전지성이나 인간의 자유). 단순한 역사적 기록도 아니고(주석의 대상이 될 수 있는 것) 하나의 살아 있는 실재이다. 즉 인간을 중개로 해서 자신을 말씀하시는 하나님 의지의 긍정이다. 그러나 하나님의 이 의지는 인간을 절대로 강제하지 않는다. 이것은 인간의 독립성을 존중하는 하나의 제안이다. 하나님은 심지어 인

---

28) 참조. 요나서 3장 10절.
29) 참조. 엘륄, 1952, p.195-196.
30) 앞의 책, p.195.
31) 참조. 요나서 4장 11절.
32) 참조. 엘륄, 1952, p.198.
33) 참조. 엘륄, 1966년a.
34) 참조. 앞의 책, p.350.
35) 참조, 앞의 책, p.351.

간에 의해 일으켜진 새로운 상황에 따라서 가끔 그의 계획을 변경하시기도 하신다.36) 이처럼 진리는 실재 안에서 파고든다. 결론적으로 열왕기서는 칼 바르트가 말한 "하나님의 자유로운 결정 안에서 인간의 자유로운 결정"37)이라고 부른 것의 구체적인 사례를 보여준다.

b) 대도시

『머리 둘 곳 없던 예수-도시의 의미』38)는 성서를 가로질러 등장하는 대도시라는 주제에 대한 연구이다. 이 모티브는 사실 성서 전체에 걸쳐서 서로 다른 다양한 본문들 가운데서 지속적으로 등장하는 것이다. 다시 자끄 엘륄은 문자주의적이거나 근본주의적인 접근을 거부한다. 그러나 역사 비평도 역시 거부한다. 왜냐하면, 엘륄은 성서 저자들이 본문들을 갈기갈기 나누기보다는 다양한 텍스트를 취합한다고 간주하여 성서를 하나의 전체로 받아들이기 때문이다. 성서를 조각내는 것은 의미를 파괴한다. 그리고 이 의미라는 것은 텍스트의 구성에서 나오는 것이다. 자끄 엘륄은 따라서 정경적canonique이고 총체적globalisante해석 원리를 택한다. 다시 말해서, 모든 텍스트는 서로서로 조명해준다. 각 텍스트는 성서 전체에 의해서 설명된다. 따라서 편집자의 일은 원저자의 일보다 더 중요하다. 왜냐하면, 텍스트의 최종 상태는 하나님의 계시로 인정되었기 때문이다. 자끄 엘륄은 이처럼 구조주의적 해석이나 과학적 주석보다 키에르케고르의 아브라함에 대한 영적 묵상을 더 선호한다. 구조주의적 해석이나 과학적 주석은 궁극적인 것을 향해 한 걸음도 나아가지 못한다. 왜냐하면, 그것들은 진리보다는 실재에 관심을 두기 때문이다.39) 성서에서 진리는 예수이고, 반면 실재는 그를 받아들이지 않는 세상이다. 예수의 승리는 참되

---

36) 참조. 앞의 책, p.353-354.
37) 앞의 책, p.352; 앞의 책, p.500.
38) 참조. 엘륄, 1975c.
39) 참조. 앞의 책, p.9-19.

다. 그러나 그것은 실재에서는 보이지 않는다.40) 우리에게 요구되는 일은 예수 그리스도가 진리 안에서 가져온 승리가 실재와 섞이지 않도록 노력하는 것이다.41)

성서에서 대도시의 역사는 인간의 반역과 그의 하나님과의 단절의 역사이다. 사실 하나님은 무엇보다도 동산에 인간을 두셨다. 왜냐하면, 그것은 인간에게 가장 적합한 환경이기 때문이다. 그러나 가인에서부터 인간은 도시를 지었다. 이것은 그 자신의 역사를 시작하기 위함이었다. 가인은 "시작"이라는 뜻의 에녹이라는 도시를 건설한다. 그는 성벽으로 도시를 두르는데, 이것은 하나님으로부터의 보호를 불신하는 것이고 자기자신을 스스로 방어함을 말한다. 그는 세상을 장악하기 위해서 기술을 발명해 낸다. 그리고 하나님과 인간 사이에 있는 틈을 낸다. 도시는 인간의 보존 욕구를 채워준다.42) 자끄 엘륄은 단순히 "에녹"이라는 단어를 가지고 일반화하는 것이 아니다. 왜냐하면, 성서 전체에서 대도시는 같은 신학적 의미를 갖기 때문이다.43)

그러나 모든 신화의 이야기와는 달리, 말세에도 인간은 원래의 상태로 돌아가지 않을 것이다. 하나님은 그에게 하나의 도시를 약속하셨지 한 정원을 약속하지 않으셨다. 이것은 사랑으로 하나님이 그 자신의 의도를 고치셨다. 이는 인간의 역사를 고려한 것이다. 그리고 거기에는 광분한 폭동도 포함된다. 그는 도시를 갖고자 하는 그들의 욕구를 갖고 계신다. 그러나 인간들에 의해 세워진 도시와는 달리, 하늘의 예루살렘에서는 하나님은 빠짐없이 충만하게 현존하실 것이다. 그는 여기에서 "모든 새로운 것"44)을 만드실 것이다. 부연하면, 새로움은 하나님의 계획과 관련해서

---

40) 참조. 앞의 책, p.295-29.
41) 참조. 앞의 책, p.304.
42) 참조. 앞의 책, p.25-40.
43) 참조. 앞의 책, p.38.
44) 요한계시록 21장 5절.

있는 것이지 인간의 역사와 관련해서 있는 것이 아니다. 그러나 역시 하나님 없이 살고자 하는 인간의 욕구와 관련을 맺고 있다. 하늘의 예루살렘은 인간이 자신 역사의 과정에서 창조할 모든 것의 요약이 될 것이다. 그것은 하나님의 독보적인 작품이 될 것이다. 그러나 인간이 가져온 물질과 함께 만들어질 것이다.45) 우리는 조금 후에 자끄 엘륄이 성서 본문들을 가로질러 끄집어 낸 신학적 결과들을 보게 될 것이다.

엘륄은 두 권의 책에서 요한 계시록을 주제로 다루고 있다. 『요한 계시록, 움직이는 건축물』46), 『요한 계시록 컨퍼런스』47)가 그것이다. 자끄 엘륄에 따르면 계시록은 재앙의 책도, 지구의 종말을 기술한 책도 아니다. 성서에서, 사실 역사는 결코 미리 쓰이지 않는다. 따라서 계시록은 역사책이 아니다. 그것은 매 순간 말한다. "종말은 현재이다." 그것은 현재 속에서 종말을 볼 수 있음을 말한다.48) 이것은 우리를 실재와 진리 사이의 관계로 이끌고 간다. 계시록은 우리가 실재 속에 숨겨진 신비를 드러내는 실재를 해석하는 것을 도와준다. 그것은 실재적인 것 속에 그리고 그 너머에, 초실재적인 것, 의미, 진리가 숨겨져 있음을 보여준다. 실재적인 것은 새롭지 못할뿐만 아니라 너무 인간적이다, 그것은 진리에 자신을 표현하는 수단을 제공한다. 그러나 진리는 실재를 변형시켜 실재 스스로는 얻을 수 없는 의미를 준다.49) 만일 우리가 도시의 의미에서 본 것처럼, 종말에 하나님이 우리 모든 역사를 고려하시고 그것을 하늘의 예루살렘에 개괄하신다면, 우리는 수고해서 이룰 가치가 있는 역사에 대해 특별한 책임이 있다.50)

---

45) 참조. 엘륄, 1975c, p.308-324.; 1975d, p.234-238; 1985, p.88-93; 1987b, p.279-290; 1994, p.162-163.
46) 참조. 엘륄, 1975d.
47) 참조. 엘륄, 1985.
48) 참조. 앞의 책, p.20-26.
49) 참조. 앞의 책, p.26-27.
50) 참조. 앞의 책, p.54,81-93. 역시, 엘륄, 1975d, p.234-238.

『창세기와 오늘』51)에서 자끄 엘륄은 성서의 첫 책이 주위의 종교들에 대해서 논쟁적인 텍스트라는 것을 보여준다.52) 생활환경들은 신성화되지 않는다. 그것들은 단순히 피조물에 불과하다.53) 하나님은 말씀하시면 창조하시고, 따라서 인간을 대화 상대자로 삼으신다.54) 하나님은 동물들에 대해서 특별한 애정을 보이신다.55) "땅을 다스리라"56)는 명령은 그것을 압제하는 것을 허용하지 않는다. 왜냐하면, 그것은 "하나님의 형상"57) 으로서 인간과 그에 대한 축복을58) 제시한 직후에 끼어든 것이기 때문이다. 따라서 인간은 자신이 대표로 있는 피조물을 하나님처럼 지킬 책임을 부여받는다. 그리고 땅을 정성껏, 다시 말해 사랑으로 돌보아야 한다.59) 타락의 이야기는 이 축복 이후에야 나온다. 따라서 죄를 중심화하고 그 모든 것의 기원으로 돌리는 것은 오류이다. 당신이 당신의 죄를 의식하는 것은 반대로 당신이 사랑과 용서를 받는 시점에서이다.60)

c) 코헬레트 Qohélet

코헬레트는 자끄 엘륄이 가장 애정을 갖은 책이다. "성서 중에서 아마도 그만큼 내가 천착하고, 따라서 그만큼 내가 인정하는 책은 없다. 즉 전도서만큼 내게 잘 맞는 책은 없다."61) 따라서 그는 전도서에 대한 명상의 책을 썼다. (『존재의 이유』62)) 그는 이 책을 그의 저작들 전체의 결론으로

---

51) 참조. 엘륄, 1987a.
52) 참조. p.21-63.
53) 참조. p.30, 74.
54) 참조. 앞의 책, p.31-32.
55) 참조. 앞의 책, p.42.
56) 참조. 창세기 1장 28절.
57) 참조. 창세기 1장 27절.
58) 참조. 창세기 1장 28절.
59) 참조. 엘륄, 1987a, p.74-76.
60) 참조. 앞의 책, p.96.
61) 엘륄, 1987c, p.7.
62) 참조. 엘륄, 1987c.

간주한다.63) 그의 연구를 위해서 엘륄은 대학의 방법론과 정반대로 접근한다. 다시 말해, 주석에서 출발하지 않고 히브리 본문에서 출발한다.64) 마찬가지로 그는 성서를 어떤 종류의 문학 텍스트로 보는 것을 거부한다. 반면, 그는 성서가 계시를 담고 있다고 본다.65) 이것이 바로 자끄 엘륄이 눈에 보이는 모순을 넘어서 텍스트의 통일성을 찾으려 하는 이유이다.- 가령 "모든 것이 헛되다"(지혜를 포함해서)와 "지혜를 찾으라"(그것이 하나님에게서 왔기 때문에) 사이의 모순과 같은.- 그리고 그는 이 통일성을 '실재' 와 '진리' 사이의 변증법적 운동 안에서 찾는다. "'실재', 그것은 '모든 것은 헛되다' 이다. 그리고 "진리", 그것은 '모든 것이 하나님의 은사' 라는 것이다. '실재' 는 진리를 도피가 되지 않게 막아준다. 반면 진리는 실재가 절망하는 것을 막아준다.66) 전도서의 모든 주석가들은 이 책의 논리적인 순서가 없어서 의견이 갈린다. 그리고 일반적으로 다양한 저자를 확인하려 하고 아니면 편집의 층을 찾아내려 한다. 자끄 엘륄에 따르면 통일성은 순서에서 나오는 것이 아니고, 바둑판 무늬로 엮어지는 사고의 직조물처럼 하나의 씨실에서 나온다. 헛됨과 지혜의 변증법은 하나님에게서 출구를 찾는다. 다시 말해, 지혜는 모든 것의 헛됨을 드러내게 한다. 그러나 지혜 자체는 헛된 것이다. 그러나 헛됨은 지혜에 의해 능가된다. 그러나 코헬레트는 이 내재적인 순환 안에서 완성되지 않는다. 왜냐하면, 이것은 중심이 되시고 결정적인 하나님을 지시하고 있기 때문이다. 그리고 하나님은 여기저기 흩어진 요소들을 이어준다. 주석가들이 말하듯이 모순들은 그저 망각에서 나온 것이 아니고, 이 책의 핵심 열쇠 중 하나이다. "비모순의 원리는 죽음의 원리이다. 모순은 소통의 조건이다."

---

63) 참조. 앞의 책, p.9.
64) 참조. 앞의 책, p....이 언급은 신학 대학에서 가르쳐지고 행해지는 주석 방법에 대한 심각한 편견을 보이고 있다.
65) 참조. 앞의 책, p.12-13.
66) 참조. 앞의 책, p.33-34.

67) 나중에 우리는 키에르케고르의 저술이 코헬레트의 한가운데서 변증법적 운동을 자끄 엘륄이 찾아낼 때 어느 점에서 결정적 역할을 했는지 보게 될 것이다. 그리고 마지막으로, 엘륄이 종국적으로 주관적, 직관적인 접근을 옹호하는 것은 덴마크 사상가에게 역시 빚지고 있다. "먼저 텍스트의 아름다움에 사로잡히고, 먼저 감정 속에서 그것을 받아들이고, 음악처럼 조용히 그것을 듣고, 그것의 감수성과 상상력을 분석하고 '이해하는 것'에 앞서 말하게 하라."68)

d) 무정부적 성서 읽기

『무정부와 기독교』69)라는 제하의 책의 상당한 부분은 정치권위와 국가에 맞서서 성서 저자들이 내리는 심판을 주의 깊게 독해의 길잡이로 삼고서 성서 전체를 편답한다. 그리고 전혀 예상과 다르게, 자끄 엘륄은 성서를 무정부적인 책으로 간주하며 결론을 내렸다. 두 번째 장은 또한 "성서, 무정부의 근원"70)이라고 이름 붙여진다. 시작부터 '무정부'라는 단어는 '지배와 정치권력의 부재', '국가의 정죄'로 이해되어야지 "무질서, 분란, 혼란이나 폭동"으로 이해해서는 안 된다고 분명히 밝히고 있다. 따라서 우리는 구약 성서에서 시작하는 성서의 순회에서 저자의 인도를 받을 것이다.71) 가나안에 정착하기 이전에, 히브리 백성에게는 정치조직이 거의 없다시피 했다. 하나님의 뜻에 따라 선택되고 순종하는 몇몇 사람들을 매개로 해서 이스라엘을 인도하신 분은 하나님 한 분이시다. 모세, 여호수아 그리고 사사들. 자끄 엘륄이 무정부적이라고 이해하는 첫 텍스트는, 즉 왕조에 대해 비판하는 것으로, 왕을 선택하는 나무들의 유명한 비

---

67) 앞의 책, p.42.
68) 앞의 책, p.271.
69) 참조. 엘륄, 1988b.
70) 참조. 앞의 책, p.69-126.
71) 참조. 앞의 책, p.70-84.

유이다. 이는 결국 가시나무에 비유된다.72) 그러나 반군주제 논쟁에서 가장 명백한 것은 사무엘상 8장에서의 사무엘과 하나님 사이의 유명한 대화이다. – 이스라엘 백성은 하나님을 유일한 왕으로 모시는 대신에 다른 민족들처럼 한 왕을 원한다. 하나님은 이때 사무엘에게 이 요청을 수락하지만, 백성이 한 왕을 자신들의 머리로 가질 때 그들이 겪을 일들을 조심하라고 하신다.73) 그리고 바로 이것이 곧 일어난다. –다윗과 솔로몬마저도 하나님의 뜻을 따르지 않는다. 그들의 계승자들도 더욱 나빠지고 본문들은 악한 왕들을 향해서 극히 혹독하다. 그러나 반군주제적인 이 본문들은 군주제 시대에 하나님의 말씀으로 간주되었었다! 이것은 어느 시점에서 본질적으로 하나님의 뜻에 반하는 절대 권력에 반대하는가를 보여준다. 각각의 왕에 맞서서 하나님의 편에서 정치를 책망하는 한 선지자가 일어난다. 이것은 따라서 계시로서 여겨지는 반–권력이다! 왕에게 호의적인 기짓 선지자들의 예언들은 보존되지 않았다! 우리가 확인하듯이 자끄 엘륄이 제시하는 무정부주의적 성서 읽기는 본문의 정경화와 이 정경화가 의미를 가지는 정치적 맥락을 고려해 넣은 것이다. 전도서에서 정치 권력은 마땅히 문제 삼아진다. 비록 이 말들이 솔로몬 왕의 입에서 나온 것이라 할지라도! 이어서 잘못된 방향으로 흘렀던 것은 하스모니아와 헤롯 왕조였다. 이 상황은 두 가지 종류의 반응을 불러일으킨다. 하나는 폭동이고 하나는 경건이다. 이 두 가지 조류는 모두 국가에 부여하는 모든 가치를 부인하는 것이다. 그리고 이 모든 시기에(기원전 마지막 3세기 동안), 어떤 새로운 텍스트도 하나님의 영감을 받은 것이라고 여겨지지 않는다.

자끄 엘륄은 복음서 속에서, 그리고 특히 예수의 특정한 말 속에서, 정치권력에 대한 적대감이 지속하는 것을 본다.74) 예수의 첫 번째 권력과의

---

72) 참조. 사사기 9장 8절-15절.
73) 참조. 사무엘상 8장 7절-22절.

접촉은 무고한 유아의 대량 학살이다. 이 이야기가 역사적으로 사실이건 아니건 간에, 의미심장한 사실은, 영감 받은 것으로 간주하는 텍스트에서 이야기된다는 사실이다. 자끄 엘륄이 보기에 예수의 시험 이야기는, 모든 정치권력은 사단에 속한다는 것을 가리켜 준다. 권력을 쥔 자들은 따라서 그것을 사단에서 받았고 사단에 의존하고 있다.[75] 이는 모든 정치권력과 관계된 것이지 헤롯만을 문제 삼은 것이 아니다. 왜냐하면, 이 본문들은 비유대인을 대상으로 하기 때문이다. 구약 성서에서는, 사실 그는 "사단 le satan"('사단Satan'이 아닌)이라고 불린다. 따라서 이는 특정한 이름이 아닌 사단 자체를 가리킨다. 사단은 분열의 기능을 한다. 그리고 사단이 정치권력이 낳은 것이다. 예수의 세 가지 말씀들은 정치권력에 적대적인 것으로 이해될 수 있다. "가이사의 것은 가이사에게, 하나님의 것은 하나님께 바치라."[76] 우리는 자주 이 말을 권력에 대한 충성의 표시로 해석했다. 또는 세속권세와 영적 권세의 구분으로 더욱더 잘 해석했다. 현실적으로 이는 무정부주의적 발언이다. 예수는 세금을 정당한 것으로 보지 않았다. 그는 한 가지 증거를 드는 것에 그친다. 왜냐하면, 그 소유주가 돈 위에 새겨져 있기 때문이다. 그러나 반대로 가이사의 표식을 담지 않은 것은 그에게 속한 것이 아니다. 왜냐하면, 그것은 하나님께 속한 것이기 때문이다! 예수의 재치 있는 대답에 대해 '내포적' 읽기를 통해서 자끄 엘륄은 가이사의 영역은 매우 제안되어 있으므로 우리는 그것에 대항할 수 있음을 의미하려 한다. 예수의 무정부주의적 발언은 다음과 같다. "이방인의 집권자들이 저희를 임의로 주관하고 그 대인들이 저희에게 권세를 부리는 줄을 너희가 알거니와 너희 중에는 그렇지 아니하니."[77] 따라서 독재 없이 정치권력을 갖는 것은 불가능하다! 예수의 제자들은 사회를

---

74) 참조. 엘륄, 1988b, p.84-106.
75) 참조. 마태복음 4장 1절-11절; 누가복음 4장 1절-13절.
76) 마가복음 12장 17절.
77) 마태복음 20장 25-26절.

떠나라고 종용받지 않았다. 그러나 모든 정치적 개입을 거부하라고 권고 받았다. 왜냐하면, 권력은 부패하기 때문이다. 결국, 예수의 무정부적 발언의 세 번째는 다음과 같다. "검을 가진 자는 다 검으로 망하느니라."78) 국가는 칼의 힘에 의존한다. 그리고 예수의 제자들은 그것에 맞서서 비폭력을 채택해야 한다. 예수의 재판 이야기는 종종 예수가 순종한 권력을 합법화하는 것으로 읽히곤 했다. 실상은 자끄 엘륄이 보기에 성서 저자들은 모든 정치권력은 불의하다는 것을 보여주는 것이다. 왜냐하면, 가장 정의롭다는 로마법이라 할지라도 결국 무고한 자를 정죄하기에 이르기 때문이다. 도발적 태도만큼이나 그의 침묵으로, 예수는 이 어떤 권세도 인정하지 않는다. 그가 빌라도에게 말할 때 "너의 권세는 위에서 준 것이다."79) 이것이 의미하는 바는 "너는 악한 영으로부터 너의 권세를 잡고 있다"이다. 이 과감한 해석은, 가장 덜 독창적이지만, 예수의 시험 이야기와 조화를 이룬다. 모든 세상 권세는 마귀에게서 온 것이다.

    이 복음서에 대한 무정부주의적 읽기는 바울의 서신 어디에서도 약화되지 않는다.80) 로마서 13장 1절-7절은 자주 콘스탄틴의 회심에서부터 기독교가 공식 종교가 되자 황제의 제국의 권세를 정당화하기 위해 내걸어진 것이다. 이렇게 교회는 정치와 협력하면서 모든 정치 체제를 합법화한다. 그러나 이처럼 국가의 세속적 이익을 위해서 로마서 13장 1~7절을 도구화하며, 우리가 방금 인용한 무정부적 텍스트를 한편으로 잊어 버려야 했고, 다른 한 편으로, 로마서 13장 1~7절을 그 직접적인 맥락과 더 큰 맥락과 떨어지게 해야 했다. 이는 주석상의 잘못된 방법론이다. 로마서 12장은 가장 반순응주의적인 구절이다. "이 세대를 본받지 말라."81) 자끄 엘륄에게 이 구절은 성서 전체에 있어서 해석학적 열쇠 중의 하나이다.

---

78) 마태복음 26장 52절.
79) 요한복음 19장 11절(역자 역).
80) 참조. 엘륄, 1988b, p.116-126.
81) 로마서 12장 2절, 약간 수정.

엘륄은 이 구절에 더 중요성을 부여하고, 로마서 13장 1-7절의 중요성을 떨어뜨린다. 그리고 12장 전체는 사랑에의 권면, 특히 원수를 사랑하라는 권면으로 이어진다.82) 13장은 권세에 복종하는 것을 말한 이후에, 사랑의 모티브를 다시 잡아 발전시킨다.83) 이처럼, 로마서 13장 1절-7절은 원수에 대한 사랑에 대한 강한 권면 가운데 끼워져 있다. 만일 따라서 정치권력이 시민에게 그들의 원수를 미워하라! 그리고 심지어 그들을 전쟁에서 죽이라고 명령한다면, 기독교인들은 그들에게 불복종해야 한다. 그리고 기독교인들은 베드로와 사도들이 말하듯 "사람보다 하나님께 복종"84)해야 한다. 그리고 그리스도인들은 단지 이 베드로의 말이나, 또 우리가 너무도 자주 고려하는 것을 잊어버리는 로마서 13장 1절-7절의 즉각적 문맥에 의해서가 아니라, 로마서 13장 1-7절 자체 때문에, 또는 더 정확히 다음의 말씀 때문에 그렇게 해야 한다. "그러므로 굴복하지 아니할 수 없으니 노를 인하여만 할 것이 아니요 또한 양심을 인하여 할 것이라"85) 따라서 권세에의 복종은 양심에 달렸다. 즉 양심에 비추어 본 권력에 그리고 권세가 백성에게 요구하는 것을 양심으로 걸러본 결과에 달렸다. 바울이 권세를 위해서 기도하라고 했을 때86), 그는 그들의 승리를 위해서가 아니라 그들의 회개를 위해서 기도하라고 했던 것이다. 따라서 정치권력은 결코 최종의 권위를 가진 기관이 아니다. "권세는 하나님께로 나지 않음이 없나니"87)라는 바울의 문구는 우리가 자주 하던 대로 절대화가 아닌 상대화되어야 한다. 모든 권세는 하나님에게서 나온다. 그러나 모든 권세는 그리스도에 의해서 무너졌다.

요한 계시록이 남았다.88) 사실 자끄 엘륄의 독해에 따르면 바다에서

---

82) 참조. 로마서 12장 14절, 17절-21절.
83) 참조. 로마서 13장 8절-10절.
84) 사도행전 4장 19절; 5장 29절(역자 역).
85) 로마서 13장 5절.
86) 참조. 디모데전서 2장 1절-2절.
87) 로마서 13장 1절.

올라온 짐승은 국가를 상징하고, 땅에서 올라온 짐승은 선전과 경찰을 나타낸다.[89] 그리고 둘 모두는 악에서 나온다. 큰 성 바벨론의 멸망은[90] 정치권력 자체의 파괴를 의미한다(그리고 이것은 로마 권세의 멸망만을 말하지 않는다). 계시록에서뿐 아니라 성서 전체에서 정치권력의 마귀적 성격은 확언되고 있다. 일반적으로 믿는 것과는 달리 성서는 다양한 국가권력에 복종하는 메시지를 발하고 있지 않고, 정치 문제에 관해서 무관심한 무정치적 메시지 또한 내보내지 않는다. 성서는 국가의 권세에 대항해서 저항과 싸움을 유발하는 반정치적 메시지를 발하고 있다. 이것은 국가의 사탄적 성격 때문이다. 성서는 기독교인이 국가에 대항하여 영적 전투를 하도록 촉구하는 무정부주의적 책이다.

마지막 두 권의 성서 주석서들인 이 『하나님은 불의한가?』[91] 와 『네가 하나님의 아들이라면?』[92]은 후에 앞의 책은 이스라엘을 주제로 그리고 뒤의 책은 쇠렌 키에르케고르와 자끄 엘륄을 비교하면서 제시될 것이다.

II. 자끄 엘륄의 신앙: 의심을 거쳐서

신앙과 윤리의 문제를 다룬 자끄 엘륄의 저작들은 기술을 문제 삼은 저작들과 대위對位를 이룬다. 이 저작들이 소망과 자유를 위해 문을 열어주기 때문이다. 그렇다면, 엘륄에게 있어 신앙이란 무엇인가? 『의심을 거친 신앙』*La foi au prix du doute*, 1)과 『나는 무엇을 믿는가?』*Ce que je crois*, 2)에서, 저

---

88) 참조. 엘륄, 1988b, p.107-112.
89) 참조. 요한 계시록 13장 1절, 11절.
90) 참조. 요한 계시록 14장 8절; 18장 21절.
91) 참조. 엘륄, 1991a.
92) 참조. 엘륄, 1991b.

---

1) 참조. 엘륄, 1980a.

자는 우선 집단적이고 사회생활을 가능하게 하는 '종교심croyance'과 개인적이고, 그 표상들에 동화될 수 없는 근본적 타자인 접근할 수 없는 하나님을 상대로 한 '믿음foi'를 구분한다. 키에르케고르가 보여주듯이, '종교심'은 인간들을 모으지만, '믿음'은 고립시킨다. 종교심은 인간의 문제에 대한 답변을 가져다주지만, 믿음은 질문들을 던지고 인간들의 문제들을 딴 데로 돌린다. 따라서 종교심은 의심을 배제하지만, 믿음은 그것을 가정하고 또 그것을 통합한다. 그런데 의심은 계시에 대한 것이 아니다. 자기 자신에 대한 의심, 다시 말해, 내가 믿는 바에 대한 비판적인 시험이다. 의심한다는 것, 이것은 우리가 단순히 종교심으로 가득 차 있는가를 스스로 자문해 보는 것이다. 믿음과 신앙은 뒤섞여 있다. 그러나 종교심에서 믿음으로 우리는 건너갈 수 없다. 오히려 흔히 믿음은 신앙으로 퇴락한다.3) 자끄 엘륄은 또한 바르트의 '종교'와 '계시' 사이의 유명한 대립을 다시 취해, '종교심'과 '믿음'으로 다시 나눈다. 설명하면, 종교는 진리를 장악하기 위한 인간의 노력이고, 계시는 인간에게 알려진 하나님의 주도권이고 인간이 신앙 안에서만 받을 수 있다. 이 넘을 수 없는 간격은 가늠할 수 없는 실제적 결과에서 기인한다. 앙드레 말로André Malraux는 말했었다. "21세기는 종교적이 되든지 아니면 그렇지 않게 될 것이다." 살인적인 분쟁을 정당화하는 종교로의 회귀를 고려하며, 자끄 엘륄은 매력적인 문구로 말로의 말을 다시 쓰면서 뒤집어엎는다. "21세기는 종교적이 될 것이다. 그리고 이 사실에서 그렇게 되지 않을 것이다."4)…!

a) 자끄 엘륄의 하나님

따라서 자끄 엘륄이 믿는 하나님에게 누가 마음이 끌리지 않겠는가?

---

2) 참조. 엘륄, 1987b.
3) 참조. 엘륄, 1980a, p.127-162; 1987b, p.9-11.
4) 엘륄, 1980a, p.166.

부정적 정의의 방식을 맞추어서, 자끄 엘륄은 자신의 신앙에 대해서 조심스럽게 말하기 때문에 부정적으로, 그것의 본질이 아닌 것을 말하기 더 쉽다. 『의심을 거친 신앙』5)에서 엘륄은 『나는 무엇을 믿는가?』라는 제목의 책들이 널리 유포되는 것을 비난하곤 했다(칠 년 후에 같은 이름으로 자신의 책을 출간하기 전에!). 그러나 그는 하나님을 증언하기보다는 자기 자신에 경험을 늘어놓는 것을 피했다.6) 만일 하나님이 하나님이시라면, 그는 완전히 알려질 수 없고, 제한되지도 인간의 표현에 속하지 않는다. 하나님은 우선 전적 타자Tout-Autre이다. 그렇지 않다면 그는 하나님이 아닐 것이다. 그러나 예수는 우리에게 하나님은 역시 아버지시라는 것을 알려준다. 그는 따라서 전적 타자이심과 동시에 하나님이시다. 칼 바르트가 말했듯이, 그가 아버지인 것은 전적 타자로서 이고, 그가 전적 타자인 것은 아버지로서이다.7) 무제약자는 그렇다고 유아론자唯我論者는 아니다. 그는 사랑이다. 따라서 항상 관계 속에 있다. 따라서 창조는 그에게 자기가 아닌 다른 이를 사랑하는 것에 필요 불가결하다. 자끄 엘륄은 그의 은밀함 속에서 숨어계신 하나님을 믿는다. 그는 연약함 속에서 임재하신다. 인간이 풍만함과, 힘 그리고 소란을 선택할 때 그는 침묵하신다. 이는 하나님이 무제한의 기술적 성장에 의해 "이미 그들의 보상을"8)받은 서구 사회에서 침묵하시는 이유이다. 창세기 1장의 창조 기사에서, 첫 육일은 각각 저녁과 아침이 있었다. 반면 일곱째 날은 밤이 없었다. 따라서 우리는 항상 하나님이 인간에게 자유와 책임을 남겨주기 위해 쉬시는 이 일곱때 날의 낮에 있다.9) 그러나 쉼은 부재나 무관심을 의미하지 않는다. 하나님은 인간에 의해 행해진 악이 열광적인 정도에 이를 때, 또는 인간

---

5) 참조. 앞의 책, p.109-110.
6) 참조. 엘륄, 1987b, p.224.
7) 참조. 앞의 책, p.228-230. 칼 바르트와 자끄 엘륄의 사상을 연장해 우리는 우리가 하나님에게 말할 수 있다고 말할 수 있을 것이다(왜냐하면, 그가 아버지이기 때문에). 그러나 그에 대해서는 말할 수 없다(왜냐하면, 그는 전적 타자이기 때문에).
8) 참조. 앞의 책, p.197-198. 참조, 마태복음 6장 2절; 누가복음 6장 24절.

의 괴로움이 가능한 인간의 치유할 수 없는 정점에 이를 때 개입한다. 왜냐하면, 인간의 역사는 진정 전혀 쉼이 아니기 때문이다!10) 하나님은 땅에서 일어나는 모든 것에 대해 책임이 없다. 그러나 그는 임재해 계신다. 예를 들면, 이처럼 마태복음 10장 29절을 번역한다. "너희 아버지께서 허락지 아니하시면 그 하나라도 땅에 떨어지지 아니하리라" 그러나 헬라어 본문은 "하나님 없이는"이다. 이것이 지적하는 것은 하나님의 임재이지 죽게 만드는 그의 의지가 아니다.11)

따라서 하나님은 인간을 자신의 결정과 행동에 자유롭게 그리고 책임을 지도록 내버려 두신다. 그러나 이것은 종종 하나님에 대한 반역과 독립을 쟁취하는 태도를 낳는다. 이것은 특별히 기술의 진화에서 나타난다. 이 기술의 진화는 전능한 인간의 의지에 맞는다. 우리가 보았듯이, 기술체계는 포괄적인 전체이다. 모든 비판은 무마된다. 왜냐하면, 그 비판 자체가 기술적이어서 비판과 동시에 시스템을 강화하거나, 아니면 그 비판이 비기술적(히피들처럼)이어서 비판이 별 효과가 없기 때문이다. 기술체계 앞에서의 절망에서 벗어나려면, 하나의 탈출구밖에 없다. 즉 하나님께 의지하는 것이다. 사실 초월자만이 체계 밖에 계시고, 그만이 동화되지 않고 우리에게 참조점, 즉 비판의 수단을 제공한다. 하나님은 인간이 땅에서 존속하기에 그리고 인간의 인간으로서의 존재에 필요한 조건이다. 그러나 그가 초월적인 것만으로는 충분치 않다. 또한, 그가 우리에게 다가와야 한다. 그러나 바벨탑을 건설할 때 그는 이미 '강림' 하셨다. 그는 다음에 예수 그리스도 안에서 성육신 하셨다. 그리고 우리는 그가 돌아오

---

9) 참조. 엘륄, 1987a, p.80-81; 1987b, p.206; 1988b, p.59-60; 2007c, p.275. 이 주석은 약간 과감한 주석으로 보인다. 왜냐하면, 일곱째 날 아침은 더는 없기 때문이다. 하루는 저녁부터 계산된다. 그리고 이후의 이야기는 하나님은 계속되는 창조사역에 의해서 인간의 역사 안에 자주 개입하신다는 것을 잘 보여준다(이것은 엘륄이 반대하는 개념이다. 참조. 엘륄, 1975a, tome 2, p.69-70) 이어서 예수 그리스도에 의해서 창조사역은 계속된다.
10) 참조. 엘륄, 1987b. p.203-221.
11) 참조. 앞의 책, p.208-209; 엘륄 1994, p.162.

실 것을 소망한다. 인간을 짓누르는 기술체계에 앞에서의 개현開顯은 그를 통해서만 온다. 하지만, 우리는 자끄 엘륄이 가령 기술에 의해 초래된 궁지에서 우리가 하나님이 필요할 때, 그가 와서 우리를 대신해서 문제를 해결해 주는 '임시변통' 의 하나님께 탄원한다고 비난할 수 있을 것이다. 이 반대에 맞서 엘륄은 먼저 대답하기를 그가 믿는 하나님은 '임시변통' 적 존재가 아니다. 왜냐하면, 그는 자신의 객관성 안에서 자유롭게 계시를 하시기 때문이다. 달리 말해, 우리는 우리의 신앙의 주관성이 요구하는 하나님으로 그를 축소할 수 없다. 객관적인 기술체계 앞에서, 내 주관적 신앙에 국한된 초월자는 어떤 무게도 갖지 못한다. 그러나 하나님의 개입이 없이는 인간에게 어떤 미래도 없어서, 객관적인 하나님의 개입은 가능하다.12)

b) 구원

『머리 둘 곳 없던 예수』13)에서 우리는 대도시라는 주제를 가지고서 성서 이야기를 읽는 자끄 엘륄의 독서를 보았다. 도시는 하나님에 대항하는 인간의 반역과 자율성을 갈망하는 인간 갈망의 장소이다. 그렇지만, 종말에 하나님은 사랑이시기 때문에, 인간의 모든 역사를 감당하실 것이다. 천상의 예루살렘을 통해서, 그는 그들의 의지와 그들의 행위를 고려하실 것이다. 인간은 자신의 기술과 도시를 통해서 하나님 없이 살기를 바랐다. 하나님은 인간이 이룬 것을 없애지 않으실 것이다. 그분은 거기에 임재하시는 것에 그칠 것이다.14) 자끄 엘륄은 그것을 고백한다. "내가 굳게 믿는 것은 바로 이것이다. 그리고 내가 할 수 있었던 한 내 행동들의 의미와 동기가 바로 그것이었다."15)

---

12) 참조. 엘륄, 1980a. p.229-234; 1981a, p.181-184; 1987b, p.64-65, p.240-248.
13) 참조. 엘륄, 1975c.
14) 참조. 앞의 책, p311-313.

보존되고 변화되게 될 것은 인간의 집단적인 업적들뿐만 아니라, 개인적인 업적들도 포함된다. 각자가 하게 될 그리고 말하게 될 모든 것은 "불 가운데"16)로 지나가게 될 것이다. 그리고 나쁜 행위들은 사라지게 되지만, 하나님을 기쁘시게 하는 행위들은 유지될 것이다. 따라서 지옥불은 사람들을 위해 있는 것이 아니고, 나쁜 행위들에 있는데, 여기에서 헛된 인생을 산 것 자체가 처벌된다. 자끄 엘륄은 실제로 보편구원을 믿는다. 그는 교리학적으로 이것이 진리라고 주장하지 않는다. 하지만, 그는 이 원칙이 하나님의 조건 없는 사랑과 유일하게 양립할 수 있기 때문에 이를 믿는다. 만일 하나님이 사랑이시라면, 그의 피조물 중의 하나를 사랑하는 것을 그칠 수 있겠는가? 그의 아들까지 주실 정도로 사랑하는 자신의 피조물들을 지옥에 보내는 것은 불가능하다. 사실상 죄인을 향한 하나님의 진노는 예수에게 내려진다. 다시 말해, 아들의 인격 안에서 하나님 자신에게 내려진 것이다. 삼위일체는 만인 구원의 결정적인 요소이다. 왜냐하면, 하나님은 자신이 그가 사랑하는 모든 피조물을 구원하기 위해 정죄를 받으셨다. 만일 그가 단 한 사람을 정죄한다면, 스탈린이나 히틀러뿐일 것이다. 이것은 예수의 정죄와 십자가가 충분치 않음을 의미한다.17) 따라서 자끄 엘륄은 만인 구원에 대한 자신의 신앙에 비추어서 심판이나 지옥을 말하는 성서의 다양한 본문을 다시 읽는다. 그것으로부터, 그는 심판은 정죄가 아니라는 결론을 내린다. 비유에서 지옥을 가리키는 것은 예수의 가르침의 핵심이 아니라 이해를 위한 하나의 이미지이다. 왜냐하면,

---

15) 엘륄, 1987b, p.290.
16) 고린도전서 3장 15절. "누구든지 공력이 불타면 해를 받으리니 그러나 자기는 구원을 얻되 불 가운데서 얻은 것 같으리라"(옮긴이).
17) 우리는 자끄 엘륄의 논증을 따라서 사고를 연장할 수 있다. 만인 구원은 은혜에 의한 칭의의 원리와 자신의 피조물에 대한 조건 없는 사랑의 원리와 동시에 양립할 수 있다. 인간은 구원을 위해서 아무것도 할 수 없다. 왜냐하면, 인류는 어떤 방식으로든 구원을 받기 때문이다! 예정교리는 (단순 예정이든 이중 예정이든) 은혜에 의한 구원 경륜의 원리에서 도출된다. 만인 구원은 예정의 급진적인 한 양상이다. 이것은 자신의 피조물에 대한 하나님의 조건 없는 사랑과 일치한다. 어떤 의미에서, 모든 인간은 구원으로 예정되었다!

지옥은 지상에 있고 사람들은 그것을 알고 있기 때문이다. 그리고 결국 서신서들에서는 지옥은 "가능한 불가능성"으로 남아 있다. 바르트가 말하듯이 하나님임은 사랑이시기 때문에 불가능하다고 결론 내린다. 만약 모든 사람이 구원받는다면, 기독교인이 된다는 것이 무슨 소용이 있는가? 이것은 구원에는 아무 소용이 없다. 기독교인의 삶은 구원을 목적으로 하지 않는다. 그러나 그 삶은 구원에서 흘러나오는 것이다. 그렇다면, 기독교인과 비기독교인의 차이는 무엇인가? 기독교인은 그가 구원받았다는 것을 안다. 이것은 그에게서 불안으로부터 해방해 준다. 그에게 이것은 어떤 특권도 나타내지 않는다. 그러나 반대로 책임과 사명을 나타내 준다. 그는 이제 하나님과 그리스도의 종이 되어야 한다.[18] 대격변apocat-astase의 원칙을 옹호하며, 자끄 엘륄은 오리겐에 동조하고, 칼 바르트를 과도하게 해석한다.[19] 칼 바르트는 실제로 예수가 유일한 유기자遺棄者라고 선언한다.[20] 그러나 그는 대격변을 하나님의 자유를 존중하기 때문에 믿지 않는다.[21] 하지만 그가 말한 바로는 율법을 선포하며 그것을 피하는 것보다는 은혜를 선포하며 이 위험을 무릅쓰는 편이 낫다.[22] "보편구원을 가르치는 것은 미친 짓이지만, 그것을 믿지 않기 위해서는 불경건해져야 한다."[23]

이것이 자끄 엘륄의 신앙이다. 몸에 쐐기를 박은 듯이 견고하지만, 의심에 의해서 구멍이 뚫리고 자극을 받는, 수용을 했지만 늘 수용이 필요한, 전적 타자이면서 아버지인 성부를 향해 있고, 삼위일체이지만 성부 중심적이고 그러나 역시 기독론적이고 또한 성령 중심적인 만인 구원의

---

18) 참조. 엘륄, 1981a, p.70-71, p.187-188; 1984b, p.215; 1985, p.81-88; 1987b, p.249-274; 1991a, p.140-141; 1994, p.172-174.
19) 참조. *Dogmatique*, 2e vol., tome 2**, n° 8, Genève, Labor et Fides, 1958, p.339-500) 특히 p.414, 419, 471.
20) 참조. 앞의 책, p.345.
21) 참조. 앞의 책, p.414.
22) 참조. Otto WEBER, *La dogmatique de Karl Barth. Introduction et analyse*, Genève, Labor et Fides, 1954, p.80.
23) 엘륄, 1994, p.173. 참조. 엘륄, 1985, p.81-88.

확실성에 닻을 내리고 있지만, 쉽게 빠지는 곤경에 대해서는 명쾌하게 빠져나오는 바로 그것이다.

III. 자끄 엘륄의 소망-희망을 넘어서

그러나 자끄 엘륄은 자신의 신앙보다 훨씬 더 자신의 소망을 증언하기를 원한다. 이것은 그가 쓴 다른 모든 책 중에서[1] 그가 선호하는 책 『잊혀진 소망』[2]에서 그가 한 것이다.

a) 하나님께 버림받은 시대의 소망.

엘륄은 기술사회에서 소망의 죽음을 기술하는 것으로 시작한다.[3] 우리는 기계적 존재로서 살아간다. 그리고 젊은이들은 우리를 닮아 아무런 계획도 없고, 그들이 하는 일은 꾸준함이 없다. 20세기는 기만과 경멸, 그리고 희망을 빼앗긴 세기이다. 거기에는 모든 이상이 저버려졌고 반대의 결과를 낳았다. 자끄 엘륄이 "인류의 세 명의 악당들"[4]로 규정한 마르크스, 니체 그리고 프로이트 세 명의 의심의 철학자들은 우리를 적절하게 최면시켰고, 그들의 어려운 사상은 불행하게도 공공의 영역으로 옮겨갔다. 이 사실로부터, 더는 어떤 것도, 어느 누구도 신뢰하지 않는다. 그리고 이것이 불러일으키는 감정은 무력감이다. 경멸과 의심은 자연스럽게 인간의 인간에 대한 조소와 부정이 지배하게 한다. 그러나 우리는 소망이 있을 때에만 살려는 의지를 계속해서 가질 수 있다. 소망의 죽음을 설명

---

1) 참조. 앞의 책, p.181.
2) 참조. 엘륄, 1972b.
3) 참조. 앞의 책, p.13-75.
4) 앞의 책, p.58.

하기 위해서 자끄 엘륄은 우리의 시대를 "유기遺棄의 시대"5)로 간주한다. 하나님은 우리에게서 돌아서서 우리를 우리의 운명에 내버려둔다. 그는 특정한 개인들의 삶에 임재 하신다. 그러나 그는 우리의 역사에서 그리고 우리의 사회에서 부재한다. 그는 침묵한다. 이는 생소한 일이 아니다. 구약 성서가 기록되었던 1,400년간, 하나님은 고작 800쪽만 말씀하셨다.6) 그러나 오늘날 인간은 성숙했다고 스스로 생각하며, 기술에 의해서 모든 그들의 필요를 채울 수 있는 능력이 있다고 생각한다. 역시 하나님도 침묵하신다. 그의 침묵은 인간에 대한 그의 처벌이 아니다. 성장과 풍요 속에서 "너희는 이미 보상을 받았다"7)는 말은 자신의 침묵으로 말을 한다.8) 우리를 공격하는 소리의 물결에서, 가능한 결정적인 말이 이제는 없다. 그리고 하나님의 말씀은 인간의 말과 소음과 함께 힘겨루기를 할 생각이 없다. 버려짐은 역시 교회에도 찾아왔다. 하나님은 교회에서 물러났다. 왜냐하면, "교회는 더는 교회가 아니기 때문이다."9) 키에르케고르적인 어조로, 자끄 엘륄은 세상과 협력하는 교회를 비난한다. 교회는 모든 체면을 잃을 행동을 받아들인다. 거기에는 모든 것이 거짓이고, 성령이 부재한다. "만일 성령이 행동한다면, 그것은 일어날 것이다…"10) 보기와는 달리, 엘륄은 교회기구의 필요성을 부인한다. 그러나 성령이 개입해서 교회를 살릴 때만 제도는 가치를 가지게 된다. 성령이 없으면, 교회는 세상에 동화되게 된다.

특별히 어두운 이 묘사를 하고 나서, 자끄 엘륄은 유기의 시대에 소망의 문제에 다가간다.11) 왜냐하면, "잘 알려진 나의 비관주의에도, (…) 나

---

5) 참조. 앞의 책, p.77-154.
6) 참조. 엘륄, 1994, p.165.
7) 참조. 마태복음 6장 2절; 누가복음 6장 24절.
8) 참조. 엘륄, 1987b, p.197-198.
9) 엘륄, 1972b, p.132.
10) 앞의 책, p.135-136.
11) 참조. 앞의 책, p.165-216.

는 절망하지 않기"12) 때문이라고 그는 단정한다. 그리고 심지어 역설적으로, 유기의 시대는 소망을 소유한 시대이다. 자끄 엘륄은 이때 소망의 신학자, 위르겐 몰트만Jürgen Moltmann과 대화에 들어간다.13) 자끄 엘륄에 따르면, 위르겐 몰트만이 소망을 기독교인의 삶의 중심적 실제로 삼은 것은 옳은 것이다. 왜냐하면, 모든 계시는 약속을 따라서 구조화되었기 때문이다. 하지만 약속이 확실하게 실현된다는 것과 완성으로 이끌고 가는 필연적인 내적인 일종의 힘이 있다는 것은 잘못이다. 왜냐하면, 그것은 소망을 객관화하는 것이기 때문이다. 사실상 약속은 무작위적이다. 그리고 하나님은 힘든 전투 후에 그것을 성취하실 따름이다. 즉, 하나님을 그의 침묵에서 나와 말씀하시도록 하는 소망의 전투를 말한다. 따라서 소망은 하나님의 침묵에 대한 인간의 응답이다. 소망하는 인간은 침묵하기로 한 하나님의 결정을 거부한다. 그는 하나님이 약속을 지키실 때를 주장한다. 그는 하나님을 대항해서 하나님께 호소한다. 소망은 하나님 말씀의 이름으로 하나님을 진정으로 고소하는 것이다…. 또한, 소망은 침묵하시는 하나님이 진정한 하나님, 우리의 아버지일 수 없다는 고발이다. 왜냐하면, 그것은 벙어리들인 거짓 신들처럼 하나님이 행동하시는 것이기 때문이다. 따라서 변해야 하는 것은 세상이 아니고, 하나님이 자신의 약속을 성취하기 위해서 돌이키셔야 한다. 인간의 소망은 바로 하나님의 이러한 의지에 달려 있다. 이같이 자끄 엘륄은 복음서의 말씀을 이해한다. "하나님의 나라는 침노를 당하나니 침노하는 자는 빼앗느니라."14) 소망은 우리의 기력이 다하기까지 문을 두드리는 영적인 폭력이다. 소망은 또한 하나님이 자신의 아들을 헛되게 주셨다는 것에 대한 거부이다. 소망의 상징적인

---

12) 앞의 책, p.165.
13) 참조. Jügen MOLTMANN, Théologie de l'espérance, Etude sur les fondements et les conséquences d'une eschatologie chrétienne, Paris, Le Cerf, 1970.
14) 마태복음 11장 12절.

인물은 욥이다. 그는 자신의 '고엘'15)이라는 사람이 땅 위에서 일어나고 말 것이라는 약속 때문에 하나님의 침묵에 항거한다. 이것이 바로 소망이 절망의 시기, 즉 유기의 시대에만 생겨날 수 있는 이유이다.

b) 희망과 소망

자끄 엘륄은 '소망'과 '희망'을 전혀 다른 것으로 구분한다.16) 희망은 탈출구가 있을 때에만 의미가 있다. "삶이 있는 한, 그곳에는 희망이 있다. 왜냐하면, 가장 나쁜 것은 늘 분명하기 때문이다"라고 잘 알려진 격언은 옳다. 소망은 반대로 가장 나쁜 것이 확실하게 여겨질 때 의미가 있다. 희망은 가능한 것에 대한 열정이다. 소망은 불가능한 것에 대한 열정이다. 이것이 바로 자끄 엘륄이 평생에 걸쳐서 비관주의라고 여기는 인간의 거짓 희망으로부터 거짓된 탈출구를 막으려고 했던 이유이다. 그는 단지 얻을 가능성이 있으면 소망의 자리는 없다는 것을 상기시킬 따름이다. 왜냐하면, 그것은 인간의 마지막 자원에 호소하는 것이 아니라, 모든 것을 변화시킬 수 있는 유일한 외부적인 결정에 호소하는 것이기 때문이다. 소망은 하나님이 자유로운 손에 맡긴 것에 즐거워하지 않고, 그것은 전적 타자의 임재가 없으면, 인간은 폐허에서 재앙으로 갈 수밖에 없어서 그가 말씀하시기를 요구한다. 인간은 하나님에게 그의 소망을 걸기로 할 때 자유로워진다. 십자가에 충실한 태도는 소망을 위해서 성령을 불러오게 하는 어리석음이다. 이는 말하자면 소망 자체가 소망되는 것이다.17) 유기의 시대에 소망에 대한 글을 마치면서, 자끄 엘륄은 키에르케고르처럼 반순응주의적으로 근본적 신앙에 대한 과격한 언사를 다시 반복한다. "만일 당신이 하나님의 유기에 의해서 산 채로 벗겨지지 않는다면, 만일 당신이

---

15) 참조. 욥기 19장 25절.
16) 참조. 엘륄, 1972b, p.188-195.
17) 참조. 앞의 책, p.273-274.

그의 재림의 지연에 의해서 당신 자신의 깊숙한 곳까지 갈기갈기 찢기지 않는다면, 그때는 소망을 기대하고 그것에 대해서 말하는 것을 무익하다. 고속도로를 계속 건설하고, 판자촌을 개선하도록 투쟁하고, 혁명을 하고, 신학을 하는 것은 매우 좋은 일이다. 그러나 예수 그리스도와 그 다음의 것들에 대해서는 말하지 않는 것이 더 나을 것이다. 이편이 훨씬 정직할 것이다."[18]

c) 뒤틀려진 기독교

만일 소망이 기독교인의 삶의 중심이라면, 자끄 엘륄은 그것이 왜 교회에서 사라졌는가를 자문한다. 그러나 더 넓게, 왜 오늘날 '기독교인'이라고 규정되는 사람들은 성서와 아무런 관계가 없고, 심지어 기독교와 복음 메시지 사이에는 근본적인 모순이 존재하는지를 묻는다. 이것이 그의 책 『뒤틀려진 기독교』(대장간 역간)*La subversion du christianisme*, [19])의 아마도 가장 신랄한 비판의 대상일 것이다. 사실, 우리는 성서에서 벗어나 버린 기독교를 고발한다. 제도 기독교는 그 실행으로부터 계시를 재해석한다. 이것이 바로 키에르케고르가 "기독교christianisme"(다시 말해 신약성서의 메시지)와 "제도기독교Chrétienté"(다시 말해 신약성서에서 나온 사회지만, 사실상 그것을 배반하는 사회)[20])를 순전히 구분할 뿐만 아니라, 근본적으로 이것들을 대립시키는 이유이다. 자끄 엘륄은 '기독교christiansme'를 접미사 '-주의-ism' 때문에 전도된 계시라고 규정한다(이것은 키에르케고르가 '제도기독교Chrétienté' 라고 부른 것이다. 그리고 순수한 성서의 계시를 의미하기 위해시(키에르케고르가 "신약성서의 기독교"라고 부른 것)을

---

18) 앞의 책, p.255.
19) 참조, 엘륄,1984a.
20) 참조. SK, 'L' école du christianisme", *OC XVII*, Paris, Edition de l' Orante, 1982, 1-231쪽; 'L' instant" *OC XIX*, Paris, Edition de l' Orante,1982, p.93-313.

단순히 "X"라는 글자로 남겨둔다. 그리스도와 X는 혁명적이고, 권력, 돈, 폭력, 도덕, 그리고 문화, 종교에 적대적이지만, 제도 기독교는 반혁명적이다. 그것은 유아적 도덕, 정치적, 경제적 사회적 보수주의와 함께 하나의 종교가 되었다. 그리고 그것은 역사를 거치는 동안에 모든 문화들에 물들었다. 다시 말해, 기독교는 플라톤화 되었고, 다음에 아리스토텔레스화 되었고, 그 다음 합리주의화되었고, 또 막스주의화 되었고 그리고 내일은 이슬람화될 것이다…. 이 기독교에 의한 X의 왜곡은 말하자면 전복의 전복, 파괴의 파괴이다.[21]

자끄 엘륄은 이어 뒤틀림의 다양한 영역에 대해 말한다. 성서이야기는 "비신학적atheologique"[22]이지만 기독교 신학의 정교화는 본질적으로 그리스적인 낯선 형태 안에서 계시의 내용을 사색하기에 이른다. 기표記票를 변화시키면서, 역시 기의記意도 전복시킨다.[23] 콘스타틴의 개종은 정치를 수단으로 해서 X를 왜곡시킨다. - 그것의 성공 볼모는 전복될 사회와 동조 되는 것이다. 사실, 교회가 부유케 되는 것은 교회를 경직된 제도로 바꾸는 것이 된다.[24] 교회가 번성한 덕에, X는 감퇴한다. 예수는 형제와 자매들의 공동체 생활을 가르쳤지만, 대중은 공동체적인 방식으로 조직될 수 없다. 사회 전체가 기독교화될 때, 하나의 도덕을 세워야 하고, 유아세례는 교회에 들어가도록 허락하는데, 충분한 조건이 된다. 신앙을 평가할 수 없어서, 사람들을 도덕을 평가한다. 이처럼 계시는 모든 사람에 의해 받아 드려지게 하려고 변질한다.[25] 성서의 사상은 하나님이 아닌 모든 것을 비신성화 하지만, 기독교의 이교주의에 대한 승리는 피정복자에게 속한 것을 정복자에게 이전하는 결과를 낳는다. 자연과 사회, 장소와 시간,

---

21) 참조, 엘륄, 1984a. p.25-32.
22) 앞의 책, p.45.
23) 참조. 앞의 책, p.45-46.
24) 참조. 앞의 책, p.46-55.
25) 참조. 앞의 책, p.58-74.

성직자와 성물들, 제의와 성례의 재신성화가 그것이다.26)

오늘날, 기독교는 도덕이나 잔치로 축소되었다. 그러나 하나님의 계시는 도덕과 아무런 상관이 없다. 그것은 심지어 "반도덕적"이기도 하다.27) 예수의 가르침은 실존적이지 도덕적이지 않다. 이것이 그가 매우 도덕적이지만, 그들 자신의 도덕을 준수하는 바리새인들을 공격한 이유이다. 그리고 그는 사람 중에서 가장 도덕적인 사람들에게 정죄를 당할 것이다. 상식적인 생각과는 반대로, 보편적 규칙의 체계라는 의미에서의 "기독교 도덕이란 존재하지 않는다."28) 예수는 율법을 사랑으로 대체하셨다. 즉 의무와 금지의 관계를 이웃에 대한 사심 없는 봉사로 바꾸신 것이다. 일반적인 생각과는 달리 바울은 남편이 부인을 위해 목숨을 바치기까지 하라며29) 여성의 가치를 인정했는데, 기독교는 강력한 반페미니즘이 되었다. 이것은 완전히 오해이다. 의미심장하게도 도덕에 가장 열중하는 신학자들은 가장 남근숭배자들이다. 교회는 제재와 지배의 정신을 선택하였고 복음을 버렸다. 이것이 바로 교회가 여성을 제하는 이유이고, 특히 신부의 독신을 통해서 그렇게 했다. 따라서 계시는 도덕으로 변질된다.30)

하지만, 변질은 거기에 그치지 않았다. 기독교에 대한 이슬람의 영향은 9세기와 11세기에 막대했다. 교회와 정치권력 사이의 관계, 기독교의 법제화, 그리고 성전의 채택은 모방의 열매이다. 부연하면, 십자군은 지하드聖戰의 정확한 재판再版이다. 적이 사용하는 무기를 그대로 사용하면, 그것은 똑같은 꼴이 된다. 그리고 정당한 대의는 부정당한 수단에 의해 타락한다.—예수의 비폭력은 적에 의해 일으켜진 전쟁에 대한 투쟁을 위한 전쟁으로 변호한다. 그리고 이것은 성전이 된다. 우리도 마찬가지이

---

26) 참조. 앞의 책, p.83-107.
27) 앞의 책, p.109. 참조. 엘륄. 1964b, p.73.
28) 엘륄, 1984a. p.109, 참조. 엘륄 1964b, p.72.
29) 참조. 에베소서 5장 25절.
30) 참조. 엘륄, 1984a. p.108-147.

다. 확실히 이것은 예수 그리스도에 대한 신앙과 기독교적 삶에 대한 중대한 왜곡 중의 하나이다. 그러나 다른 것들이 있다. 가령, 단순히 출생하나 만으로 기독교 공동체에 편입되는 것, 신비주의의 발전, 하나님에 대한 맹목적인 순종, 여성의 예속화, 노예제도의 발전, 식민화, 이 모든 관행은 이슬람의 발명품이다. 기독교인의 엄청난 죄책은 이슬람을 모방하는 데 있다.[31]

국가 정치에 대한 성서의 사상은 무정치적인 것이 아니고, "반정치적", "반국가적"이다[32](정치에 어떤 가치를 부여하고 무엇보다 국가를 우상화하는 것을 거부하며). 콘스탄틴 대제의 회심 이후에, 교회는 사탄의 유혹을 거절하셨던 주님을 이처럼 배반하면서 유혹에 노출되었다.[33] 로마서 13장의 "우연한"[34] 텍스트는 교회 안에서 폭력을 정당화하면서, 국가에 대한 절대적인 텍스트가 되었다. 핍박받는 자에서, 교회는 핍박하는 자가 되었고, 국가에 대해 선전의 수단으로 변모한다. 가령, 군주제 아래서 군주주의자로, 공화제 아래서 공화주의자로, 히틀러 치하에서 히틀러주의자로, 공산주의 아래서 공산주의자로, 또는 해방 신학과 관련해서 상승하는 권력을 지지하면서. 바티칸에서는, 교회는 국가나 다름없다. 이것은 최고의 변질이다.[35]

그렇다면, 왜 기독교의 이러한 변질이 모든 영역에서 이루어졌을까? 이것은 계시가 참을 수 없이 거치는 것이기 때문인데, 비단 지적인 측면에서뿐 아니라 사회적인 측면에서도 마찬가지다. 기독교를 진지하게 받아들이면, "사회가 운영되는 것 자체가 불가능해 진다."[36] 그러나 복음은

---

31) 참조. 앞의 책, p.148-174.
32) 앞의 책, p.176.
33) 참조. 마태복음 4장 8절; 누가복음 4장 5절-8절.
34) 엘륄, 1984a, p.191-192.
35) 참조. 앞의 책, p.175-210.
36) 앞의 책, p.243.

단지 사회적 삶을 견디지 못하게 할 뿐 아니라, 인간의 심성을 파고든다. 은혜는 "인간 심리현상의 기반을 파괴한다."37) 인간은 종교성, 신성화, 자기정당화, 희생, 자율성, 자기 구원의 성취, 확실성, 안정성, 안전… 이 필요하다. 광야에서 히브리 백성처럼38) 그는 자유에 접근하는 것보다는 차라리 모든 고통을 겪는 것을 선호한다. 이것이 기독교의 첫 번째 왜곡의 근원이다.39)

그러나 기독교의 왜곡은 영적인 권세, 즉 땅을 지옥으로 만드는 영적인 권세와도 관련이 있다. 이것은 하나님과 인간, 인간과 인간 사이의 관계를 갈라놓음으로 예수가 가져오신 모든 것을 파괴한다. 기독교의 모든 전복의 형태 이면에는, 사탄의 손이 있다. 교회를 타락시키는 돈 뒤에는, 기독교인을 유혹하는 국가 뒤에, 거짓말 뒤에, 분열과 고소 뒤에, 거짓의 왕자, 분열자, 고발자가 있다. 기독교의 전복은 세상의 왕자에 의해 침투되고, 유혹되고, 이끌어진다. 권세들은 예수 그리스도의 진리를 그들의 웅장함에 예속시키며, 성령을 거슬러 폭발적인 승리를 가져왔다.40)

그러나 부활하신 예수는 세상 끝날까지 우리와 함께하실 것이고, 성령은 은연중에 움직이시고, 교회는 탄생하며 끊이지 않고 재탄생하고, 제도로서가 아니라 예수 그리스도의 몸으로 재탄생한다. 그리고 왜곡된 계시는 계속해서 전수되고 삶에 영향을 주어 변화시킨다. 하나님은 계시의 전복에 한계를 놓으셨다. 그리고 하나님의 말씀이 다시 들려질 때, 왜곡의 왜곡, 그리고 전복의 전복이 일어난다. 전복은 반드시 자기 자신 안에서 자기 자신의 전복을 담고 있다.41) "그리스도에게로 절대 가져가지 않는다."42)

---

37) 앞의 책, p.245.
38) 참조. 민수기 11장 4절-6절.
39) 참조. 엘륄, 1984a. 237-266.
40) 참조. 앞의 책, p.267-291.
41) 참조. 앞의 책, p.292-324.
42) 앞의 책, p.324.

우리는 자끄 엘륄에게 영감을 준 저서들의 다시 읽기에서 기독교의 최종적인 전복이 하는 결정적인 역할을 보게 될 것이다. 이것은 엘륄의 사고를 연장해서 "전복의 전복의 전복…"이라고 부를 수 있을 것이다.

d) 기독교와 서구

자끄 엘륄은 쉬지 않고 기독교와 서구의 만남의 신비에 대해 질문한다. 『서구의 배반』[43]이라고 명명된 저작에서, 그는 논리는 반대로 동양을 향해 퍼졌지만, 기독교가 왜 서구로 퍼졌는지를 자문한다.[44] 우리는 로마가 알려진 세계를 통일했기 때문에 기독교가 신속하게 확산할 수 있었다고 말해왔다. 그러나 물질적 소통의 가능성은 정신의 모순을 뚫고 나갈 수 없다. 서구는 예수 그리스도 안에서 우리를 살리게 하는 모든 것의 반대이다. 이에 비해 동양은 훨씬 더 영적인 세계이다. 따라서 자끄 엘륄의 대답은 신앙에 속한 것이지 사회학적 분석에 속한 것이 아니다. 하나님은 인간의 힘의 한가운데서 싸움을 하신다. 그리고 서구는 가장 근본적으로 영적 전투의 장소가 되었다. 그것은 에로스(무제한적인 권력의지)와 아가페(무조건적인 사랑) 사이의 전투이다. 이 사실에서, 서구는 절대 완성되지 않았다. 왜냐하면, 그것은 그 모든 구성물을 허물어뜨리는 복음에 의해 공격당했지만, 반대로 기독교는 결코 자기 자신이 되지 못했다. 왜냐하면, 그것은 목적 없이 그것을 동화시키는 경향이 있는 전체 체계 속에 옭아매 져 있기 때문이다. 하지만, 오늘날 연약한 평형이 깨지고 있다. 2세기 전부터, 기술적 정치적 성장과 함께, 서구는 에로스를 향해서 큰 걸음을 내디뎠다. 그리고 서구는 "하나님을 이기려고 해서 죽어가고 있다."[45]

---

43) 참조. 엘륄, 1975b,
44) 참조. 앞의 책, p.64-76.
45) 앞의 책, p.75.

e) 새로운 성스러움

그러나 자끄 엘륄에 따르면, 신앙과 소망은 기독교인이 기술사회 속에서 계속해서 살 수 있도록 해주지만, 신화들을 우상화하는 것을 멈추게 해준다.-성장, 진보, 국가-섭리, 직업적 성공, 돈, 정치, 혁명, 스포츠, 그리고 여가, 미디어, 그리고 특히 정보과학.- 그리스도 안에서 자유롭게 된 사람은 그에게 가용한 모든 기술을 사용할 수 있지만, 비판적 거리를 두면서, 그것에 매료당하거나 종속되지 않는다. 신앙의 목적과 그의 소망은 다른 곳에 있다. 따라서 그것은 기술도, 우리를 노예화하는 국가도 아니라 모든 비판적 기능을 우리에게서 빼앗아가는 숭배이다. 자끄 엘륄은 하지만 기독교인을 경계한다. 『새로운 유령들』*Les nouveaux possédés*, 46)에서 현대인이 전에 못지않게 종교적이고, 기독교는 벗어났지만 성스러움에서는 벗어나지 않았다는 것을 보여주기 위해서 세속화 이론들에 반대하는 노선을 취한다. 자기 자신에게서 모든 거리를 금지하는 소외의 절정은 이 성스러움이 비신성화 시키는 사물, 즉 기술로 이전되었다는 것에 기인한다.47) 그러나 세속 종교의 신화들은 주요한 기능을 담당한다. 그것들은 출구 없는 이 사회에서 인간이 어려운 조건을 감당하게 한다. 근본적인 비신성화로 그것들을 파괴하는 것은 막대한 다수 인간을 광기나 자살로 몰아가는 책임을 지는 것이다. 따라서 기독교인은 그가 비신성화 하는 동시에, 그의 동시대인들에게 살게 해주는 사는 이유를 알려줄 때에만 그것을 해야 한다. 이것은 비신성화 된 신비가 아닌 희망(이것은 새로운 소외를 낳을 것이다)이지만 지금 여기서 분명하게 살도록 해줄 것이다.48)

---

46) 참조. 엘륄, 1973.
47) 참조. 앞의 책, p.115-118, 253-256.
48) 참조. 앞의 책, p.317-318.

IV- 자끄 엘륄의 윤리: 기독교 윤리는 존재하는가?

자끄 엘륄은 윤리의 문제를 다룬 그의 3부작을 가지고 있다. 이 책들 사이에는 80년에 걸친 간격이 있다. 『원함과 행함』1964, 1), 『자유의 윤리』 1975, 2), 『자유의 투쟁』1984, 3) 첫 번째 저술, 『원함과 행함』은 기독교 윤리의 기초들과 조건들을 제시하고 있다. 이것의 전제들은 분명히 성서 중심적이다. "내 사고의 기준은 성서의 계시이다. 내 사고의 내용은 성서계시이다. 성서의 계시가 나의 출발점이 되었다. 방법은 변증법이다. 성서계시는 그것에 따라서 우리에게 알려진다. 그리고 대상은 윤리에 대한 성서 계시 의미의 탐구이다."4) 따라서 논리적으로 자끄 엘륄이 그 분석의 자료로 끌어오는 것은 성서 본문에서이다. 창세기 3장에서부터만 우리는 윤리에 대해 말할 수 있다. 윤리의 기준은 사실 예나 아니오라고 말할 수 있는 가능성이다. 타락 전에는, 인간은 선과 실존적으로 연합되어 있었다. 그러나 선과 악의 존재를 알게 된 것은 바로 불순종에서 이다. 하지만, 그 때부터 인간은 그 존재를 알게 되었지만, 그 내용은 알지 못한다.

a) 선善

사실, 선이란 무엇인가? 그것은 하나님의 의지이다. 그것은 플라톤적 관념에서처럼, 선 자체와 관련이 없다. 하나님이 종속된 미리 세워진 도덕과도 관련이 없다. 선을 결정하는 분은 바로 하나님이다. 그렇지 않다면 하나님이 아니다. 선은 하나님이 그것을 원하시기 때문에 바로 선이

---

1) 참조. 엘륄, 1964b.
2) 참조. 엘륄, 1975a.
3) 참조. 1984b.
4) 엘륄, 1964b, p5 "우리는 토대로서의 '성서의 계시' 로의 절대적인 비약이 해석학적 작업을 덜어주는 것인지를 자문하게 된다. 이러한 언급은 모순이다. 왜냐하면, 현실적으로 이러한 비약을 가정하지 않고 해석학적 작업이 이루어지기 때문이다. 엘륄은 해석학을 경멸하지만, 성서가 우리에게 말하는 것,특히 윤리를 주장한다.

다. 자끄 엘륄의 윤리는 따라서 유명론적(唯名論的)이고 실존적이지 않다. 그러나 하나님의 의지는 객관적인 내용에 묶여 있지 않다. 그렇지 않다면 하나님은 자유롭지 않을 것이다. 선은 하나님이 그것을 선이라고 선언하는 순간에 선이되는 것이다. 이는 하나님이 악이 선이라고 말하는 것이 아니다. 그러나 그는 악한 것을 선으로 만들 수 있고, 아픈 것을 건강한 것으로, 죽은 것을 살아 있는 것으로 만들 수 있다. 따라서 만일 우리가 하나님의 의지로 선을 규정한다면, 선을 행한다는 것은 이 의지에 복종한다는 것 이상이 아니다. 그러나 "하나님처럼 되면서"[5] 남자와 여자는 하나님과 독립적으로 선과 악을 자기 자신이 정해야 한다는 끔찍한 선물을 받는다. 타락은 자율성을 갖게 되고, 하나님과의 연합이 깨지는 것이다. 인간은 선을 정의한다. 그러나 이 선은 하나님의 선이 아니다. 도덕을 세우는 인간의 선이다. 의롭지 않은 자가, 이제부터는 의로움과 불의함을 말한다. 이 순간부터, 죄는 선과 도덕을 정하려 하는 행동이다. 따라서 우리는 우리가 그렇게 할 때마다 아담의 죄를 다시 반복하는 것이다. 이것을 우리는 피할 수 없다…. 인간은 하나님의 계시가 없이는 인간 스스로는 선을 알 수 있는 능력이 없기 때문이다. 인간은 마찬가지로 악을 향해서도 마찬가지이다. 인간은 악의 존재를 안다. 그러나 이것은 인간이 죄인으로 발견되는 은혜의 실존적 체험을 통해서 만이다. 그리고 이것은 인간이 하나님이 그에게 알려주실 수 있는 선과 악을 알 수 있는 능력이 없음을 인정할 때만이다. 계시가 된 선에 대한 지식은 따라서 아담이 의해 얻어진 선의 존재에 대한 단순한 지식과 다른 것이다. 하나의 행동은 그것이 도덕규칙에 맞아서 또는 그것은 신한 동기에 의한 깃이기 때문이 아니라, 그것은 하나님의 일이기 때문이다. 인간은 하나님한테서 오는 선을 반성할 따름이다. 태양 주위를 도는 행성이 태양빛을 반사하는 것처럼 말

---

[5] 창세기 3장 5절.

이다. 어떤 방식으로, 이 비유에 따르면 하나님은 태양이다. 인간은 행성이고 별은 아니다. 선은 하나님이 말씀 안에서 말한 것이고. 이 말씀은 예수 그리스도 안에서 계시가 되었다. 선을 행한다는 것, 따라서 이것은 하나의 관념이나 고정된 규칙을 행하는 것이 아니라, 예수 그리스도를 따르고 그와 함께 살아 있는 관계를 누리는 것이다.6)

이것이 바로 자끄 엘륄이 도덕(다시 말해서 인간의 도덕)을 타락의 질서(다시 말해 죄)에 위치시키는 이유이다. 그것은 하나님의 선에 속하지 않는다. 우리의 저자는 타락의 심각성을 최소화하기를 거부한다. 왜냐하면, 이것은 그리스도의 사역을 상대화하고 하나님이 허락하신 상상할 수 없는 희생을 상대화하기 때문이다. 도덕의 기원이 불순종과 관련되어 있다면, 인간의 마음을 전적으로 지배하는 도덕은 죄의 질서에 속한다. 도덕을 하나님 의지의 반영이라고 믿는 것은, 인간은 타락에서 모든 것을 잃어버리지 않았다고 생각하는 것이다. 인간이 선이라고 부르는 것의 성취는 인간을 하나님께 전혀 가깝게 다가가도록 하지 못한다. 도덕은 인간과 하나님 사이에 던져진 다리가 아니다. 왜냐하면, 인간이 만든 선은 인간과 지상의 선에 불과하지만, 하나님이 선이라고 한 것은 즉, 하나님이 인간을 그것으로 부르는 거룩함은 인간의 능력 밖이기 때문이다.7) 자끄 엘륄의 이와 같은 고찰은 모든 기독교 전통의 흐름에 맞서는 위치에 있다. 그리고 특히 19세기 자유주의에 대한 것이다. 자유주의는 기독교를 윤리적 차원으로 축소하고 인간의 도덕적 완전성을 옹호하며 평화와 이 땅의 정의와 우리에게 약속된 하나님 나라 사이의 연속성을 상정한다. 사실, 자끄 엘륄에 따르면, 도덕은 구원에서 어떤 가치도 없다. 하나님 나라는 '지금 여기hic et nunc'에 세워지지 않는다.

---

6) 참조. 엘륄, 1964b, p.9-35.
7) 참조. 앞의 책, p.36-51.

b) 불가능하지만 필요한 기독교 윤리

분명하게 규정되지 않는 도덕이 여기에 있다. 그러나 그것은 필요한 것이다. 인간의 도덕은 규범, 의무, 강제와 같은 체계, 한 사회가 그것 없이는 생존할 수 없는 집단적인 긍정으로서 제시된다. 그것은 각 개인의 생존을 위해서도 구원의 조건으로서도 필요한 것이 아니다. 그러나 집단의 보존은 거기에 달려 있다.8) 그래서 인간은 필요한 것을 선과 가치로 만든다. 인간은 "덕의 필요성"을 만들어 냈다. 이 사실에서, 계시와 전혀 관계가 없는 도덕은 타락에서 나온 필연성을 정당화한다.9) 이 도덕을 부인하는 것은 문제가 아니다. 왜냐하면, 이것은 인간의 조건을 부정하는 것이고 인간 자체를 부정하는 것이기 때문이다. 또, 도덕은 세상을 살 수 있도록 하게 하기 때문이다. 그러나 그것을 기독교와 혼동해서는 안 된다. 자끄 엘륄이 다시 『뒤틀려진 기독교』10)에서 "진정 기독교 도덕이란 존재하지 않는다."11) 왜냐하면, 모든 도덕은 인간이 자유롭고 선과 악을 선택할 수 있다는 전제에 의지하기 때문이다. 이 표현은 오늘날 기독교가 잔치로 축소되는 것처럼, 도덕으로 축소되기 때문에 더욱 단호하면서도 도발적이다. 이것이 정확히 자끄 엘륄이 우리가 "기독교"라고 흔히 부르는 것이 진정한 기독교 즉 성서계시와 전혀 관계가 없고 기독교 정체政體는 수 세기에 걸쳐서 왜곡되었다는 것을 보여주려고 애쓴다. 따라서 기독교와 도덕 사이에는 환원할 수 없는 대립이 존재한다. "기독교는 하나의 반도덕이다."12) 이는 근본적으로 전혀 다른 실재인 도덕과 다른 것일 뿐 아니라, 도덕을 향한 반대와 적대와도 다른 것이다. 만일 성서의 계시가 도덕이 아니라면, 또 만일 그것이 심지어 도덕에 대립한다면, 이것은

---

8) 참조. 앞의 책, p.54-55.
9) 참조. 앞의 책, p.57-62.
10) 참조. 엘륄, 1984a. p.109.
11) 엘륄, 1964b, p.72.
12) 앞의 책, p.73.

모든 도덕의 기초를 무너뜨리는 실존적 메시지이기 때문이다. 그리고 그것은 복음과만 관계있는 것이 아니라, 율법Torah과 바울의 서신과도 관련이 있다.

우리는 십계명13)이 유대인과 기독교인에게 하나의 도덕이라고 하면서 자끄 엘륄에게 반대하려고 할지 모른다. 하지만, 엘륄은 "열 개의 말씀"을 "계명들"이라고 읽지 않고 "약속들"이라고 읽는다. 히브리어에서, 같은 동사 형태가 명령형 또는 미래형을 의미한다. 따라서 우리는 "살인하지 말라"를 "너는 결코 살인하지 않는 것이다"라고 번역할 수 있다. 이것은 우리가 보통 하는 것이지만 번역의 논리적 결과들을 끄집어 내지 않는다. 다시 말해서, "미래" 즉 "약속"이 있는 곳에서 "명령" 즉 "계명"을 생각한다는 것이다. 더욱 자세하게, 십계명의 "열 개의 말씀"은 첫 실존적 권고에서 나오는 새로운 "약속들"로 이해될 수 있다. 우리는 따라서 이렇게 번역할 수 있다. "만일 네가 내가 아닌 다른 신을 가지지 않는다면, 만일 네가 나를 따른다면, 너는 나와 함께 연합하여 머물게 된다." 너에게 그것을 약속한다. "너는 도적질하지 않을 것이다. 너는 살인하지 않을 것이다. 너는 간음하지 않을 것이다. 너는 탐심을 내지 않는 것이다 등" 다른 말로 "너는 도적질하고, 살인하고, 간음하고, 탐심을 내는 상황에 처하지 않는 것이다."14) 성서는 규칙, 규범, 강제, 금지를 부여하지 않는다. 성서는 삶과 구원의 길, 죽음에서 해방되는 길을 제시한다. 성서계시는 삶과 자유의 원천이지 규범과 규칙의 족쇄가 아니다. 기독교를 만드는 것은, 예수 그리스도의 인격이다. 인간을 기독교인으로 만드는 것은, 예수가 그의 구원자임을 고백하는 것이지 도덕이 아니다.15) 기독교적 삶은 도덕이 아니라, 믿음이다. 믿음의 한가운데 있는 것은 선이 아니라 예수 그

---

13) 참조. 출애굽기, 20장 1절-17절; 신명기 5장 7절-21절.
14) 참조. 엘륄, 1975a 1권, p.171-172; 1981a, p.75; 1981b, p.68-69; 1988b, p.62.
15) 참조. 엘륄, 1964b, p.64, 76.

리스도이다.16)

만일 덕이 타락의 기사로부터 성서에서 이야기된다면, 그것은 죄의 표시이다. 불순종은 인간을 그 내용을 모른 채 선과 악의 존재를 알게 한다. 그래서 자기 자신 스스로 선인 것과 악인 것을 결정하게 되었다. 자기 자신의 기준에 따라서 내용을 정의하는 것은 하나님과 단절되는 것이고, 그 없이 사는 것이고, 죄의 정의이다. 결국, 형편에 따라서 상대적이고 그 내용은 시대와 사회에 따라서 다르게 나타난다. 현재, 우리는 기술적 도덕의 형태로 이전하고 있는데, 이것은 인간의 행동을 기술 세계에 조화시켜 새로운 주인에게 잘 봉사하는 충실한 종을 만들려고 한다. 이 새로운 도덕의 최고의 가치는 효율성이다. 이것은 순응주의의 최절정이고, 어떤 점에서, 정상적인 것le Normal이 선le Bien을 대체하는 경향이 있기 때문에 도덕의 종말이다.17)

만일 모든 다른 사람들처럼 기독교인들이 하나의 윤리를 구축한다면, 그것은 사회생활을 가능하게 하는 것이다. 이처럼, 기독교 윤리의 역설은, 그것이 불가능하다는 것임과 동시에 필요하다는 것이다. 대부분의 우리 동시대인들의 눈에, 기독교는 우선 도덕으로 보인다. 하지만, 그러한 도덕을 세우는 모든 일은 계시를 왜곡하는 것이고, 따라서 기만이다. 소유의 획득이 선의 정의고 하나님의 결정 거부이다. 그리고 하나님이 살아계신 하나님이신 이상, 그의 의지는 살아 있고 그것은 한 조각의 도덕체계를 구성할 수 있는 하나의 통과된 결정이 아니다.18) 하나님의 의지가 성서에서 계시가 되고 우리는 우리가 보기에 우리의 도덕에 비추어 받아들일 수 없을 때(가령 이삭의 제사19), 가나안 학살20) 등) 이것은 하나님의

---

16) 참조. 앞의 책, p.77.
17) 참조. 앞의 책, p.151-156.
18) 참조. 앞의 책, p.165-168.
19) 참조. 창세기 22장 1절 19절.
20) 참조. 여호수아 6장 20절-21절.

명령임을 보여준다. 또 우리는 하나님 위에 도덕의 자리를 주장할 수 없다는 것을 보여준다. 우리는 겸손해질 수밖에 없다.[21] 성령은 우리를 모든 규칙과 정상적인 도덕 밖에서 행동하도록 할 수 있다. 이것은 키에르케고르가 "윤리의 목적론적 유예(la suspension téléologique de l'éthique"라고 부른 바로 그것이다.[22] 윤리는 믿음과 순종을 "위해서" 유보되었다. 왜냐하면, "우리 안에서 원하고 행하게 하시는" 분은 하나님이시기 때문이다.[23] 체계의 형태로 경직된 기독교 윤리의 구축은, 헛될 뿐 아니라, 위험한 것이다. 왜냐하면, 그것은 우리에게 바리새적 의식을 주고, 우리에게 다른 사람을 판단하게 하지만, 다른 사람들이 우리처럼 행동하지는 않지만, 하나님의 뜻에 순종할 수도 있기 때문이다.[24] 이 "하나님의 의지"로 "선"을 정의하는 것은 새롭게 다른 형제를 판단하지 말라는 권면을 조명해준다.[25] 왜냐하면, 우리는 우리가 알고 있다고 주장하는 선과 악에 따라서 판단하기 때문이다. 반면 그것은 아마 예수 그리스도와의 연합일 수 있다. 그것은 하나님이 그에게 하라고 한 것일 수 있다. 왜냐하면, 하나님은 모든 사람에게 같은 방식으로 말하지 않기 때문이다. 마찬가지로, 두 그리스도인의 같은 행동이 하나님의 뜻을 따르느냐의 여부에 따라 하나는 선에 하나는 악에 속할 수 있다. 하나님의 뜻에 따르느냐 아니냐에 따라서. '선'과 '악'에 대한 이런 개념은 바울의 말에서도 분명해진다. "나의 행하는 것을 내가 알지 못하노니 곧 원하는 이것은 행하지 아니하고 도리어 미워하는 그것을 함이라"[26] 선을 행하는 것과 악을 행하지 않는 것은 받은 은혜의 문제이지 인간의 능력의 문제가 아니다.

---

21) 참조. 엘륄, 1964b, p.170-172.
22) 참조. 키에르케고르 *Crainte et tremblement*, OC V, Editions de l'Orante, 1972, p.97-209, 146.
23) 빌립보서 2장 13절, 참조. 엘륄, 1964b, p.177.
24) 참조. 엘륄, 1964b, p.184-185.
25) 참조. 마태복음 7장 1절-5절; 누가복음 6장 37절-42절; 로마서 2장 1절-11절; 고린도전서 4장 3절-5절.
26) 로마서 7장 14절.

그러나 기독교 윤리, 혹 더 정확히 기독교인을 위한 윤리는 필요하다고 주장된다. 항상 윤리는 상대적이어서 모든 사람과 시대에 동일하지 않으며, 우리는 부동의 상황에 경직되는 것을 피하고자 윤리에 호소하게 될 것이다. 이 윤리는 하나님의 뜻을 좇는 것이다. 기도와 성서 연구를 통해서 그리고 그리스도 안에서 살려고 애쓰는 것이다. 그것은 따라서 필연적인 도덕이 아니라 자유의 윤리이다.27)

V. 자끄 엘륄의 윤리 - 근본적 자유

『원함과 행함』이 구성하는 이 서론 이후에, 자끄 엘륄은 두 권으로 된 『자유의 윤리』에서 자신의 확신을 전개한다.1) 그는 번갈아 가며 "도덕"과 "윤리"라는 용어를 동의어로 사용한다. 여기에 한 가지 예외의 경우가 있는데, 그가 도덕을 강제의 집합으로 제시하고, 윤리를 자유의 길로 제시할 때이다.2) 일반적으로 우리는 자유를 강제 없이 행동할 수 있는 능력이라고 정의한다. 다시 말해, 외부적인 원인에 의해서 규정되거나 제한되지 않는 채로 행동들을 결정하고 성취할 능력으로 정의한다. 엘륄 윤리의 중심에 있는 "그리스도 안에서 자유"는 이 일반적인 "자유"의 개념과 거리가 멀다는 것은 자명하다. 그것은 하나의 환상이고 기만이고 실은 실제적인 노예화라고 고발한다. "예수 안에 있는 자유"만이 진정하다. 자끄 엘륄은 인간의 소외를 기술하는 것으로 시작한다. 마르크스를 분석하는 연장선에서, 우리 현대인은 그를 둘러싼 모든 것에도, 자신의 삶에도 어떤

---

27) 참조. 엘륄, 1964b, p.201-218

1) 참조. 엘륄, 1975a.
2) 참조. 엘륄, 1975a 1권, 125쪽. 이 대립은 뽈 리꾀르가 제시하는 칸트의 영감을 받은 의무론적 도덕과 아리스토텔레스의 유산인 목적론적 윤리의 구분과 일치하지만, 그것과 분명히 구별된다 (참조. 뽈 리꾀르, *Soi-même comme un autre*, Paris, Le Seuil, 1990, p.200-201).

영향력이 없다고 말할 수 있다.3) 인간은 필연성의 세계 속에 산다. 자신을 규정하는 것들을 내면화하며, 인간은 그것들을 자명한 이치라고 간주한다. 사실 그는 스스로 자유롭다고 믿는다.4) 하지만, 소외와 필연성은 죄의 표현이다. 다시 말해, 인간과 하나님 사이의 분리이다.5)

a) 소외 疎外

자유의 윤리를 말하려면, 바로 이 노예 상태에서 출발해야 한다. 자유는 인간의 본성에 고유하게 주어진 것이 아니므로, 정적인 존재론적 자질이지만, 그리스도 안에서 획득된 자유의 과정이다. 예수 그리스도는 인간으로서 유일하게 진정 자유로운 분이다. 왜냐하면, 그는 우리가 만나는 대로 사막에서 세 번 시험을 받으셨기 때문이다. 굶주림 그것은 필연성이고, 지배 그것은 권력이고, 하나님의 자리를 갖는 것 이것은 자율성이다.6) 그러나 그는 이 시험을 지나가고 이겨내었다. 더 큰 힘의 사용에 의해서가 아니라 반대로 그에게 주어진 가능한 능력을 포기함을 통해서였다. 이것은 그가 우리에게 열어주는 길이고 그가 우리에게 제공하는 해방이다.7) 이것이 기술사회에서 우리가 처한 상황이다. 우리는 기술적 기적을 일으키고, 땅을 지배하고, 하나님 없이 살도록 유혹을 받는다. 예수 그리스도가 우리에게 제공하는 해방은 우리가 할 수 있는 모든 것을 포기하게 하는 데 있다. 다시 말해, 권력의 우상 숭배를 포기하게 하는 것이다. 그러나 우리는 일반적으로 우리가 기술적으로 할 수 있는 모든 것을 하는 것을 분별없이 선호한다. 이는 단순히 우리가 그것을 할 수 있다는 이유 때문이다. 이렇게 생각 없이 뛰어드는 것은 우리가 자유롭지 않다는 것을

---

3) 참조. 엘륄, 1975a, 1권, p.23-40.
4) 참조. 앞의 책, p.41-51.
5) 참조. 앞의 책, p.53-57.
6) 참조. 마태복음 4장 1절-11절; 누가복음 4장 1절 13절.
7) 참조. 엘륄, 1975a, 1권, 59-75쪽.

보여준다. 예수가 죽음까지 가야 했다는 사실은 우리의 노예 상태와 소외 상태의 심각성을 보여준다. 그가 십자가상에서 십자가를 피하도록 허용한 능력을 포기하면서 그가 우리를 위해서 실현하신 구속은 자유의 지속적 상태가 아니고, 매 순간 하나의 사건을 경험하는 해방의 경험이다.8) 이 자유는 구원이 아니다. 구원의 보편성은 모든 이에게 자유를 주지 않는다. 왜냐하면, 모든 사람은 그의 종노릇에도 구원받지만 예수 그리스도를 주로 알고 고백하는 자만이 자유로 나아갈 수 있다.9) 예수 안에 있는 자유는 기독교인이 다른 사람들보다 더 낫게 만드는 특권이나 장점이 더는 아니고 반대로 매우 두려움을 줄 수 있는 책임이다. 이것이 바로 교회 전 역사를 통해서 교회가 이 자유를 온전히 누리지 못하고, 권력에 유혹과 사회적 순응주의에 밀려난 이유이다. 예수 그리스도의 교회가 여전히 존재하는 것은 바로 오직 은혜에 의해서다.10) 따라서 만일 기독교인이 자유가 주는 근본적인 불안감이 두렵거나 애굽에 대한 향수11) 때문에 자유를 행사하지 않고 다른 곳에서 자유를 찾으려 한다면, 언제든지 잃어버릴 수 있고12) 다시 예속 상태로 빠질 수 있다. 한마디로, 기독교인은 무엇을 하든 간에 저절로 자유롭지 못하다. 그는 그리스도 안에 있는 자유에 들어가서 그것을 유지할 때만 자유롭다.13)

b) 그리스도 안에 있는 자유

그렇다면, 이 자유는 무엇으로 구성되어 있는가? 그것은 덕의 목록이 아니다. 그것은 기독교인의 삶의 한 부분을 이루는 것이 아니다. "그것은 기독교인의 삶**이다.**" 그것은 하나님에 대한 순종과 인간들을 섬김에 의

---

8) 참조. 앞의 책, p.75-86.
9) 참조. 앞의 책, p.87-114.
10) 참조. 앞의 책, p.100-107.
11) 참조. 민수기 11장 5절.
12) 참조. 엘륄 1975a, tome 1, p.107-114.

해서 제약받지 않고 행동하게 해준다. "이 세대를 본받지 말라"라고 바울은 그의 신학적 가르침과 도덕적 훈계를 통해서 로마 교회 신자들에게 말한다.14) 우리가 아는 대로 바울의 이러한 호소는 자끄 엘륄에게 성서를 읽는 해석학적 열쇠가 된다. 그리고 결과적으로 윤리를 위한 입구가 된다. 자유는 선과 악을 선택하는 데 있지 않고, 선으로 악을 극복하는 데 있다.15) 따라서 이것은 하나의 상태가 아니라 예속에서 자유로 나아가는 길이다. 칼 바르트가 말했듯이, 기독교인의 삶은 "자유로운 하나님을 향한 자유로운 인간의 순종"이다.16) 기술사회에서, 체계 내부에서는 어떤 희망도 나올 수 없다. 유일한 해방은 외부에서 올 수 있다. 그리고 그것은 인간을 이 초자연적 존재에 의해서 결정되는 것과 유인에서 벗어나게 할 수 있다. 인간의 소외와 소유는 매우 깊어서 오직 하나님만이 그것에서 해방할 수 있다.17)

그렇다면, 우리는 무엇에서 해방되는가? 자끄 엘륄의 첫 번째 답변은 간단명료하고 명쾌하다. 우리는 무엇보다 우리 자신에게서 해방된다. 예수의 시험의 예는 우리에게 그것을 분명히 알려준다. 예수 안에 있는 해방의 첫 발걸음은 자기 자신에 대해 거리를 두는 것이다. 만일 내가 하나님을 위한다면, 나는 나를 위해서는 안 된다. 내가 초연해서가 아니라, 나를 얽매이는 것과 나를 마비시키는 나를 조건 짓는 것에서 해방되었기 때문이다. 특별히, 우리 손으로 이룬 일들에는 더 이상 구원론적 가치를 부여할 수 없다. 우리는 우리가 이룬 기술사회에서 계속 살 수 있다. 인간이 이룬 모든 것은 다시 아름답고 유용한 것이 되지만 그것을 신성시 하지는

---

13) 앞의 책, p.118.
14) 로마서 12장 2절.
15) 참조. 로마서 12장 21절.
16) 참조. 엘륄, 1975a, tome 1, p.123; 1981a, p.75; 1974, p.160-161. 참조. KB, *Dogmatique*, 2e, vol, tome 2e**, n° 9, Genève, Labor et Fides, 1959, p.54.
17) 참조. 엘륄, 1975a, tome 1, p.127-151.

않는다. 그것들은 우리 숭배의 대상도 우리 사랑의 대상도 될 수 없다.[18]

우리는 이어 우리를 예속시키는 권세들에서 해방된다.[19] 우리가 본대로, 죄인되고 소외된 인간을 위한 일련의 금지들(부정적 명령)로 읽힐 수 있다면, 그것은 그리스도 안에서 해방된 인간에 의해서 하나의 약속으로 이해되어야 한다(미래). "네가 나를 따른다면, 너는 도둑질, 탐심, 간음에서 지배되지 않을 것이다." 왜냐하면, 자유로운 존재란, 악을 행할 수 있는 것이 아니고, 이 소외들에서 해방되는 것이기 때문이다.[20]

그러나 예기치 못한 것은 세 번째 그리고 네 번째 질문이다. 우리는 역시 해석학과 신학에서 해방된다. 계시가 된 내용의 해석은 하나님의 말씀을 객관화하는 텍스트에 대해서만 아니라 우리 자신의 문화적 맥락, 특히 주석이 예속되어 있는 과학적 이데올로기에 대해서도 자유로운 행동이 된다. 그리스도 안에서 해방된 그리스도인은 성서 본문을 모든 영적 차원을 벗겨 내고 그것을 다른 텍스트들과 다름없는 것으로 축소하는(플라톤이나 호메로스의 책들처럼) 과학적 읽기의 제약에서 벗어나면서 성서를 그리스도 안에서 읽는다. 성서를 생기 없는 대상으로 읽는 것, 그것은 외과의사가 환자를 살리려고 수술을 하는 대신에 해부하고 분석하기 위해서 그가 수술하는 환자가 살아 있다는 것을 망각하는 것과 같다. 우리는 성서에 질문을 던지는 것을 멈춘다(거기에서 해답을 찾고자). 그리고 우리는 주석에 의해서 성서에 대해 질문하기 시작한다. 그러나 지금은 성서가 하는 질문들을 받아야 할 것이다. 즉 하나님이 성서를 통해서 우리에게 던지시는 질문들에 대해서, 그리스도인은 온전한 자유 안에서 대답할 수 있어야 할 것이다. 다시 말해서, 하나님의 어떤 이미지들에 대해 자유로우며, 그것에 대답할 뿐만 아니라 그것에 대해 준비가 되어 있다. 이 대

---

[18] 참조. 앞의 책, p.153-166.
[19] 참조. 앞의 책, p.1166-184.
[20] 참조. 앞의 책, p.171-172. 참조. 엘륄, 1981a. p.75; 1981b, p.68-69; 1988b, p.62.

답들은, 자유롭고 책임 있는 대답이 되려면 모든 사회학적 규정에서 벗어나야 한다. 그리고 결과적으로 모든 순응주의에서 벗어나야 한다. 기독교인, 우선 신학자와 주석가는 세상이 계시의 내용에 대해 주장하는 자유보다 세상에 주는 것에 대해 더 큰 자유를 가져야 한다.[21]

그리스도 안에서 자유로운 기독교인은 어떤 기준에 자신의 선택과 결정 행동에 근거를 둘 것인가? 사도 바울은 우리에게 "모든 것이 내게 가하나 다 유익한 것이 아니요, 모든 것이 내게 가하나 모든 것이 유익하고 모든 것이 덕을 세우는 것이 아니다."[22] 사실, 모든 것이 허용되어 있고, 아무것도 그리스도인에게 금지되어 있지 않다. 그리스도 안에서 획득된 자유는 제한이 없다. 나는 선택할 자유가 있고, 끊을 자유가 있고, 개입할 자유, 벗어날 자유, 줄 자유, 다시 찾을 자유가 있다…. 그 자체로 기독교적이라고 할 행동은 없다. 어떤 것은 허용되고 다른 것은 금지하는…. 이것은 기독교인들이 매우 다양한 그리고 심지어 반대되는 뜻을 취할 수 있는 이유이다. 그리고 이것은 서로서로 판단해서는 안 되는 이유이다. 그리고 이 행동들이 실제적으로 자유롭도록, 순응주의에 따라 동기되어서도 안 되고, 충동 그리고 구속이나 습관에 의해서도 동기되어서는 안 된다. 그렇다면, 그것들은 무엇에 의해 동기되어야 하는가? 하나의 유일한 이중적 기준에 의해서다. 즉, 사랑의 이중적 계명이다. "네 마음을 다하고 목숨을 다하고 뜻을 다하여 주 너의 하나님을 사랑하고, 네 이웃을 네 몸과 같이 사랑하라"[23] 자유의 기준은 하나님과 인간과의 관계의 수준에 속한다. 이것은 특별히 엄격하다. 그러한 태도는 그것이 그를 증거 하면서 하나님의 영광에 봉사할 때, 그리고 하나님과 인간에 대한 사랑에 봉사할 때만 자유롭다고 규정될 것이다. "사랑하라, 그리고 네가 원하는 것

---

21) 참조. 1975a, tome 1, p.186-193, p.198-212.
22) 고린도전서 6장 12절; 10장 23절.
23) 마태복음 22장 37절-39절; 마가복음 12장 30절-31절; 누가복음 10장-27절.

을 하라"라고 어거스틴은 말한다. 기독교인의 삶 전체는 자유와 사랑의 변증법으로 요약된다. 사랑은 자유를 일으키고, 자유는 사랑 안에서 구체화한다. 사랑은 두 가지 자유와의 만남이다. 자연과 인간에서, 사랑과 자유는 이율배반적인 삶의 양식이다. 사랑은 애착이고 따라서 구속이다. 반면 자유는 구속의 부재이고, 따라서 이기주의이다. 그러나 기독교는 하나의 반자연이다. 그것은 그래서 자기 집착과 관련된 것이 아니라 자기를 남에게 선물로 주는 것과 관련되어 있다. 자기 중심주의가 아니라 자기에게서 해방이다. 과학적 기술적 시도는 인간의 영광을 드러내고 신적 창조물을 약탈하며 사랑을 파괴한다. 모든 것이 허용되어 있지만, 나는 나의 행동에서 다른 사람들이 하나님을 보고, 거기에서 하나님을 사랑하는 것을 배우도록 내 행동을 선택해야 한다.[24]

 기독교인의 자유는 특히 요구하는 것이 많다. 이것은 특권이 아니라 소명이고 사명이다. 자유의 엄격성은 그것이 책임성이 있어야 한다는 사실에서 기인한다. 그것은 그의 선택, 그의 결정, 그리고 그의 행동에 반응하며, 그 결과를 받아들여야 한다는 것을 뜻한다. 그것은 그리스도에 의해 완전히 실현되었기 때문에, 만일 우리가 그것을 떠맡지 않는다면, 그것은 엄청난 왜곡을 가져올 것이다. 이것은 제로로 가서 다시 경기를 다시 시작하는 것이 아니라, 하나님의 행하심을 없던 것으로 하는 것이다. 나는 나의 자유를 지키거나 잃어버릴 자유가 없다. 왜냐하면, 그것은 나를 위해 다른 사람이 큰 대가를 치르고 얻어진 것이고, 그것이 하나님의 영광을 최종적 목적으로 하는 것이기 때문이다. 나의 자유를 잃어버리는 것, 이것은 근본적으로 하나님의 행사함과 그리스도의 희생을 멸시하는 것이다. 그것을 포기하고 그것을 잃어버리는 유혹은 지속적이고, 따라서 두 측면에 의해서다. 하나는 도덕에 의해서 기독교인이든 아니든 새로운

---

[24] 참조. 엘륄, 1975a, tome 1, p.213-281.

예속을 규칙들과 금지들을 통해서 다시 세우는 것이고, 비도덕에 의해서, 즉 충동에 예속되는 것에서이다.25) 인간의 가장 높은 소명은 외적인 그리고 내적인 조건화 가운데서 생동력을 넣는 것이다.

자유의 자유로운 행사의 조건 중의 하나는 그 자신에 대한 비판이다. 즉 우리가 행한 것이 하나님과 영광과 사랑이라는 두 개의 기준에 비추어서 그리스도 안에서 주어진 자유의 표현인지 아니면 사회학적 충동에서 나온 것인지를 정기적으로 점검하는 것이다. 왜냐하면, 자유보다 훨씬 더 환상에 빠지기 쉬운 것이 없기 때문이다. 즉 인간은 항상 자신이 자유롭게 행동한다는 확신을 자발적으로 가진다. 그러나 동시에 그는 실제적으로는 자유롭게 사는 것을 혐오한다. 그가 원하는 것은 자유롭다고 선언하는 것, 자유에 대한 대가를 짊어지지 않는 것처럼 하는 것이다. 그리고 기독교인은 노예적 종속을 초래하는 가장 순응주의적 사회학적 행동을 마치 기독교인의 자유라고 해석해 버린다. 이것은 예속이 주는 안정을 그에게 부여한다. 이 경우, 그는 이중적으로 소외되어 있다. 그는 모든 인간이 공유하는 결정론에 빠지지만, 동시에 그가 그리스도 안에서 자유로운 존재라고 확신한다. 자유롭다는 환상은 예속이다. 따라서 기독교인의 자유는 소외의 원천이 된다.26) 자유는 예속이 주는 안정들에 거스르고 심지어 행복에도 거스르는 기독교인의 특징적인 사는 방식이다. 왜냐하면, 행복은 하나님에서 멀어지는 삶의 양식이기 때문이다. 그것에 이르도록 노력하는 이는 이것이 하나님의 선물이라고 말할 수 없을 것이다.27) 그러나 꽤 자주 기독교인의 역사에서, 기독교인들은 그들의 자유를 갖지 못했다. 그때 그것은 강력한 파괴력 되었다. 그들은 부정적인 의미에서 자유로워졌다. 우리는 예속에 불과한 자유를 자유인 것처럼 생각했다. 과학과 기

---

25) 참조. 앞의 책, p.253-281.
26) 참조. 앞의 책, p.281-294.
27) 참조. 앞의 책, p.294-305.

술의 진보, 민주 국가, 경제적 자유주의…. 기독교인들은 그리스도가 그들에게 살라고 준 자유를 가지지 않는 것에 대해 책임이 있다. 일부 그리스도인들은 개인적으로 그것을 갖는다. 그러나 교회는 도덕에 의해서, 제도에 의해서, 신비에 의해서, 세계의 정당화를 통해서 그것을 거부한다. 그것은 초순응주의를 선택한다. 이것은 받아들여지거나 용서되고, 그것이 기독교적인 것을 망각하기 위해서, 또 역사의 움직임에 뒤처지지 않으려고 그렇게 한다. 모든 시대에 그리고 오늘날 다른 시대보다 더, 교회는 지상에서 자신의 사명, 즉 예수 안에 있는 자유를 증언하는 사명을 저버렸다.28)

모든 도덕과 심지어 다른 모든 윤리와는 달리 그리스도 안에 있는 자유는 어떤 사람도, 어떤 사회도 심지어 하나님조차도 나를 대신해서 결단을 내리게 하지 않는다. 그것은 내가 자유롭게 그리고 책임 있게 행동하도록 하게 한다. 선을 행한다는 것은 하나님의 뜻을 성취한다는 것이다. 그러나 이 뜻은 무엇인가? 하나님은 우리가 자유롭기를 원하신다. 이것은 그가 유일하게 요구하는 것이다. 따라서 하나님이 존재하지 않는 것처럼이 아니라, 반대로 그의 앞에서 그리고 사람들 앞에서 결정하는 것은 우리 자신이다. 우리가 따라야 할 유일한 원칙은 하나님의 영광과 하나님과 이웃을 사랑하는 것이다. 그러나 거기에서 각자는 그의 행동의 내용을 정의한다. 따라서 우리의 소명은 자유의 소명이다. 그리고 우리 자신은 우리가 살았던 것에 따라서 인간이 아닌 하나님에 의해 판단을 받을 것이다.29)

세 가지 기준이 어떤 태도가 자유 안에서 채택되는지 아닌지 분별하게 한다. 헛된 것, 임시적인 것, 그리고 상대적인 것이 자유로운 행동의 기준

---

28) 참조. 앞의 책, p.307-330.
29) 참조. 엘륄, 1975a, tome 2, p.7-22.

이다. 반대로, 유용한 것을 위하고, 항구적인 것에 머물고, 그의 행동을 절대화하는 사람은 자유로운 존재가 아니다.30) 따라서 기독교인은 자신의 행동에 집착하지 않는다. 왜냐하면, 진정한 행위란 믿음 안에서 영위되는 삶 전체이다. 그러나 신앙은 우리에게 달려 있지 않다(우리는 믿음을 가지고 있지 않다. 믿음이 우리를 가지고 있다…). 이 행위는 사실 하나님의 행위 안에 들어간다.31) 자끄 엘륄에게 그리스도인의 자유의 주요 구절은 바울의 권면임을 이해하게 될 것이다. "너희는 이 세대를 본받지 말라."32) 그러나 비순응주의나 세상에 대해 무턱대고 반대하는 원칙적인 반순응주의는 또 다른 순응주의에 빠질 수 있다. 그리스도 안에 있는 자유는 순응주의에서 벗어나고, 역시 무조건적인 반反순응주의를 흉내내는 것에서도 해방된다. 자유로운 인간은 하나의 모델이나 그 모델을 거부하는 반反모델 모두를 거부한다. 순응주의 반대는 반순응주의가 아니다. 그것은 성령의 도우심을 입는 분별이다. 따라서 그것은 판단들, 집단적 신앙들, 신화들, 우리가 사는 환경의 공통된 장소에서 분리되는 것이다. 그리고 우리 자신 안에서 더는 종속되지 않으려고 이 순응주의에 참여하게 하는 것을 분별해 내야 한다.33)

c) 세상에 속하지 않는 참여

자유의 이러한 토대들은 그렇다고 기독교인들에게 세상에 참여하는 것을 금지하지 않는다. 그러나 사전에 그것에서 벗어나 있는 것을 조건으로 한다. 참여와 분리는 변증법과 관련해서만 정당성을 가진다. 체험된 자유는 사회학적 운동들에 반응하지 않고 하나에서 다른 하나로 건너가는 것에 있다. 우리는 사회가 우리를 기독교인으로 존재하는 것을 원하지

---

30) 참조. 앞의 책, p.23-44.
31) 참조. 앞의 책, p.56-70.
32) 로마서 12장 2절
33) 참조. 엘륄, 1975a, tome 2, p.85-94.

않을 때 바로 그곳에 존재해야 하고, 반대로 사회가 그것의 존속을 위해서 우리의 존재를 필요로 할 때는 거기에서 물러나야 한다. 시대에 따라서 저항해야 하는 순간의 이데올로기적 경향을 따라서, 참여와 분리는 선택될 것이다.34) 분리된 자유는 개인적일 수밖에 없다. 절대 전체적일 수 없다. 그러나 그것은 자신의 상아탑 속에 감추어져 있지 않다. 그것은 모든 사람과의 대화를 포함한다. 모든 이데올로기적 진영에 속한 사람들과 만남이다.

이것은 그 이데올로기에 동화된 인간은 할 수 없고, 이 만남을 통해서 서로 상대의 해석자가 될 수 있게 해준다.35) 자유로운 인간은 다른 사람을 사물로서 소유하려고 하지 않는 탐심 없는 존재이다. 그러나 그는 하나님과 함께하고자 하는 소망만 가진 사심이 없고 기꺼이 자신을 내어주는 사람이다. 주는 것은 자유의 표준이다. 또 하나님이 우리를 위해 하신 것이 얼마나 되는지 보여주는 거울이다.36) 그리스도 안의 자유는 역시 근본적으로 좌절에서 우리를 치유한다. 왜냐하면, 그리스도인은 자기 자신에서 구원되어, 다른 사람들과 더 비교될 필요가 없기 때문이고, 광고 선전의 효과를 축소하며 그 유혹을 피할 수 있기 때문이다. 이것은 어떤 혁명 운동도 할 수 없는 이데올로기적 분리이다.37) 기독교인의 자유는 결국 책임이다. 다시 말해서, 복종과 자발성 사이의 변증법이다. 구체적으로, 자발성 없는 복종은 율법주의로 가고, 반면 복종 없는 자발성은 미친개의 변덕이다. 인간적으로 이 둘은 모순된다. 그러나 그리스도 안에서 그것들은 다른 하나 없이 갈 수 없다.38)

---

34) 참조. 앞의 책, p.95-111.
35) 참조. 앞의 책, p.106-119.
36) 참조. 앞의 책, p.119-147.
37) 참조. p.147-155.
38) 참조. 앞의 책, p.155-188.

d) 자유의 투쟁

분리된 자유의 조건을 정의한 다음, 자끄 엘륄은, 윤리 삼부작의 세 번째 책인 『자유의 투쟁』[39]에서, 세상의 길 가운에서 참여의 장소를 서술한다. 왜냐하면, "정신의 자유나 내적인 자유와 관계된 것이 아니기 때문에, 정신의 자유는 그리스도인들이 발견할 수 있었던 가장 큰 거짓말이다. 키에르케고르가 보여주듯이, 그것은 자유의 위선이다. 자유의 행동, 성육신, 자유의 표현만이 자유이다."[40] 우리는 잘 알고 있다. 기독교인은 근본적으로 지상에서 외국인이요, 여행객이다. 그는 그에게 소중한 것에서 벗어나 있다. 그는 모든 것을 사용할 수 있다. 그러나 그것은 이 사용이 그를 타락하게 하지 않는다는 조건에서이다. 자유는 하나님의 판단을 거치지 않은 채, 사회가 우리에게 살아볼 만한 가치가 있다고 말하는 명제들에 빠지지 않는 것이다.[41]

참여적 자유의 첫 번째 발걸음은, 타인과의 만남이다. 참여적 자유는 자신의 진영을 선택하는 데 있다. 그러나 이것은 이 선택과 이 참여가 그리스도 안에 있는 자유에서 흘러나온 것이어야 한다는 조건에서이다. 우리는 우리 자신에게 의존해야 하고 우리의 환경, 우리의 본 진영과 우선 단절되기 위해 우리를 조건 짓는 것에 의존해야 한다. 이것은 우리가 자발적 연대나 선택적 친화에 반응하지 않고 자유롭게 거기에 참여하기 위해서이다. 이것은 만남을 하나의 선물로 받아들여야 한다. 그리고 다른 이에게 자리를 내어주어야 한다. 만남 그 자체는 아무것도 의미하지 않는다. 그러나 만남이 있으려면, 역시 타인을 자유롭게 사랑하기 위해서 타인과의 단절이 필요하다.[42]

역설적으로, 기독교인의 자유의 조건 중 하나는 현실주의이다. 사실들

---

39) 참조. 엘륄, 1984b.
40) 앞의 책, p.8.
41) 참조. 앞의 책, p.15-35.
42) 참조. 앞의 책, p.36-54.

을 있는 그대로 분명하게 고려하고, 그것의 이데올로기적 해석들과 사실들을 혼동하지 말아야 한다. 이것은 자유 안에서 그것을 넘어서기 위함이다. 왜냐하면, 사실은 진리의 기준이 아니기 때문이다. 이 주제에 관해서 자끄 엘륄은 우리가 이미 보았듯이 '실재'와 '진리'를 완전히 구분한다. '실재'는 내가 그것에 대해 자리 잡고 있고, 결정하고, 행동하는 미리 주어진 것이다. '진리'는 성서 진리이다. 진리는 우리를 실재에서부터 해방하기 위해서 결정론적 체계의 밖에서 오는 것이다. 그러나 우리가 실재에 종속되지 않은 채로 그것을 있는 그대로 인식하지 않는다면, 우리의 자유는 한낱 위로를 주지만 공상적인 꿈과 환상에 불과하다. 이 실재를 인정하는 것은 그것을 부인하는 것도, 그것에 종속되는 것도 아니다. 윤리적 선택은 우리를 사실과의 관계에 놓이게 하고, 그 사실에서 벗어나게도 한다.43)

e) 전투의 현장

그리스도인의 자유는 거스름, 위험을 무릅씀, 세상과의 모순으로 이루어져 있다.44) 자끄 엘륄은 구체적인 적용의 영역으로서 정치적 참여의 예를 든다.45) 이 부분에 대해서는 다음에 길게 다룰 것이다. 사실, 기독교인들은 설교하는 것에 만족할 수 없다. 그들은 정치에 참여하고 모든 정당에 참여해야 하고, 그리고 그들의 동료에게 다른 정당에 있는 그들의 형제, 자매들과 그들을 연결해 주는 것, 즉 그리스도에 대한 신앙은 그들을 갈라놓는 정치적 이데올로기적 선택보다 더 중요하다는 것을 보여주어야 한다. 그리스도인들은 모든 운동, 특히 인간의 자유를 위해 투쟁하는 모든 운동에 가담해야 한다. 그러나 인간의 자유에 대해서는 최소한의 가치

---

43) 참조. 앞의 책, p.55-69.
44) 참조. 앞의 책, p.70-99.
45) 참조. *ibid.*, p.100-133.

도 부여하지 않는다.46) 왜냐하면, 인간의 자유와 그리스도 안에 있는 자유 사이에는 어떤 연속성도 없기 때문이다. 이것은 특히 혁명 운동에서 두드러진다. 이 운동의 와중에서 그리스도인들은 그들의 소망을 품어올릴 수 있다. 그리고 그들의 원수들과 화해의 철저한 요구를 가져올 수 있다. 그들은 심지어 제3세계에서 혁명 게릴라에 가담할 수 있다. 그러나 단 무기를 갖지 않고 그 운동의 내부에서 다른 것을 증언하는 조건에서다.47) 바로 여기에서 자끄 엘륄의 가장 독창적인 제안이 끼어든다. 독재가 무너지면, 식민주의가 패배하면, 태도를 바꾸어라! 이전의 압제자를 무너뜨린 이후에, 그들이 새로운 압제당하는 자들이 되면 그들을 지원해야 하고 권력을 장악한 새로운 압제자들과 싸워야 할 것이다. 다시 말해서 이전의 투쟁 동지들과 적이 되는 것이다.

"이 순간, 우리 그리스도인들은 새로운 전투에 돌입하고, 중단할 수 없는 행진을 계속해야 한다. 이것은 비록 우리가 아는 바대로 결국은 자유가 아니지만, 자유라고 단지 믿는 것과 관련될 때도 마찬가지이다. 그러나 그때 과거의 주인들에게 그들의 권력들 다시 돌려주어야 한다. 이것은 단지 새로운 피압제자들을 옹호하는 것과 새로운 소망을 향해 전진하는 것과 관련된다. 이것은 결코 뒤로 물러나는 것일 수 없다. 그때 우리의 태도는 신의를 저버린 배반으로 낙인찍힐 것이다. 그리고 우리는 세상에서 비방거리가 될 것이다. 만일 우리가 예수 그리스도에게 신실하다면 그리고 우리가 이 질서에 속한 문제들과 관여되어 있다면, 우리는 다른 선택을 할 수 없음을 알아야 한다."48)

자끄 엘륄은 기독교인 자유의 역설을 강조하기 위해 다른 예를 하나

---

46) 참조. 앞의 책, p.136.
47) 참조. 앞의 책, p.168-208.
48) 앞의 책, p.206; 참조. 엘륄, 1972c, p.610-611.

든다. 종교의 자유가 그것이다. 핍박당할지라도 기독교인은 본질적으로 자유롭다. 종교적 자유와 여타 인간적 자유, 특히 정치적 자유 사이의 불연속성보다 종교적 자유와 그리스도 안의 자유에는 더 큰 불연속이 존재한다. 하지만, 기독교인들은 종교적 자유를 방어하기 위해서 참여해야 한다. 이것은 그들 자신을 위해서가 아니라 이익을 고려하지 않고 타인을 위해서이다. 정교분리의 원칙은 지켜져야 한다. 왜냐하면, 기독교인은 특권을 누리게 되면, 이교화 되기 때문이다. 따라서 종교적 자유는 기독교 계시의 밑바탕에 깔려 있다.[49]

세 번째 적용의 영역은 노동의 영역이다. 자끄 엘륄이 늘 생존을 위해 필수적인 그래서 결국 필연성의 영역에 속한 것으로서의 노동과 하나님을 섬기는 소명으로서의 노동을 혼동하는 것을 거부한다. 기독교인의 삶은 무의미한 노동의 실행과 소명의 구체적 실현으로서의 참여 사이의 변증법이다. 즉, 각자는 서로에게 의미를 부여한다. 그들의 자유는 기독교인들에게 우리의 세계가 전 지구적 자살을 피하고자 필요한 변화에 참여하게 해줄 것이다. 가령, 과학적 기술적 연구를 권력을 향해서가 아닌 지혜를 향하도록 하고, 경제를 기초적 필요를 만족하게 하는 방향으로 전환하고, 모두에게 전 사회적 수입을 재분배하고…. 만약 이것이 사실이 아니라면, 기술적 수단의 힘은 우리를 향해 되돌아올 것이다. "기독교인이 된다는 것은 타인들에게 변화의 용기를 주지 못한 것에 대해 전적으로 책임을 지는 것이다."[50] 따라서 기독교인의 자유는 본질적으로 우리 사회의 경제적 선택 속에서 구체화 된다.[51]

자끄 엘륄이 제시하는 네 번째 예는 우리와 돈의 관계이다. 우리가 돈을 가지고 있던 그렇지 않든 간에, 돈은 항상 예속의 뿌리이다. 그리고 심

---
49) 참조. 엘륄, 1984b, p.209-222.
50) 앞의 책, p.283.
51) 참조. 앞의 책, p.258-283.

지어 우리와 하나님 사이를 멀어지게 하는 영적 힘이기도 하다. 그렇다면, 어떻게 우리는 이 노예상태에서 벗어날 수 있는가? 돈 없이 사는 것은 불가능하다. 오히려 그것을 사용하되 그것을 숭배하지 않는 것이 방법이다. 이것을 도대체 어떻게 해야 하는가? 자끄 엘륄은 몇 가지 축을 제시한다. 영적인 힘 즉 우리가 신성화하는 대상을 숭배하기를 멈추려면, 그것을 비신성화 해야 한다. 돈을 비신성화 하는 가장 좋은 방법은, 금융과 시장의 세계에 공짜 개념을 도입하는 것이다. 이것은 돈을 예상치 못한 방식으로 사용하는 것이다. 그리고 돈을 돈 자신에게 거슬러 돌아가게 하는 것이다. 첫째 제안은 이자를 거부하는 것이다. 이것은 돈을 빌려주지만, 그것에서 이득을 취하거나 그것을 통해서 돈을 증식시키지 않는 것이다. 이것은 인간을 돈 위에 놓는 것이다. 다시 말해, 이웃을 사랑하는 것이다. 그리고 극단적 경우에 당신의 채무자가 당신에게 돈을 갚지 않는다고 안절부절해서는 안 된다…. 다음 제안은 저축을 거부하는 것이다. 저축, 그것은 미래를 빼앗는 것이다. 이것은 만일에 대비해서 스스로 보장을 받으려는 것이다. 따라서 이는 돈을 의지하는 것이고 이렇게 해서 하나님을 믿지 못하는 것이다. 왜냐하면, "누구도 두 주인을 섬길 수 없고(…) 너는 하나님과 맘몬을 동시에 섬길 수 없기" 때문이다.[52] 하나를 신뢰하면 다른 것을 밀려난다. 하나님께 영광을 돌리는 것은 돈을 불신하는 것을 의미한다. 기독교인은 일생에 섭리를 의지할 수밖에 없다. 결국, 세 번째 그리고 네 번째 제안은 두 번째 제안의 논리적 연속성에 있다. 우리는 이 연장선에서 급진성의 최후의 선을 넘는다. 돈을 세속화하기 위해, 그 해로운 힘을 분쇄하고 우리가 그 예속에서 벗어나려면, 가장 좋은 수단은 역시 돈을 주는 것이다…. 증여의 실행은 돈이 절대적으로 돈의 본연 목적과 반대되는 행동이다. 따라서 그것은 경쟁과 구매와 판매의 세

---

[52] 마태복음 6장 24절; 누가복음 16장 13절.

상에서 공짜 개념을 침투시키는 결정적인 지렛대이다. 준다는 것은 소비하는 것도, 저축하는 것도, 빌려주는 것도 아니다. 따라서 이것은 상업의 논리를 뒤집는 것이다. 이것은 모든 것을 주라는 것은 아니지만, 기본적인 필요가 충족되면 남는 것을 주라는 것이다. 그리고 우리가 그리스도 안에 있는 자유 안에서 일을 절대화하지 않고, 그것의 열매를 우상화하지 않는다는 조건으로 우리는 계속해서 직업생활을 영위할 수 있다. 번 돈을 나눠주려고 일할 준비가 되어 있어야 한다. 물론 이것은 하나의 제안에 불과하다. 또 법을 반드시 바꿔야 하는 것은 아니다. 왜냐하면, 그때 우리는 그리스도 안의 자유 안에 더 있지 않을 것이기 때문이다.[53]

자끄 엘륄이 드는 마지막 예는 성의 문제이다. 우리는 여기서 참여와 분리의 변증법을 만나게 된다. 교회는 분명 성에 관한 도덕규범을 발표할 필요는 없다. 각자는 자신의 고유 책임 있는 선택을 한다. 그러나 성의 자유는 자유와 전혀 관계가 없고 동물적 본능에 사로잡히는 것임을 명시하는 것이 중요하다. 자끄 엘륄이 지나친 기술화의 보상물로서, 기술적 환경과 일반화된 불안과 집단적인 거대한 소망의 종말에 맞서는 보상의 메커니즘으로서 이 본능에의 탐닉을 분석한다. 성해방은 어떤 사회학적 강제를 넘어선다. 그러나 새로운 노예상태에 다시 빠지기 위해서이다. 충동, 유아기에서 시작된 무의식적 강제, 선분비腺分泌 작용에 의한 결정론은 기술이 가능하게 한 것이다. 왜냐하면, 피임은 기술 상품의 집적이기 때문이다. 성혁명만큼 모든 자유의 대부정은 없다. 그러나 우리가 하나님의 영광과 이웃에 대한 사랑에 기준을 적용한다면, 억제되지 않는 성은 오히려 인간의 영광이고, 다른 사람을 파괴하는 것으로 인도한다. 그러나

---

[53] 참조. 엘륄, 1975a, tome 2, p.141-147. 참조, 역시 엘륄 1954b, 특히 p.290-295("주는 것, 그것은 돈을 세속화하는 대표적인 행동이다. 이는 돈의 법칙, 즉 돈 본연의 목적을 거스르는 것이다.(…). 성서적 관점에서 주는 것은 하나님께 바치는 것이다. 사실, 그것은 경쟁과 상업의 세계 안에 정확하게 무상성을 침투시키는 것이다.") 자끄 엘륄이 분명히 거절하는 의심의 사상의 틀에서, 우리는 무상적 증여의 가능서의 조건을 물어볼 수 있을 것이다.

반대 선택, 즉 쾌락의 정죄, 처녀성의 높임 그리고 성의 거부는 역시 성의 강박현상強迫現狀을 표현한다. 그러나 그리스도 안에서 우리는 성의 우상숭배에서 구조된다. 다시 말해서 절대적인 억압뿐 아니라 격렬한 탐욕에서도 역시 구조된다. 우리는 욕구를 억제하고 자신을 기꺼이 남을 위해 바치도록 이끌린다. 역시 거기서 미리 벗어남은 자유로운 참여를 가능하게 한다. 그리고 무엇보다도 성은 삶 전체와 분리되어서는 안 된다. 그러나 반대로 항상 번식이 아니라 사랑, 즉 두 자유의 만남과 항상 연결되어야 한다. 성 문제와 더불어 다른 모든 주제에서와 같이 그리스도의 자유는 사회가 하나님 앞에서 판단력과 분별력 없이 우리에게 좋은 삶이라고 제시하는 명제들에 빠져 들어가지 않는 것이다.[54]

f) 여성

『자유의 투쟁』의 결론에서, 자끄 엘륄은 인격의 개화와 타인과의 진정한 만남을 가능하게 하는 새로운 환경의 창출로서의 자유의 기능을 제시한다. 예상과는 전혀 다르게 여성을 향해 문이 열려 있다. 일반적인 생각과는 반대로, 특히 당대의 사회구조에 비추어 볼 때, 성서는 여성에게 극히 호의적인 지위를 부여한다. 창세기의 두 번째 기사(더 오래된)에서 아담 이후에 창조된 이브는 창조의 왕관이다[55](인간이 동물 다음에 창조된 것과 마찬가지로). 그리고 첫 번째 이야기에서, 둘로 만들어진 한 존재만 있다.[56] 다시 말해, 하나는 다른 하나 없이 존재할 수 없다. 예수로 말하

---

[54] 참조. 엘륄, 1984b, p.284-318쪽. 성해방에 대해서 가혹한 판단을 내리는 연장선에서, 자끄 엘륄은 피임은 존재를 예속화하고 여성을 물신화하는데 이르게 한다고 평가한다(참조, 앞의 책, p.305-318). 피임의 이면에 있는 전제는 자유와 독립 사이의 혼동이다. 그러나 만일 남성이 자기 자신의 주인이 아니라면, 다시 말해서, 자유롭다면, 그는 피임도구를 더는 사용하지 않을 것이다. 역설적으로, 자끄 엘륄은 이어서 피임약이 비기독교인들에게 부정적인 영향을 미친다면, 그것은 반대로 그리스도 안에 있는 자유를 사는 사람들에게 탁월한 것이 될 것이다(참조, 앞의 책, p.312-313). 이러한 주장은 놀랄만한 것이 아니다. 왜냐하면, 기독교인들은 정확하게 말해 피임이 필요 없는 사람들이기 때문이다….
[55] 참조. 창세기 2장 22절.

자면, 그의 족보 중 하나는 여성에게 영예를 준다57)(당시로는 놀랄만한 것이다). 그는 남성뿐만 아니라 여성도 받아들이고, 듣고, 치유하고, 구원한다. 그가 만약 제자들을 남자들에게서만 선택했다면 …. 그는 부활하시고 먼저 여자들에게 나타난다.58) 따라서 그녀들은 진정한 복음 전도자들이다. 그는 또한 자신이 놀랍게 여성의 가치를 체현한다. 그는 비폭력과 비非능력으로 폭력을 일소한다. 마침내 바울은 여자에게 남편에게 복종하라고 말한다.59) 그러나 그는 남편들에게 훨씬 더 엄격한데, 남편들이 자신의 아내를 죽기까지 사랑하라고 말하고 있다.60) 우리는 너무도 자주 본문을 끝까지 읽는 것을 잊어버린다…. 초대 기독교회에서, 남성과 여성은 평등했다. 2세기에서부터 콘스탄틴의 회심과 더불어 교회는 도덕을 제정했다. 그러나 이 도덕은 강력한 반페미니즘적 성격을 띠고 있었다. 터툴리안과 같이 도덕에 가장 많이 열중한 신학자들은 복음서와 바울 서신에 대해서 가장 남성우월주의적 태도를 보였었다. "더는 남자도 여자도 없다."61) 교회는 강제와 지배의 정신을 선택했고 복음을 버렸다. 이것은 교회가 여성을 없앴기 때문이다. 교회는 여성을 무력화시켰다. 여성을 침묵하라고 하고 처녀성을 가치 있는 것으로 만들고 (이것은 여성을 진리 자체에서 배제하는 것이다. 즉 생명의 담지자라는 진리를 배제하는 것이다). 그리고 마리아를 이상화하고(이것은 이데올로기적으로 여성을 높이면서 구체적으로 여성을 폄하하는 것이다.)

그러나 오늘날 미래는 여성에게 속했다고 말한다. 이 말에 속지 말자. 여성 "해방"이라고 일컬어지는 운동은 상당한 부분 20세기 60년대와 70

---

56) 참조. 창세기 1장 27절.
57) 참조. 마태복음 1장 3절, 5절, 16절.
58) 참조. 마태복음 28장 1절-10절; 마가복음 16장 1절-11절; 누가복음 24장 1절 12절; 요한복음 20장 1절-18절.
59) 참조. 에베소서 5장 22절.
60) 참조. 에베소서 5장 25절.
61) 갈라디아서 3장 28절.

년대에 기독교와 부르주아지 도덕을 거부했었다. 그리고 여성을 위해서 진정한 자유, 즉 그리스도 안에 있는 자유를 한 치도 주지 못했다. 그러나 여성은 현재 우리의 소외에 대한 해결이다. 자유의 윤리가 집중하는 부분이 바로 여기에 있다. 우리의 주요 성공의 수단과 우리의 미래의 가능성은 남성적 가치를(소유, 행동, 권력, 경쟁, 오만, 의지, 합리성, 양적 측면)

여성적 가치(존재의 우위성, 말, 용서, 선, 겸손, 직관, 감수성, 질적 측면)로 대체하는 데에 있다. 오늘날 이 여성적 가치의 존재는 우리에게 생과 사의 문제이다.62)

VI. 현대 세계에서의 참된 임재와 거짓된 임재
　　-기독교인과 정치

우리는 자끄 엘륄의 눈에 어느 정도로 정치가 환상인가를 보았다. 우리 사회의 방향들을 결정하는 것은 기술자들이지 정치인들이 아니다. 따라서 정치 조직에 참여한다거나 선거에 참여하는 것은 실질적으로 헛되다. 이 분석은 그렇다고 기독교인들이 정치에 무관심하도록 하는가? 자끄 엘륄은 이 문제를 두 권의 책에서 다룬다. 『세상 속의 그리스도인』 *Presénce au monde moderne*,1) 『세상에 묻힌 그리스도인』*Fausse présence au monde moderne*,2) 알제리 전쟁 이후에 쓰인 뒤의 책에서 그는 분쟁 가운데 있는 교회의 태도를 생생하게 비판하고 세상과의 관계를 일반적으로 제시한다.

---

62) 참조. 엘륄, 1984b, 부동적인 가치의 이 이중적 목록은 단어 단어가 마니교적 이원론적 양식과 대응되는 것으로 이상하게도 변증법적 영감과 함께 작품 전체를 가로지르는 이원론적 존재론에 일치한다.

---

1) 참조. 엘륄, 1948.
2) 참조. 엘륄, 1964a.

교회의 힘 행사가 마치 하나님의 뜻이고 하나님 나라를 준비하는 것을 표현하는 것처럼 보이지만, 사실 그것은 교회의 승인을 얻은 인간의 행위들이다. 그러나 성서는 우리에게 인간의 역사는 하나님의 왕국이 아닌, 하나님의 심판에 속한다. 따라서 우리의 역사와 하나님 나라 사이에는 어떤 연속성도 없다.3) 바르트 신학으로부터, 각 개인에게 달린 부활의 "예"는 기억하지만, 세상의 멸망과 심판의 "아니요"는 잊어버린다. 이것은 중세시대와 반대의 상황인데, 그때에는 교회가 배타적으로 "아니오"를 선포했다. 사실 이 두 극의 변증법을 유지해야 한다.4) 반대의 경우에 우리는 현대인을 스스로 의롭다고 선언하도록 내버려둔다. 정치, 경제, 기술이라는 수단을 통해서…. 세상 속에 있다는 것은 세상을 섬기는 것도, 그 길에 들어가는 것도, 세상에 가치를 부여하는 것도 아니다. 이것은 성육신을 부인하는 것이다. 왜냐하면, 만약 하나님이 세상을 사랑하신다면, 그것은 그것이 단지 사랑할만하지 않기 때문이다.5) 오늘날 개신교도들은 세상에 물들어 있다. 다시 말해, 그들의 특별한 삶의 양식에 의해서 그들의 믿음을 표현하지 않고 세상과 같이 일하고 생각한다. 그들은 세상과 변증법적 관계에 놓이지 않고, 세상이 던지는 세상의 문제를 염려한다. 기독교인은 인간 사이에서 하나님의 편을 드는 것6)보다 인간의 편을 든다(하나님이 그렇게 하셨지만, 하나님은 하나님이시기 때문에 그렇게 했다). 이 사실로부터 교회는 다른 조직처럼 사회학적 조직이 더는 아니다. 반면에, 그것은 거룩하다고 불린다. 다시 말해, 세상과 분리되었다는 것이다. 만일 그것은 세상과 분리되지 않는다면, 그것은 보내질 수 없다. 그리고 그것이 세상에서 벗어나지 않는다면, 그것은 세상에 개입할 수 없다.7) 정치화

---

3) 참조. 앞의 책, p.16-24.
4) 참조. 앞의 책, p.24-27.
5) 참조. 앞의 책, p.27-42.
6) 참조. 앞의 책, p.43-66.
7) 참조. 앞의 책, p.67-80.

는 이 순응화의 한 예이다. 그리스도인에게는 그것은 근접성과 개인성을 특징으로 하는 이웃에 대한 사랑을(사마리아인의 이미지로[8]) 기술적 수단을 이용해서 집단적 연대로 확장한 것이라고 할 수 있다. 이것은 엘륄에게 비성서적 이단이다. 이웃은 늘 단수이다.[9]

a) 거짓된 임재

교회는 이렇게 정치화되었다. 정치적인 문제들이 교회를 대량으로 점차 점령해 가면서 교회를 파고든다. 결국, 내부적의 관계들조차도 정치적인 전략과 술책을 따르게 되고[10], 정치가 믿음의 실천의 유일한 형식이 되기에 이른다. 세상 속에 사는 다른 어떤 수단도 없다. 정치적 참여는 믿음의 진지성의 기준이 되기까지 한다. 프랑스 개신교도들은 그들이 권력에 힘을 행사하지 못하는 극소수의 상황이라는 사실 때문에 그들의 입장은 저절로 급진적이 될 수 있다는 사치를 누리면서 동시에 바르멘 콤플렉스바르멘 선언은 나치정권에 대한 독일 고백교회의 저항선언-옮긴이주를 겪고 있다. 맥락은 전혀 다르더라도 그들은 1934년 독일 고백교회만큼이나 큰 정치적 각성을 증명해 보일 수 있다. 남용된 주석으로 우리는 정치와는 아무런 관계 없는 텍스트에서 정치적 의미를 이끌어 낸다. 하지만, 성서는 신앙의 구체화의 특별한 장소로서 절대적으로 정치적인 것을 제시하지 않는다. 정치적인 문제는 복음서와 바울 서신에서 극히 작은 자리를 차지한다. 이것은 이 당시 그리스와 로마에서의 매우 활발한 정치적 생활과 눈에 띄는 대조를 보여주는 것이다. 정치는 세상에 권세 잡은 자가 끊임없이 교회에 놓으려는 가장 큰 덫이다.[11]

그러나 반대의 태도, 즉 성육신을 부인하는 비참여적 신령주의spiritu-

---

[8] 참조. 누가복음 10장 25절-37절.
[9] 참조. 엘륄, 1964a, p.59-65.
[10] 참조. 엘륄, 1972b, p.134-137, 151.
[11] 참조. 엘륄, 1964a, p.81-153.

alism도 역시 사단의 미끼이다. 따라서 무정치적 태도가 아닌 세상 속에 임재해 있어야 한다. 달리 말해, 정치에 그 자체로서의 어떤 가치도 부여하지 않은 채 사는 것을 말한다. 이것은 세상의 활동들에 참여해야 하지만, 신념, 이데올로기 그리고 그들을 묶는 신화에 물들지 않는 것을 말한다. 따라서 이것은 이 활동들을, 특히 정치를, 상대화하는 것과 관련된다. 도시에서의 그리스도인의 사명은 이중적이다. 하나는 감시자의 기능이고, 다른 하나는 화해의 사역이다. 감시자는 민활하게 사람들을 위협하는 위험들을 경고한다. 제2차 세계대전은 1934년, 알제리 전쟁과 해방에서부터 예견할 수 있었다…. 그때 행동을 해야 했었다! 화해자는 배반자라고 찍힐 위험을 무릅쓰고 그가 속해 있는 그룹 가운데서 적을 위한 대변자가 되어 분쟁을 인간화한다. 그리고 그는 무엇보다 대립하는 경향의 기독교인을 화해시키도록 애써야 한다. 이는 그들을 연합시키는 것이 분리시키는 것을 넘어선다는 것을 증거 하기 위해서이다. 세상에 대한 숭배를 거슬러 영적인 전투에 의해서, 기독교인은 정치, 국가, 돈, 기술의 성스러움을 세속화하도록 부름 받았다. 이렇게 인간의 일과 인간 자신을 가장 가식 없는 실체로 돌려놓는 것이다. 닫힌 세상에 맞서서 하나님은 설교뿐 아니라 세상에 참여함을 통해서 계속해서 가능성을 열려고 돌파구를 다시 뚫고 계신다.[12] 기독교인의 참여는 분리된 참여이다.

b) 참된 임재

이것들이 정치화에 의한 거짓된 임재가 아닌 세상 속에 임재의 양식들이다. 자끄 엘륄은 이미 이 주제를 그의 초기 작품『세상 속의 그리스도인』속에서 다루었다. 이 작품은 '후기 기독교 문명의 문제' *Probléme de la civilisation post-chrétienne*이라는 부제를 달고 있다.[13] 여기서 엘륄은 우리 세계

---

12) 참조. 앞의 책, p.154-184. 참조. 1984b, p.108-114.
13) 참조. 엘륄, p.1948.

의 구조들이 절대적으로 고정된 상황에서 기술사회와 혁명의 환상을 비판한다. 그러나 우리 시대를 짓누르는 재앙들은 매우 철저하게 긴밀히 이 구조와 관련되어 있다.[14] 이 세상의 기독교인의 임재만이 진정 혁명적이다. 왜냐하면, 그것은 기정사실이 된 종교를 거부하고, 문명의 기초 구조를 이렇듯 다시 문제 삼기 때문이다. 혁명적이 된다는 것, 그것은 아직은 아니지만 오게 될 진리의 이름으로 존재하는 것에 대한 판단을 내리는 것이다. 그렇지만, 오늘날, 그리스도인들은 모든 사람 가운데서 가장 순응주의적이다.[15] 복음에 다시 충실해지기 위해서 그들은 다른 사람과는 다르지만, 구조의 힘을 피할 수 있는 한 삶의 양식을 추구해야 한다. 이 질서의 삶의 양식을 가진 작은 공동체 안에서, 새로운 문명의 씨앗이 피어날 수 있다.[16] 따라서 혁명적 행동의 가장 확실한 형태 중 하나는 삶의 양식이다. 삶의 양식은 모든 것이 수단이 되어버린 사회에서 그리고 우리는 우리가 무엇을 위해 걸어가야 하는지를 모르는 사회에서 목적들을 회복한다.[17] 이 삶의 양식은 행동하는 것이라기보다 존재하는 것에 있다. 왜냐하면, 자신의 시간을 행동하는데 보낸 사람은 그것으로 말미암아 삶을 중단하는 것이기 때문이다. 가장 대표적인 혁명적 행동 그리고 수단과 방법의 문제의 해결책은 바로 살아 있다는 사실과 그 결과이다.[18] 자끄 엘륄은 이 삶의 양식을 자세히 기술하기를 꺼리는데 이것은 이것이 하나의 새로운 율법이 되지 않게 하기 위해서이다. 그러나 그는 세 가지의 원칙을 말한다. 그것은 이웃의 의미를 다시 찾는 것, 사건의 의미를 다시 찾는 것 그리고 성스러움의 한계를 다시 찾는 것이다.[19] 기독교 신뢰성의 확립은 즉, 기독교가 세상에 순응하느냐 아니면 창조적 힘을 발휘하느냐는 새

---

14) 참조. 앞의 책, p.36-37.
15) 참조. 앞의 책, p.42-49.
16) 참조. 앞의 책, p.53-56.
17) 참조. 앞의 책, p.55-56.
18) 참조. 앞의 책, p.75-78.
19) 참조. 앞의 책, p.98-112.

로운 삶의 양식에 달려 있다.20) 1948년 이래, 정치에 당면한 기독교인의 태도의 이 간추림은 우리가 이미 본 대로 예기치 못한 것만큼이나 도발적인 부름 아래서 매우 점진적으로만 그 형식을 갖추게 될 것이다. 이것은 바로 무정부이다.

c) 무정부로의 회귀

자끄 엘륄이 서로 대립적으로 보는 기독교와 무정부주의의 사이에 깊은 친화성을 보여준 것은 최근에 출간된 책 중 하나인, **『무정부주의와 기독교』**Anarchie et christianisme, 21)에서이다. 우리는 이미 보았듯이, 그는 성서를 정치권력과 국가를 사탄적인 것으로 여러 번 정죄하는 무정부주의적 책이라고 제시한다.

그리스도인들과 무정부주의자들은 따라서 같은 전투를 하는 셈이고 혼란이나 환상 없이 공통점과 차이점에 주의하면서 서로 잘 이해하는 것이 좋을 것이다. 그들을 화합시키는 것은 국가와 지상 권력에 대한 공통된 불신이고 인간의 자유를 지고의 가치로 격상시키는 것이다. 그들을 차별화시키는 것은, 하나님과 그리스도에 대한 신앙(무정부주의자들은 '하나님도 주인도' 원하지 않는다. 그들의 하나님에 대한 이미지가 성서계시의 이미지와 아무런 상관이 없음에도), 그리고 인간의 본성에 대한 다른 평가가 그것이다. 사실 무정부주의자들은 국가나, 군대, 경찰 없이 자유롭게 살 수 있는 인간의 능력에 관해서 신뢰하고 낙관적이다. 기독교인은 반대로 인간의 본성에 대해 비관적이고, 인간은 근본적으로 죄에 의해 타락했고 바로 이 때문에 국가, 군대 그리고 경찰 등이 필요하다. 자끄 엘륄은 무정부주의자를 자처하면서도 무정부사회가 가능하다고 말하지 않는다. 왜냐하면, 인간은 천성적으로 선하지 않기 때문이다.22) 엘륄이 보기

---

20) 참조. 앞의 책, p.110-111.
21) 참조. 엘륄, 1988b; 참조. 엘륄, 1979, p.197-227; 1984b, p.120-133; 1994, p43-46, 135-138.

에 무정부사회라는 것이 절대 도달되지 않을 것임에도, 그것을 향해 환상에 빠지지 않으면서 지속적이고 분명한 투쟁을 주장한다. 지적으로 정직하게 무정부주의와 기독교 사이의 합일점과 단절점들을 강조하며 자끄 엘륄은 무정부주의자들을 전향시키지도, 기독교인을 설득시키기를 원하지도 않는다. 그러나 상호 간에 적대감을 배양하는 오해를 불식시키고 싶을 뿐이다.23) 그의 목적은 "무신론자나 불가지론자로 자처하는 사람들이 거짓되고 공상적인 명분이 아닌 선한 동기를 갖도록!"하기 위해서이다.24) 근거 없는 모든 편견과는 달리 기독교와 무정부주의자들은 상호 간에 서로 풍성하게 할 것이다. 무정부주의자들은 모든 신령주의를 피하게 할 것이고, 그들에게 가장 독재적인 인간도 그리스도 안에서 하나님께 사랑을 받고 회개할 수 있다고 보여주면서 기독교인들은 무정부주의자들에게 신앙과 삶에 대한 다른 시각을 가져다줄 것이다. 또한, 『무정부주의와 기독교』가 목표로 하는 독자들은 본질적으로 무정부 전사들이다. 왜냐하면, 이 저서의 초판에서 무정부주의 창설 아뜰리에*Atelier de Création Libertaire*에서 출판되었기 때문이다. 그러나 기독교인과 무정부주의 사이에 동맹을 위한 결정적인 조건이 하나 있다. 그것은 폭력의 사용을 포기하는 것이다.25)

따라서 기독교인이 국가를 상대로 싸운다는 것은 무엇을 의미하는가? 자끄 엘륄은 『자유의 투쟁』26)에서 몇 페이지에 걸쳐 많지는 않지만, 밀도 있게 답변한다. 이는 무엇보다도 정치권력에서 신적인 기초를 빼내는 것이다. 기독교인은 이어 국가라는 거대한 기구가 작동하려는 곳에서 힘을 행사하려 할 것이다. 이를 행하려고 기독교인은 그리스도 안에 있는 자유

---

22) 참조. 엘륄, 1988b, p.32; 1992a, p.146-147.
23) 참조. 엘륄, 1988b, p.11-16.
24) 앞의 책, p.68.
25) 참조. 앞의 책, p.21-24.
26) 참조. 엘륄, 1984b, p.120-133, 246-250.

에 의지해야 한다. 우리가 본 대로, 이 자유는 우리를 우리 자신에게서, 특히 모든 유혹에서 모든 숭배에서 모든 기술, 정치 국가 등과 같은 현대의 우상에 대해 자유롭게 하기 때문에 유일하고 진정한 그리고 심원한 자유이다! 그리스도 안에 있는 자유는 그것이 하나님께 의지하고 있다는 사실로 그 힘을 얻는다. 하나님은 기술국가의 거대한 체제의 유일한 외부적 사례이다. 시스템 내부에서는 우리는 아무것도 할 수 없다. 우리는 시스템 넘어서 하나님에게 의지하며, 돌파구를 찾고, 기술 시스템에 개입해야 한다. 이것은 우리의 기술사회 속에서 국가는 막대한 수단을 활용할 수 있기 때문에 더욱 필요하다. 심지어 민주체제에서도, 국가는 전체주의적이다. 왜냐하면, 그것은 관료제, 선전, 그리고 작위에 기대고 있기 때문이다. 국가만이 기술의 발전이 필요로 하는 투자를 제공할 수 있고 국가의 힘과 기술의 힘 사이의 결연만이 국가를 전체주의적이게 만든다. 자끄 엘륄의 부르짖음은 바로 여기에 있다. "내가 무정부를 선택한 이유가 바로 여기에 있다."[27] "오늘날 나는 모든 사람 전체를 위해서 기독교인의 자유를 가장 잘 표현하는 참여는 무정부주의에 참가하는 것이라고 평가한다."[28]

자끄 엘륄은 만약 깔뱅이 무정부에 반대한다면, 그것은 상황적이고 당시 위험은 무정부상태에 있었고, 오늘날은 반대되었다는 것이다. 현대 국가의 발달은 그것을 주요한 위험이 되게 했다. "무정부주의적 태도는 일반 국가체제에 맞서는 충분하게 급진적인 유일한 것이다.(…) 절대권력 앞에서, 절대적 부정적 태도를 보이는 것이 타당하다. 이것은 분명한 점에서 양심적 반대자들의 태도이다. 그리고 그들은 옳다."[29] 무정부주의에 가담하는 것은 현대 국가에 대한 대항과 견제의 표현으로서 정당화된

---

[27] 앞의 책, p.132.
[28] 앞의 책, p.131.
[29] 앞의 책, p.132.

다. 현대 국가는 그것이 없이는 그 앞에 어떤 제어장치도 없게 된다. "총체적 권력 앞에서 총체적 대항만이 의미가 있을 수 있다."30)

그러나 자끄 엘륄은 국가에 대한 모든 신학적 모든 정당화를 철회하고, 국가 시스템과 맞서 싸우는 것에 그치지 않고 늘 그러는 것처럼 직접적 행동을 촉구하면서 마지막 급진성의 문턱을 넘는다. "그리스도 안에서 자유로운 첫 번째 행동 가운데 하나는 제도를 거부하는 것이다. 이 비제도화 또는 파괴의 의지는 우리 사회에 있어 헤아릴 수 없는 중요성을 가진다. 여기에 해방적, 혁명적인 진정한 행동이 있다.(…)"31) 그리고 "이 추상화와 이 관료화에 대항해서 싸운다는 것은 진정 불가능하다. 반면 태업sabotage을 구상해야 한다. 만일 제도가 엄청나게 견고하고, 성스러워지고, 경직되면 그것은 어떤 변화의 가능성도 없다. 빗나간 행동만이 막혀 있는 숨에 삶과 운동을 다시 줄 수 있다."32) 자끄 엘륄은 여기서 기계 파괴 운동luddisme의 전통에 속하고 19세기 무정부—조합주의anarcho-syndicalisme의 전통에 속한다. 그러나 그는: "우리가 사보타지을 말할 때 이것은 우리가 목적하는 일에 대해 노동자의 일이 아니라, 우리가 생각하는 모든 영역에서이다. 돈의 규칙, 허용된 성의 규칙, 부모와 자식 간의 규칙, 의무 교육과 시험의 규칙 등에 대한 태업이다."33) 이것은 자끄 엘륄 사상의 역설 가운데 하나이다. 그의 입장들의 누적된 급진화는 그를 예수 그리스도 안에 있는 신앙과 자유의 이름으로 국가제도의 사보타지의 정당성을 옹호하게 한다. 마지막 정리가 필요하다. 자끄 엘륄은 무정부주의의 비폭력적인 소수파에 속한다. 그리고 결과적으로 사보타지는 결코 폭력에 호소하는 것을 의미하지 않는다.

---

30) 앞의 책,
31) 앞의 책, p.247.
32) 앞의 책, p.249.
33) 앞의 책, p.249-250.

Ⅶ. 폭력과 비폭력: 좁은 길

폭력의 문제는 늘 목적과 수단 사이의 관계의 문제를 던진다. 일반인을 위해서 쓰인 『새로운 공통 주제 해설』[1]이라고 명명된 책에서 자끄 엘륄은 일반적인 생각을 고발하며 비꼬는듯하고 귀에 거슬리는 어조로 "목적은 수단을 정당화한다"[2]는 격언을 공격한다. 사실상 야비한 수단은 가장 고상한 목적을 타락시킨다. 정치적 폭력의 사용은 반드시 독재의 수립과 자유의 부정으로 귀결된다. 따라서 자유롭게 하는 폭력도 억누르는 폭력도 없다. 다만, 종속화하는 폭력만 있을 따름이다. 폭력에 의해 세워진 권리는 항상 불의가 될 것이다. 피로 완전히 조직된 사회는 늘 교도소가 될 것이다. 1945년부터 자끄 엘륄은, 「개혁Réforme」이라는 잡지 1호에서 히틀러는 전쟁에서 이겼다고 단언한다. 왜냐하면, 승리자들은 적들이 자신을 모방하도록 하게 했고, 악에 의해 악을 대적하도록 하여 그들을 타락시켰기 때문이다.[3] 자끄 엘륄은 수단들이 추구하는 목적을 저당 잡는다면, 목적은 절대로 수단들을 정당화하지 않는다고 결론짓는다.[4]

a) 폭력인가 아니면 비폭력인가?

이 문제를 책 한 권 전체에서 다룬 『폭력에 반대함』Contre les violents, [5])에서, 자끄 엘륄은 폭력에 대한, 특히 기독교인의 모든 정당화를 부정한다. 가령 '정당한 전쟁' 이론은 이해하기 어려운 기준들에 의거하고 있다. 가장 작은 악은 매우 상대적이다(도대체 무엇에 대해서?). 최종적 호소는 모든 남용을 허용한다. 종교재판을 연상시키는 이유 없는 살해 명령은 비

---

1) 참조. 엘륄, 1966b.
2) 참조. 앞의 책, p.289-298.
3) 참조. Réforme, Jacques Ellul. "Actualité d'un briseur d'idoles" hors-série Réforme, Paris 2004, p.4. 참조. 엘륄, 1965, p.69, 294, 339.
4) 참조. 엘륄, 1966b, p.297-298. 엘륄, 1964a, p.133; 1994, p.52.
5) 참조. 엘륄, 1972c.

현실적이다.6) 정당한 전쟁이란 존재하지 않는다. 왜냐하면, 모든 전쟁은 전쟁을 다시 일으키기 때문이다.7) 그러나 비폭력은 그것이 파당적이 되는 순간 그리고 그 효율성이 제한될 때 그에게 선호할만하지 않은 것 같다.8)

엘륄에 따르면 간디의 성공은 그것이 기독교 국가를 상대로 했기 때문이라고 설명할 수밖에 없다. 이 예는 반드시 보편적일 수 없고, 1925년 러시아나 1933년 독일로 옮길 수 없다.9) 그럼 무엇을 해야 하는가? 폭력을 합법적이지는 않지만 필요한 것으로 간주하는 것이다.10) 한 편으로 모든 폭력은 고발되어야 한다. 왜냐하면, 그것은 항상 계속되기 때문이다(폭력을 사용하기 시작하면 멈출 줄을 모른다). 그것은 늘 같다(올바른 폭력과 부당한 폭력이 있는 것이 아니다. 예속화하는 폭력과 해방하는 폭력이 있다). 그것은 늘 상호적이다(그것을 누가 시작했는가 하는 것은 불합리하다). 그리고 그것은 항상 스스로 정당화한다(이것은 폭력이라기보다는 한 그리스도인에게 받아들여질 수 없는 정당화이다).11) 그러나 그렇다고 순진한 이상주의로 도피할 문제가 아니다. 폭력은 우리의 삶을 가능하게 하는 사회의 토대로 인정되어야 한다.12) 따라서 기독교인은 폭력은 불가피하다는 것은 인정해야 하지만, 그것은 정당화될 수 없고 하나님의 사랑과 반대된다는 것을 인정하도록 부름 받았다.13) 만일 어떤 그리스도인이 폭력운동에 가담한다면(정규군이나 혁명군), 그는 그것을 신앙의 이름으로 할 수 없다. 반대로, 그는 내면에서 폭력의 정당성을 의심하며 그것

---

6) 참조. 앞의 책, p.509-510.
7) 참조. 엘륄, 1994, p.68.
8) 참조. 엘륄, 1972c. p.511-517.
9) 참조. 앞의 책, p.515- 516. 기독교 전통에 비추어 보았을 때, 이 세 인용된 세 나라가 같은 전통을 공유하고 있음에도, 이 두 예를 영국에 대립시키는 것은 이상하다.
10) 참조. 엘륄, 1972c, p.568-575.
11) 참조. 앞의 책, p.575-585.
12) 참조. 앞의 책, p.593-600.
13) 참조. 앞의 책, p.600-615.

은 비합법화해야 한다.14) 마지막으로, 기독교인들에게 합법적인 유일한 폭력은, 사랑의 폭력이다. 그것은 급진적이고 비타협적이고 내면의 폭력일 뿐 아니라 자신의 삶을 희생하는 것이며, 선으로 악을 극복하는 데 있는 전투이다. 따라서 그것은 물리적이거나 심리적인 폭력에 어떤 호소도 하지 않는다.15)

b) 비폭력인가 비능력인가?

자끄 엘륄은 폭력, 비폭력에 등을 돌린다. 왜냐하면, 일반적인 생각과는 달리, 예수 그리스도는 비폭력을 채택한 것이 아니라, 비능력을 채택했기 때문이다.16) 비非능력Non-puissance은 무無능력impuissance이 아니다. 그것은 힘을 가지고 있지만, 자신의 생명을 방어하기 위해서조차도 그것을 사용하지 않으려는 사람에 의해 내려진 결단이다.17) 예수의 편에서는 전능자임에도 전능하심을 포기한 것이다. 그것은 비효율적이고 비인간적임에도, 엘륄이 보기에 무폭력은 예수 그리스도에게 충실하게 정당한 유일한 행동이고 세계를 구원할 수 있는 유일한 것이다.18)

그렇지만, 자끄 엘륄과 비폭력과의 관계는 유동적이었다. 이 저서 5년 후에, 그는 대안적 비폭력Alternative Non-violente(MAN)을 위한 운동의 엄격한 정치적 지향에 대한 글에서, "토대 없는 비폭력"19)이라는 제목으로 그

---

14) 참조. 앞의 책, p.613-615. 그렇다고 우리가 내면에서 게릴라군과 같은 전체주의적 조직을 대항할 수 있다고 믿는 것은 매우 순진해 보인다.
15) 참조. 엘륄, 1972c, p.628-639. 이 책에 대한 주요한 비판은 매우 제한적인 개념을 폭력에 대한 광범위한 표상으로 슬그머니 밀어 넣는 데 있다. 사실 자끄 엘륄은 물리적 폭력을 정죄함에서 영적인 폭력을 드높이는 데로 옮겨간다. 그는 같은 어휘 "폭력"을 사용하여 본질적으로 다른 두 현상을 통합하고 있다. 그러나 이 억지는 "폭력"이라는 개념이 결코 정의된 적이 없으며, 이는 보통 자신이 사용하는 개념들을 분명히 밝히는데 골몰하는 저자에게 의외의 일이다. 그가 "영적 폭력" 또는 "사랑의 폭력"이라고 부르는 것은 사실 사도 바울이 에베소서에서 말하는 성령의 무기를 사용한 싸움과는 약간 동떨어져 있다(엡6장:10-20절). 폭력 없는 투쟁에 대한 주제를 다루며, 왜 그는 폭력에 대해 말하고 있는가?
16) 참조. 엘륄, 1972c, p.573-574.
17) 참조. 엘륄, 1991b, p.1007-1008.
18) 참조. 엘륄, 1984a, p.255-256; 1987b, p.199-201; 1994, p.52.

는 그 친구들에게 비폭력의 도덕적 종교적 측면에 대항하는 그들의 폭력을 비판한다.

> "그들은 절대적으로 정치적 분석을 위해서, 정치적, 현실주의적, 가능성 있는 그리고 효율적인 프로그램을 제시하기 위해서 이 기반에서 비폭력을 떼어내려 한다. 모든 다른 담론들은 그들에게 이상주의적이고 이데올로기적이다. 불행히도 이상주의적이고 거짓 이데올로기적인 사람들은 바로 이 사람들이다. 그들이 제안하는 모든 것은 각 개인의 인격 변화, 도덕적, 영적 회심이다. 이것이 없이는 그들의 건축물은 살 수 없는 해골이고, 작동시킬 수 없는 에너지가 없는 기계이다. 그리고 나는 유감스럽지만, 이러한 인격의 변화는 정치적 프로그램이나 새로운 재료들이나 운동을 통해서 오는 것이 아니라, 구체적으로 영적 도덕적 개인적 노력을 통해서 온다(개인주의적이 아니라!). 이 뿌리를 제거하는 것은 사전의 토대를 제거하는 것이라고 말할 것이다. 이것은 나머지 모든 것을 무로 축소하는 것이다."20)

따라서 자끄 엘륄은 그것이 엄격하게 정치적인 '비폭력'에의 주장을 더 잘 비난하기 위해서 각 개인의 영적 회개 안에 뿌리박는다는 조건에 '비폭력'의 개념을 되살린다. 그러나 그는 마찬가지로 엄격히 영적인 입장에 국한된 비폭력 운동을 비판한다. 그의 '비폭력'의 개념은 따라서 변증법적이다. "개인적 회심에 기초하고 모든 도덕적, 영적 입장 정립이 상호적으로 정치적 행동에 문을 열어준다고 하는 대안적 비폭력이 주장하는 변화만큼의 정치적 변화를 하는 것은 있을 수 없다."21) 여기서 문제가

---

19) 참조. 엘륄, "Une non-violence privée de son fondement, in *Alternatives Non-Violentes*, n° 20-21, janvier,1977, p. 15-18.
20) 앞의 책, p.17.
21) 앞의 책, p.18.

되는 것은 이제는 '비폭력'이 아니라 '영적인 토대를 둔 정치적 비폭력'이다.

우리는 1981년에 쓴 엘륄의 다른 글에서 이 변화를 확인한다.22) 자끄 엘륄은 비폭력과 전 지구적 자살 사이의 대안을 설명하기 전에, 레쉬 왈레사Lesh Walesa의 "비폭력"을 "유일하고, 배타적이고, 근본적인 인간을 약탈적인 동물 이상으로 만드는" 것으로 제시한다.

> "물론 우리는 전적인 비폭력을 수용한다(여기에는 '혁명'이 포함된다). 그리고 한 편으로 우리는 우리가 피할 수 없이 희생자 캠프로 들어가고 있다는 것을 알고 있다. 그리고 다른 한 편으로 우리는 경찰력의 완화와 일방적인 무장해제의 길로 들어선다. 역시 우리는 더 큰 폭력으로 폭력에 응답하는 것을 선택한다. 그래서 한편으로 이것은 인간 전체의 영적 도덕적 파괴, 즉 인간이 이 순간 살 만한 '가치가' 없음을, 그가 천천히 획득한 성격 그리고 인간의 의미가 된 것의 어떤 성격도 가지지 않음을 말한다. 다른 한 편으로, 우리는 이러한 변이의 결과를 갖게 될 것이다. 이것은 인류의 자살이 될 것이다. 왜냐하면, 우리는 지금 단번에 50억의 형제를 청소해 버릴 수 있기 때문이다."23)

'비폭력'의 비효율성이 눈앞에 나타난다 할지라도, 레쉬 왈레사Lech Walesa의 예24)는 '비폭력'이 문제가 아니라 영적 토대에서 정치적 '비폭력'이 문제를 가리킨다.

---

22) 참조. 엘륄, "Non-violence quand même" in Réforme, 17 octobre 1981.
23) 앞의 책.
24) 참조. 이 주제에 대해서는, 엘륄, "Lech Walesa et le rôle du christianisme" in Esprit, mars 1982, p.40-47. 자끄 엘륄은 솔리다르노시치(solidarnosc) 운동=폴란드 자유노조 운동-역자)을 "결정적으로 비폭력적인 운동이지만 틀림없이 무력과 권위를 사용한 운동"(앞의 책, p.41)으로, 레쉬 왈레사는 마틴 루터 킹(Martin Luther King)을 본보기로 삼아 "정치에 참여한 기독교인의 모델"로 간주한다.

VIII. 이스라엘과 이슬람-뜻하지 않는 장애물

자신의 친구에게조차도 아마도 가장 비판을 받았고 대중의 인정을 받는 길에 장애가 되었던 저작들은 이스라엘과 이슬람을 문제 삼은 글들이다.

a) 이스라엘

자끄 엘륄이 이스라엘 국가와 그것이 이끄는 다양한 정책에 무조건 지지를 하는 것은 신학적 확신에 의해서 뒷받침되고 있다. 이 『하나님은 불의한가?』-이스라엘 민족을 위한 기독교 신학"[1]이라고 명명된 책은 바울의 로마서 9장에서 11장까지의 연구이다. 그것은 구원의 경륜에서 유대인의 혁혁한 지위를 세우는 문제를 다루고 있다. 자끄 엘륄에 따르면 바울 사도는 사실, 하나님은 그의 백성을 버리지 않으신다는 것을 보여준다.[2] 이스라엘을 대체하는 것은 교회가 아니라 그리스도이다. 그리스도는 모든 사람을 위한 하나님의 선물이지만 토라는 이스라엘을 위한 것이었다.[3] 그 연관은 교회와 유대백성 사이를 나눌 수 없다. 유대백성은 하나님의 신실함에 대한 증거이고 반면 교회는 그의 보편성과 자유의 증거이다.[4] 접붙인 감람나무의 비유[5]는 이 주제의 유창함을 보여준다. 나란히 서거나, 계승하는 것이 아니라 한 감람나무에 연결되어서, 하나님의 유일한 백성은 이스라엘과 교회로 구성된다. "만일 교회가 이스라엘과

---

1) 참조. 엘륄, 1991a.
2) 참조. 로마서 11장 1절-2절.
3) 참조. 엘륄, 1991a, p.103-104.
4) 참조. 앞의 책, p.10. 자끄 엘륄은 앙드레 슈라끼(André Chouraqui)에게 쓰게 된다. "선민을 향한 나의 신실성은 예수 그리스도에 대한 나의 신앙과 연결되어 있다."(André CHOURAQUI, *Le destin d'Israël. Correspon-dances avec Jules Isaac, Jacques Ellul, Jacques Maritain et Marc Chagall. Entretiens avec Paul Claudel*, Paris, Editions Parole et Silence, 2007, p.104.) 게다가 그는 1979년에서 1988년까지 유대-기독교 친선 협회의 개신교 부의장을 지냈다(참조. 앞의 책, p.262.)
5) 참조. 로마서 11장 16절-24절.

분리되어 살기를 계속하겠다고 고집하면(아! 너무도 자주 그래 왔다) 그 것은 그 자신의 뿌리에서 절단되고 시들어 버릴 것이다. 이것이 바로 칼 바르트가 올바르게 이스라엘을 제외하고는 진정한 의미에서 에큐메니즘이 없다고 말한 이유이다."[6]

유대인들은 예수에게서 메시아를 보지 못했다. 그러나 이 거부의 완전한 책임은 전적으로 기독교인들과 기독교회의 본질에 돌려진다. 어떻게 성서의 계시에 대한 우리의 불충실함을 보증하기 위해서, 우리가 방패로 내세우고 역사를 통해 핍박의 이름으로 삼았던 이 메시아를 향해서 유대인들이 회개하고 돌아오라고 요구할 수 있는가?[7] 이 반유대주의의 불명예는 사탄적이다. 왜냐하면, 이것은 하나님의 계획의 증거이기 때문이다.[8] 신실한 백성은 기독교의 비신실성의 참을 수 없는 증거로 남아 있다.[9] 자끄 엘륄에 따르면 바로 여기에 객관적으로 이스라엘을 말할 수 없다. "우리는 찬성을 하거나 반대를 할 수 없다. 이스라엘은 따로 떼어놓은 백성이다. 그리고 그 존재는 반드시 우리 각자에게 의문의 대상이다. 이것이 바로 이스라엘이 존재하는 순간, 열정들이 이스라엘을 향해서 그리고 그것에 반대해서 분출되는 이유이다."[10]

이 책 전체에 걸쳐서 엘륄은 유대인과 현재 이스라엘 국가를 동일시하면서 둘 사이를 슬쩍 연결해보려고 시도한다. "15년 동안 우리는 반시온주의자의 막대한 선전에서 오늘날의 유대인, 즉 이스라엘 사람들 특히 이스라엘인들이 고대 히브리백성의 후손이 결코 아니므로 이스라엘 땅에 대해서 어떤 역사적 권리도 갖고 있지 않다고 하는 논증이 정기적으로 출현하는 것을 도왔다."[11] "많은 그리스도인이 반시온주의자라고 자처하거

---

[6] 참조. 엘륄, 1991a, p.149-150.
[7] 참조. 엘륄, 1991a, p.137-138, 143.
[8] 참조. 앞의 책 p.156.
[9] 참조. 앞의 책, p.138.
[10] 앞의 책, p.132-133.

나 '유대인들을' 무척 사랑한다고 하는 끔찍한 모순을 그만두어야 한다! 거짓과 위선"12) "내게 이스라엘 국가는 세속 역사의 하나의 자료가 아니다. 이것은 이스라엘의 회복에 관한 예언 가운데 선포된 역사 안에서 하나님의 행동의 표징이다."13)

현재 근동의 지정학적 상황에서 신학적 자료의 이 현실화는 그 불타는 성취를 1986년에 출판된 『이스라엘을 위한 그리스도인』*Un chrétien pour Israël,* 14)에서 보게 된다. 자끄 엘륄은 처음부터 당파적이었고, 기독교인으로서 이스라엘 편에 선다고 단언한다. 왜냐하면, 그는 회상하기를 그 문제에 관해서 어떤 객관성도 없기 때문이다.15) 그는 자기의 이스라엘에 대한 사랑이 신학적 토대를 가지고 있다고 정확하게 말한다.16) 그것은 그리스도에 대한 신앙에 뿌리를 내리고 있다.17) 로마서 9장에서 11장에 따르면, 하나님은 불순종에도 자신의 백성을 버리시지 않았다. 그리고 그는 늘 그 백성과의 언약을 다시 회복시키기 위한 수단을 찾으신다.18) 자끄 엘륄은 여기서 성서의 예언들과 거룩한 땅으로 이스라엘이 돌아오는 것 사이의 관계에 대해서 신중한 태도를 취한다. "유대국가의 재창설은 바울이 이스라엘의 '번성'으로서 생각한 것과 전혀 일치하지 않는다. 그러나 이것은 우리에게 이스라엘 국가 안에 있는 유대인들이 선택된 백성 일부이고, 이 국가의 종류는 거기에 사는 사람들의 부류와 분리할 수 없다."19) "어느 누구도 절대적 확신을 하고 정확하게 현재의 이스라엘 국가가 예언자들 공포의 성취라고 말할 수 없다. 하지만, 그리스도인은 엄청난 주의를

---

11) 앞의 책, p.52.
12) 앞의 책, p.119.
13) 앞의 책, p.11888.
14) 참조. 엘륄, 1986a.
15) 참조. 앞의 책, p.757.
16) 참조. 앞의 책, p.764-811.
17) 참조. 앞의 책, p.763-764.
18) 앞의 책, p.722-773.
19) 앞의 책, p.776.

기울여 근동에서의 사건을 따라가야 한다. 어떤 상황에서도 단번에 이스라엘 국가가 근동에서의 최종적인 평화가 요원해 보인다 할지라도 예언자들의 공포와 아무런 관련이 없다고 말할 수는 없다."[20] 그리고 마지막으로 "이스라엘은 역시 정치적으로 살아남아야 한다. 왜냐하면, 그것은 하나님의 신실성을 확증하는 약속의 담지자이기 때문이다."[21]

이 흔들림과 불확정성에도, 자끄 엘륄은 유대인의 신앙을 심각하게 고려하는 것은 선택된 백성과 약속의 땅 사이의 관계의 합법성을 시인하는 것임을 밝힌다.[22] 따라서 엘륄은 반시온주의자와 반유대주의를 구분하는 것을 거부하며 완전히 시온주의자의 입장을 변호한다.[23] "반 시온주의의 선전은 엄격한 교조(나치의 스타일)로서나, 공포의 감정으로서가 아니라, 유포된 풍토로서 반유대주의의 재개의 책임이 있다."[24] 자끄 엘륄은 이 반시온주의, 반유대주의의 선전을 길게 분석한다.[25] 이 선전을 무한 반복을 통해서만 확신을 심어줄 수 있다. 그리고 엘륄은 이로부터 논증들을 하나하나 분해한다. 사실상, 그가 말한 바로는, "팔레스타인은 어떤 나라도 또한 조직된 민족도 아니다."[26] 그들은 단지 테러리스트 그룹이다. 또한 "팔레스타인에는 진정한 문화도 없다."[27] "그들과 땅과의 관계는 본질적이지 않다."[28] 그들이 요단강 이편에 있은 지는 두 세대밖에 되지 않았다.[29] "팔레스타인 지역이 있다. 그것은 요르단이다."[30] 이

---

20) 앞의 책, p.787.(MUSSNER, *Traité sur les Juifs*에서 인용함)
21) 앞의 책, p.935.
22) 참조. 앞의 책, p.787-788.
23) 참조. 앞의 책, p.797-811.
24) 앞의 책, p.810.
25) 참조. 앞의 책, p.811-867.
26) 앞의 책, p.833. 참조. 앞의 책, p.815-816, 870. 자끄 엘륄은 지난 20년간 팔레스타인 백성들이 정치적 조직과 선전에 의해서 상시로 규정된 적을 향해서 전투하도록 정비되었다는 것을 인정한다(참조. 앞의 책, p.872). 그러나 우리는 그에게 질문할 수 있을 것이다. 민족이란 무엇이고 그렇다면 이것은 무엇인가? 팔레스타인 민족이라는 것은 없다는 것을 계속해서 단언하면서, 자끄 엘륄은 "민족"의 개념에 대한 빈약한 본질주의적 개념을 보여준다(참조, 엘륄, 2007c, p.135-137).
27) 엘륄, 1986a, 872.
28) 앞의 책, p.871.

국가는 거기서 백 킬로미터도 되지 않은 다른 곳에 있다. 우리는 따라서 팔레스타인에 유배를 말할 수 없다. "나는 파리시민이 오를레앙에 살도록 강요받는다면 그것이 유배라고 말하지 않을 것이다!"31)

반대로 이스라엘 국가는 항상 민주적이었고, 투명하고 인권을 존중했다. 고문의 증언은 "실제로 자신들이 했던 고문을 상상하며 만들어 낸 것!"32)이라고 볼 수 있다. "정확하게 말해서 이스라엘에는 '고문'이 없다."33) 이스라엘은 항상 공격을 받았고 그렇다고 선전에 호소하지 않았다. 이 국가는 "선전에는 백치이다."34) 만일 이스라엘이 1947년 협정을 위반했다면, 그것은 소련이 얄타협정을 위반한 것보다 더 나쁜 것을 한 것이 아니다.35) 1982년 레바논전쟁에서 그것이 "예방"36)전쟁이었을지라도 필요한 것이었다.37) 그리고 "최소한의 폭력으로 수행되었다."38) 자끄 엘륄은 이스라엘의 군사 정치를 방어하기 위해서 논증들을 더한다. "만약 이스라엘이 진다면, 그것은 완전히 사라질 것이다. 팔레스타인 사람들은 어려움 없이 많은 아랍국가에 받아들여질 수 있다(그리고 베이루트 이후에, 실제로 20만 명의 팔레스타인 사람들이 시리아와 튜니지 등지에 받아들여졌다는 것을 우리는 보았다). 유대인들은 어디도 없다. 이스라엘

---

29) 엘륄, 1965, p.133.
30) 엘륄, 1986a, p.934.
31) 앞의 책, p.872.
32) 앞의 책, p.826.
33) 앞의 책, p.828. 국제 앰네스티의 편파성에 대한 고발은(참조. 앞의 책, p.826-830) 분명히 자끄 엘륄의 고발을 나타낸다.
34) 앞의 책, p.814. 참조. 앞의 책, p.846. 이스라엘의 선전 앞에서 엘륄이 눈이 먼 것은 놀랄 일이 아니다. 왜 이 현대 국가는 선전에 호소해서는 안 될 유일한 국가인가? 이것은 선전 현상에 대한 엘륄의 모든 연구의 결과들을 부정하는 것이 될 것이다(참조. 엘륄, 1962; 1967b). 자끄 엘륄은 반이스라엘적 선전과 관련해서 그가 선언했을 때 그 자신의 비판적 분석에 타격을 입는 것이 아닌가?" "그것은 선전을 남용하는 자신의 적을 고발하는 선전의 전형적인 특징 중 하나이다."(엘륄, 1986a, p.812)
35) 참조. 엘륄, 1986a. 835. 엘륄의 부정에도, 자끄 엘륄은 이 경우 이스라엘이 국제법을 무시한 것을 정당화한다. 란자 델 바스또(Lanza del Vasto)는 말한다. "타인이 틀렸다는 사실이 우리를 정당화하는 것은 아니다."(LANZA DEL VASTO, *Technique de la non-violence*, Paris, Denoël (coll. Folio essais), 1971, p.78.)
36) 엘륄, 1986a, p.804, 894, 916. 참조. 엘륄 2007c, p.99-101.
37) 참조. 엘륄, 1986a, p.846-856, 899-904.
38) 앞의 책, p.904.

은 완전히 강력한 적들에게 둘러싸이게 된다. 이 적들은 치명적으로 위협을 받지 않지만, 이스라엘은 치명적인 위협을 받는다. 이스라엘은 세계에서 유일하게 '배수진背水陣을 치고' 싸우는 나라이다."39) "따라서 이스라엘은 군사 국가가 될 수밖에 없다. 쉴 수 없이 전쟁을 준비해야 하고, 군사 국가가 될 수밖에 없다."40) "기독교인으로서 나는 몸서리치도록 고민한다. 모든 전쟁은 부당하다. 나는 그것을 자주 썼다. 그리고 나는 그것에는 예외가 없게 할 것이다. 그러나 나는 역시 가끔 이것이 변명할 수 있거나 정당화될 수 있거나 하지 않고 국가는 폭력을 쓸 수밖에 없는 상황에 부닥칠 수 있다는 것을 쓴다."41) "요약하면 이스라엘의 주요한 드라마는 모든 것이 어떤 선택과 자유의 여지도 없이 필연성에 종속되어 있다는 것이다. 그의 유일한 자유는 모든 것을 버리고, 그의 정치적 군사적 보호를 버리고 암살자들에게 목들 드러내 놓는 것이다…. 푸줏간으로 끌려가는 양처럼…. 이것이 가능한 유일한 다른 선택이다. 그러나 우리가 말한 대로, 만일 희생량적 태도를 생각해 볼 수 있다면, 이것은 그것을 선포했던 이스라엘의 선지자의 태도와 다름이 없다."42)

마지막으로, 엘륄은 결론을 내린다. "이스라엘 국가는 국가이기는 하지만 다른 국가와는 다르고 여러 측면에서 본보기가 된다. 이스라엘의 중상자들과 그 비판자들의 겉모습을 이면에 감추어 있는 것을 곰곰이 생각할 수밖에 없다. 그리고 이것은 내가 공인하는 이러한 정치적 특질은 기독교인으로서 내가 내리는 판단에 속하는 것이고 내가 어떤 상황에도 이

---

39) 앞의 책, p.894. 참조. 엘륄, 1975b, p.103-105.
40) 엘륄, 1986a, p.894.
41) 앞의 책, p.903. cif.,
42) 엘륄, 1986a, p.895. 이러한 일련의 논증들은 숙명론, 필연성 앞에서 굴종 그리고 폭력의 수용을 반영하고 있다. 이는 자끄 엘륄이 다른 많은 책에서 주장한 소망, 자유로 부름, 비권력에로의 촉구와 분리된다. 우리는 직접적으로 관계된 사람들에게 다른 행동을 부과하는 것을 거부할 수밖에 없다. 그러나 이러한 명령을 어떤 정치적 성향들이든 그것의 전체적 정당화로 대체하는 것에 있는 선택은 결코 지지를 얻지 못할 것이다. p.903.(참조 엘륄, 2007c, p141-143, 258-261(이스라엘이 거기에서 벌인 전쟁은 폭력에 대한한 것이다. 따랑서 정당한 것이 아니라 불가피한 것이었다. 여기에 한치의 정당성도 없단 말인가?).

국가에 가까이하는 것이다."43)

b) 이슬람

자끄 엘륄이 이슬람을 향해서 적대적인 태도를 보인 것은 바로 이스라엘에 대한 유리한 전제들이 작용했음이 확실하다. 『이슬람과 기독교』44)는 걸프전의 상황에서 1991년 쓰였지만, 그의 사후 십 년 이후에 출판편집자주:『이슬람과 기독교』, 2009, 대장간, 영어권 보다 먼저 한국어로 번역되었다. 그는 논쟁적인 어조로 두 종교 사이의 신학적인 양립불가능성을 보여주고 있다. 따라서 그는 그 둘 사이에 연계 관계를 세우려는 많은 지식인이 근거하는 세 가지 원리를 공격한다. 유일신론, 책의 종교, 아브라함의 자손 됨이 그것이다.

유일신론에 관해서45)는, "하나님이 누구신가?"라는 질문에 대해서 답변을 한다면, "하나님은 한 분이시다"라는 표현으로 두 종교는 일치점을 찾는다.46) 성서의 하나님과 알라 사이의 간격은 성육신과 삼위일체에 기인한다. 성육신이47) 의미하는 바는 예수 그리스도는 우리에게 인격적인 만남을 통해서 인간에게만 부과된 징벌을 자신이 담당한 사랑의 하나님

---

43) 앞의 책, p.928. 이스라엘 문제에서 자끄 엘륄이 열광에 도취하여 모든 비판적 거리 두기, 명확성 그리고 분석적 엄격성이 상실되는 것에 대해 반드시 이의를 제기할 수 있다. 엘륄의 국가 권력, 모든 전쟁 그리고 모든 형태의 선전에 대한 악명 높고, 체계적인 적대감은 사라져, 결국 필연성에의 종속에 이르는 것처럼 보인다. 그 자신도 이에 대해 설명한다. 그의 반국가적 입장은 여타 국가들처럼 산업화하고 군사화된 현대 국가인 이스라엘에 자연적인 어떤 친화성도 갖지 않는다는 것을 항상 증명하고 있다(참조. 앞의 책, p.153-156). 따라서 우리가 보았듯이 엄격히 성서에 따른 이유 때문에 엘륄은 이스라엘을 지지한다. "이스라엘은 역시 정치적으로도 살아남아야 한다. 왜냐하면, 하나님의 신실성을 증거 하는 약속의 담지자이기 때문이다"(앞의 책, p.242). 자끄 엘륄은 성공적으로 성서에 따른 수준에 속한 입장을 정치적 분석의 시금석에 종속시킨다 (참조. 앞의 책, p. 241-242). 신앙적 확신과 정치적 지향들 사이의 관계를 고려해 볼 때, 반대의 결과는 놀라울 것이다. 또한, 엘륄은 앙드레 슈라끼(André Chouraqui)와 나눈 서신에서 분명히 쓰고 있다. "나는 이스라엘과 맺는 친밀성 때문에 행복하다."(André CHOURAQUI, cp. cit., p.124). 참조. 엘륄, 2007c, p.42-43, 174-176).
44) 참조. 엘륄, 2004.
45) 참조. 앞의 책, p.62-78.
46) 앞의 책, p.67.
47) 참조. 엘륄, p.70.

을 계시하지만, 알라의 긍휼은 자신을 낮추지 않고서 임의적으로 결정한 전제자의 사랑이다.48) 왜냐하면, 그는 근본적으로 그리고 절대적으로 스스로 충족적이기 때문이다.49) 삼위일체와 관련해서,50) 이슬람은 기독교를 유일신교로 간주하지 않는다. 왜냐하면, 그것은 하나님과 예수 그리고 마리아를 자신의 인식 속에서 신적 세 인격으로 결합하기 때문이다. 사실상 성부, 성자, 성령의 세 위격은 하나님의 세 가지 존재 방식이고 결코 단일체를 반대하지 않는다.

만일 유대 기독교와 이슬람이 경전의 종교라면,51) 그것은 정말로 경전과 관련된 것이 아니다. 코란은 하나님에 의해 구술된 한 저자에 의해서 쓰였고 유일하게 아랍어로만 읽히지만, 성서는 하나님에 의해 영감을 받아 수십 명의 저자에 의해서 다양한 시기에 쓰였지만, 본문은 교회에 의해서 받아들여졌다(교회는 믿음의 백성이 비판하는 책들을 정경으로서 가끔 취하였다!) 그리고 저자, 교회, 독자의 책임 있는 자유는 근본적이다.52) 성서는 "하나님의 말씀"이 아니다. 그것은 "하나님의 말씀에 의해서 비롯된다."53) 그리고 그것은 인간이 다시 글을 자신의 삶에서 하나님의 말씀으로 변형할 때 하나님의 말씀이 된다. 다시 한 번 더 나아가 "성서의 하나님은 인간을 파트너로 대한다."54)

마지막으로 "우리는 모두 아브라함의 자손이다."55) 라고 말하는 것은 아무런 의미도 없다. 왜냐하면, 이삭은 유일한 유업의 상속자이고 그것은 육적이 아닌 영적인 부자관계의 문제이기 때문이다. "아브라함의 자손

---

48) 참조. 엘륄, 1991a, p.155.
49) 참조. 엘륄, 1985, p.111; 1987b, p.235-239.
50) 참조. 엘륄, 2004, p.68-69.
51) 참조. 앞의 책, p.79-91.
52) 참조. 앞의 책, p.80-81.
53) 앞의 책, p.82.
54) 앞의 책,
55) 참조. 앞의 책, p.51-61.

은 선을 행하는 자이다."56) 이슬람과 유대 기독교는 따라서 외양적으로는 유사하지만, 우리가 단어들의 의미를 구체화한다면, 간격은 "건널 수 없는"57) 것으로 나타난다. 이것은 자끄 엘륄이 약간 비꼬는 듯이 이슬람의 다섯 가지 기둥에, 우리가 보통 이슬람과 유대 기독교 사이에 세우는 다리(유일신교, 책의 종교, 아브라함의 자손)를 "순응주의의 세 가지 기둥"58)이라고 규정한 이유이다.

그러나 근본적인 간격을 넘어서, 이슬람은 역시 기독교인들과 서구에 하나의 위험을 나타낸다. 『뒤틀려진 기독교』에서, 자끄 엘륄은 이미 교회사의 흐름 속에서 교회의 파행에 미친 영향을 이미 지적했다. 성전, 식민화, 노예제, 신앙과 사회학적 소속의 혼동(사람은 회심이 아닌 출생에 의해서 이슬람교도가 된다)… 의 모방에 의한 채택이 그것이다.59) 이것은 기독교인에게 기독교를 향해서 불충실하게 이슬람에 의해서 행사되는 매력이다. 왜냐하면, 폭력을 사용하는 이슬람교도는 창시자의 텍스트들과 일치를 이루지만, 기독교인은 그것을 배반한다!60) 이 모방에 의해 초래

---

56) 앞의 책, p.60.
57) 앞의 책, p.91.
58) 앞의 책, 우리는 이러한 부인할 수 없는 차이와 대화의 불가능성 사이에 엘륄이 묵시적으로 확립한 추론에 대해 이의를 제기할 수 있다. 반대로 엘륄은 균열을 인정하고 가정하는 것에 의지하고 있다. 그리고 그는 결코 혼합주의를 목적으로 골을 건너는 것이 아니다. 이슬람이 "분명 비기독교적 종교"(참조. 앞의 책, p.78)라는 것을 주장하는 것은 대화의 가능성의 조건들의 기초를 놓는 자명한 이치와 결부되어 있다.
59) 참조. 엘륄, 1984a, p.148-174.
60) 참조. 앞의 책, p.157. 참조. 앞의 책, p.157. '자끄 엘륄, 이슬람에 반대하는 그리스도인가?' *Jacques Ellul. Un chrétien contre l'islam?*(이 제목은 이스라엘을 위한 그리스도인*Un chrétien pour Israël*이라는 엘륄의 책을 흉내낸 것이다.) 제하의 개신교 신학 석사학위 논문에서, 이슬람교 출신인 침례교 목사는 자끄 엘륄이 근거를 두는 이슬람교에 대한 지식이 "단편적이고 근사적이고", " 대략적이고 초보적"이다는 것을 증명한다.(참조. Assan MERABTI, *Jacques Ellul. Un chrétien contre l'islam?*, Mémoire de Maîtrise en Théologie protestante, Faculté de Théologie protestante, Université de Marc Bloch, Strasbourg, 2005, p.4, 39). 특별히 그는 역사적 사실은 반대임에도, 기독교가 이슬람의 경제 모델에 영향을 받았다고 하는 사실(앞의 책, p.40-45), 이슬람 율법주의가 이슬람법보다는 로마법의 영향을 받았음에도, 교회법에 영향을 미쳤다는 사실(참조. 앞의 책, 45-48), 그리고 정전(正戰)이 어거스틴에 의해 정의되었음에도 그것이 지하드(聖戰)를 모방한 것이라는 사실, 그리고 마지막으로 알라의 초월성 때문에 그와 피조물이 절대 가깝지 않은 것이 아닌데도, 두 유일신론 사이에 무한한 간격이 있다는 사실에 대해 반대한다(참조. 앞의 책, p.65-71).

된 타락보다 더 직접적으로 위험은 구체화한다. 그것은 이슬람이 "서구에 대해서 상시적인 전쟁의 위험"61)을 대표한다는 것이다. 『나는 무엇을 믿는가?』*Ce que je crois*와 『기술의 허세』에서, 자끄 엘륄은 이슬람 테러의 상승을 알리지만, 역시 이민에 의한 "평화적인 침범"62)을 알린다. 제3세계 여론의 나쁜 각성 때문에, 서구는 이십 년 안에 흑인 다수에 맞선 남아프리카공화국의 백인 소수의 현재 상황에 부닥치게 된다고 그는 1988년 예견했다…63) 이것이 프랑스를 위협하는 이슬람에 맞선 그것의 자살적인 의지이다. 그것은 프랑스를 "목을 조이고", "전멸"64) 하는 것을 환영할 준비가 되어 있다. 따라서 기독교인들은 유대인들과 강한 연대를 하도록 요청된다. 이것은 "나치가 저지른 대량학살과 이슬람교도들이 저지른 것을 동시에"65) 잊지 않기 위해서다. 이 말들은 매우 잘못 받아들여졌고, 정치적 극단주의적 입장들과 너무도 친화력을 가진 것으로 인상을 주어, 선거불참을 조장할 수 있었다.66) 하지만 그들은 엘륄 저술의 예언적 차

---

61) 엘륄, 2004, p.33.
62) 엘륄, 1988a, p.428.
63) 참조. 앞의 책, p.428-429.
64) 엘륄, 1987b, p.165. 이슬람에 대한 평가만이 엘륄과 그의 친구 앙드레 슈라뀌(André Chouraqui)을 유일하게 갈라 놓는다. 현재 출간된 그들 사이의 서간집에서, 자끄 엘륄은 그가 삼 년 동안 코란을 공부했다는 것과 (1987년에서 1990년까지) "그것이 끔찍하다"고 지적한다(André CHOURAQUI, *op.cit.*, p.132). 사실 과거에 이슬람교도와 가졌던 교제에 대해 자부심을 느끼는 것은 불가능하다. 왜냐하면, 한 불신자에게 주어진 약속에 의해 고려하지 않았다(참조. *ibid*). 이 사실에서 자끄 엘륄은 자신의 친구의 "늑대와 양을 화해시키려는"(앞의 책, p.151) 노고를 회의적으로 간주할 수밖에 없다. 그리고 "(그에게) 이슬람은 세계 전체에 대해서 가장 의심해 볼 수 있는 위협으로 보인다"(앞의 책, p.142).
65) 엘륄, 1991a, 이 표현으로, 우리는 아싼 메라브티(Assan Mérabti)이 "이슬라말감(islamalgame)"이라고 부른 모델에 따라서 연역적 방법론에 대한 비판을 보게 된다(Assan MERABTI, *op.cit.*, p.31) 반유대주의 이데올로기에 자발적으로 가입한 "나치" 전사들은 "이슬람교도" 전체와 같은 선상에서 이해된다. 그러나 이슬람교도는 다양한 흐름 가운데 속해 있고, 나면서부터 이슬람교도가 되고, 대부분이 반유대주의자는 아니다. "유대인 문제"에 대한 엘륄의 말을 다시 사용하면서, 엘륄은 "현실과 그 깊이 그리고 그것의 인간적 차원을 도외시한 채"(엘륄, 1965, p.257) 일반화와 추상화를 통해서 연역적 방법론을 사용하고 있다. 이 경우 사람보다는 이슬람과 이슬람교도를 먼저 고려하는 것과 관련된다.
66) 죽기 전에 자끄 엘륄은 민족 전선(Front Nationale)이 선거에서 상승하는 첫 물결에 일조했다. 그리고 그는 두 번에 걸쳐서 자신의 뜻을 표명했다. (1984년과 1985년) "르 뺑(Le Pen)(프랑스의 극우파 정치인-역자)에 대해서 나는 고운 말을 할 수 없다. 이 사람은 전형적인 파시스트이다. 그는 힘에의 호소, 도덕, 기독교적 가치에 호소 그리고 외국인에 대한 공포라는 특징을 가지고 있

원을 묻는다. 따라서 엘륄은 예언자인가? 이 질문은 몇 페이지를 할애해서 다룰 가치가 있다.

IX. 예언자적 사상인가?

자끄 엘륄은 종종 시류를 거스르고 지평선에 떠오르는 위협들을 공포하는 모든 선지자와 같이 외로운 현대의 선지자로 소개된다. 그리고 모든 선지자처럼, 그는 "자기 고향에서는"[1] 환영받지 못하고 자신이 속한 교회에서조차 존경받지 못한다.[2] 그는 자신을 선지자 요나와 동일시한다.[3] 그는 이 선지자에 대해서 책을 쓴다.[4] 왜냐하면, "신앙은 예언자적 태도를 요구하기 때문이다."[5] 다른 선지자들 사이에서, 그는 또한 사후의 성공을 내다볼 것이다. 그가 죽은 지 정확하게 10년 만에 이는 현실화된다.[6]

a) 현대의 선지자

퇴직과 함께 자신의 강의를 그만둔 1980년에, 자끄 엘륄은 『의심을 거친 신앙』*La foi au prix du doute*을 "아직 40일…"이라는 부재로 출간한다. 이

다."(엘륄, 1994, p.58). "르 빵을 과소평가하지 말라!(…) 1934년 이래 처음으로, 사회 경제적 조건과 정치적 조건이 연합되었다.(…) 다른 사람들과는 대조적으로, 나는 결코 알제리에서 프랑스 군대, 비밀 군사 조직(OAS), 푸자드(Poujade)운동에 대해서 파시즘과 결부지어 말한 적이 없다. 나는 결코 파시즘을 함부로 들먹이지 않는다. 내가 이 말을 한 것은 처음이다"(엘륄, 2007c, p.208-210).

1) 마태복음 13장 57절, 마가복음 6장 4절, 누가복음 4장 24절, 요한복음 4장 44절.
2) 참조. 엘륄, 1981a, p.171-172 1994, p.39.
3) 참조. 엘륄, 1980a, p.313; 1981a, p.200-201; 1994, p.190-191.
4) 참조. 엘륄, 1952.
5) 참조. 엘륄, 1980a, p.260.
6) 참조. 엘륄, 1994, p.54; 참조. Jean-Luc PORQUET, *op.cit.*, p.241.

책은 암시적으로 요나서를 참조하고 있다.7) 이 책은 자신의 무익한 선지자의 역할에 대한 비극적인 깊이와 함께 돌아오는 영적 증언이다.

"나는 내가 그대로 방치시켜 놓아야 할 세상 때문에 병이 들었다. 나는 내 마음에, 내 몸에, 내 정신에 병이 들었다. 나는 우리가 세상의 흐름을 변화시킬 것이라는 기대를 하고 행동에 20년간 참여하며 큰 희망을 품었었다. 1930년에 우리는 그 흐름이 압제와 무질서의 이 세상을 이미 그려내고 있음을 보았다. 그리고 우리는 이 세상이 다른 방향, 즉 인간을 향해, 자유를 향해, 정의를 향해, 진정한 민주주의를 향해 조금이라도 변하기를 바라며 정신 나간 희망을 품었었다…. 나는 모든 것을 시도했다. 나는 시의적절해 보이는 모든 기회를 활용했다. 나는 많이 사색했다. 나는 단지 일어나고 있던 것을 이해할 수 있었다. 마르크스는 세상을 이해하는 것으로는 불충분하고, 그것을 변화시켜야 한다고 훌륭하게 선포했다. 우선, 그의 행동의 결과들은 곳곳에서 정확하게 상황을 점령했다. 이어 1950년에 그 자신의 시대보다 만 배나 상황이 복잡해졌고 그것을 이해한다는 것은 이미 엄청난 힘을 요구한다. 나는 옳게 보았다. 나는 말했고 경고했었다. 이것은 아무 소용없었다. 말은 필요한 순간에는 들려지지 않고 그것은 점점 받아들였을 때는 이미 늦었다. 우리는 다시 올라갈 수 없는 틈 속에 빠졌다. 우리는 파괴할 수 없는 힘들을 축적했고, 우리는 더는 새로운 길을 다시 가려고 처음으로 다시 돌아갈 수 없게 되었다."8)

"우리는 우리가 만든 세상에 의해서 짓눌려져 있다. 왜냐하면, 그것 전체를 만든 것은 바로 우리 모두이기 때문이다. 그러나 이해할 수 없는 타락의 힘으로 일어난 일이다. 그리고 우리가 이해했을 때 이것은 아무 소용없었다. 또는 이미 그때는 늦었다. 나는 우리가 젊은이들에게 남겨준

---

7) 요나서 3장 4절.
8) 엘륄, 1980a, p.247-248.

세상을 부끄러워한다. 그리고 나는 더더욱 이 젊은이들을 우리가 50년 전에 가졌던 정확하게 같은 소망을 가지고, 같은 단어들로 같은 목표로, 같은 판단으로. 다른 무엇을 하겠는가?"9) 우리에게 남아 있는 유일하게 할 수 있는 것은, 그들에게 말하는 것이다. "우리는 이것을 원하지 않았다."10)

b) 실현된 예견과 실현되지 않은 예견들

자끄 엘륄의 저서에 대한 비판적 평가에 이바지하려고, 예견이 실현되었는가 하는 것과, 진단과 예측의 오류를 확인해 보는 것은 흥미롭다. 현재 사회의 상당한 경향들은 사실 예견적인 분석에 의해 확증되었었다. 이것은 기술 진보가 계속 됨에 따라서 위기의 연속, 사회적 재앙, 그리고 그것에 수반된 생태적 재앙이 이어짐으로 사실임이 확인되었다. 장-뤽 뽀르께Jean-Luc Porquet는 『자끄 엘륄 (거의) 모든 것을 예견한 사람』*Jacques Ellul. L homme qui avait (presque) tout prevu* 11)—부재로 광우병, 유전자 변형 유기체, 핵, 선전, 테러리즘…*Vache folle, OGM, nucléaire, propaganda, terroisme*.—이라는 책에서 몇 가지 긴장의 영역을 언급한다.

우리는 지구 온난화, 살충제의 남용으로 말미암은 오염, 석면石綿 물의 프랑스에서 석면 때문에 생긴 최악의 보건 스캔들—옮긴이주, 세베소 지역이탈리아의 세베소의 화학 물질 유출 사고를 말한다—옮긴이주… 이 모든 것이 농산업의 생산주의적 방향성과 연계되어 있다. "예방의 원칙"의 동기 자체가 기술의 교만휘브리스 ὕβρις을 보여주는 것 같다. 석유에서 시작하는 천연자원의 고갈은 자끄 엘륄의 경고의 부르짖음을 확증해준다. "유한한 세계에서는 무한한 성장이 있을 수 없다."12) 그러나 인간의 맹목성은 늘 같은 것 같다. 자끄 엘륄

---

9) 앞의 책, p.249-250.
10) 앞의 책, p.248.
11) 참조. Jean-Luc PORQUET, *op.cit.*
12) 엘륄, 1988a, p.122, 269.

의 알려주었듯이, 할 수 있는 것은 당연히 그렇게 되어야 한다.13) 핵폭탄을 만들었으면 그것을 사용할 수밖에 없다! 그리고 우리는 기술 자체가 일으키는 문제들을 미래에 새로운 기술 덕에 해결될 것이라는 순진한 기대에 의존하고 있다…. 이것은 핵폐기물 처리의 경우이다. 우리는 해결책을 찾는 것으로 끝날 것이라고 말하며 안심한다.14) 많은 예가 이처럼 기술에 의해 얻어진 자유는 사실상 자연적 필연성보다 더 큰 구속을 가진 필연성에 종속된다는 것을 보여준다. 또한, 기술이 주는 매력의 영향은 자끄 엘륄의 분석 이후에 계속 끊이지 않고 증가했다. 정보체계에 대한 열광 현상은 성스러운 것을 자신의 이익에 이용하려고, 모든 것을 비신성화 시키는 새로운 세속 종교가 되었다.15) 이 예만으로도 충분할 것이다. 자끄 엘륄의 예견대로 이 정보 혁명 때문에 매일 각 시민에게 퍼부어지는 정보의 홍수는 성장을 멈출 줄 모른다.16) 그가 "사회학적 선전"17)이라고 불렀던 것은 더 견고해졌다. 그렇다고 기술사회는 소외자의 무리와 기술 진보에 부적응자들을 양산하기를 멈춘 것이 아니라, 기술사회의 신기루에 의해서 그들을 종속시킨다.18)

그러나 자끄 엘륄은 정치의 침식 역류를 또한 공포한다.19) 이것은 종교의 야만적인 복귀,20) 우리 삶의 양식 위에 이미지의 정복,21) 테러리즘의 확산,22) 서구와 이슬람 세계 사이의 긴장23)으로 나타난다. 이것들을 오늘날 우리가 인정할 수밖에 없는 사실들이다. 이렇듯 이러한 현상은 당

---

13) 참조. 엘륄, 1977, p.125-128, 241-242, 참조. 엘륄, 서문, in André VITALIS op cit., p.ix.
14) 참조. 엘륄, 1977, p.232.
15) 참조. 엘륄, 1973, p.253-256.
16) 참조. 엘륄, 1988a, p.590-591. 참조. 엘륄 "서론", in André VITALIS, op cit., p. viii.
17) 참조. 엘륄, 1962, p.75-94.
18) 참조. 엘륄, 1992a.
19) 참조. 엘륄, 1965.
20) 참조. 엘륄, 1973.
21) 참조. 엘륄, 1981b.
22) 참조. 엘륄, 1988a. p.427-436.
23) 참조. 앞의 책, p.427-429, 엘륄; 1980a, p.166.

장 모든 사람이 확인할 수 있는 사실이고, 자끄 엘륄은 실제로 삼사십 년 전에 이미 사상의 대 운동의 흐름을 거슬러서 혼자 예견했던 것이다. 따라서 그의 저술들을 그것이 출현한 역사적, 정치적 그리고 이데올로기적 맥락 안에서 각 작품을 다시 조명하는 것이 중요하다. 바로 이 조건에서만 우리는 오늘날 평범해진 주제를 새롭고 명료하게 가늠할 수 있을 것이다. 또한, 자끄 엘륄은 자신이 마지막 저술들에서 다른 분석들과의 늦은 연결을 강조하면서 자신의 선견지명을 주장한다.24)

역시 엘륄의 어떤 예언들은 취약한 것으로 드러났다. 우리는 세 가지를 인용할 수 있을 것이다. 공산주의의 승리, 남아프리카 공화국 인종차별의 종식 이후의 혼란 그리고 1993년 이전에 프랑스 개혁교회의 소멸이 그것이다….

만일 1989년까지 자끄 엘륄이 공산주의에 대한 빛나는 미래를 예견했다면, 이것은 기술과학 연구에 필요한 투자가 점점 더 어려워지고 국가체제만이 그것을 떠맡을 수 있다는 것을 확인했기 때문이다.25) 1965년부터 그는 민주주의체제에서조차도 우익정부는 계획경제화, 국유화를 할 수밖에 없다고 주장했다.26) 미래에는 반대로 좌익정부가 사유화 정책으로 돌아서게 될 것이다. 오늘날 우리는 국가의 후퇴, 시장의 군림, 자신이 필요한 과학기술 연구조차도 스스로 수행할 수 있는 다국적 기업의 힘에 따른 규제의 철폐를 확인할 따름이다. 『정치적 환상』*L'illusion politique*의 재판 서문에서 보르도 대학 정치학 교수인 다니엘 꼼빠뇽Daniel Compagnon은 이 주제에 대해서 자끄 엘륄의 분석이 "신중치 못한"성격을 가졌다고 인정하면서도 엘륄의 예견이 틀렸다는 것을 인정하기를 거부한다. "정말 중요한 것은 오늘날과 같이 1970년과 1980년 사이에 일어난 종속이다. 즉

---

24) 참조. 엘륄, 1984b, p.162.
25) 참조. 엘륄, 1977, p.150.
26) 참조. 엘륄, 1965, p.73,338.

정치 경제학이 기술적 결정체들에 종속되는 경향이 그것이다.- 어제는 계획이었던 것이 오늘날은 시장이다."27) 또한 계획과 시장, 국유화와 사유화를 기술적 논리의 두 가지 면이라고 과감하게 연결하면서도 자끄 엘륄의 논리의 약점을 인정하는 것이 필요하다. 엘륄은 시장 자유화(세르즈 라뚜쉬Serge Latouche는 이를 '무른 전체주의'28)라 부른다)는 국가화 만큼이나 기술적 진보의 요구에 부응할 수 있었다.

두 번째 오류는 남아프리카 공화국과 관련한 예견의 오류이다.29) 자끄 엘륄은 처음부터 인종차별 체제를 절대로 옹호하지 않는다고 명확히 말한다.30) 그러나 "분리된 발달"의 정치 원리는 처음에 각 집단이 자신의 특성을 간직한 채로 발전하는 것을 허용했을 것이라고 또한 말한다. 사실 남아프리카 공화국의 아프리카인의 생활수준은 아프리카의 다른 지역에서보다 월등히 높다.31) 그가 말한 바로는 남아프리카 공화국은 서구에 대한 나쁜 의식, 자기를 채찍질하고, 참을 수 없는 다른 압제의 상황(티베트, 쿠르드, 하르키, 소련의 소수 민족)을 보지 못하게 하는 자기 자신에 대한 미움 때문에 절대 악의 화신인 속죄양으로 이용된다.32) 그리고 엘륄은 백인들이 물러나고 아프리카 민족회의ANC가 "테러리스트" 만델라의 지휘로 정권을 잡는다면 냉혹한 부족전쟁이 일어날 것과 공산 독재가 다시 일어날 것이라고 예견했었다.33) 자끄 엘륄은 1994년 5월 19일에 사망했고, 이것은 아프리카 민족회의ANC가 선거에서 승리한 한 달 뒤이다. 이

---

27) 앞의 책, p.17.
28) 참조, Serge LATOUCHE, "Raison technique, raison économique et raison politique. Ellul face à Marx et Toqueville", in : Patrick TROUDE-CHASTENET dir., Sur Jacques Ellul, Bordeaux, L' Esprit du temps,1994, p.103-113, p.110.
29) 참조, 엘륄, 1975b, p.14-15; 1980a, p.242-243; 1984b, p.140-141, 280; 1987b, p.81-82; 1988a, p.182-184, 429,660; 1988b, p.23; 1991a, p.152; 1992b, p.111; 1994, p.152-154.
30) 참조. 엘륄, 1975b, p.15.
31) 참조. 엘륄, 1980a, p.242-243; 1994, p.153.
32) 참조. 엘륄, 1975b p.14-15. 여기서 언급된 민족들은 사실 자끄 엘륄이 글을 썼던 시기에 잊혀진 것이었다. 그때 이후로 이들은 국제적인 공인의 혜택을 입었다.
33) 참조. 엘륄, 1992b, p.111 2007c, p.214-216.

는 그의 예견이 실속 없었음을 보여주었다.

마지막으로, 자끄 엘륄은 1983년에 10년 안에 프랑스 개혁교회가 와해 될 것을 공포했었다…. 34) 지역 대회의 전야에 그는 「개혁지Réforme」에 "거슬리는 제안"을 두려움 없이 내보낸다. "제도를 없애라!"35) 엘륄이 보기에는 개혁교회는 과다한 제도가 되었다. 거기서는 영적인 삶은 제쳐놓고 구조적, 재정적 문제만을 다룰 따름이다. 자끄 엘륄은 다음의 말로 자신을 스스로 정당화한다. "나는 이 제안이 대다수에게 거슬리는 것임을 안다. 그러나 나로서는, 이렇게 가다가는 십 년 안에 프랑스 개혁교회의 생명은 사라질 것으로 생각한다. 유일한 탈출구는, 신자들이 신앙의 목적을 빗나가게 하는 형식과 이름보다 교구로, 공동체로, 관심을 공유한 집단으로 돌아가는 것이다. 이것이 하나님 말씀을 선포하는 목사를 살아나게 하는 것이다. 나는 1937년과 이후 삼십 년 동안에 이루어진 것을 비난하는 것이 결코 아니다. 나는 단지 교회의 생활에서 모든 다른 삶처럼 모일 때가 있으면 헤어질 때가 있다고 생각할 따름이다"36) 대중 교회Eglise multitudinistes의 중단 없는 쇠퇴와, 오순절 교회가 엄청난 성장에도, 자끄 엘륄의 예언은 당시 확인되지 않았다. 이것은 단지 시기를 잘못 계산한 것인가? 아니면 정기적으로 불운의 선지자인 카산드라로 불린 저자의 도발적인 의도가 문제인가?

c) 예언인가 명철함인가?

용어 규정을 염려해서, 자끄 엘륄은 "예언자"라는 표제를 거부한다. 예언자는 미래를 예언하는 점쟁이가 아니다. 예언자는 사람들에게 그들이 행동을 바꾸지 않으면 그들 자신이 준비하는 재앙을 공포한다. 그리고

---

34) 참조. *Réforme, op.cit.*, p.39.
35) 앞의 책,
36) 앞의 책,

예언이 '성공하는 것은' 요나의 경우에서 볼 수 있듯이 공포된 사건이 실제로 일어나지 않는 정도에 따른다.37) 예언자란 역사적 상황에서 하나님의 말씀을 가진 자이다. 이것은 자끄 엘륄이 한 일이 아니다.38) 따라서 그는 하나의 선지자라기보다는 명철한 현실주의자로 자신을 소개한다. "나는 현실을 본다. 그리고 이 현실 속에서 지배적인 사실, 미래의 경향을 구별해 내고, 그것으로부터 결과를 도출해 낸다.39) 따라서 그의 관점은 현재의 경향을 분석하고 추이를 따라가는 데 있다. 더 정확히 말해서 자끄 엘륄은 경고를 하려고, 불의의 위험으로 찾아올 수 있는 것에 반응하며 그것을 피하려고 글을 쓴다. 그러나 "그것은 내가 말한 대로 일어났지만, 내가 원하는 대로 일어나지는 않았다! 나는 이상하게 보이는 이 상황에서 다음 사건들이 틀리다는 것을 입증하려고 연구하는 사람처럼 생각되었다. 옳았었다는 것은 나에게 실패의 증거만을 남겨주었다."40) 하지만 전적 실패는 아니었다. ""나는 내가 생각했던 것을 말했고 이것은 호응을 얻지 못했다. 아마도 나는 그것을 잘못 말했었다. 그러나 더 중요한 것은 실패는 나로 하여금 가끔 예수 그리스도를 증거 하도록 했었다. 아마도 말과 글을 통해서, 한 인간은 유일하신 이 주님을 만났다. 이 하나님 앞에서는 모든 인간의 계획이 어린애의 장난에 불과해진다. 그럼, 만일 이런 일이 일어난다면 나는 흡족해할 것이고, 이 순간 하나님께 영광을 돌린다."41)

---

37) 참조. 엘륄, 1987c, p.158-159.
38) 참조. 엘륄, 1994, p.165-167. 자끄 엘륄에 관해서 예언자적 담론과 종말론적 담론 사이에 긴장을 설정하는 것이 유용하다. 아마도 엘륄은 이 두 수식어를 거부할 것이다. 왜냐하면, 그는 여기서 현재 통용되는 의미보다는 성서에 따른, 어원적 의미를 연상할 것이다.
39) 엘륄, 1981a, p.193.
40) 앞의 책, p.69.
41) 앞의 책, p.205

2부 엘륄 다시 읽기

2부 엘륄 다시 읽기

A. 사상의 원천

자끄 엘륄은 자신이 세 명의 저자에게 지적인 빚을 지고 있다고 명시적으로 인정하고 있다. 그는 이 저자들의 책을 모두 읽었고 그의 사상은 이 원천에 물들어 있다고 단정적으로 말한다. 이 세 사상가는 쇠렌 키에르케고르1813-1855, 칼 마르크스1818-1883 그리고 칼 바르트1886-1968이다. 우리는 연이어 각 저자의 고유한 특색이 어떤 방식으로 엘륄에게 영향을 미쳤는지 살펴볼 것이다. 키에르케고르는 엘륄 사상에 근본적인 영감을 준다. 이 사상가는 자끄 엘륄 사상의 방법론적인 원칙을 결정하기 때문에, 모든 분석의 영역과 관련을 맺고 있다. 칼 마르크스는 엘륄 저술의 사회학적 측면을 물들이고 있다. 그리고 마지막으로 바르트는 신학적이고 윤리적인 측면에 영향을 주고 있다.

I. 키에르케고르의 독자 엘륄- 사상의 원천

자끄 엘륄이 빚을 지고 있다고 인정한 세 사람 중에서, 가장 강력하게 자신 사상에 영감을 주고, 가장 풍부한 영감의 원천으로서 그가 가장 중요하게 빚을 진 사상가는 바로 쇠렌 키에르케고르이다. 그리고 쇠렌 키에르케고르의 계승자 중에서, 자끄 엘륄은 그 스승의 사상에 가장 충실하지만 동시에 가장 잘 알려지지 않은 제자인 것 같다. 프랑스에서의 키에르케고르의 수용사를 철저하게 연구한 엘렌 뽈리티Hélène Politis조차도 그의 연구서1)에서 넬리 비알라네Nelly Viallaneix의 『들음, 키에르케고르. 말의 전달에 관한 소고』*Ecoute, Kierkegaard. Essai sur la communication de la parole*, 2)에 관한 주석에서 매우 부수적으로 엘륄이 서문을 썼다는 사실만 언급하고 있다.3) 베르나르드 엘러Vernard Eller만이 자끄 엘륄에 관한 공동 저작에 기고한 글에서 두 저자를 접근시키고 있다.4) 이 연구는 1981년에 중단되었는데, 자끄 엘륄의 마지막 시기의 저작들이 나오기 전이다. 이 저작 중에 눈에 띄는 것들은 『의심을 거친 신앙』5), 영어 번역본은 1983년에 나왔다.6), 『뒤틀려진 기독교』7) 그리고 키에르케고르적 어조가 가장 강하게 나타나는 작품인 『존재의 이유』*La raison d'être*,8)가 있다.

전기적, 서지적 자료를 조사해 보면 키에르케고르와 엘륄의 저술 사이의 대조 속에서 첫 번째 역설을 찾아내게 된다. 이는 그들의 지적 여정이 같은 방향의 탐색이라기보다는 서로 엇갈려 있음을 보여준다. 만일 자끄 엘륄이 사실 프랑스에서 주변으로 밀려나, 그 생전에 미국에서 인정을 받았지만, 오늘날은 그 자신의 나라에서 사후에 빛을 보게 된 인물이라면, 키에르케고르는 반대로 그의 시대에 덴마크 영토 안에서만 명성을 얻었지만, 현재는 외국에서 특히 프랑스와 미국에서 더욱 많이 읽히고 연구되

---

1) 참조. Hélène POLITIS, *Kierkegaard en France au XXe siècle: archéologie d'une réception*, Paris, Editions Kimé, 2005.
2) 참조. Nelly VIALLANEIX, *Ecoute Kierkegaard. Essai sur la communication de la parole*, 2 tomes, Paris, Le Cerf. 1979.
3) 참조. Hélène POLITIS, *op.cit*., p.245, n.21.
4) 참조. Vernard ELLER, "Ellul and Kierkegaard: closer than brothers", in: Clifford G. CHRISTIANS et Jay M. VAN HOOK éd., *Jacques Ellul: interpretative essay*, University of Illinois Press, Urbana-Chicago-London, 1981, p.52-66.
5) 참조. 엘륄, 1980a.
6) 참조. 엘륄, *Living Faith: belief and doubt in a perilous world*, San Francisco, Harper and Row, 1983.
7) 참조. 엘륄, 1984a.
8) 참조. 엘륄, 1987c.

고 있다.

그들의 전기를 비교하여 뽑아낸 이 유일한 교차 되는 사실을 제외하고는, 그들의 삶에서 별로 이렇다 할 비교 사항을 찾기가 어렵다. 자끄 엘륄 1912-1994는 쇠렌 키에르케고르1813-1855보다 두 배나 더 살았다. 그는 보르도 대학의 법학과 정치 연구소에서 제도사를 가르치는 교수였다. 반면, 키에르케고르는 교수나 목사 신분으로서의 공무원의 자격을 거절했다. 엘륄은 가정을 이루었지만, 키에르케고르는 잘 알려졌듯이 레기나 올젠 Regina Olsen과 헤어진 이후로 독신으로 살았다. 그리고 만일 둘 다 각자의 교회가 빗나가는 것에 강렬하게 들고 일어섰지만, 자끄 엘륄은 20년 정도나 프랑스 개혁 교회의 전국 대회와 전국 위원회의 위원직을 받아들였지만, 키에르케고르는 덴마크의 루터교 안에서 모든 공적 직책을 거절한다. 따라서 전기적 사실들은 이 두 사람을 대조시키고 있다. 그들의 지적인 친화성만이 순전하게 뽑아진다. 그리고 우리의 관심은 여기에 있다.[9]

a) 사상적 빚

자끄 엘륄은 1930년 그가 18살 때 바로 그가 기독교 신앙으로 개종한 지 1년 후에 키에르케고르를 발견한다. 그리고 또한 그때 칼 마르크스의 저술을 막 접한 때였다. 그러나 『자본론』Le Capital이 그에게 처음으로 세상에 대한 총체적인 해석을 제공해 주었다면, 덴마크 사상가에게서는 자신의 형제보다도 더 가까운 진정한 영적 "형제"를 발견한다. 그에게 그는 진정으로 "동감"을 표명한다.[10] 키에르케고르는 사실 다른 저자들과 대조적으로 우뚝 선 인물이다. "모든 철학자는 나에게 항상 현실과 동떨어

---

[9] 자끄 엘륄이 실제로 키에르케고르의 개인사, 특히 많은 전기작가와 정신 분석가들을 열광시켰던 레기나 올젠과의 관계를 자세하게 환기시키지 않는 것은, 엘륄이 이 예를 주체의 자아의식을 고려하지 않는, 특히 예수 그리스도와의 관계성을 빼놓는 정신분석학적 견해를 불신하는 데 이용하고 있다는 것은 시사하는 바가 있다.
[10] 저자는 Vernard Eller의 표현을 여기서 사용한다. 참조. Vernard ELLER, *op cit.*, p. 52.

진 것처럼 보였다. 그들은 오로지 그들의 머릿속에만 사는 사람들이었다…. 키에르케고르는 나의 존재를 향해서 말하기 때문에 나를 사로잡았다. 갑자기 나는 순전히 지적인 기능과 삶에 통합된 사유 사이에 거리가 있다는 것을 깨달았다. 나는 키에르케고르에게 열광했고, 그를 내 평생 마음에 담아두었다."11)

코펜하겐의 사상가에게서 자끄 엘륄은 매료당했던 첫 번째 점은 그의 신앙의 급진성이다. 다시 말해, 그는 그리스도를 무조건 따른다는 목표로 세상과의 타협과 모든 순응주의와의 타협을 거절한 것이다. 왜냐하면, 보르도 사람—엘륄을 가리킨다—옮긴이 주처럼 이 덴마크인에게서는 인간의 행동과 하나님의 나라 사이에는 어떤 연속성도 없기 때문이다. 키에르케고르를 본보기로 삼아서 자끄 엘륄은 거칠게 사회의 가치에 대해 저항한다. 그 가치는 기술, 정치, 경제 그리고 그가 말한 바로는 하나님의 의지가 아닌 인간의 신성화인 종교마저도 관련된다. 종교가 아니라, 어떤 안전장치도 없이 절대자에게 몸을 던지는 것으로 이해하는 믿음의 비약이 부조리를 탈출하는 유일한 해결책이다. "그 덕분에 나는 진정한 절망이라는 것이 무엇인지 이해하지 못했다는 것을 알게 되었다."12)라고 엘륄은 증언한다. 키에르케고르에게 있어서는 각 개인이 유일한 존재이고, 이 존재의 절대적이고 유일한 성격은 그의 하나님과 누리는 특별하고, 환원될 수 없는 그리고 지울 수 없는 관계에서 기인한다. 자끄 엘륄은 마찬가지로 전적 타자이고 "무제약자l'Inconditionné"13)인 동시에 전적으로 가까이 계셔서 인간의 삶 속에서 동행하시는 키에르케고르의 하나님의 표상을 받아들인다. 마지막으로, 그는 예수 그리스도의 원래 메시지를 왜곡하는 그의 비판에 영감을 받는다. 이 마지막 점이 특별히 『뒤틀려진 기독교』에 분명하

---

11) 엘륄, 1994, p.89-90.
12) 앞의 책, p.14.
13) 앞의 책, p.178. 참조. 엘륄, 1987c, p.202,204; 1991a, p.58.

게 나타난다.

넬리 비알라네¡Nelly Viallaneix가 키에르케고르 연구에 바친 무게 있는 연구서의 서문에서, 자끄 엘륄은 덴마크 사상가가 그에게 시사해주는 바를 드러내고 있다. "감정을 유발하거나 모범이 되는 것은 그의 사상이 아니다. 그것은 '그 사상 속에 있는 그 사람'이다. 그것은 그의 전기도 그의 행동도 아니다. 그는 행위를 본받아야 하는 한 성인이 아니다. 또한, 그는 자신의 저술이 일정한 문구로 축소되고, 관념주의자, 포스트 헤겔주의자, 실존주의자, 변증론자, 끄세즈Que sais-je?「나는 무엇을 아는가?」라는 뜻의 프랑스의 끄세즈 문고시리즈. 여기서는 키에르케고르가 이런 종류의 책의 저자로 한정되는 것을 거부한다는 뜻―옮긴이주라는 딱지를 붙이고 적절한 격식을 갖추어서 박물관에 진열되는 한 철학자가 아니다. 그는 살아서 생동감 있게 사고했고 매우 엄격하게 그 독자에게 말하려는 사상을 전혀 다르게 몸으로 살았다(그는 어쨌든 간에 나를 상대로 말하였다). 그는 나의 전 인격을 불러내었고 그 아무것도 남겨두지 않았다. 평상시 내 독서에서 사고의 비판적 메커니즘이 즉시 발동한다. 나는 '그래요, 하지만'이라고 대답하도록 촉구된다. 나에게 가장 큰 영향을 준 저작들은 내가 반응을 하면서 생각하도록 하게 하였다. 나는 결코 한 가지 체계에 매달리지 않았다. 바르트에 대해서 나는 항상 비판적 거리를 두었다. 키에르케고르와 나의 관계는 비할 데가 없다. 그에게서 나는 단지 듣는 처지에서만 선다. 나는 모방하려 하지도, 방법이나 개념을 적용하려고 하지 않는다. 나는 사고, 모순, 요구 그리고 생과 죽음 앞에 서도록 비춰주는 거울에 의해서 나 자신으로 다시 돌아간다. 나 자신으로 돌아가지만, 이런저런 텍스트를 읽기 전의 나 자신과 훨씬 유사한 나 자신이다. 나는 꼼짝달싹 못한 채로, 모든 핑계를 거부당한 채 듣기만 할 뿐이다. 나는 들을 뿐이다. 나는 키에르케고르의 사상과 토론하지 않는다. 하지만, 나는 대답해야만 하고, 키에르케고르와는 다른 사람에게 응답해야 한다."14)

이처럼만일 자끄 엘륄이 그가 성인이 되고 나서 첫 몇 년간 깔뱅에게서 강한 인상을 받았지만, 그는 바르트, 그리고 특히 키에르케고르에게 접근하게 되면서 깔뱅으로부터 멀어진 것이다.15) 그는 바르트가 키에르케고르주의자였을 때, 즉 그의 『로마서 주석』 *Commentaire de l'Epître aux Romains* 16)의 제2판의 서문을 쓸 때는 바르트주의자였다. 하지만, 바르트가 그의 조직신학자로서의 시기에 특히 교회 교의학의 마지막 권들에서 가면을 벗고 "인본주의적", "정치적" 선회를 한 후에 엘륄은 키에르케고르와 바르트를 대립시키다. 이렇게 해서 자끄 엘륄은 여러 번 깔뱅17)이나 바르트18)보다 키에르케고르에게 더욱 큰 영향을 받았다고 말할 수 있다. 사실상 엘륄의 58권의 단행본과 1,000편이 넘는 논문, 페이지 수로 약 13,000페이지에 달하는 전체 저술을 종합해서 볼 때 인용이나 출전을 명시적으로 밝히지 않았을 때도, 키에르케고르의 사상을 암시적으로 보여주는 부분은 흔히 발견된다. 서구에서의 자아에 대한 미움, 특히 키에르케고르의 관심의 중심에서 분명 멀리 떨어진 주제인 제3세계 환경에서 자아에 대한 미움을 주제로 한 책에서조차도, 시대착오임이 분명하지만, 덴마크 사상가에게서 "무죄지만 유죄 coupable non coupable"라는 유명한 표현을 빌려 한 장의 표제로 삼는다.19) 덴마크 사상가가 보르도 교수의 글에서 곳곳에 존재하기 때문에 그의 존재가 오히려 독자에게 쉽게 발견되지 않는다.

b) 저술의 건축물

키에르케고르의 문학적 생산의 변증법적 동인은 잘 알려졌다. 그는 소

---

14) Nelly VIALLANEIX, *Ecoute, Kierkegaard, op.cit.*, tome 1, p.II-III.
15) 참조. 엘륄, 1981, p.20.
16) 참조. KB, *L'Epître aux Romains*, Genève, Labor et Fides, 1972, p.17.
17) 참조. 엘륄, 1994, p.82.
18) 참조. Vernard ELLER, *op.cit.*, p.55.
19) 참조. 엘륄, 1975b, p; SK, "Stade sur le chemin de la vie", *OC IX*, Paris, Editions de l'Orante, 1978, p.171.

설적 작품과 철학적 사색을 여러 가지 익명으로, 종교적 교훈을 자신 본인의 이름으로 출판한다.『나의 저술에 대한 설명적 관점』Point de vue explicatif de mon oeuvre d'écrivain에서, 그는 독자들에게 "미학적" 작품과 "종교적" 글을 동시에 읽으라고 권면하였고, 대중들은 미학적 작품에는 열광하지만, 종교적 내용에는 불만을 표시한다고 밝힌다. "왼손에서는 세상에 대안을, 오른손으로부터는 교훈적인 두 가지 이야기를 제공한다. 그러나 오른손은 왼손으로 향하고 있다."20) 교훈적인 글들은 따라서 미학적 작품에 종지부를 찍는 종교적 후렴구와 같아 보인다. 이는 곰곰이 숙고한 전략으로서(결국, 별로 효과가 없지만) 낚싯바늘에 걸린 미끼처럼 미학적 작품을 통해서 종교적 작품으로 이끌어 내려는 것이었다.

우리가 살펴본 대로, 자끄 엘륄 자신도 역시 변증법적 방식으로 자신이 설정한 그의 작품의 두 가지 측면 사이의 관계를 설명한다.21) 즉, 한편으로 다양한 차원이 존재하는 현대사회를 기술하는 사회학적 저술과 (기술, 정치, 선전, 예술…) 다른 한 편으로 구약과 신약의 몇 권의 책에 쏟은 연구와 신학적 또는 윤리적 반성(창세기, 열왕기 하, 전도서, 요나서, 복음서, 계시록) 그리고 그리스도인의 삶을 주제로 한 다양한 주제의 책이다(기도, 자유, 소망, 돈, 폭력…). 이는 뒤의 책들이 앞의 책들에 대한 응답이거나 해결책임을 의미하지 않고, 그것들이 사회학적 문제에 대한 신학적 대위점임을 의미한다. 이런 식으로 『하나님의 책략과 인간의 책략』22)이 『정치적 환상』23)과 변증법적 긴장 사이에 놓이고, 『자유의 윤리』24)가 『기술 세기의 도박』25)과, 『잊혀진 소망』26)이 『기술체계』27)사이

---

20) SK, "Point de vue explicatif de mon oeuvre d' écrivain", *OC XVI, op cit.,* p.14.
21) 참조, 엘륄, 1981a, p.67-68, 161-162.
22) 참조. 엘륄, 1966a.
23) 참조. 엘륄, 1965.
24) 참조. 엘륄, 1975a.
25) 참조. 엘륄, 1954a.
26) 참조. 엘륄, 1972b.

에 긴장이 세워진다. 현대인을 짓누르는 규정과 조건화를 여과 없이 다루는 사회학이지만, 그럼에도 기독교인은 믿음과 자유롭다는 확신으로 말미암아 절망적인 허무주의를 벗어난다. 바로 이것이 자끄 엘륄이 자신은 책들을 쓰고 있다고 생각하지 않고 각각의 책이 한 장이 되는 단 하나의 책을 쓰고 있다고 생각하는 이유이다.[28] 그의 저술의 두 부분은 "변증법적 운동 안에서 서로 대응되는데, 소망은 그 변증법의 급변점과 출구점"[29]이 된다. 그리고 그는 "만일 당신이 신학적 측면만을 고려한다면, 당신은 구체적인 요소를 빼놓게 된다. 만일 당신이 사회-정치적인 차원에만 관심을 둔다면, 당신은 계속해서 대답과 출구가 없는 상황에 빠질 것이다."[30] 따라서 자끄 엘륄은 하나의 전체를 형성하는 자신의 작품의 통일성을 변호한다. 다시 말해서, 그의 사회학적 분석은 "인간을 스스로 일깨우기"[31] 위해서 필요한 전제들이다. 그리고 그것들은 근본적인 절망에 이르지 않을 것이다. 왜냐하면, 그것들은 하나님의 사랑과 하나님 나라의 소망의 시각 아래서 놓여 있기 때문이다.[32] 그리고 자끄 엘륄은 다음과 같이 자기 자신의 설명의 관점을 마무리한다. "나는 전 역사 가운데 인간과 동행하는 하나님을 확신하는 가운데 출구 없는 세상을 묘사하고 있다."[33]

c) 작품의 궁극적 목적

자끄 엘륄은 자신의 책 프로그램을 구성하고 정당화하기 위해서뿐 아니라 자신의 철학적 야심을 변명하기 위해서 키에르케고르에게 영감을

---

27) 참조. 엘륄, 1977.
28) 참조. 엘륄, 1994, p.40, 141.
29) 앞의 책, p.41.
30) 앞의 책, p.40.
31) 엘륄, 1992b, p.144.
32) 참조. 앞의 책, p.26-29.
33) 엘륄, 1994. p.40. 자끄 엘륄은 역시 키에르케고르의 설명적 관점을 자신의 작품을 충만히 채우는 책으로 그 탁월성을 옹호하고 있다. 참조. 엘륄, 1992b, p.48.

받는다. 바로 이렇게 해서 그는 마르크스, 니체, 그리고 프로이트 세 명의 "의심의 대가"34)들을 상대하려 한다. 그는 직설적으로 그들을 "세 명의 인류의 가장 큰 악당"35)으로 규정한다. 이는 키에르케고르가 헤겔을 생각하는 방식과 마찬가지다. 다시 말해, 끊임없이 그들의 저술들의 해로운 영향과 싸우는 것이다. 더는 그 어느 것도, 그 누구도 믿을 수 없는 의심의 지배를 확립하면서, 이 세 저자는 실제로 모든 이상을 허물었다. 따라서 모든 소망도 무너뜨렸다. 왜냐하면, "의심이 지배하는 곳에서는 어떤 소망도 없기 때문이다."36) "그들은 우리를 완전히 도취시켰다."37) 그 규모는 막대하다. 왜냐하면, 그들의 까다로운 사상이 문학과 영화를 대변인으로 삼아 공공의 영역으로 전달되기 때문이다. 그들의 기만은 그들 자신이 "의심할 수 없게"38) 되었기 때문에 더욱 참담하다. 그들 때문에, 20세기는 사기, 경멸, 조소, 조소당하는 희망, 이상의 왜곡, 조롱, 그리고 인간의 인간에 대한 부정의 시기가 되었다. 자끄 엘륄은 단언하기를 이는

"우리가 만일 소망을 다시 찾고자 한다면 지적, 영적, 사회적 차원에서 진정한 탈주술화脫呪術化 실행해야 하고, 마법의 동굴에서 벗어나야만 한다. 태양과 덕의 진실성을 다시 찾아야 한다. 키에르케고르가 헤겔의 신화에 대해 행했던 작업을 그들에 대해서 해야 할 것이다. 왜냐하면, 헤겔을 비신화화 하고, 변증법을 분쇄한 사람이 마르크스가 아니라 키에르케고르이고, 헤겔을 초월하여 인간을 복권한 사람이 마르크스가 아니고 키에르케고르였다는 사실을 잊지 말아야 하기 때문이다. 마르크스는 인간을 헤겔의 영역에 더욱 가두어 놓았고, 자유라고 불리는 국가의

---

34) 이 수식어는 뽈 리꾀르에게서 빌려 온 것이다. 참조. Paul Ricoeur, *De l'interprétation. Essai sur Freud*, Paris, Le Seuil(coll. Points essais), 1965, p.42-46; *Le conflit des interprétations. Essai d'herméneutique*, Paris, Le Seuil (coll. L'ordre philosophique),1969, p.148-151.
35) 엘륄, 1972b, p.59.
36) 앞의 책, p.58.
37) 앞의 책, p.59.
38) 엘륄, 1973, p.107.

운명에 경제의 운명을 덧붙였다. 키에르케고르가 한 일을 우리는 다시 할 수 있어야 할 것이다."39)

자끄 엘륄은 키에르케고르에게서 19세기에서 20세기로 옮겨가며 새로운 적을 상대할 논쟁적 입지의 모델만을 발견하지 않았다. 그는 그에게서 역시 그에게서 절대적인 참고서, 영감의 근원 그리고 논증의 창고의 역할을 하는 성서라는 원천을 빌려온다. 왜냐하면, 키에르케고르는 "엄격하게 예수 그리스도만을 가리키며" 자신의 구원을 향한 몸짓이 완성되었기 때문이다. "다시 말해서 그가 시도했던 지적인 작업의 실체를 자신보다 더욱 강력한 행동의 자유로 들어 올릴 때에만 구원은 가능하다는 것이다. 모든 것은 거기에 달렸다."40) 이러한 맥락에서 자끄 엘륄은 "그리스도안에서 자유롭다"41)고 믿는 사람은 의심에 대해 자유롭다고 생각한다. 그리고 마르크스, 니체, 그리고 프로이트가 가르친 사실을 거절하고 그때부터 타인을 신뢰 속에서 받아들일 준비가 되게 된다. "이것이 바로 자유의 행위이다."42) 현실적으로 우리가 앞으로 보게 되겠지만 자끄 엘륄이 마르크스의 저작을 다루는 방식은 키에르케고르가 헤겔을 다루는 방식과 다르다. 헤겔의 영향에서 벗어나고 나서 키에르케고르는 전면적 거부의 입장을 취했지만, 엘륄은 선택적 수용의 방식을 택한다. 덴마크의 사상가가 보여주었던 과감성과 결연함은 자끄 엘륄의 저작의 방향성에서는 덜 결정적이다.

d) 변증법

두 저자에 있어 변증법은 단지 그들의 작품의 두 가지 측면을 다루고 설명하는 방식일 뿐 아니라, 역시 그들의 사고방식의 공통된 기초이다.

---

39) 엘륄, 1972b, p.59.
40) 앞의 책,
41) 엘륄, 1975a, tome 1, p.243.
42) 앞의 책,

베르나르드 엘러Vernard Eller가 분명하게 보여주었듯이43), 쇠렌 키에르케고르와 자끄 엘륄은 지적인 변증법이 아니라, 체계화할 수 없는 구체적 실존적 변증법을 전개함에서 서로 일치한다. 키에르케고르의 작품에는, 『철학적 단편에 비과학적인 해설을 덧붙여 끝내기』*Post scriptum définitif et non scientifique aux Miettes philosophiques*, 44)가 가장 좋은 예이다. 왜냐하면, "문제는 기독교의 진리가 아니라, 개인과 기독교의 관계이다"45) 이 문제는 객관적이고 보편적인 하나의 체계 안에서 형식화될 수 없다. 그것은 내면성, 즉 "주관성의 최고의 열정"46)과 관계된다. 주체의 내면성만이 체계적인 이성이 설명할 수 없는 역설을 견디어 낼 수 있다. 종교성(역설적인)의 변증법은 "사고에 제공된 임무가 아니기"47) 때문이다. 기독교는 사실 교의가 아니라 지적 작용을 거부하는 실존적 소통이다. "정작 어려운 것은 기독교가 무엇인가 하는 것을 이해하는 것이 아니고, 기독교인이 되는 것이다"48)

자끄 엘륄은 키에르케고르가 이 점에 대해 취한 입장에 분명히 동조하고 있다. "나는 내 사상을 이론의 형태로나 조직적인 형태로 제시하기를 거부한다. 나는 폐쇄된 변증법이 아닌 열린 변증법을 실행한다. 그리고 전체의 해결책을 제공하고, 문제에 대한 답변을 주고, 미래를 위한 이론적 출구를 제시하는 것을 삼간다. 만약 내가 그렇게 했다면, 나는 나 역시 기술의 전체화에 공헌했을 것이다."49) 그는 또한 사르트르의 실존주의를 통해서 키에르케고르의 사상이 체계화되는 것에 대항한다.50) 키에르케

---

43) 참조. Vernard ELLER, op.cit., p.54-56.
44) 참조. SK, "*Post scriptum définitif et non scientifique aux Miettes philosophiques*", OC X-XI, Paris, Edition de l'Orante, 1977.
45) 앞의 책, vol.1, p.14.
46) 앞의 책, p.124.
47) 앞의 책, vol.2, p.241.
48) 앞의 책, p.242.
49) 엘륄, 1977, p.210.
50) 참조. 엘륄, 1964a, p.97; 1984a, p.20.

고르의 저술이 수용되는 것에 대한 그의 반응은 변증법을 체계로 변질시키는 사람들에 대해 엄격한 비판을 가하는 것으로 나타난다. 다른 가정에서 출발하여(키에르케고르에게 있어서 이성을 십자가에 못 박고자 하는 열망, 엘륄에게는 기술 체계에 금을 가게 하고 싶은 의지) 두 저자는 같은 변증법적 입장을 취한다. 즉 종합이 실현될 수 없는 두 극 사이의 긴장의 설정이다. 이런저런 경우에서 성서의 계시와 근대 세계의 관계는 화해가 아닌 대립에 속한다.

e) 성서

자끄 엘륄의 변증법은 키에르케고르를 따라서 성서에 그 토대를 두고 있다. 그의 윤리적 저술의 서문에서 그는 이처럼 쓰고 있다. "내 사상의 기준은 성서의 계시이다. 내 사상의 내용은 성서의 계시이다. 성서의 계시는 나의 출발점이 되었다. 방법은 변증법이다. 이것에 따라서 성서의 계시는 우리에게 계시가 된다. 목표는 성서의 계시가 윤리에 대해 갖는 의미를 찾는 것이다."[51] 이러한 단호한 성서 중심주의는 성서가 유일한 규범이 되는 키에르케고르의 다양한 교훈적인 글과 공명하고 있다.

성서를 읽는 방식과 관련해서, 자끄 엘륄은 처음부터[52] 아브라함에 대한 키에르케고르의 영적인 묵상을 구조적 해석이나 과학적 해석보다 선호한다고 분명히 말한다.[53] 그는 구조적 방법론이나 과학적 방법론이 잘못되었다거나 헛되다고 생각하지는 않는다. 왜냐하면, 그것들은 아마도 과학적 활동을 위해 정확하거나 유용하기 때문이다. "하지만 그것들은 최종적인 목적을 위해 나아가게 하지는 못한다. 이러한 것들은 정확성에는 도움이 될지는 모르지만 진리에 대해서는 아무것도 말해주지 않는

---

51) 엘륄, 1964b, p.7.
52) 참조. 엘륄, 1975c, p.17.
53) 참조. SK, "Crainte et tremblement", *OC V*, Paris, Editions de l' Orante, 1972, p.97-209.

다. 그리고 그 진리를 엿볼 수는 있어도 그것을 숨겨 버린다. 반면 키에르케고르의 반복répétition, 54)은 실재에 대한 과학에 기반을 두지 않고 나 자신을 거부하지 않은 채로, 내가 거부할 수 있는 것 앞에 나를 놓아둔다." 55) 자끄 엘륄은 여기서 "진리"와 "실재"를 대립시키고, 이 양극 사이의 긴장을 키에르케고르의 교훈적 글과 현대의 주석적 연구 사이를 나누는 거리와 연결한다. 사실상 키에르케고르적 스타일은 자끄 엘륄에게서 다시 발견된다. 엘륄은 덧붙여 말하기를 덴마크의 사상가는 그가 "성서를 급진적으로 읽도록 인도해 주었다."56)

키에르케고르적인 냄새가 가장 깊게 반복적으로 드러나는 책은 전도서를 연구한 『존재의 이유』57)에서다. 머리말은 『철학적 단편에 비과학적인 해설을 덧붙여 끝내기』58)를 슬쩍 본 따 "예비적, 논쟁적 그리고 부연적 설명 추가Post-scriptum liminaire, polemique et contingent"59)라고 이름이 붙여졌다. 그러나 자끄 엘륄이 전도서를 외로운 묵상의 책이라고 소개한 것에서 키에르케고르는 분명하게 나타난다. 이것이 "대표적으로 고독한 두 사람"60) 토마스 아 켐피스Thomas à Kempis와 키에르케고르가 그의 기반이 된 이유이다. 키에르케고르는 암시적으로 이 책 전체를 통해서 나타난다. 또한, 자끄 엘륄이 전도서 텍스트의 분명한 내적 모순을 풀고자 참조하는 것은 바로 키에르케고르이다.61) 성서는 여러 사람의 저자에 의해 쓰인 것

---

54) 참조. SK, "La répétition", *OC V, op.cit.*, p.1-96.
55) 엘륄, 1975c, p.17. 따라서 실뱅 뒤장꾸(Sylvain Dujancourt)는 논리적으로 이 책을 "키에르케고르에 대한 영적 묵상"이라고 규정한다.(Sylvain DUJANCOURT, "Actualité éditoriale de Jacques Ellul", in Patrick TROUDE-CHASTENET dir., "L' économie", Cahiers Jacques Ellul, n°3, Association Internationale Jacques Ellul, Le Bouscat, l'Esprit du Temps, 2005, p.217)
56) 엘륄, 1981a, p.55.
57) 참조. 엘륄, 1987c.
58) 참조. SK, "*Post-scriptum définitif et non scientifique aux Miettes philosophiques*", *OC X-XI*, op.cit.
59) 참조. 엘륄, 1987c. p.7.9.
60) 엘륄, 엘륄, 1987c, p.22.
61) 참조. 특히 51페이지의 인용구("디아스팔마타"의 인용: 참조. SK, "L'Alternative-première partie", *OC III*, Editions de l'Orante, 1970, p.33-34), 페이지 152-237쪽의 긴 인용(Post-scriptum: 참조. SK, "Post-scriptum définitif et non scientifique aux Miettes philosophiques", *OC XI*, op.cit., p.161-162), 페이지

이다. 왜냐하면, 『유혹자의 일기』*Le journal du séducteur*와 『그리스도교의 학교』*L'école du christianisme* 도 단 한 사람에 의해 쓰였기 때문이다.62) 마찬가지로 전도자와 솔로몬은 클리마쿠스와 안티클리마쿠스63)의 이미지에서처럼 두 익명으로 간주할 수 있다. 키에르케고르는 다음과 같이 그 생각을 정당화한다. "첫 익명들은 교훈적인 저자의 내부적 측면에 있고, 새로운 익명은 더 고양된 질서에 속한다."64) 따라서 키에르케고르의 작품 내용 못지않게 문학적 전략 자체도 과학적 주석의 가치를 폄하하기 위해 동원된다. 키에르케고르에서처럼 전도서의 저자에게서 엘륄이 발견한 익명에 의지하는 방식이 다른 곳에도 많이 비슷하게 나타난다. 키에르케고르의 변증법이 전도서에서 엘륄이 변증법을 분별해내도록 해 준 것처럼 보인다. 이것은 수많은 주석가의 눈에 보이지 않았지만 엘륄에게는 독서의 열쇠를 제공해 주었다. 전도서의 구조는 여러 저자에게서 나온 뒤섞인 작품으로 언뜻 보기에는 이루어진 것으로 보이지만 사실은 헛됨과 지혜의 양극 사이의 변증법적 긴장을 말하고 있다. 다시 말해 지혜 자체는 인간에게서만 연유할 때 헛된 것이 된다는 것이다. 이 얽힌 것을 풀 수 있는 매듭은 때론 암시적으로, 때론 명시적으로 지시되는 바로 하나님이기 때문이다.65) 따라서 자끄 엘륄은 전도서에서 키에르케고르의 작품에서와 같이 "간접적 소통"의 영역을 간파해 낸다. "비모순율의 원리는 죽음의 원리이다. 모순은 소통의 조건이다."66) 전도서의 역설은 반어적 양식으로 받아져야 한다. 왜냐하면, "이 책에는 진리에 대한 어떠한 직접적 진술이 없기 때문이다."67) 하지만 "이러한 간접적 소통은 키에르케고르가

236-237의 인용(황홀 상태에 관한 유명한 이야기: 참조. SK, "L'alternative-première partie", *OC III*, *op.cit.*, p.39-40)
62) 참조. 엘륄, 1987c, p.14.
63) 참조. 앞의 책, p.24-25.
64) 앞의 책, p.24; SK, "Sur mon œuvre d'écrivain", OC XVIII, Paris, Editions de l'Orante, 1982, p.264.
65) 참조. 엘륄, 1987c, p.33-40.
66) 앞의 책, p.42.
67) 앞의 책, p.116.

예수 그리스도와의 맺는 관계를 위해 유일한 방식이기 때문이다.68) 이 방식은 그에게 예수가 하나님의 아들이요, 하나님 자신임을 인간에 직접적으로 전달할 수 없는 예수의 중대한 고통이었다(이것이 바로 그 자신을 하나님의 아들이라 규정하지 않고 반대로 인자로 규정한 이유이다).69)"
70) 그리고 자끄 엘륄은 계속해서 말한다. "이 하나님이신 인간이 신앙의 가능성과 동시에 비난의 가능성이 될 수 있는 것은 바로 간접적 소통의 범위에서이다. 그러나 '추문의 가능성이 없으면 우리는 그를 직접적으로 알아볼 것이다. 그리고 인간 하나님은 우상이 될 것이고. 직접적으로 알아볼 수 있다면 그것은 이교주의이다.' 71) 그러나 키에르케고르는 강조하기를 간접적인 소통은 직접적인 소통보다도 엄청나게 어렵다. '인간들은 서로서로 필요로 한다. 이러한 필요는 이미 직접적 질서에 속한다.' 72) '오직 인간, 하나님만이 처음부터 마지막까지 순수한 간접적 소통이다. 그는 인간의 사상을 따라서 어떤 방식으로든 자신을 나타내지 않는다. 그리고 그는 그들에게 직접적으로 말하지 않는다.' 73)"74)

마지막으로, 소통의 방식을 넘어서, 자끄 엘륄이 키에르케고르에게서 분명하게 얻은 영감을 주장하는 전도서의 가르침의 내용이다.

"발자취를 밟아가며, 나는 미학적 단계에서 윤리적 단계로의 키에르케고르적 이행을 생각할 수밖에 없었다. 그리고 특별히 전도서의 대부분 주제의 풍부한 예시인 '변질한 문화' 75)(전도서에서는 절대 인용되지 않

---

68) 참조. SK, "L'école du christianisme", *OC XVII, op.cit.*, p.113-132. 이 출전은 자끄 엘륄이 명시하지 않았다.
69) 참조. 앞의 책, p.125-128.
70) 엘륄, 1987c, p.117.
71) SK, "L'école du christianisme", *OC XVII, op.cit.*, p.131.
72) 앞의 책, p.283 (n. 132 de la p.117); SK, Journal (extraits), IV, 1850-1853, Paris, NRF Gallimard, 1957, p.117(Pap. Xiii A 413). 일기(Journa)l의 초록(extraits) KnudFerlov와 Jean Jacques Gateau의 번역은 전집(Euvre compléte)에서 Paul-Henri Tisseau와 Else-Marie Jacque Tisseau의 번역과 상당히 다르다.
73) 앞의 책,
74) 엘륄, 1987c, p.117.

았다!) 그리고 특별히 헛됨과 정확하게 맞는 권태에 대한 놀라운 분석. 그리고 '실용적인 비관주의'와 정확하게 맞아떨어지는 모든 소망에 대한 거부가 나타난다. 모든 것이 가치가 없다. 특히 일에 몰두하는 것, 친구를 가지는 것, 결혼하는 것, 추억하는 것, 공적 직무를 감당하는 것, 무엇이든 마음대로 즐기는 것, 모든 것이 헛되다. '우연에 의해서 우리는 절대적인 것을 한다.' 이것은 전도자가 벗겨 내는 무질서이다. 그리고 이것은 우리를 따라와 우연한 요소가 없는 절대적인 참조점에 이를 때까지"76)

그렇지만, 자끄 엘륄에 따르면 전도서의 역설들은 위로를 주시는 하나님을 편안하게 받아들이게 하지 않고 우리를 "헛됨의 심연"으로 데리고 간다. "그리고 거기에 하나의 결심을 해야 한다. 그러나 그것은 심연을 메워주지도, 위로 올라가도록 해주지도 않는 결정이다. 이 심연은 하나님이 받아들여지고 믿어진다 해도 여전히 심연으로 남아 있다."77) 이렇게 우리는 이 비유 속에서 키에르케고르의 절대자로의 비약飛躍과78) 헤아릴 수 없는 넓은 강을 헤엄쳐 건너는 것과 같은 신앙의 이중적 모티브를 드러내는 암시를 보지 않을 수 있는가?79)

f) 신앙

자끄 엘륄은 명시적으로 키에르케고르에서 신앙을 주제로 다룬 저작들의 뿌리를 밝혀주고 있다. 『의심을 거친 신앙』80)에서 엘륄은 말한다. "나는 단정적으로 키에르케고르가 모든 기독교 작가 중에서 가장 훌륭하

---

75) 참조. SK, 'L' alternative- première partie", *OC III, op.cit.*, p.263-282.
76) 엘륄, 1987c, p.63.
77) 앞의 책, p.202.
78) Cf. SK, "Post-scriptum définitif et non scientifique aux Miettes philosophique", OC X, op.cit., p.93, 97, 100, 109; "Crainte et tremblement", OC V, op.cit., p.116, 129, 145.
79) 참조. 앞의 책, p.215.
80) 참조. 엘륄, 1980a, p.21.

고, 가장 진실하고, 가장 근본적으로 실존적 신앙의 실재를 설명한다고 생각한다."81) 엘륄의 신앙은 직접적으로 키에르케고르를 먹고 자랐다. "우리 눈앞에 지속적으로 잡히는 모델은 키에르케고르의 모델이다. 신앙은 그에게 핵연료의 임계臨界질량이다! 사람들이 매조키즘이라고 말하지 않기를!"82) 자끄 엘륄은 키에르케고르적 관점에서 급진적으로 믿음과 종교심을 구분한다. 종교심은 집단적이고, 그것은 사회 안에서 삶을 가능하게 한다. 반면 믿음은 개인적이다. 그것은 근본적으로 타자인 하나님, 우리의 표상 안에 수용할 수 없는 하나님을 상대로 한다. "하나님은 독특하다. 따로 떼어져 있다. 다른 어떤 존재에게도 자신의 정체성을 드러내지 않는다. 그의 말씀을 듣는 인간은 그를 듣는 유일한 존재이다. 인간은 다른 것들과 구분되어 있다. 그는 유일자가 된다. 여기서 유일하다는 것은 간단히 그는 어떤 다른 관계와도 다른 유일한 관계로 다른 것과는 소통할 수 없고 (…), 유일하신 하나님과의 유일한 관계, 즉 다른 관계와 비견할 수 없는 관계를 말한다."83) 이 인용은 아마도 키에르케고르에게서 온 것일 것이다. 키에르케고르의 작가로서의 활동의 결산에 덧붙여진 삽입문에서, 그는 사실 이렇게 말한다. "내가 말을 할 때, 지극히 높은 곳에 계신 분이 듣고 있다.(…) 즉 하늘에 계신 하나님이시다. 그는 우리 각자가 말하는 것을 들으시며 앉아 계신다. 이것이 바로 내가 생각하는 것이다. 내 말이 위엄을 갖는 것, 또한 수천의 모욕자에게 말하는 것이 아니라 하나님 앞에서 고립된 자에게 말하고 있다는 사실이 얼마나 이상한지 모른다."84) 그가 말하는 사람보다는 듣는 사람에 더 관심을 두면서 관점을 뒤집는다면, 자끄 에륄은 단독자의 신앙에 매우 근접해 있다. 따라서 키에

---

81) 앞의 책, p.141.
82) 앞의 책, p.217.
83) 앞의 책, p.140.
84) SK, *Journal(extraits)*, III, 1849-1850, Paris, NRF Gallimard, 1955, p.89 (Pap. Xi A 272). 참조. Nelly VIALLANEIX, *Kierkegaard. L'Unique devant Dieu*, Paris, Le Cerf, 1974.

르케고르의 입장에 가까이 있는 것이다. 그러나 다음과 같은 발전과 함께 더 이상은 같은 방향으로 나아가지 않을 것이다.

사실 종교심과 믿음 사이의 대조는 의심이라는 주제와 관련해서 명확해진다. "신앙은 의심을 가정한다. 반면 종교심은 그것을 배재한다."[85] 키에르케고르는 의심의 회복을 보증할 것이다. 키에르케고르는 점진적으로 진리를 찾아가려고 우선 모든 것을 방법적으로 의심해야 한다는 데카르트의 사상에 반기를 들지 않았는가?[86] 덴마크 사상가는 특히 그의 일기journal에서 다음과 같이 쓰고 있다. "철학에 이르기 위해서 의심으로부터 출발하는 것은 병사를 쪼그려 누워있게 하고서 똑바로 서라고 명령하는 것이나 마찬가지다."[87] 어쨌거나 키에르케고르가 완벽하게 신앙을 설명했다고 말하고 나서, 키에르케고르가 죽음과 결부시킨 의심을 통해서 신앙을 설명하려고 한다는 것은 이상하게 보인다.[88] 현실적 측면에서, 자끄 엘륄이 말하는 의심이란 계시에 대한 의심을 말하는 깃이 아니다. 그것은 자기 자신에 대한 의심, 믿음의 부족에 대한 의심이다. 따라서 그것은 내가 믿는 것에 대한 시금석이다. 의심한다는 것, 이것은 우리가 종교심으로 채워져 있는지 아닌지를 스스로 물어보는 것이다.[89] 따라서 의심은 종교심에 갇혀 있는 의심을 철퇴하는 것이다. 믿음은 이 의심을 포함하고 있다. 키에르케고르도 이 점에 대해서 동의할 것이다. 이 가정은 자끄 엘륄이 내 믿음이 아브라함의 믿음이 아니라면 그것은 아무것도

---

85) 엘륄, 1980a, p.144.
86) 참조. SK, "Johannes Climacus ou De omnibus dubitandum est", OC II, Paris, Editions de l'Orante, 1975, p.313-362.
87) SK, Journal (extraits), I (1834-1846), Paris, Gallimard, 1963, p.291-292(Pap. IV A 150)
88) 참조. 엘륄, 1954b, p.304. 의심에 대한 자끄 엘륄과 키에르케고르 사이의 분명한 거리는 키에르케고르 믿음의 정의를 묵시적으로 따르면서 데리다(Derrida), 들뢰즈(Deleuze) 그리고 가타리(Guattari)같은 지성인의 정치적 참여를 다른 글들에 비판할 때 확증된다. "이것은 완전히 비합리적인 부조리에로의 비약이다(…) 불합리하기 때문에 믿는다Credo quia absurdum"(엘륄, 1965, p.225). 역시 그가 소망은 "그것이 부조리에의 비약과 관련될 때"(엘륄, 1972b, p.211) 환상에 불과하다고 선언했을 때도 마찬가지다. 참조. SK, "Post-scriptum définitif et non scientifique aux Miettes philosophiques", OC X, op.cit., p.93, 97, 100, 109; "Crainte et tremblement", OC V, op.cit., p.116, 129, 145.
89) 참조. 엘륄, 1980a, p.148-149.

아니라면서 다시 키에르케고르를 참조할 때 확증된다. 의심을 거친 믿음은 모든 종교심을 파괴하고 나의 불신앙을 인정하게 한다.[90] "만일 우리가 키에르케고르를 따라 아브라함만큼의 큰 믿음을 갖는다는 것이 불가능하다고 인정한다면, 믿음이란 결국 우리의 힘으로 믿음이 불가능하다는 것을 인정하는 데에 있다.[91] 이런 믿음의 새로운 정의는 쉽게 키에르케고르의 "주관성의 최고의 열정"[92]이라는 정의와 쉽게 만나다.

g. 소망

『잊혀진 소망』에서 자끄 엘륄은 가능한 것들에 대한 열정을 뜻하는 "희망"espoir과 불가능한 것에 대한 열정으로 이해하는 "소망"espérance을 구분한다. 희망은 가능한 출구가 있을 때만 의미가 있다. 소망에 기대는 것은 반대로 가장 나쁜 것이 확실하게 여겨질 때 들어온다.[93] 하지만, 키에르케고르는 "소망"을 "가능한 것들에 대한 열정"이라고 정의한 바 있다. 자끄 엘륄은 이 표현이 『대안』*L'Aternative* [94])의 1부에 나타나는 것으로 윤리적 입장을 설명하는 것이지, 윤리적 태도나 기독교 신앙의 표현은 더더욱 아니라는 것을 상기시키면서 오해를 일소한다. 더불어 대안을 마무리하는 '최후통첩' Ultimatum에서 키에르케고르는 모든 가능한 것을 하는 것은 기독교 신앙과 정확하게 반대되는 것이라는 것을 보여준다. 그리고 그는 이 표현을 사용하지 않고서도 예수 그리스도에 대한 신앙은 불가능한 것에 대한 열정을 가정한다는 것을 알려준다. 이러한 입장은 『두려움과 떨림』*Crainte et tremblement*의 '아브라함의 찬미'에서 확인된다. "어떤 이는 가능한 것을 기다리는 희망 안에서 위대하다. 또 영원한 것을 기다리며 희망

---

90) 참조. 앞의 책, p.147.
91) 앞의 책 p.203.
92) SK, "Post-scriptum définitif et non scientifique aux Miettes philosophique", *OC X, op.cit.*, p.124.
93) 참조. 엘륄, 1972b, p.188-195.
94) 참조. SK, "L'Alternative- deuxième partie", *OC IV*, Paris, Editions de l' Orante, 1970, p.299-317.

하는 가운데 위대하다. 하지만, 불가능한 것을 기다리는 사람은 그 모든 사람 중에서 가장 위대하다."95) 이같이 자끄 엘륄은 키에르케고르의 저술을 재해석하고, 그것에 영감을 받아 '희망'과 '소망'의 범주를 구분하여 자신의 고유한 개념을 명확하게 세워96) 창조적으로 이 작가를 수용한다.97) 자끄 엘륄이 교회가 처한 유기의 상태에 매우 신랄한 처방을 내릴 때, 그는 키에르케고르를 암시적으로 참조하고 있다. 하나님은 교회에서 물러났다. 왜냐하면, "교회는 더는 교회가 아니기 때문이다."98) 사실 믿음과 소망이 없으면, "교회 전체는 빼땅파앙리 빼땅은 독일군 점령 때 괴뢰 정부였던 비시정부의 원수였다—옮긴이주 된다. 교회는 세상과 화합하고 협력하고 모든 타협을 받아들인다."99) 사실, "교회는 자기 자신을 비난해야 한다. 교회는 존재하지 않는다. 자유의 측면에서도, 메시지를 선포하는 사람에게도, 힘을 가진 사람에게도(…) 모든 것은 거짓이 되었다. 거기 있는 모든 것은 하잘 것 없다."100) 그리고 엘륄은 이를 위해 자신이 속한 교회의 모든 수준에서 평신도로서 관여했던 경험을 바탕으로 몇 가지 설득력 있는 예를 제시한다.

"당회, 대회, 전국위원회 등 모든 교회의 회합은, 회기의 시작에 '기도'

---

95) 엘륄, 1972b, p.191; SK, "Crainte et tremblement", *OC V, op.cit.*, p.112.
96) 키에르케고르의 『죽음에 이르는 병』*La malade à la mort*이 불어 번역본으로 절망론*Traité du désespoir*으로 잘못 옮겨지는 바람에 키에르케고르가 절망의 철학의 대표자로 여겨지는 것은 잘못된 것이다(참조. Hélène POLITIS, *Kierkegaard en France au XXe siécle: archéologie d'une réception*, op.cit., p.203.) 사실, 이 표제는 나사로의 부활기사와 일치하는데(참조. 요11:4), 기독교인들에게는 죽음이 모든 것의 종말은 아니다. 만일 이것이 절망에 속한다면, "그 병의 마지막은 죽음이고, 죽음은 그것의 마지막이다."(SK, "La maladie à la mort", OC XVI, Paris, Editions de l' Orante, 1971, p.176; 참조. p.167-168, 175-179). 따라서 사실상 그것은 "기독교적 소망론"이다. 이것은 자끄 엘륄의 『잊혀진 소망』*L'espérance oubliée*과 평행을 이룬다(참조. 엘륄, 1972b).
97) 가끔 자끄 엘륄은 20세기 몇몇 저자들이 키에르케고르를 올바르게 이해한 것을 반긴다. 예를 들면, 존재의 힘과 용기에 대한 덕과 관련한 폴 틸리히(Paul Tillich)의 이해, 하나님의 말씀에 의해 고독한 개인이 되는 인간에 대한 루돌프 불트만(Rudolf Bultmann)의 이해를 들 수 있다(참조. 앞의 책, p.114). 따라서 자끄 엘륄에 의한 키에르케고르의 사상 수용의 수용은 분별의 작업이 된다.
98) 엘륄, 1972b, p.132.
99) 앞의 책, p.134.
100) 앞의 책, p.135.

로 시작한다… 흔히 우리는 성령에게 간절히 구한다. 수년 동안, 나는 이러한 기도의 힘을 믿어왔다. 나는 열렬히 기도했다. 그리고 나서는 물론 경험으로 가야 한다. 우리의 수동적인 심사숙고, 우리의 어정쩡한 결정 등, 우리의 좁은 마음, 죽도록 지루한 우리의 모임, 우리의 거짓된 문제들, 존재하지 않는 문제들에 대한 우리의 진지함, 물결을 타고 즐겁게 앞으로 나아갈 수 없는 우리의 무능함, 우리의 숨겨진 역정, 우리의 지친 인내심, 우리의 변명, 우리의 경직됨…. 이 모든 것이 성령이 존재하지 않는다는 증거이다. 정말 어리석게도 나는 다시 '만일 성령이 움직이신다면, 다 잘 될 것이다.'라는 말로 돌아와야 한다. 그러나 나는 아무런 기대도 할 수 없다. 그리고 지금 회합의 시작에서 하는 기도에서 성령에게 간절히 구하는 것은 내가 보기에는 순전히 신성모독이다."[101]

매서운 어조만큼이나 근본적으로 엄격한 판단이 기성교회를 향한 키에르케고르의 거침없는 공격과 직접적으로 조응되는 부분이다.[102] 자신의 공격자들의 공격 수위가 높아짐에 따라서, 덴마크의 사상가는 자신의 비난 수준을 높이는데 인색하지 않았다. "제도 기독교는(…) 기독교의 타락이고(…) 실추이다."[103] 그것은 기독교를 '거짓되게 하는 것'이요, '기만'이요, '사기'[104]요, 그것의 "반역"[105]이다. 또 그것은 기독교의 "불을 끄는 물"[106], "신약성서를 향한 음모"[107], "속임수"[108], "하나님으로부터 가장 떨어짐의 최고조"[109] 기타 등등. 키에르케고르가 말한 바로는 "제도

---

101) 앞의 책, p.135-136.
102) 번득이는 아이러니의 극치는 분명 키에르케고르의 최후의 작품들에서 나타난다(참조. SK, "L'instant", OC XIX, op.cit., p.93-303. 한편, 자끄 엘륄에게서는 『새로운 공통주제에 대한 해설』/ Exégèse des nouveaux lieux communs(참조. 엘륄, 1966b).
103) SK," Vingt et un articles de Fædrelandet", OC XIX, op.cit., p.43.
104) SK, Journal (extraits), V, 1854-1855, Paris, NRF Gallimard, 1961, p. 201 (Pap.XIi A36).
105) 앞의 책, p.176 (Pap.XIi A 552), 234 (Pap.XIii A 100)
106) 앞의 책, p.284 (Pap. XIii A 206).
107) 앞의 책, p. 267 (Pap. XIii A 174)
108) 앞의 책, p.342 (Pap. XIii A 387).
109) 앞의 책, p.209 (Pap. XIii A 51)

기독교는 신약성서의 기독교가 아니다. 쾌락에서 고행으로, 자기 사랑에서 자기 미움으로, 세상에 대한 탐심에서 세상을 버리는 것으로, 세상에 완전히 동화되는 것에서 다른 땅으로 여행을 떠나는 것으로 특징지어진 기독교와는 거리가 멀다. 맥주 제조업자나, 댄서, 자기를 주장하는 사람은 그리스도를 닮는 것과 상관없는 사람들이다."110) 키에르케고르의 거친 언사는 자끄 엘륄에게 강력한 영감의 원천이 되었고, 그의 명성에 의지함으로 자신의 전투에 힘을 북돋아 주었다. 이점은 우리가 곧 살펴볼 것이다.

h) 사랑

분명히 믿음과 소망에 관한 두 저자의 명시적이고 암시적인 화합을 넘어서, 두 저자 사이에 사랑의 주제에서도 병행점을 과감히 제시할 수 있다. 『대안』의 제2부에서 키에르케고르는 "결혼의 미학적 가치"111)라는 주제를 길게 발전시키고 있다. 윤리학자 B는 윤리학자 A에게 두 번째와 세 번째 단계(윤리적, 종교적 단계)가 첫 번째 단계(미학적 단계)를 절대로 소멸시키지 않는다는 것을 설득시키려 한다. 사실 결혼에서 감각적인 것은 부정되기는커녕 오히려 고귀하게 여겨진다. 결혼 생활에는 단조로움이란 없다. 그것은 반대로 사랑을 시간 속에 귀속시키면서 사랑을 위대하게 한다. 신실함이란 결국 사랑의 가장 좋은 친구이다.

결혼에 대한 호의적인 이 변호는 "하나의 삶을 위한 사랑"112)이라고 명명된 『내가 믿는 것』 *Ce que je crois*의 제7장에서 유일하게 조응되고 있다. 이 장에서 엘륄은 확신 있게 기술된 결혼 생활 가운데서 사랑의 연속적 변형을 다루고 있다. 다시 말해, 열정적인 융합, 책임, 인정 그리고 마지

---

110) SK, "Vingt et un articles de Fædrelandet", *OC XIX*, *op.cit.*, p.55-56.
111) 참조. SK, 'L' Alternative-deuxième partie", *OC IV*, *op.cit.*, p.3-139.
112) 참조. 엘륄, 1987b, p.91-117.
113) 참조. 앞의 책, p.101-111.

막으로 연합이라는 네 단계로 이루어진 사랑을 향한 사랑의 긴 발걸음이 그것이다113). 또한 엘륄에게 있어서 부부간의 사랑은 자유와 긴밀하게 연결되어 있다. 그것은 그 사랑이 "두 자유 사이의 만남"114)가운데서 태어나기 때문이다. 따라서 결혼이란 결코 구속이 아니라 오히려 진정한 사랑을 위한 조건이다.115) 두 저자는 이들을 구별시키는 유일한 요소는 바로 교회의 기능에 대한 논쟁에서와 마찬가지로 역시 자끄 엘륄은 경험을 이야기하는 것에 있다.

i) 기도

기도를 주제로 삼은 책에서 자끄 엘륄은 키에르케고르에게 진 빚을 다시 한 번 인정하고 있다.116) 그는 다음과 같이 인용한다. "소박한 신앙심은 기도 가운데서 하나님이 자신이 요구하는 것을 듣기를 믿고 상상한다. 하지만, 진리의 영원한 의미에서 볼 때, 이것은 정반대이다. 진정한 기도 속에 아룀은, 자신이 원하는 것을 하나님이 듣는 것이 아니라, 기도하는 사람 자신이 듣는 사람이 되어서 하나님이 원하시는 것을 듣는 데까지 이르도록 기도하는 것이다. 소박한 신자는 많은 말이 필요하다. 이는 그의 기도가 당시 요구에 불과하기 때문이다. 진정한 기도는 단지 듣는 것이다"117) 자끄 엘륄은 단순한 기도로서의 키에르케고르의 기도론을 취하여 그것은 기술사회의 맥락으로 옮겨 놓는다. 효율적 기술로 간주하는 도구적 기도에 대항해서 또는 비효율적이기 때문에 외면되는 기도에 맞서서, 그는 더는 듣지 않으려는 소음의 문화 가운데서 들음을 재발견하도록 변호한다.118)

---

114) 앞의 책, p.98.
115) 앞의 책, p.96-98.
116) 참조. 엘륄, 1970, p.642.
117) 앞의 책, p.709, SK, *Journal(extraits)*, I, 1834-1846, op.cit., 385 (Pap. VII A 56). 엘륄은 250쪽이라고 표시한 참조 페이지는 잘못되었다.
118) 참조. 엘륄, 1970, p.709

하지만, 기도는 또한 투쟁이다. 그리고 엘륄은 이 새로운 의미를 지지하려고 다시 한 번 키에르케고르를 동원한다. "진정한 기도는 하나님과의 싸움이다. 그 속에서 우리는 하나님의 승리에 의해서 승리를 거둔다." 119) 그렇지만 자끄 엘륄은 전투로서의 기도로 기도에 대한 이해를 옮겨간다. 사실 바로 우리의 시대와 같은 버림받은 시기에 천사와 싸운 야곱, 욥의 탄원의 모델에 근거해서 기도한다는 것은 하나님이 그 침묵을 깨고 나와 자신의 말을 하도록 하게 하는 하나님과의 전투에 있다. 결국, 기도라는 것은 하나님에 의해 정복당하는 것이라기보다는 하나님에 대항해 하나님을 부르는 것이다.120)

j) 자유

엘륄의 윤리 삼부작121)은 키에르케고르의 작품을 가로질러 영감을 받는다. 기독교 윤리의 기반을 세우려는 목적의 저술인 『원함과 행함』에서 자끄 엘륄은 "윤리의 목적론적 중지"suspension téléologique de l'éthique라는 개념을 다시 취한다. "키에르케고르는 특히 하나님이 개인적으로 한 인간에게 하시는 부르심은 그가 정상적으로 사는 윤리질서의 중단을 낳는다는 사실을 강조한다. 이 개인에게 하나님이 명백히 표시하는 부름은 어떤 도덕적 틀에 속하지 않을 수 있다. 이것은 가치질서의 객관적, 집단적 폐기를 말하는 것이 아니다. 이 질서는 하나님의 요구를 듣지 않는 개인들을 위해서 존속한다. 그리고 부르심을 받는 사람에게는 이 질서와 행동의 억압을 말할 수 없다. 하지만, 그에게는 이 분리는 하나님의 개입에 의해서 메워진다. 모든 윤리와 차별되는 이것이 기독교 윤리이다."122) 『두려움과

---

119) 앞의 책, 726쪽. SK "진정한 기도는 하나님과의 싸움이다. 거기서 우리는 하나님의 승리에 의해 승리한다." *OC VI*, Paris, Editions de l' Orante, 1979, p.342-363.
120) 참조. 엘륄, 1972b, p.172-181.
121) 참조. 엘륄, 1964b, 1975a; 1984b.
122) 엘륄, 1964b p.84. Merold Westphal은 분명히 키에르케고르와 엘륄에 근접한 보기 드문 작가이

떨림』Crainte et tremblement을 참조한 것이 분명하다. 아브라함의 예에서 출발하여 키에르케고르는 여기서 신앙은 윤리의 영역을 너머서 있고, 신앙은 그 자체로 신앙을 넘어설 수 없다는 것을 보여준다. 보편 윤리의 관점에서 볼 때, 아브라함은 이삭을 사랑했지만, 가인과 다름없는 그저 살인자에 불과하다. 그러나 특별한 신앙의 눈으로 볼 때, 다시 말해 단독자와 살아계신 하나님과의 유일하고 절대적인 관계에서 볼 때는, 그는 신앙인의 전형이다. 신앙은 사고에 접근할 수 없는 역설이다. 신앙에는 단독자는 일반적인 것 위에 있다. 왜냐하면, 그것은 그는 절대자와 절대적인 관계에 있기 때문이다.123) 이 "믿음의 기사" 즉 아브라함의 모델은 자끄 엘륄이 선과 인간이 함께 살 수 있도록 세운 모든 가치와 윤리 규범을 넘어서는 하나님의 의지와 동일시하게 한다.124)

이것이 바로 자유의 윤리가 개인적일 수밖에 없는 이유이다. "나는 개인, 단독자에 관해서 키에르케고르의 사상에 가깝다."125) 이를 인용하기에 앞서 그는 말한다. "그리스도는 인간들에게 말한다. 그는 그들 모두 각자에게 특별하게 말씀하시며 초대한다. 너는 구원받기를 원하느냐? 오늘날은 반대로 우리는 그리스도가 인류를 구원한다고 주장하는 허튼 교의를 만들어 내었다. 이것은 허튼소리이다. 그리스도는 그것을 원하셨지

지만 확인할 수 있듯이 병행들이 상당하다. 그는 『하나님의 정치 인간의 정치』(엘륄, 1966a)를 "윤리의 목적론적 중단"의 예로서 인용한다. (참조. Merold Westphalm 'Kierkegaard's teleological suspension of religiousness B' in George CONNEL et C.Stephen EVANS, ed., *Foundation of Kierkegaard's vision of Community. Religion*, ethics, and politics in Kierkegaardm New Jersey et London, Humanities Press, 1992, 110-129쪽, 114쪽. et n. 17쪽, 127쪽) 사실, 진정한 초월적 하나님은 모든 제도와 인간의 모든 신성화하려는 노력을 상대화한다. 특히 인간의 정치와 윤리, 다시 말해서, 모든 기존 질서에서 그렇다. 더욱 정확하게, 키에르케고르가 말하는 두 양식의 종교성에서, 즉 "종교성 A"(내재성과 내면화의 자연적 이데올로기적 종교성), "종교성 B"(시간 속에서 영원과 절대 속에서 비약의 역설 종교성). 메롤드 웨스트팔(MeroldWestphal)은 "종교성C"를 덧붙인다. 이는 키에르케고르가 언급하지 않는 것으로 고통과 기쁨이 아울러진 그리스도를 본받음에 의해 표현된다. 그러나 이 "종교성 C"는 "종교성 B"의 목적론적 유예를 이뤄낸다. 이 종교성 C는 종교성 B를 포괄하고 보존하여 이렇듯 "윤리의 목적론적 중단"을 완성한다(참조, 앞의 책, p.114-115.).
123) 참조. SK, *Crainte et tremblement*, OC V, *op.cit*., p.146-158.
124) 참조. 엘륄, 1964b, p.169-170.
125) 엘륄, 1975a, tome 2, p.113.

만, 그것을 할 수 없었다. 인류는 멸망의 범주에 속하기 때문에 구원이란 정확히 그 종족에서 벗어나는 것이다…"126) 그렇다면 키에르케고르의 이 글에 대한 호의적인 반응과 『나는 무엇을 믿는가?』127)에서 후에 발전한 보편구원의 신앙을 어떻게 조화시킬 것인가? 아마도 오늘날의 그리스도인의 '자유'와 마지막 날의 모든 인류의 '구원' 사이에서처럼 약속의 '모두'와 응답의 '각자' 사이의 변증법적 긴장에서 열쇠를 찾아야 할 것이다. 이 경우에는 세계 급변의 원리는 키에르케고르적이라기 보다는 바르트적(더욱 오리겐적) 영향이라고 보아야겠다.

마지막으로, 『자유의 투쟁』의 시적인 서문에서, 자끄 엘륄은 『순간』 L'instant의 한 구절을 인용한다. "천재와 그리스도인 사이의 차이는 다음과 같다. 천재는 자연의 기이함이고, 어떤 사람도 자신을 천재로 만들 수 없다. 기독교인은 자유의 기이함이다. 또는 더 잘 말해 자연의 평범함이다! 특히 드물다는 것을 제외하고는 기독교인은 우리 각자가 되어야 할 바로 그것이다…"128) 하나의 문구의 지위를 과소평가해서는 안 된다. 왜냐하면, 이것은 우리가 더 잘 말할 수 없었을 것을 표현할 수 있었던 저자를 향한 감사의 행위이다. 키에르케고르와 자끄 엘륄은 따라서 진정한 자유 속에서 진정한 기독교인의 특성을 인정하는 데 일치하고 있다.

k) 정치

키에르케고르와 자끄 엘륄은 공통으로 정치에 대해서 모두 불신을 하고 있다. 1848년에, 유럽은 혁명의 전회로 흔들리고 있었지만, 키에르케고르는 코펜하겐의 법학교수에게 편지를 썼다. 그는 종교적 운동과 정치

---

126) 앞의 책, 1권, p.95. SK, *Journal(extraits)*, V, 1854-1855, op.cit., p.69. (Pap. XIi A 168) 잊혀진 소망에서 이 인용은 거의 50줄에 걸쳐서 풍부하게 전개되지만 Journal의 날짜로 페이지도 표시하지 않는다.(참조, 엘륄, 1972b, p.249-274)
127) 참조. 엘륄, 1987b, p.249-274.
128) 엘륄, 1984b, p5. SK, *L'instant*, *OC XIX*, op.cit., p.177.

적 운동 사이의 대조를 강조한다. 부연하면, 정치적 운동은 소용돌이에 불과한데 그것은 정치적 운동들이 자신 앞에 향해서 가야 할 목표점을 찾지만, 종교운동은 자신의 뒤에 있는 목표점에서 나아가기 때문이다. 이것은 소피스트와 소크라테스를 구분하는 것이기도 하다. 단독자單獨者, 키에르케고르 철학의 주요 개념으로 지성적, 윤리적 자아을 넘어서는 종교적 단계의 자아를 말한다―옮긴이주 운동과 질서를 화합시킬 줄 아는데, 왜냐하면, 그는 자신의 뒤에 닻을 던지는 지점에서 출발하기 때문이다.129)

우리는 자끄 엘륄이 짧은 정치 경험을 활용하고 있다는 것을 안다. 왜냐하면, 해방 때에 그는 레지스탕스에서 나온 보르도시의 지방 의회에 가담했기 때문이다.130) 이때가 바로 그가 "정치적 환상"을 자각한 시기이다. 그는 책 한 권의 제목을 "정치적 환상"이라 달았다.131) 자세히 설명하면, 이는 이중적 환상이다. 한 편으로 정치인은 서류들을 위로 올려 보내고 아래에서 결정하는 거대한 정치기구 앞에서 무력하지만, 다른 편으로 시민은 어떤 권력도 없는 피선거인을 통제하면서 정치를 조정할 수 있다고 믿기 때문이다. 자끄 엘륄은 정치적 삶에서 빠져나오는데 그치지 않고, 그는 그때 평생 투표하지 않을 것을 결심했다.132) 『자유의 투쟁』133)에서 자끄 엘륄은 키에르케고르의 『고통의 복음』*L'Evangile des souffrances*, 134) 그리고 특히 이 발췌문을 길게 인용한다.

"독재자, 우리는 그를 타도할 수 있다. 또는 적어도 우리는 그를 총으로 조준하는 것이 가능하고, 사실 쉬운 일이다.(…) 그러나 이 나쁜 정신, 그 동류들과 그 독재자에 대한 유치한 이 두려움은, 우리 자신을 깨우

---

129) 참조. SK, *Correspondance*, Paris, Editions des Syrtes, 2003, p.297-301.
130) 참조. 엘륄, 1994, p.42, 68-69, 124-125.
131) 참조. 엘륄, 1965.
132) 참조. 엘륄, 1965, p.26, 219; 1988b, p.25, 1994, p.130-131.
133) 참조. 엘륄, 1984b.
134) 참조. SK, "L'Evangile des souffrances," *OC XIII, op.cit.*, p.207-334.

고, 특정한 사람이나 개인에 거하지 않고 그 먹이를 찾아서 몰래 숨어들고 인간관계 속에 끼어들고, 개인과 하나님과의 모든 관계를 파괴하는 임무에 몰두한다. 이 정신을 소멸시키기란 극도로 어렵다. 우리는 노예제도를 발전시키고 있다는 사실에 대한 인식을 거의 중단했다. 우리는 왕국을 전복시키면서, 인간의 자유를 확대했다는 것에 열광해 그것을 잊어버린다. 우리는 그것이 노예제와 관련된다는 것을 절대로 의심하지 않는다. 어떻게 동등한 사람을 노예로 삼을 수 있는가? 하지만, 우리는 합당하게 인간은 그가 의존하고 종속된 것에 노예라고 가르친다. 하지만, 우리 시대는 자유에 열중해서 다르게 생각한다. 그는 주권자에게 의존되지 않을 때, 그는 다시는 노예가 아니라고 생각한다. 전제군주를 타도하는 것은 노예제도를 무너뜨리는 것으로 생각한다. 우리는 우리가 노예제를 선호한다는 것을 스스로 의심해 보지 않는다. 이것은 정확하게 우리가 그것에서 벗어나기가 심히 어렵다는 것을 말해준다. 왜냐하면, 이것은 인간이 다른 많은 사람을 압제하기를 원하기 때문에 일어난 종속이 아니다. 이는 개인들이 하나님과의 관계를 저버리고 서로서로 두려워하고, 개인이 어떤 이들이나 모두를 두려워하고 각 개인이 이 감정에 눌려 하나님을 잊어버리고 군중을 이루어서 각 개인에게 주어져 있는 영원의 존귀함을 저버리기 때문이다."135)

1847년의 이 텍스트는 결과적으로 유럽을 불태우게 될 혁명운동 바로 직전에 쓰인 것으로 정치, 특히 늘 군중을 의지한 정치 변화에 대한 키에르케고르의 불신을 표현하고 있다. 여기에서 덴마크의 사상가는 역시 군주제에서 민주제로의 전환을 자유화라고 혼동하는 환상을 고발한다. 진정한 자유는 개인과 하나님 사이의 관계에서 나온다. 따라서 자끄 엘륄은 자신의 정치사상과 자유의 윤리를 발전시키기 위해서 자신의 기준으로 삼는 견해에 든든히 기댈 수 있다. 이것이 바로 그가 "키에르케고르의 예

---

135) 엘륄, 1984b. p.136-137. SK, *L'Evangile des souffrances* OC,XIII, *op.cit.* p.319-320. 출전은 엘륄이 넣은 것이 아니다. 인용은 텍스트에 충실하다. 다만, 개인의 대문자가 소문자로 바뀌었다.

언자적인 선견지명"136)에 경의를 표하는 때이다. 엘륄은 이것을 자기 자신의 범주로 재해석한다. "우리는 엄격하게 모든 정치는(자유를 지향하고, 권력의 전복하는 것을 포함해서) 늘 필연의 질서이고, 결코 자유의 질서가 아님을 상기해야만 한다."137)

과도한 해석의 위험함은 『세설』世評, Un discours de circonstance 138)이라고 명명된 키에르케고르의 글에서 나온 다른 인용에서 더욱 드러난다. "고립된 개인들이 선을 위해서 한데 모여 말하는 순간 곧 타락한다. 또한, 선한 인간은 군중을 해산하기 위해서 군중에게 호소하거나 군중을 내버려 두는 것을 삼가고, 그의 앞에 있는 군중을 해산하기 위해 군중 앞으로 나아간다"139) 자끄 엘륄은 다음의 주석을 첨부한다. " 혁명의 수단과 행동의 문제를 던지는 경탄스러운 방식!"140) 키에르케고르의 단락은 직접적 문맥에서 대체되었지만, 정치적 문제에 직접적으로 집중하지 않는다. 정치적 실례가 언급되었지만, "사람들이 군중을 이루어 극장에서 캠프나 모든 다른 공공장소에 모일 때마다, 그들은 큰 소음을 일으키고, 소리를 지르고, 손뼉을 치고, 결국 산과 평야가 그들의 모임의 배경이 되어 찬양과 비판의 소리를 배가시킨다. 어떻게 한 젊은이의 가슴이 그러한 모임에서 뛸 수 있는가?"141) 키에르케고르의 텍스트는 혁명적 행동과 관계된 것이 아니라 진실로 선을 원하는 현대인에게 필요한 고독과 관련된다. 이

---

136) 엘륄, 1984b, p.37.
137) 앞의 책,
138) 참조, SK, *Un discours de circonstance, OC XIII, op.cit*. p.7-148.
139) 엘륄, 1984b, p.162. *Un discours de circonstance OC XIII, op.cit*., p.94. 자끄 엘륄은 출전을 기록하지 않았다. 이태릭체는 키에르케로르의 책에 이미 있는 것이다. 인용은 다음의 원문에서 보는 것처럼 그렇게 다르지 않다. "고립된 단독자처럼 진정 선을 원할 수 있는 사람들조차도 무리로 모이는 순간 타락하게 된다. 역시, 선한 인간은 군중(la foule)을 흩어버리기 위해서 군중에게 호소하거나 군중을 내버려 두는 것을 삼간다. 그는 그들을 흩어버리기 위해서 그들 앞으로 나아간다(SK, "Un discours de circonstance", *OC XIII, op.cit*., p.94).
140) 엘륄, 1984b, p.162.
141) SK, *Un discours de circonstance. OC XIII, op.cit*., p.94. 사실상, 이것은 근사적인 인용이다.(왜냐하면, 키에르케고르가 플라톤의 공화국의 이 부분에 대한 한 예시를 주었기 때문이다. 다음은 더 충실한 번역이다. "나는 대답하길, 그들이 떼를 지어서, 빽빽한 군중으로 몰려오고, 의회, 법정, 극장, 진영 그리고 백성들의 모든 여타 경쟁시합이나 회합의 장소를 차지한다. 여기서 하는 말과

경우 자끄 엘륄의 주석은 다소 과감한 의미론적 전이를 겪게 된다. 『고통의 복음』 L'Evangile des souffrances142)에서 "인간보다 하나님께 순종"143)하는 사도들에 대한 핍박을 길게 인용한 다음, "소진시키고 열매 없는 활동에의 열정을 근본적으로 경계"144)한다. 키에르케고르의 글은 "순수한 용기"가 치욕을 고통에 의한 영광으로 바꿀 수 있다는 것을 보여준다. 그러나 그것은 행동주의activisme를 결코 목적으로 삼고 있지 않다. 오해는 아마도 '고통'과 '수동성' 사이의 쉬운 동일화에서 발생한다.

우리는 『무정부와 기독교』145)에서 엘륄이 예상과 달리 보통 적대적인 이 두 운동을 화합시키는 것을 보았다. 엘륄은 자신의 성서읽기를 통하여 반국가적, 반정치적 텍스트를 구별해내어 국가를 사탄의 작품과 동일시하게 한다. 자끄 엘륄은 어떤 전투에서 기독교인과 무정부주의자들 사이의 연합을 선호하지만, 그렇다고 특히 인간 본성에 대한 시각에 대해서 그들을 갈라놓은 간격을 부인하지는 않는다. 사실은 기독교의 인간론에 따르면 인간은 본성상 선하지 않다. 바로 이것이 자끄 엘륄이 무정부주의자로 자처하지만, 무정부 사회가 실현이 가능하다고 생각하지 않는 이유이다. 그렇지만, 그는 몇몇 다른 기독교 무정부주의자들을 지칭하는데 그 중에 키에르케고르가 있다고 주장한다. 키에르케고르는 어떤 권력의 덫에도 걸리지 않는다. '무정부주의자'라는 단어는 키에르케고르 당시에는 존재하지 않았지만, 덴마크의 사상가의 매우 많은 텍스트가 그러하다는 것을 드러낸다. 그리고 자끄 엘륄은 그것을 인용한다. "어떤 잘못도, 어떤 범죄도 권력을 가지는 것만큼 하나님 앞에서 가증스러운 것은 없다.

일들은 깨지는 소리로 지나치게 비난이나 칭찬을 하는 것이다. 이 상황에서 칭찬과 비난은 그 장소를 둘러싼 바위들에 의해 서로 반향을 일으킨다. 그러한 조건에서, 사람들이 말하듯, 어떤 젊은이가 마음을 제대로 잡을 수 있다고 생각하는가?(PLATON, "La République", VI, 492bc, in Œvre Complétes, I, Paris, Bibliothéque de la Pléiade, NRF Gallimard, 1950, p.1074.)
142) 참조. SK, "L' Evangile des souffrances", OC XIII, op.cit., p.137. 엘륄은 출전을 달고 있지 않다.
143) 사도행전 4장 19절; 5장 29절.
144) 엘륄, 1984b, p.33.
145) 참조. 엘륄, 1988b.

왜? 왜냐하면, '공적인' 것은 비인격적이고 이것 때문에 그것은 인격에 가할 수 있는 가장 심한 모욕이기 때문이다."146) 자끄 엘륄은 키에르케고르가 무정부주의자들보다도 교회를 더 격렬하게 공격했다고 주장한다.147) 자신의 무정부주의 독자들에게 기독교의 근본을 설명하기 전에, 그는 예수 그리스도의 하나님은 소외의 하나님이 아니라 자유의 하나님임을 설명한다. 키에르케고르가 말한 것처럼. "그는 무엇보다도 무제약자이다."148) 패트릭 샤스뜨네의 결론에 의하면 자끄 엘륄은 키에르케고르의 작품을 "무정부주의적 관점"149)에서 읽었다.

l) 기술

엘륄의 기술 삼부작이150) 20세기 후반의 맥락에 적당하게 쓰였지만, 이 작품들 역시 키에르케고르를 명시적으로 또는 묵시적으로 참조하고 있다. 『기술, 세기의 도박』에서 엘륄은 기술에 대해서 마르크스와 키에르케고르 사이의 긴장을 설정한다. 산업혁명을 통해서 사회 전체는 기술이 해방을 가져다주는 것으로 생각하며 물질적 복지로 돌아선다. 오직 키에르케고르만이 기술에 대해서 명료한 경고를 표시한다. "그러나 심도 있는 사색의 산물이며 가장 강한 의미로 예언자적인 그의 견해는 많은 여러 다른 이유로 말미암아서 이해되지 않았었다."151)

자끄 엘륄은 이어서 기술 자체가 일으킨 절망에 맞서서 기술이 가능하게 하고 촉진하는 이 도피를 설명하기 위해서 '재미' divertissement이라는 파스칼의 범주를 동원한다. 그것은 "기술이 독을 뿌린 곳에서 해독제를

---

146) 앞의 책, p.17-18.
147) 앞의 책, p.20.
148) 앞의 책, p.58. 자끄 엘륄은 전혀 출전을 표시하지 않고 있다. 참조. SK, *L'école du christianisme*, OC, XVII, op.cit. p:60, 200.
149) 엘륄, 1994, p.15.
150) 참조. 엘륄, 1954a; 1977; 1988a.
151) 엘륄, 1954a, p.51.

미리 알려주는 놀라운 조직"152)이다. 인간은 자기 자신을 대면하기를 두려워한다. 따라서 인간은 자신의 환상과 유희 속에서 자신의 삶의 공허함을 회피한다. 휴가는 인간이 자기 자신과 대면하지 않으려고 계획되는 것이다. 이름을 거론하지는 않았지만, 키에르케고르는 여기서 행간 사이에서 파스칼의 적법한 상속자로 등장한다. 우리는 '미학적 단계'에서 세명의 인물을 통해 참된 자아에서 도피하려는 사례를 보게된다. 그리고 세명의 인물들 돈 쥐앙(이 여자 저 여자를 홀리러 다니는), 파우스트(이 생각에서 저 생각으로 뛰어다니는) 그리고 아하스베루스(여기저기로 쫓겨 다니는)가 이 사례를 대표한다.153) 그러나 자끄 엘륄은 조심스럽게 이 기술적 여가와 파스칼의 개념을 구분한다. "왜냐하면 그것은 영원한 인간의 상황을 피하려는 것이기보다 인간과 현재 세계의 상황 사이의 갈등을 피하려는 것이기 때문이다. 이것은 절대 두 무한한 것 사이의 명상이 아니다. 이것은 극소수만이 할 수 있고, 감추어야 한다. 이것은 기술이 우리에게 부과한 명백하고, 슬픈 삶의 부조리이다."154) 키에르케고르의 "미학적 단계"와 기술에 의한 기술의 도피에 대한 서술 사이의 화합은 비판적 분별력이 맞아떨어진 부분이다. 자끄 엘륄은 확실히 쇠렌 키에르케고르의 독해에 상당한 자유를 스스로 허용하고 있다.

『기술의 허세』에서 자끄 엘륄은 기술사회에서의 인간의 상황에 관해서 파스칼의 "재미"의 개념을 취한다. 자기 자신과 인간 조건, 그리고 생의 의미에 대해 생각하는 것을 벗어나 인간은 전적으로 허위의 세상 속에 살고 있다.155) 그러나 엘륄은 "흥미로운 것"이라는 범주를 의지해서 키에르케고르를 직접적으로 참조하고 있다. 즉, 텔레비전은 사실상 일반적

---

152) 앞의 책, p.343.
153) 참조, SK, *L'Alternative- premiere partie, OC III, op. cit.* 81-128: *Crainte et tremblement, OC V op.cit.* 194-198; *Journal Extraits*, I, 1834-1846; *op.cit.*, p.74, (Pap, I, A150)
154) 엘륄, 1954a, p.345.
155) 참조. 엘륄, 1988a, p.641-643, 652-653.

'탈현실화'를 유도한다. 다시 말해서 "실제 세상과 보여주는 세상 사이의 혼동"156)을 가져온다. "내가 거리에서 마주치는 모든 것은 내가 스크린에서 보는 것과 똑같은 실재에 속한다. 내가 거지나 실업자를 만날 때, 텔레비전이 정기적으로 보여주는 제3세계의 살아있는 해골에 대한 시각과 마찬가지로 표면적이고 비현실적인 시각을 갖게 된다."라고 엘륄은 단언한다.157) 키에르케고르는 "흥미로운 것"을 진지함과 모든 실존적인 의미를 박탈당한 것으로 정의한다. 그리고 그는 이 개념을 "윤리적인 것과 미학적인 것 사이를 점하는 범주"158)라고 규정한다. 또한, 자끄 엘륄은 이 같은 개념을 전혀 다른 실재를 지칭하기 위해 불러들인다. 그것은 마르크스주의에 영향을 받은 유물론적 신학과 주석이다. 이에 따르면 스스로 과학적이라고 하지만, 그것은 도락道樂의 한 형태이고 "지적인 단계에서 가장 아래에 있는 '흥미로운 것'의 키에르케고르의 범주에만 속한다!"159) 따라서 자끄 엘륄은 키에르케고르의 개념을 서슴지 않고 자기 것으로 삼아 그가 분명히 생각하지 못했던 새로운 영역으로 옮겨놓는다. 파스칼의 "유희"의 범주를 다루는 것과는 반대로 이러한 전이는 여기서 어떤 주저함도 없다.

마찬가지로 수단과 목적의 관계에서도 같은 길을 간다. 자끄 엘륄에 따르면 키에르케고르는 "이상하게도 목적과 수단의 관계에 대한 판단은 세계와 신앙에 있어서는 정반대이다(시간적 의미에 있어서, 목적은 수단보다 더 중요하다. '영원에 있어서는, 수단과 목적의 관계는 뒤바뀐다.' '인간은 그가 실행하는 수단에 절대적으로 반응한다.'"160) 자끄 엘륄이 인용한 키에르케고르의 텍스트는 더 확장되어 재진술될 수 있다.

---

156) 앞의 책, p.601.
157) 앞의 책.
158) SK, *Crainte et tremblement*, *OC V*, *op.cit.* p.172.
159) 엘륄, 1979, p.39.
160) 엘륄, 1984b, p.161; SK, "Un discours de circonstances", *OC XIII*, *op.cit.*, p.136. 엘륄은 이 출전을 달고

"영원에서는, 수단은 하나이고, 목적도 하나이다. 수단과 목적은 하나의 유일한 것이다. 한 가지 목적밖에 없다. 진리 안에 선이 바로 그것이다. 하나의 목적밖에 없다. 그것은 진리 안에서 선에 들어맞는 수단만 사용하려고 하는 것이다. 그러나 진정한 선은 정확히 목적이다. 시간적, 지상적 의미에서, 우리는 목적이 본질적이고, 수단보다 더욱 중요하다고 평가하지만, 우리는 수단을 세밀히 살펴보지 않고 목적에 이르라고 요구한다. 하지만, 이것은 오류이다. 그런 유의 수단에 대해 우리가 제시하는 목적은 불경건한 성급함을 증거한다. 영원에서는, 수단과 목적과의 관계가 전도된다. 만일 인간이 이생에서 그 노력으로 달성하지 못할 목적이 있다면, 영원의 관점에서는 완전히 무고하고 칭송할만하다. 왜냐하면, 그는 그가 제어할 수 없는 죽음과 삶의 부침에 의해 방해를 받기 때문이다. 그는 심지어 영원에 의해 허용된 다른 수단에 호소할 것을 거절당할 수도 있다. 그리고 이렇듯 격정에 흔들리고 지혜의 미묘함에 굴복할 수 있다. 영원의 관점에서 볼 때 그는 시간 속에서는 목적을 달성할 책임이 없다. 그러나 같은 관점에서 그는 그가 사용하는 수단들을 **절대적으로 응답해야 한다**. 진정 선에 맞는 수단을 유일하게 호소하기를 원할 때, 그에게 목적은 영원한 의미가 있는 것이다."161)

자끄 엘륄은 늘 비정당한 수단들은 가장 고귀한 목적들을 타락시킨다고 주장했고162), 기술사회에서는 목적들이 사라졌고, 그리고 모든 것이 수단화되었다고 주장했다.163) 그는 이 주제와 관련해서 말한다. "또 한 번 키에르케고르는 수단이 아직 맹목성을 띠지 않았을 때, 진정 예언자적 명확성을 가지고 있었다(…)"164) 따라서 그에게는 키에르케고르의 사상

있지 않다. 첫 번째 문장은 인용부호가 없지만 역시 인용이다.
161) SK, "Un discours de circonstance", *OC XIII, op, cit.*, p.135-136. 이탤릭체는 케에르케고르의 글에는 없다. 하지만, 엘륄이 인용을 재구성하기 위해서 사용된 것이다.
162) 참조. 엘륄, 1966b, p.289-298.
163) 참조. 엘륄, 1948, p.55-78; 1977, p.263-290.
164) 참조. 엘륄, 1984b, p.160-161.

을 동원하는 것이 20세기 기술사회의 분석을 위해 완전히 정당한 것처럼 보인다.

자끄 엘륄은 마지막으로 기술사회에서 필연과 자유 사이의 변증법에 관련해서 키에르케고르를 참조한다. 우리가 가능한 것 이면에 필요한 것을 섬길 때, 현실이 이 두 극의 종합임에도 현대인은 어떤 필연성도 없이 가능한 것의 절망 속에 빠진다. 이것은 무한한 불안의 원인 중 하나라고 키에르케고르는 인용했다.165) 자끄 엘륄은 "개인은 스스로의 눈에 완전히 신기루가 되었다."166) 반대로 "개인이 자유를 확인할 수 있는 것은 바로 그 부자유를 인정할 때이다!"167)

m) 세상을 본받지 않음

초기 작품에서부터, 자끄 엘륄은 기독교와 세속문화 사이의 단절이라는 키에르케고르의 주장을 지지한다. 세상의 일들을 도덕화, 기독교화하고, 기독교 제도를 마련하고, 기독교적 정치를 실행하는 것, 이것은 마귀가 천사가 되려고 마귀에게 금칠을 해주는 것과 같다.168) 우리가 살펴본 대로 진정한 혁명은 권력을 잡는 것이라기보다는 기독교인들의 삶을 근본적으로 바꾸는 데에 있다. 그러나 현재로서는 이들은 비교적 "좋은 아들, 좋은 남편, 좋은 사장, 좋은 노동자—아라공Aragon이 말했듯이, 좋은 빵처럼 좋은— 그들은 개인적으로 많은 덕을 가지고 있지만, 그들은 어떤 삶의 양식도 가지고 있지 않다. 또는 그들은 정확하게 사회학적 조건들에 의해 부과된 삶의 양식이 있다"169) 자끄 엘륄은 새로운 율법을 부과하게 될 것을 염려하여 복음에 합당한 삶의 양식을 기술하기를 거부한다.170)

---

165) 참조. SK, "La maladie à la mort", *OC XVI, op.cit.*, p.193. 엘륄은 출전을 달지 않았다.
166) 엘륄, 1988, p.400.
167) 앞의 책, p.730.
168) 참조. 엘륄, 1948, p.24.
169) 앞의 책, p.111.
170) 참조. 앞의 책, p.112-113.

암시적이기는 하나 이러한 반순응주의적 태도에서 키에르케고르의 외침이 깃들여 있다. 마지막 글들에서 덴마크 사상가는 실제로 당시의 "기독교" 사회를 향해 근본적으로 공격했었다. "기독교의 이념은 모든 것을 바꾸는 데 있었다. 그 결과는 '제도화된 기독교다.' 이것은 모든 것, 절대적으로 모든 것이 이름만 '기독교적'이지 그대로 남아 있기 때문이었다." 171) 19세기 덴마크 사회는 전체적으로 볼 때 "기독교화"되었다. 덧붙여서 키에르케고르는 자유사상가들을 비꼰다.172) 거기에는 집에서 기르는 동물들과 그것들의 새끼가 포함된다.173) 마치 기독교 매음굴과 같은 "기독교 윤리"로 괴상하게 옷을 입은 이교적 제도들174), '기독교적' 사기175), '기독교적' 영예와 허식들176)이 포함된다. 키에르케고르는 분명하게 이교적 제도와 기독교의 위선을 고발하는데, 여기에서 기독교적 성격은 옻칠에 불과하다. 가장 나쁜 것은 기독교라는 이름을 붙여댄다는 것이다. "이교주의로의 변화는 모든 것은 그대로 있는데 이름만 유지한다는 데에 있다."177) 그러나 만일 "우리가 기독교인이 된다는 것을 인간이 된다는 것과 동일시하는 데 성공한다면"178), 따라서 만일 우리가 모두 기독교인이 된다면, 이것은 아무도 기독교인이 아니라는 뜻이 된다. 다시 말해, 기독교인의 개념은 공허해지고 "사라진다"179) 모든 사람이 도둑이 된다면 도둑의 개념이 사라지는 것과 마찬가지이다….180) 키에르케고르는 국가 교회의 현실에 맞섰지만, 자끄 엘륄은 세속화 비기독교화 되어가는 국가에서 사라져가는 기독교 이데올로기에 대항한다 할지라도 그들의 분석은

---

171) SK, "L' Instant" OC XIX, *op. cit*. p.182-183.
172) 참조. 앞의 책, p.34,123.
173) 참조. 앞의 책, p.122.
174) 참조. 앞의 책, p.183.
175) 앞의 책.
176) 앞의 책.
177) 앞의 책, p.184.
178) SK, *Journal(extraist)*, V, 1854-1855, *op.cit*. p.340.(Pap, XIii A 382)
179) 참조. SK, "L′instant" *OC XIX*, *op.cit*., p. 145, 185.
180) 참조. 앞의 책, p.185.

공통분모에 이르도록 유사성을 가지고 있다. 기독교 이데올로기에 대해 키에르케고르가 엘륄에게 준 영감은 곧 확인될 것이다. 그러나 역시 엘륄은 그것에 재해석을 부여한다.

그 첫 번째 전이는 1973년 출간된 『새로운 유령들』Les nouveaux possédés 181)에서 드러난다. 이 저작은 기독교적인 것이 아닐지라도 종교적인 것은 항상 살아 있다는 것을 보여주기 위해 세속화의 논제를 해체한다. 따라서 자끄 엘륄은 기독교를 옹호하는 변호로서 작품을 시작한다. 중세 시대에는 "기독교가 부인할 수 없을 정도로 긍정적인 영향을 전체적으로 행사하였다."182) 그리고 그는 열거한다. 노예제도 억제, 약자의 보호, 평화를 위한 개입, 사법질서의 확립….183) 제도 기독교는 기독교 신앙을 집단적으로 실천하려고 노력하는 체제이다. 분명히 기독교인들은 자신의 손을 기꺼이 더럽히고, 하지만 이것은 성육신 때문에 그리고 예수 그리스도가 역사의 보편적 주인이라는 사실 때문에 필요하고 정당한 것이다.184) 따라서 기독교는 모든 문제에 답하는 "사회도덕"을 이루어 내었다. 그것은 기독교 신앙에 사회를 뿌리를 내리게 하며 사회를 변화시켰다. 기독교는 이같이 이데올로기, 집단적 전제, 공통적 명백성이 되었다. 왜냐하면, 모두가 기독교인이었기 때문이었다. 그러나 이 사회의 도덕화는 도덕이 심하게 타락한 상황에서 정당했다.185) 자끄 엘륄은 심지어 신앙과 종교의 혼돈을 옹호하기까지 한다.

왜냐하면, 그것이 이 상황에 내구성을 부여할 유일한 방법이었기 때문이다.186) 따라서 자끄 엘륄은 키에르케고르한테서 상당히 멀어진다. 사실상 엘륄의 이러한 전이는 기독교를 변호하면서 키에르케고르가 기독교

---

181) 참조. 엘륄, 1973.
182) 앞의 책, p.29.
183) 참조. 앞의 책, p.28-29.
184) 참조. 앞의 책, p.31.
185) 참조. 앞의 책, p.14-20.
186) 참조. 앞의 책, p.18.

를 고발했을 때 사용했던 것과 같은 항의와 논증으로 후기 기독교를 공격할 수 있게 한다. 인간들은 계시에서 멀리 떨어졌다. 그리고 완전한 순응주의 속에 빠져 산다. 반면 신앙과 기독교적 자유는 그것에서 뛰쳐나가라고 요구한다.

두 번째 전이는 1984년 출간된 『뒤틀려진 기독교』[187]에서 일어난다. 비록 전이기는 하나 키에르케고르로 돌아가는 듯이 보인다. 이 책은 『순간』에서 따온 긴 서문으로 시작한다.

> "모든 제도 기독교-부과된 역사적 기독교-는 기독교를 몰아내려고 인간이 다시 네 발로 걷고자 하는 노력 이상의 것이 아니다. 그리고 그것은 이것이 그의 완성이라고 주장한다. 우리의 제도 기독교는 기독교로부터 거치는 것, 역설, 고통을 제거하고, 대신에 개연적이고 직접적인 행복으로 대체한다. 다시 말해서, 그것은 기독교를 부자연스러운 것으로 만들어 버린다. 그리고 사실 이것은 신약성서가 말하는 기독교와 다른 것이다. 그것은 정확하게 성서와 반대로 만들어 버렸다 이것이 바로 제도 기독교이다. 이것이 바로 우리의 기독교이다. 제도 기독교에서는, 십자가가 아이들이 타고 노는 기계 말이나 나팔이 되었다."[188]

두 저자를 풍부하게 비교하려면 용어의 모호성을 처음부터 해결할 필요가 있다. 키에르케고르에게 있어서, 기독교는 일반적으로 신약성서가

---

187) 참조. 엘륄, 1984a.
188) 앞의 책, p.7. SK, *L'instant*, *OC, XIX, op cit.*, p.179, 181, 184. 자끄 엘륄은 페이지를 지적하고 있지 않다. 사실, 이것은 엘륄이 자유롭게 인용한 키에르케고르의 세 가지 텍스트와 관련된다. 왜냐하면, 그가 "제도 기독교(Chrétienté)"의 정의를 괄호 안에 묶어 추가하기 때문이다("다시 말해, 어떤 상황에서의 역사적 기독교"). 마찬가지로, 가톨교를 벗어나려고", "익살스러운 변명인 기독교"라는 표현 다음에 끊음의 표시를 없애고 "고통" 과 "행복"의 정의를 내린다. 더 분명히 밝히려고, 이탤릭체를 첨가해서 순간(*L'instant*)의 구절을 인용한다. "개를 두 발로 걷게 하면, 늘 떨어져 다시 네 발로 걷게 되고, 한 번 그렇게 하고 나면, 다시 좋은 기회를 잡으려고 한다. 모든 제도 기독교는(…). 네 발로 다시 떨어지는 인간의 노력에 불과하다. 그것은 신약성서의 기독교를 벗어버리려고 신약성서의 기독교를 우습게 평계로 삼아 그것이 이 기독교를 완성한다고 주장한다." (SK, *L'instant*", *OC XIX, op cit.* p.179). "우리의 기독교는(제도 기독교) 사물의 질서에 역시

증거 하는 그리스도의 말씀과 삶을 가리킨다. 반면 '제도 기독교'christenhed는 국가 종교 안에서 세속화되고 왜곡된 공식적인 기독교를 말한다. 이 두 범주는 실질적으로 이질적으로 제시된다. 하지만, 키에르케고르는 역시 '신약성서의 기독교'와 대립하는 '제도 기독교'를 말한다. '기독교'라는 단어는 따라서 근본적으로 애매한 단어이다. 모든 애매함을 일소하기 위해서 키에르케고르는 때때로, "Christelige"라는 용어를 사용하는데, 헬레네 폴리띠는 다행스럽게 "신약성서의 기독교"나 "특별히 기독교적인"을 지칭할 때 "기독교화됨"christianité 189)라고 번역한다. "제도 기독교의 기독교"chrisitianisme de la chrétienté는 기만적으로 "제도 기독교"chréienté와 기독교"chrisitianisme를 동일시한다. 자끄 엘륄로서는 그는 기독교chrisitianisme를 기독교 됨christianité과 동일시하는 것을 선호한다. 이는 접미사 -isme는 이데올로기, 즉 정당화의 체계를 연상시키기 때문이다.190) 그리고 진정한 기독교chrisitianisme(키에르케고르의 기독교)를 X라는 단순한 글자로 표시한다. 이것은 다음의 삼중의 긴 문구를 집약하기 위한 간편한 축약이다. "한편으로 그리스도 안에 성취된 계시와 하나님의 사역, 두 번째로 그리스도의 몸으로서 교회의 진정한 존재, 세 번째로, 진리와 사랑 안에서 신앙과 기독교인의 삶"191) "제도 기독교"chrisitianisme는 따라서 "X의 왜곡인 이데올로기적인 사회학적인 운동"192)이다.

적응되어 있다. 그것은 기독교에 거치는 것, 역설(…)을 제거한다. 그리고 그것은 개연적인 것, 직접적인 것(…)으로 대체한다. 다시 말해서, 그것은 기독교를 비자연화하고, 그것으로 신약성서의 기독교와는 다른 것을 만들어 버린다. 그것은 진정한 기독교를 정반대의 것으로 변형시킨다. 그것이 바로 (우리의) '제도 기독교(Chrétienté)이다."(앞의 책, p.181). "그렇다. '제도 기독교' 라는 기독교에서는, 십자가가 장난감 말이나 어린애의 나팔과 같이 되어버렸다."(앞의 책, p.184)

189) 참조. Hélène POLITIS, *Le vocabulaire de Kierkegaard*, Paris, Ellipses(coll. Vocabulaire de…), 2002, p.10-13.

190) 엘륄, 1984a, p.21. 참조. 엘륄, 1975a, tome 1. p.278. 『세상에 묻힌 그리스도인』*Fausse présence au monde moderne*와 『원함과 행함』*Le vouloir et le Faire*에서, 자끄 엘륄은 다시 키에르케고르의 용법을 따라서 "기독교"를 "제도 기독교"에 대치시킨다 (참조. 1964a, p.120-123; 1964b, p.76-77, 193)

191) 참조. 앞의 책, p.21.

192) 앞의 책,

그러나 X는 본성상 전복적이고 혁명적이다. 반면 제도 기독교는 유아적 도덕주의와 정치, 사회적 보수주의와 맞물려서 하나의 종교가 되고 말았다. 이러한 X의 변질은 말하자면, 전복의 전복, 뒤틀림의 뒤틀림이다….[193] 이 과정의 본질적인 요소는 X의 수적인 성공이다. 번성 덕분에, 그것은 무너지고 말았다. 자끄 엘륄은 여기서 길게 키에르케고르를 인용한다.

"국가는 직접적으로 수와 관련되어 있다. 국가가 쇠망할 때, 그 수도 줄어들고 국가는 사라지게 된다. 다시 말해, 그 개념이 공허해진다. 기독교는 숫자의 문제가 아니다. 한 명의 진정한 기독교인만 있어도 기독교의 실재성을 확증하기에 충분하다. 그리고 심지어 기독교는 숫자의 논리와 반대된다. 모두가 기독교인이 된다면, 기독교인의 개념은 공허한 개념이 된다. 이는 사실 논쟁적인 개념이다. 우리는 반대의 행동을 하면서 반대의 관점에 있을 때만 기독교인이 될 수 있다(…) 반대가 없어지면, 기독교인이라고 말할 어떤 의미도 더는 없게 된다. 제도 기독교는 우리가 모두 기독교인이라는 사실을 들어 교묘하게 진정한 기독교를 없애버렸다. "기독교인"의 개념은 따라서 숫자와는 관련이 없다. 반면 국가는 숫자와 직접적으로 관련되어 있다. 하지만, 우리는 이 둘을 융해시켜 버렸다. 결국, 횡설수설이 난무하고 사제들만 득이 되게 했다(…) 제도 기독교에서는 진정한 기독교라고 하는 개념은 조금도 찾아볼 수 없다. 우리는 기독교의 확산에 의해 진정한 기독교가 폐지되는 것을 알아차리거나 이해할 수 없을 것이다."[194]

우리가 살펴보았듯이, 자끄 엘륄은 이어 뒤틀림의 여러 가지 영역을 열거한다. 정치 권력과의 결탁, 교회의 부유화와 경직화, X를 도덕과 잔치로 축소하는 것, 강력한 반페미니즘, 자연과 사회, 공간과 시간, 성직자

---

193) 참조. 앞의 책, p.25-32.
194) 앞의 책, p.59, SK, L´instant" *OC XIX, op.cit.*, p.145.

와 성물들, 의식과 성례의 재신성화 등이다.195) 자끄 엘륄은 제도 기독교에서 교회와 국가 사이의 충돌과 그것이 가져오는 사회적 보수주의의 한 예를 불러오려고 키에르케고르를 참조한다. "오랫동안 성서에 대고 해야 하는 맹세 의무는, 성서가 맹세하지 말라고 금한 것이었다!196)" 197) 유아 세례의 동기는 이 두 저자가 수렴되는 점이다. 키에르케고르는 사실 "제도 기독교안에서 탄생하는 것만으로 구원받기에 충분하다"198)라고 주장하는 기독교의 날조를 공박한다.

그러나 자끄 엘륄은 그렇다고 이것을 구원의 문제와 연결하지는 않고 X의 전복의 결정적 장소 중 하나로 간주한다. 3세기부터, 개인 회심은 더는 교회에 들어가기 위한 사전요건이 아니었다. 교회는 점점 사회조직과 혼돈 된다.199) 그렇지만, 복음은 개인을 위해서 마련된 것이지 사회를 조직하기 위해서 만들어진 것이 아니다. 그것은 사회 생활하는데 있어서는 비난과 참을 수 없음의 대상이 된다. 따라서 그것을 유연하게 해야 한다. 즉 그것을 왜곡하고 공허하게 해야 한다. 모두가 기독교인일 때, X는 완전히 사라진다.200)

---

195) 참조. 엘륄, 1984a, p.46-147.
196) 참조. 마태복음 5장 34절.
197) 참조. 엘륄, 1984a, 31쪽, 참조, SK, L´Instant" OC XIX, op.cit., p.148. 이 출전은 엘륄이 달지 않았다.
198) SK, L´école du christianisme, OC XVII, op.cit., p.105. 참조, 역시 SK, Post-scriptum definitif et non scientifique aux Miettes philosophiaue, OC X, op.cit. p.42-43. (+62); OC XI, op.cit., p. 45-46(+n.78), 62-67(+n. 101), 70-72, 280, 288; Journal(extraits), V, 1854-1855, op.cit., p. 173-174 (Pap. XIi A 546).
199) 참조. 엘륄, 1984a, p.51, 60.
200) 참조. 앞의 책, p.46-147. 1991년에 출간된, 엘륄의 다른 저술, 이 『하나님은 불의한가?』, 『이스라엘 민족을 위한 신학』에서, 엘륄은 칼 바르트에 기대면서 교회는 자신의 쇠퇴에 대한 책임을 지고 있고, "이 죄책은 그것을 인정하지 않는 데 있다"라고 단언한다(엘륄, 1991a, p.121). 어떻게 여기서 루터 교회를 향한 키에르케고르의 전투를 반향하지 않는다고 할 수 있는가? 키에르케고르는 사적으로 그리고 여러 번 덴마크 교회의 최고 성직자인 민스터(Mynster)의 주교에게 공적으로 그리고 엄숙히 "공식적인 기독교의 설교는 결코 신약성서의 기독교를 반향하고 있지 않고," "환상으로 둘러싸인 경건의 모양만 있을 따름이다"라는 사실을 인정하라고 촉구한다(SK, "Vingt et un articles de Fædrelandet", OC XIX, op, cit., p.30) 그리고 그는 죽을 때까지 모든 나라에 영향력을 가진 이 노인이 이 양심의 소리에 복종하기를 소망했다(참조. 앞의 책, p.5; SK, Journal(extraits), V, 1854-1855, op.cit., p.13 [Pap. XIi A 1], 220[Pap. XIii A78]. 왜냐하면, 공식 기독교가 신약성서의 기독교와 관계를 맺기 위해서, 우선 그는 그것과 그를 나누는 거리를 인정해야 했다.(참조. SK, "Vingt et un article de Fædrelandet" OC XIX, op.cit., p.41-42). 이 겸손과 정직의 원칙은

자끄 엘륄은 따라서 비뚤어진 기독교를 비난하기 위해서 키에르케고르적 강조를 다시 찾는다. 그는 다시 진정한 기독교와 자연인을 대립시키는 모순을 들춰내려고 덴마크 사상가를 길게 인용한다. "만약 우리가 신약 성서가 이해하는 기독교와 기독교인이 된다는 것이 인간을 기쁘게 하고 그에게 아첨하는 것으로 마치 그것이 자신의 발명품인 냥 인간적 사상에 영합한다고 한다면, 아무런 문제도 없을 것이다! 하지만 '그러나'가 존재한다. 이것은 하나의 어려움인데, 신약성서에서 기독교인이 된다는 것은 정확하게 인간과 모순된다는 것이다. 이것은 인간에게 거치는 것이 된다. 또한, 이것은 인간이 거역해야 하는 그 무엇이고, 어떤 간계로든 어떤 대가를 치르고서라도 벗어나야 하는 그 무엇이다. 가령 신약성서의 기독교를 정확하게 정반대로 소개하는 이 사기 덕분에…. 이어 기독교인이 된다는 것에 대한 호의를 베푸신 하나님께 영광을 돌린다…."201) "신약성서의 기독교만큼 인간을 불쾌하게 하고, 그것에 반항하게 하는 것은 없다. 진정으로 선포될 경우, 그것은 수백만의 기독교인을 얻을 수 없고, 대

키에르케고르에게 있어서 모든 전진의 필요 불가결한(sine qua non) 요건이다(참조. 앞의 책, p.43, 48, 51, 215). 그리고 만일 민스터가 그의 생의 마지막을 유일하게 기독교 사업에 힘을 쏟는다면, 그때 키에르케고르는 "놀라운 각성이야! (…) 놀라운 덕을 세움이야!"라고 감탄할 것이다 (SK, Journal [extraits] V, 1854-1855, op cit., p.383[Pap. XIiii B15]. 교회 수장이 사망하자, 이러한 물밑의 압력이 실패하고, 그의 후임 마르텐센(Martensen)이 행한 장례식도 실패하자 키에르케고르는 공적으로 적대감을 표현했다.

201) 엘륄, 1984a, p.237. SK, L'instant, OC XIX, op cit., p.167-168. 이상하게도, 이 인용은 괄호도 출전도 없이 주어졌다. 결국, 독자는 이것을 자끄 엘륄의 글이라고 생각할 것이다. 역시 이 인용은 키에르케고르의 글과 비교해 볼 때, 상당히 근사적이고 심지어 잘린 부분도 있다. 가장 심각한 결과를 가져오는 변형은 '자연인(homme naturel)'가 관계된다. 자끄 엘륄의 책에서는 단지 "인간(homme)"으로 축소된다. 독자들이 차이를 식별하기 위해서, 이탤릭체로 차이를 표시하여 원문을 제시한다. "만약 우리가 신약성서가 이해하는 기독교와 기독교인이 된다는 것이 *자연인*을 만족하게 하고, 그에게 아첨하는 것으로서 그것이 자신의 발명품인 냥, *자기 자신의 마음 깊은 곳에서 나온 교리와 거의 관계된 것인 냥* 인간에게 아부한다는 것을 인정한다면, *그때 우리는* 문제를 일찍 해결할 것이다. 그러나 하나의 어려움이 있다. 그것은 신약성서가 기독교와 기독교인을 어떻게 이해하느냐는 문제이다.- *그것은 어떤 신비도 만들어 내지 않는다. 그리고 그것은 오히려 고의적으로 그것을 강조한다.* - 이것은 자연인과 정반대이다. 그에게 그것은 추문(scandale)이 된다. 신약성서의 기독교는 도전과 야만적 열정으로 반항해야 한다. 아니면 어떤 대가를 치르더라도 교활하게 벗어 버려야 한다. 기독교를 그 정반대의 것으로 만들어 버리는 이 사기를 치고 이 *기독교의* 엄청나고, 측량할 수 없는 자비를 베푸시는 *기독교인의* 하나님께 영광을 돌리는 것이 좋은 예이다.

가나 세상적인 이득도 얻을 수 없다! 그래서 혼란이 발생한다. 사람들을 얻으려면 선포된 내용이 그들의 구미에 맞아야 하고 그들에게 유혹적이어야 한다…. 그리고 여기에 어려움이 존재한다. 그것은 제도 기독교가 신약성서의 기독교가 아님을 보여주는 것이 아니라, 신약성서의 기독교와 그것이 이해하는 기독교인이 인간에게 무척 불쾌하다는 사실에 있다."[202] "서기 30년이나 오늘날이나 마찬가지로 기독교 계시는 인간을 기쁘게 할 수 없다. 기독교는 항상 인간에게 가슴 속 깊은 곳에서 치명적인 적이었다. 역시 역사는 세대에서 세대로 극히 존경받는 사회 계급이 존재했는데 그 계급의 일은 기독교를 실제의 그것과 정 반대의 것이 되게 하는 것에 있다."[203]

자끄 엘륄은 다시 키에르케고르의 비판적 입장으로 되돌아온다. 『새로운 유령들』은 그와 거리를 두지 않았는가? 이어지는 텍스트는 그것을 확증하는 것처럼 보인다. 이는 완전한 전이를 이룬다. 왜냐하면, 이 모든 것에도, 왜곡된 계시는 전수되고 영감을 주는 것을 계속하고 삶을 계속해서 변화시키기 때문이다. 그리고 하나님의 말씀이 다시 들려지고 반역의 반역이 일어나고, 또는 정확하게 우리가 자끄 엘륄의 사상을 표현하면서 "전복의 전복의 전복"… 왜냐하면, 전복은 반드시 그 안에서 자신의 고유한 전복을 지니고 있기 때문이다. 따라서 아무것도 잃은 게 없다. 왜냐하

---

202) 엘륄, 1984a, p.237; SK, *L'instant, OC XIX, op.cit.* p.168-169. 자끄 엘륄은 이 인용을 순간(*L'instant*)의 167쪽으로 출전을 단다. 여기서 우리는 비교를 위해서 역시 이탤릭체로 차이를 표시한다. "반대로 신약성서의 기독교만큼 인간을 불쾌하게 하고, 그것에 반항하게 하는 것은 없다. 이렇게 선포되어서는, 그것은 수백만의 기독교인을 얻을 수 없고, 대가나 세상의 이득을 얻을 수 없다! (…) 대부분 혼동은 즉시 의식적으로든 무의식적으로든 일어난다(…). 기독교인들의 동의를 얻으려면, 선포된 내용이 그들의 구미에 맞아야 하고 그들에게 유혹적이어야 한다…. 여기에 어려움이 존재한다. 그것은 제도 기독교가 신약성서의 기독교가 아님을 보여주는 것이 아니라, 신약성서의 기독교와 그것이 이해하는 기독교인이 인간에게 *유쾌한 것이 아니다*는 사실에 있다.

203) 엘륄, 1984a, p.237-238. SK, *L'instant, OC XIX op.cit.*, p.240. 이 인용은 정확하다. 우리는 다시 차이를 식별하도록 이탤릭체를 동원하여 원문을 기록한다. "결코- 서기 30년은 물론 오늘날에도- *이 기독교는 인간을 기쁘게 하지 않는다*. 이것은 늘 자신의 마음속에 치명적인 적이었다. 역시 역사는 세대에서 세대로 극히 존경받는 사회 계급이 존재했는데 그 계급의 일은 기독교를 실제의 그것과 정 반대의 것이 되게 하는 것에 있다."

면, "제도 기독교는 결코 그리스도를 이길 수 없다."204)

그러나 예수 그리스도의 교회가 그 오류 가운데서도 유지될 수 있었던 것은, 바로 주기적으로 복음의 진리로 돌아오는 신학자가 출현했기 때문이다. 그리고 그들 가운데 키에르케고르가 있다!205) 따라서 자끄 엘륄은 키에르케고르의 저술을 X의 영구성 표시로 간주한다! 이처럼 보르도인에 의해서 덴마크 사상가의 수용에서 예기치 못한 양상 중 하나가 드러난다. 그것은 저자 자신의 사상과 쓰이고, 재해석된 그의 저술의 내부에서 삶과 역사적 저술이 통합된다는 것이다. 자끄 엘륄에게 있어 키에르케고르라는 인물의 존재는 그의 존재에 대한 사상의 결정적인 자리 중 하나이다. 따라서 자끄 엘륄은 키에르케고르의 저술에 강하게 영감을 받지만, 그는 키에르케고르의 저술을 그 내용과 관련해서만이 아니라, 하나의 역사적 사건, 즉 카이로스 καιρός로써 자신의 사상에 통합시킨다. 그리고 마찬가지로 우리는 그에게 엄청난 영향을 준 칼 바르트와 칼 마르크스를 보게 될 것이다.

n) 고통

우리가 보았듯이 엘륄이 키에르케고르 사상의 영역에 대해 "비판적 거리"가 없다고 말했음에도 결과적으로는 그는 그와 "토론"을 할 수 없었다.206) 그러나 엘륄은 가끔 명시적으로 실재적인 차이를 인정하거나, 아니면 키에르케고르의 사상에 의지하여 그것을 확장하고 풍성하게 했다. 바로 이렇게 해서 고통이라는 주제가 발전하게 된다. 『자유의 윤리』에 그는 키에르케고르의 『고통의 복음』*L'Evangile des souffrances*을 인용한다. "고통의 학교는 영원을 위해 만들어졌다.(…) 세상에서 가장 추구되는 선이 독

---

204) 엘륄, 1984a, p.324.
205) 참조. 앞의 책 p.304-307.
206) Nelly VIALLANEIX, *Ecoute, Kierkegaard, op. cit.*, tome 1, p. III.

립이라는 것과 누구도 거기에 진정 이르는 유일한 길을 찾지 못한 것이 이상하다. 그것은 고통의 길이다."207) 자끄 엘륄의 주석은 떨리는 변명과 연관된다. "행복과, 고통의 거절은 자유뿐만 아니라, 인간에 의해 추구되는 단순한 독립도 제거한다. 왜냐하면, 독립의 길은 고통의 길이기 때문이다!"208) 엘륄은 여기서 자신이 옹호하는 기독교인의 자유를 위해서 키에르케고르의 사색의 도움을 받는다. 반면 덴마크의 사상가에게는 독립이란 자기를 아는 것이다.

따라서 행복과 자유는 서로 반대의 이유로 찾아온다. 반면 뗄 수 없는 연관은 고통과 기쁨을 연결한다. 그리고 자끄 엘륄은 어떤 비판도 없이 『고통의 복음』의 몇 장을 다시 취한다. "Ⅲ-기쁨, 그것은 고통의 학교가 영원을 위해서 우리에게 가르치는 것이다. Ⅳ-기쁨, 그것은 하나님 앞에서 인간이 죄인으로 늘 서 있는 것이다. Ⅴ-기쁨 그것은 좁은 길이 아니고 고난이 그 길이다. Ⅵ-기쁨, 그것은 일시적인 고통이 무겁다 해도 영원의 지복이 그것을 가져다준다. Ⅶ-기쁨, 그것은 순전한 용기가 고통의 와중에서 세상에서 자신의 힘을 빼내는 것이고, 그 용기 자체가 수치를 영광으로 패배를 성공으로 바꾸는 힘을 가지고 있다."209) 이러한 진술의 나열은 엘륄의 동의를 말해주고 있다.

20년 후에 예수의 고통과 시험을 다룬 『네가 하나님의 아들이라면』*Si tu est le Fils de Dieu,* 210)에서, 자끄 엘륄은 모든 "고통의 신학"에 반대한다. 따라서 『고통의 복음』은 "내가 전적으로 동의하지 않는 몇 권 안 되는 책 중의 하나이다."211) 하지만 두 저자는 예수가 어느 정도로 고난을 받았는지

---

207) 엘륄, 1975a, tome 1, p.296; tome 2, p.120; SK, "L'Evangile des souffrances", *OC XIII, op cit.*, p. 246-247. 자끄 엘륄은 출전을 기록하지 않는다.
208) 엘륄, 1975a, tome 1, p.296. 키에르케고르를 인용했을 때, 괄호의 오류는 용납되나, 이 두 문장은 엘륄의 주석이라고 할 수 있다.
209) 엘륄, 1975a, tome 2, p.170. 참조. SK, "L'Evangile des souffrances", *OC XIII, op cit.*, p.209.
210) 참조. 엘륄, 1991b.
211) 앞의 책, p.941.

를 화합하고 있다. 키에르케고르는 다음을 주장한다. "이처럼 그의 모든 지상의 삶은 어떤 누구도 생각할 수 없는 가장 짓눌리고 무거운 고통이었다. 무겁다고 하는 정도는 어떤 언어로도 표현할 수 없을 것이다."[212] 그리고 자끄 엘륄은 "어떤 인간의 고통도 그에게 낯설지 않다. 그리고 우리는 텍스트가 우리를 이끌고 가는 가장 깊고, 본질적인 부분에까지 이 고통 중에서 가장 단순하고, 가장 저급한 고통도 가볍게 여겨서는 안 된다."[213] 그러나 우리의 두 저자는 같은 결론을 도출해 내지 않는다. 자끄 엘륄은 모든 고통의 의도는 병적이고, 모든 고행은 반기독교적이라고 간주한다. 왜냐하면, 우리의 고통은 구원에서 어떤 가치도 없는데, 이는 더더욱 예수의 고통이 아니라 그의 죽음이 구원의 효과가 있기 때문이다. 만일 그가 모든 인간의 영원한 고통을 알았다면, 만일 그가 우리에게 찾아오는 모든 정죄를 알았다면, 우리의 고통은 불합리하고 노골적인 사실이 되었을 것이다. 그것은 보상적이지도, 교육적이지도, 카타르시스적이지도 않다. 우리의 고통은 물리적인 힘의 움직임의 결과다. 그리고 우리는 그것을 가다듬음 없이 겪으며 살아야 한다.[214]

그러나 자끄 엘륄이 키에르케고르에 관해서 고전적인 오해를 피했는지는 확실치 않다. 키에르케고르에 있어서 고통이란 결코 구원의 효과를 가지고 있지 않다. 키에르케고르는 『자유의 윤리』가 강조하듯이 기쁨과 섞인 고통은 "기독교인이 되기" 위해서 지나가야 하는 과정이다. 그것은 역시 우리가 길을 잘못 들어서지 않으려고 또 우리가 "좋은 길에 접어들기"[215] 위해서 필요한 증거가 아니라면 징표이다. 이것은 그것 자체가 길이 된다는 간단한 이유 때문이다.[216] 이처럼 자끄 엘륄과는 반대로, 키에

---

212) SK, "L'Evangile des souffrances", *OC XIII*, *op.cit.*, p.251.
213) 엘륄, 1991b, p.949-950.
214) 참조. 앞의 책, p.950-951.
215) SK. "L'Evangile des souffrances", *OC XIII*, *op.cit.*, p.291.
216) 참조. 앞의 책, p.297.

르케고르는 기독교인의 고통은 의미가 있고, 그것은 선을 획득한다는 것을 주장한다.[217] 그것은 구원의 수단은 아니지만, 이것에 가치를 부여하는 것은 주어진 구원이다. 왜냐하면, 영원을 획득하기보다는, 그것은 근본적으로 영원에 속하기 때문이다.[218]

하지만, 자끄 엘륄은 다소 『고통의 복음』에 대해서 비판적 뉘앙스를 풍긴다. 만일 고통이 하나님의 임재를 가르쳐 준다면. 그때 "고통의 복음이 될 수 있다."[219] 이러한 차이는 자끄 엘륄의 키에르케고르에 대한 관계가 언뜻 보이는 것보다 훨씬 복잡하게 만든다.

0) 결론: 키에르케고르주의자가 된다는 것은 무엇인가?

우리는 자끄 엘륄에게서 거의 무조건적인 키에르케고르주의자를 만나게 된다. 인용, 참조 그리고 명시적, 암시적 인유引喻를 통해서, 엘륄의 저서는 반복적으로 덴마크 사상가를 향해진 지적, 영적 빚을 표현한다. 그러나 그는 자유롭게 이 사상가를 불러오는 것을 두려워하지 않는다. 그는 주저치 않고 자신이 탐구하기를 원하지 않는 영역에서 키에르케고르의 범주를 옮겨 놓는다. 기술사회, 근대의 성서 주석, 후기 기독교성과 같은 주제가 대표적이다. 그리고 그의 부인에도 그는 고통의 문제와 같은 문제에 대해서는 키에르케고르에게 충실치 않다.

여러 학파의 경우를 볼 때, 우리는 한 저술의 수용에 대해 모든 역사가의 관심을 끌 문제를 제기할 수 있다. 그것은 한 저자에게 충실하다는 것은 무엇을 말하는가? 이 경우, 키에르케고르주의자가 된다는 것은 무엇을 뜻하는가? 분명, 자끄 엘륄은 자기 자신의 작품에 대한 충실성에 관해서 대답할 이 문제에 답할 것이다. 충실하다는 것은, 타인의 저술을 전체

---

217) 참조. 앞의 책, p.306-307.
218) 참조. 앞의 책, p.253.
219) 엘륄, 1991b, p.942.

적으로 읽고, 그의 사상을 먹으며, 그것을 새김질하고 소화하는 것이다. 이것은 이어서 그 사상을 넘어서서 자기 자신의 사상을 구축하기 위해서 그 사상을 떠나는 것이다.220) 키에르케고르주의자가 된다는 것은 우리와 마찬가지로 자끄 엘륄도 엘륄주의자가 된다는 것은 "불충실한 충실성"을 나타내 보이거나 "충실한 불충실성"을 보이는 것이다. "따라서 사실적으로 나를 떠남으로써 나에게 가장 충실하게 된다."221) 이렇게 해서 자끄 엘륄과 그의 근본적인 원천들 사이의 관계가 확립된다. 다른 원천들과의 관계도 마찬가지일 것이다. 그에 사상의 촉진제가 되는 사상에 맞서서는 더욱 그렇다. 이것이 바로 우리가 고찰하고자 하는 것이다.

II. 마르크스의 독자 엘륄- 사회학적 측면의 원천

"키에르케고르 말고도 가끔 내 사상에 결정적인 영향을 준 저자들이 있다. 정치와 사회의 영역에서 경제 현상의 이해를 위해 분명히 마르크스가 나를 일깨웠고 도구를 제공해 주었다."1) 바로 이 말로 엘륄은 칼 마르크스에게 진 지적인 빚을 인정하고 있다. 키에르케고르와 맺는 독보적 관계와는 달리 마르크스와의 관계는 모호하다. 칼 마르크스는 자끄 엘륄이라는 독자의 갈증을 해결해주는 샘물인 동시에 오염된 샘물이기도 하다. 이 오염이라는 것은 교조적 후계자들과 충실치 못한 주석가들 때문만은 아니다. 이 모호함은 자끄 엘륄이 칼 마르크스에게 내리는 모순적인 평가의 역설을 설명해준다. 때론 그에게 전적으로 동의하고("나는 마르크스

---

220) 참조. 엘륄, 1992b, p.15-23, 144; Didier NORDON, "Peut-on lire sans trahir?", in Patrick TTOUDE-CHASTENET dir., *Jacques Ellul, penseur sans frontiéres, op.cit.*, p.335-345.
221) 참조. 엘륄, 1992b, p.144.

1) Nelly VIALLANEIX, *Ecoute Kierkegaard, op.cit.*, p. II.

의 분석이 옳다고 견고히 믿는다."2) 때론 가차없이 신랄하게 말한다 (그는 "인류의 3대 악당 중 하나이다."3)

a) 칼 마르크스와의 만남 그리고 그 사상의 교훈

자끄 엘륄은 18살 때 대학에서 정치경제학 시간에 칼 마르크스의 작품을 접하게 되는데, 그 당시는 자신 부모님의 실직을 가져온 1929년의 금융 위기의 와중이었다. 그는 마르크스의 자본주의 비판에서 그는 실존적인 측면에서 그를 감동시킨 비극의 드라마에 대한 설명을 발견할 뿐 아니라, 또한 세계에 대한 총체적 해석을 처음으로 발견하게 된다.4) 당시 그는 말하기를 『자본론』을 읽고 나서 마르크스의 작품 전체를 읽게 되었다고 한다.5) 그는 나중에 마르크스의 저작과 복음서가 "나의 성격을 형성했다."6)고 시인한다. 이 둘 사이에 끼어서, 최소한의 더함도 종합도 할 수 없어서7), 변증법적 태도로 이끌리게 된다8). 마르크스의 헤겔 비판은 특히 그에게 신학에서 관념론의 곤경을 인식하게 한다.9) 자끄 엘륄은 다른

---

2) 엘륄, 1982, p.20.
3) 엘륄, 1972b, p.58.
4) 참조. 엘륄, 1981a, p.8, 14. 1994. 13-14, 87, 91.
5) 참조. 엘륄, 1992, p.23. 1994, p.91.
6) 엘륄, 1981, p.28.
7) 참조. 앞의 책, p.18-19.
8) 자끄 엘륄은 이 dechirement을 다음과 같은 말로 분석한다. "마르크스와 바르트에게 얻은 나의 이중적인 지적 기원으로 말미암아서, 변증법은 나에게 중심적인 것이 되었다"(엘륄, 1987b, p.44) 이러한 진술은 변증법이 지적 유산의 이중성의 유일한 탈출구였지만, 아마도 자끄 엘륄에게 영감을 준 인물 각자가 (우리는 여기에 키에르케고르를 더할 수 있다.) 각자 자신의 방식대로 변증법적 방식을 발전시켰음을 의미한다. 엘륄은 다른 곳에서 분명하게 말한다. "마르크스에게, 전 역사는 변증법적 방식에 따라, 즉 대립에 의해서 움직인다. 역사적 요인들의 모순들에 의해서, 즉 상호적으로 부정하나 서로 배제하지 않고, 이어 대립과 갈등의 기간이 지나면 새로운 역사적 상황에 이른다. 결과적으로 역사는 갈등에 의해서만 이해된다(앞의 책, p.47). 우리는 장 마끄 베흐뚜(Jean-Marc Berthoud)가 정통 깔뱅주의의 이름으로 자끄 엘륄이 성서보다 칼 마르크스를 선택했다고 비난한 것을 보았다(참조, Jean-Marc BERTHOUD, "자끄 엘륄과 마르크스와 깔뱅 사이의 불가능한 변증법"(op.cit). 그는 자신의 주장을 뒷받침하기 위해서, 예수의 말씀에서 성서적 정당화를 찾았다. "한 사람이 두 주인을 섬기지 못할 것이니"(참조, 앞의 책, p.181, 마태복음 6장 24절 인용) 장 마크 베흐뚜가 이 참조구절을 가져온 것은 마르크스의 변증법에 귀가 먹을 것일 뿐 아니라, 자끄 엘륄에게 강력하게 자리 잡고 있는 성서의 변증법 자체에 눈이 어두운 것이다.

곳에서 키에르케고르와 더불어서 칼 마르크스 저작의 변증법적 구조 안에서 이 두 사람에게서 철학과 경제학이 서로 설명을 해 주었음을 자인한다.10) 반대로, 자끄 엘륄은 공산주의자들과의 만남에서, 그들이 공산주의 운동의 선구자의 작품 중에서 1848년의 공산당 선언밖에 모르는 것에 깊이 실망하게 된다. 그리고 특히 마르크스의 해석학보다 당의 노선을 걱정하는 이들이 칼 마르크스의 사상을 교조화한 것에 더욱 실망한다.11) 그들은 소련의 정치에 대해서 비난받을 만한 맹목성을 드러낸다. 그들은 자신이 1934년에서 1935년 사이의 진행과정은 결국 공산당에 가입하지 못하게 하는 계기가 되었다.12) 따라서 자끄 엘륄은 모든 이데올로기적 신앙, 메시아주의적 유형의 신앙을 거부한다. 여기에는 공산주의가 포함된다. "공산주의는 무엇보다도 인간의 근본적인 내적 타락이다."13) 그러나 엘륄은 마르크스주의에서 세상을 해석하는 방식을 얻어냈고 특히 자본주의의 사회학적 연구방법을 도출해 낸다.14) 또한 자끄 엘륄은 1946 15)년부터 보르도의 정치 연구소에서 마르크스주의 사상을 처음으로 소개하는

---

9) 참조. David C. MENNINGER, "Marx in the social thought of Jacques Ellul", in Clifford G CHRISTIANS et Jay M. VAN HOOK, ed., *Jacques Ellul: interpretative essays, op.cit.* p.17-31, 22-23.
10) 엘륄, 1992b, p.23.
11) 자끄 엘륄은 칼 마르크스와 마르크스의 사상을 뒤집는 이데올로기적 교조적 마르크스주의를 구별한다. 이렇게 해서, 엘륄은 쇠렌 키에르케고르와 칼 마르크스에 접근한다. 이 둘은 그들의 사상이 고정된 한 체계(실존주의, 마르크스주의)가 되는 것을 막았다(엘륄, 1984a, p.19-20).
12) 참조. 엘륄, 1994, p.13-14. 당시 자끄 엘륄은 소비에트 연방이 "프롤레타리아 독재에서 프롤레타리아에 대한 독재"(엘륄, 1988, p.8)로 이행했음을 간파했다. 따라서 그는 결코 장-끌로드 귈보(Gean-Claude Guillebaud)가 그의 사후 직후에 르 몽드지에 발표된 글에서(참조. *Le monde*, 21, mai 1994, p.17) 주장한 것과는 달리, 결코 공산당에 가입하지 않았다. 보르도 정치 연구소에서 『마르크스의 계승자』*Les successeurs de Marx*라는 제목으로 행해진 강의에서, 자끄 엘륄은 응용된 마르크스주의에 대한 실망을 표명한다. "나는 1930년경에 마르크스주의자였다. 개인적으로 나는 마르크스를 공부했다. 이어 나는 모스크바 소송 이후에 마르크스주의를 버렸다. 나에게는 진보된 또는 전 공산주의, 사회주의 사회가 이 주제에 관해서 우리가 의도하는 것에 대한 반성에 어떤 흐름을 줄 수 있다는 것은 불가능했다. 나는 이미 회의적이었다. 크론스타(Cronstadt)와 우크라이나(Ukraine)의 억압은 마르크스의 지향성과 정반대되는 것으로 내게 비쳤다. 사회주의 공화국이 강제 속에 있으면서 그것 전체에 대한 자유로운 결정을 말할 수 있는가? 바로 마르크스의 사상과 소련(USSR)에서 보는 것 사이의 모순이 나를 공산주의에서 멀어지게 했다.
13) 엘륄, 1981a, p.58.
14) 참조. 앞의 책, p.57-58.
15) 참조. 앞의 책, p.141-142.

강의를 했다. 최근에 1980년까지의 노트와 녹취록[16]으로부터 이 강의가 책으로 엮어져 출판되었다.

자끄 엘륄은 다음의 말로 그가 학생들을 대상으로 하는 강의의 목적을 밝힌다. "나는 그들에게 내 강의의 목적이 그들을 마르크스주의자나 반마르크스주의자로 만드는 것이 아니고, 그들에게 원인을 분별해 내는 데에서 그들의 선택을 실행하도록 해주는 지적 도구들을 주기 위함이라고 알려주었다."[17] 학생들의 노트에서 우리는 다음 구절을 다시 찾을 수 있다. "나는 여러분이 왜 동의하거나 반대하는지를 알 수 있도록 이 강의를 한다. 나는 당신이 동의한다면 왜 그런지를 알기를 원하고 그래서 교조주의에서 벗어나기를 바란다. 나는 내가 받아들일 수 없는 교조주의가 있다고 생각하는 한, 그리고 내가 마르크스를 물신物神으로 삼는 것을 거부하는 한, 나는 정통 마르크스주의자가 아니다. 그러나 마르크스의 사상은 나를 지속적으로 자극했고, 영감을 주었다."[18] 다시 우리는 이런 교수의 원칙을 『무정부와 기독교』에서 발견한다. 자끄 엘륄은 무정부적 성향이 있는 독재자들에게 말한다. 그의 목적은 "무신론자나 불가지론자들로 자처하는 사람들이 거짓되거나 허구적인 이유가 아니라 충분한 이유를 가지고 그렇게 하라는 것이다! 내가 1947년부터 1979년까지 정치 연구소에서 '마르크스와 마르크스주의'를 강의했을 때, 나는 내 학생들에게 '나는 가능한 한 최고로 정직하려 애쓴다. 나는 이런저런 방향으로 설득시키려 하지 않았다. 내가 원했던 바는 단순한 감정이나 모호한 생각, 어떤 소속 때문이 아니라 정확한 지식과 근거를 바탕으로 마르크스주의든 반마르크스주의자가 되라는 것이다.' 나는 오늘 같은 말을 하였다!"[19] 자끄 엘륄은 다른 곳에서 학생들에게 지적 정직성을 가지고 분명히 말한다. 그는 기독

---

[16] 참조. 엘륄, 2003.
[17] 엘륄, 1981a, p.143.
[18] 엘륄, 2003.
[19] 엘륄, 1988b, p.68.

교인이기 때문에 그의 의지와는 달리 사물들을 달리 볼 수도 있다. 왜냐하면, 그는 그들을 전향시키거나 자기편으로 삼으려고 하지 않았기 때문이다.20) 마르크스 사상에 대한 그의 학식과 마르크스에 대한 거리는 자끄 엘륄이 마르크스주의자라기보다는 마르크스학자가 되게 한다.21)

b) 현실주의

자끄 엘륄은 평생 마르크스주의와 토론한다. 작품 속에서 칼 마르크스를 참조한 경우는 셀 수 없이 많다. 칼 마르크스에게서 그의 관심을 끄는 부분은 이데올로기를 수단으로 엄폐된 것을 감추려는 의식 속에서 작동하는 사회적 실재의 비판적 분석의 도구이다. 칼 마르크스에게서 수용한 이 분석의 첫째 조건은 현실주의이다. 그것은 우리 분석의 안쪽에 있는 그대로의 환경을 관찰하고 해명하는 것과 관련되어 있다. 사실 있는 그대로의 현실을 보지 못하게 하는 우리의 편견과 해석의 틀과 싸우는 것인데 이는 의식화된 삶을 살기 위함이다.22) 사실이라는 것은 사전에 주어진 것으로서, 그것에 대해서 나의 입장을 세우고, 결정하고, 행동해야만 하는 것이다. 이 현실을 있는 그대로 인식하는 것은 그것을 부인하는 것도, 그것에 종속되는 것도 아니다. 현실은 심지어 우리의 자유의 잣대이다. 그것이 없으면 우리의 자유는 하나의 꿈에 불과하다. 따라서 현실을 인식하는 것은 중요하다. 그러나 그것에 머물러서는 안 된다. 하지만, 마르크스주의 오류는 사실을 진리의 기준으로 취급한다는 것이다. 다시 말해서, 현실과 진리를 혼동하는 것이다. 사실을 넘어서는 아무것도 없다.23) 따라서 칼 마르크스의 현실주의는 자끄 엘륄의 눈에는 모든 사회학적 분석과 윤리적 사고의 필요 불가결한 사전요건임이 명백하다. 그러나 그것은 사

---

20) 참조. 엘륄, 1981a, p.142-143.
21) 참조. 엘륄, 2003, p.11.
22) 참조. 엘륄, 1984b. p.56.
23) 참조. 앞의 책 p.59-61. 엘륄, 2007c, p.275.

전 요건일 따름이지 그것에서 지나치면 그것은 너무 지나친 축소이다.

c) 칼 마르크스, 마르크스주의자들과 기술

자끄 엘륄의 사회학적 기획은 칼 마르크스가 19세기 자본주의 사회에 적용했던 방법을 20세기 기술사회에 적용하는 데 있다. 왜냐하면, 오늘날 그가 보기에 칼 마르크스 시대에 경제가 차지했던 것과 마찬가지로 기술이 결정적인 요인이기 때문이다.[24] 그러나 이것을 주장하며 그는 사회 형성에서 마지막으로 진행 중인 생산관계들의 결정에 대한 마르크스의 도식들을 불변의 진리로, 또 사회가 한 세기 동안 전혀 움직이지 않은 것처럼 교조적으로 반복하는 정통 마르크스주의자들에게 분명히 반대하고 있다. 마찬가지로 그는 현 사회의 종국을 고하게 하는 위기를 지나서만 미래 사회가 형성될 것이라고 하는 마르크스의 주장과 같이 어떤 사회의 모델을 제시하는 것을 거부한다.[25] 그리고 칼 마르크스처럼 그는 독자들을 진퇴유곡에 빠지게 하려고 상황을 드라마틱하게 묘사한다. 왜냐하면, 인간은 상황에 밀려서만이 움직이기 때문이다. 하지만, 말년에 그는 훨씬 덜 드라마틱하게 묘사했다고 인정했다. 그리고 인간은 충분히 절망적이 되었기 때문에, 혼란을 더 부추기고 싶지 않았다고 한다.[26] 우리가 보듯 자끄 엘륄은 칼 마르크스에게 중요한 역할을 부여한다. 하지만, 때로는 분석의 도구로서, 때로는 수사적 전략 모델로서 그리고 우리가 보겠지만, 때론 마르크스주의자들에게 대항하고, 때로는 마르크스 자신에게 대항

---

[24] 참조. 엘륄, 1981a, p.155. 자끄 엘륄은 다음과 같이 설명한다. "따라서 나는 마르크스가 1940년대에 살았다면 더는 경제나, 자본주의 사회 구조가 아니라 기술을 연구했을 것이라고 확신했다. 따라서 나는 마르크스가 1세기 전에 자본주의를 연구하기 위해 사용한 방법과 근사한 방법을 사용해서 기술을 연구하기 시작했다."(*ibid*). 그리고 20세기 기술사회로 옮겨진 마르크스주의 방법은 본질적으로 그것에서 내적인 모순을 가려내는 것에 있다(참조. 엘륄, 1988a, p.135-151). 게다가, 자끄 엘륄은 칼 마르크스가 사회 발전의 강력한 요인을 취하고, 중요성이 없는 요인을 버리면서 사회의 진화를 예견하는 것에 도움을 주었다고 인정한다(참조. 엘륄, 2007c, p.273-274).

[25] 참조. 엘륄, 1981a, p.174.

[26] 참조. 앞의 책, p.197-198.

한다.

따라서 마르크스주의 사상의 충실하면서도 자유로운 수용의 첫 번째 양상은 칼 마르크스의 기술사회에 대한 분석으로 돌아온다. 칼 마르크스가 자본주의 양식의 사회에서 설득력 있게 보여 준 대로, 가치의 진정한 생산적 힘은, 인간의 노동이다. 이것은 기계 작동의 필수적인 요건으로 남아 있다. 이 원칙은 동시에 자본주의의 특징과 모순이 된다. 왜냐하면, 프롤레타리아의 힘만큼이나 소외를 역시 정의하고 있기 때문이다. 그러나 기술사회에 대해 비판적 시각을 갖는다면, 우리는 기계들이 인간의 개입 없이도 작동하고, 결과적으로 "마르크스의 모든 이론은 단순한 기술적 절차에 의해서 뒤집어 진다는 것을 볼 수 있다."27) 진정 가치를 창출하는 것은 기술 자체이다. 다시 말해, 스스로 작동하는 기술 전체이다. 게다가, 칼 마르크스가 공포한 이상대비현상gigantisme이 발생하기는커녕, 기술은 축소 지향적 성향을 지닌다. 그리고 소외는 임금노동에 의한 자기 자신의 상실이라기보다 선전 없이는 견딜 수 없는 기술사회에 인간을 순응시키는 것에 있다.

하지만, 자끄 엘륄은 이러한 효과를 칼 마르크스 자신에게서 찾아낸다. 현대 사회의 분석을 위해 그의 저작에서 받은 영감에도, 그는 사실 진심으로 칼 마르크스에 대해서, 더더욱 마르크스주의 운동 그리고 공산 정권에서 기술이 그들에게 행사하는 매력과 관련해서 비판적 입장을 가진다. 엘륄은 기술적 진보가 인간 해방의 축이라고 하는 다른 모든 기술적 환상에 의해 희생되는 사람들보다 그들을 더욱 큰 희생양이라고 간주한다.28)

---

27) 엘륄, 1982, p.42. 참조, 엘륄, 1988, p.18.
28) 참조, 엘륄, 1982, p.34. 참조, 역시, David C.MENNINGER, Marx in the social thought of Jacques Ellul, in.; Clifford G. CHRISTIANS et Jay M. VAN HOOK. ed., *Jacques Ellul. interpretative essays, op.cit*. p.17, 23.

d) 정치와 국가

다른 모든 질문에서처럼, 정치와 국가에 대해서, 자끄 엘륄은 그 시대에 칼 마르크스의 주장의 적실성을 인정한다. 그러나 그것의 항구성과, 특히 오늘날의 마르크스 정통주의자들의 순진하고 교조적인 반복에는 반대한다. 예를 들어, 그는 이렇게 사회 형성 가운데서 각 순간의 개별적인 지위에 찬성한다. 상부구조로서의 국가의 분석은 19세기에 타당했지만, 오늘날은 경제를 이끄는 것은 바로 국가다.29) 마찬가지로, 단순히 국가에 대해 불신하면서, 정치적 소외에서 해방을 위해 칼 마르크스가 내세운 처방은 국가의 행동 수단의 막대한 증가 때문에 더는 적용 불가능하다30). 칼 마르크스는 정당하게 행정 속에서 국가의 수단을 보게 되었다. 하지만, 오늘날 국가는 점점 더 행정 속으로 흡수되었다.31) 이처럼 칼 마르크스는 19세기 환경의 정치 경제적 상황에 충실하게 표현한다. 그러나 오늘날 고착화된 마르크스주의는 더는 아무것도 설명하지 못한다. 그리고 그것을 신봉하는 모든 사람은 구소련의 권력에 매혹되어 사건에 굴복하게 하고, 현실을 가장하기 위해서 한물간 이데올로기를 확실한 보장을 주는 것으로 이용한다.32)

따라서 칼 마르크스의의 분석을 변이시키는 것만이 오늘날에 적실성을 확보하는 길이다. 가끔은 그의 분석을 뒤집는 것이 필요할 때가 있다. 칼 마르크스의 유명한 표현에 따르면 이렇게 해서 종교는 "민중의 아편" l'opium du peuple 이다. 이것의 마비효과는 혁명적 참여를 마비 키신다.

---

29) 참조. 엘륄, 1965, p.36.
30) 참조. 앞의 책, p.50.
31) 참조. 앞의 책, p.195-196.
32) 참조. 앞의 책, p.79-80. 마르크스에게 소중한 국가 소멸론은 그 자신의 사상과 소련의 현실에 의해 영향을 받은 마르크스주의자들의 사상과의 틈을 내었다(엘륄, 2003, p.210-214). 무정부주의적 독자를 대상으로, 자끄 엘륄은 국가가 사라질 것임을 예견함에서 그는 마르크스와 가까워짐을 인정했다(참조. 엘륄, 1988b, p.7-8)

"종교적 비참함은 실재적 비참함의 표현임과 동시에 실재적 비참함에 대한 저항이기도 하다. 종교는 눌려 있는 피조물의 한숨이고, 가슴 없는 세상 속의 영혼이다. 마찬가지로 그것은 정신없는 사물의 상태의 정신이다. 그것은 민중의 아편이다. 종교를 부정하는 것, 사람들의 환상적인 행복이 이를 부정하는 것은 그의 진정한 행복을 요구한다. 자신의 상태에 대한 모든 환상을 벗어버리라고 요구하는 것은 그가 환상을 필요로 하는 상태를 부인하라고 요구한다. 종교 비판은 종교가 둘러싼 위광인 눈물의 골짜기에 대한 비판이다."33)

그러나 자끄 엘륄에 따르면, 이것은 사랑의 실천이 정의를 위한 투쟁을 면제하는 19세기에는 옳았다면, 오늘날은 상황이 완전히 바뀌었다. 칼 마르크스가 종교에 관해서 비난한 것과 같은 신비화의 역할을 하는 것은 정치적 참여이다. 인류의 보편적 책임은 모든 개인적 책임을 거부한다. 만일 내가 세상에서 일어난 모든 일에 대해서 책임이 있다면 이러한 나쁜 의식은 나의 능력에 미치지 못한다는 선한 의식을 보장해준다.34) 이처럼 자끄 엘륄은 자신의 시대에 대한 칼 마르크스의 분석을 인정하고 그것을 구조의 전복의 조건에 합당한 구체화라고 간주한다. 그는 거기에서 사고의 방식을 빌려와 현대의 사회학적 변동에 따라서 쟁점을 바꾼다. 그는 구조적 극들을 바꾼다.

역설적으로, 이 뒤바꿈은 칼 마르크스의 주장들을 모조리 거부하는 것이 아니다. 자끄 엘륄에 따르면 그의 종교비판은 여전히 타당하다. 그리고 심지어 예언자적이다. 그것은 매우 정확하게 새로운 종교와 그리고 오늘날 종교적인 것에 의한 소외와 관련된다. 그러나 성스러운 것이 비신성화 되었던 것에 다시 부여되었다. 기술과 국가가 그것이다. 우리를 예속

---

33) 칼 마르크스, "Pour une critique de la philosophie du droit de Hegel", in *Philosophie*, Paris, Gallimard(coll. Folio essais), 1982, p.89-108, p.90.
34) 참조. 엘륄, 1965, p.253-255.

시키는 것은, 있는 그대로의 기술이나 국가도 아니고 우리의 비판정신을 억누르는 그들에 대한 숭배이다. 따라서 그것들은 "민중의 아편"35)의 속성을 매우 정확하게 띠고 있다. 이 단순하지만, 결정적인 한 대상에서 다른 대상으로의 전이에 의해, 마르크스주의 종교비판은 진정 실제적이다.

e) 사회 계급

우리가 칼 마르크스에게서 볼 수 있는 것처럼, 역사의 원동력은 계급투쟁이다. "오늘날까지 모든 사회의 역사, 그것은 계급투쟁의 역사다."36) 칼 마르크스는 부르주아지를 "사회적 생산 수단을 소유하고 있고 임금 노동을 고용할 수 있는 근대 자본가 계급"37)으로 정의한다. 그리고 프롤레타리아를 "자신의 생산 수단을 가지고 있지 않고 살아 가기 위해서 노동을 파는 신세로 전락한 근대 임금 노동자 계급"38)으로 정의한다. 자끄 엘륄은 계급과 계급투쟁이 19세기 현실이었음을 인정한다.39) 그러나 오늘날 기술사회에서는 부르주아는 기술자로 대체되어 사회적 장을 떠났지만, 노동 계급은 부르주아적 세계관을 흡수했다.40) 제3세계의 프롤레타리아화는 칼 마르크스가 이미 선포한 대로 부르주아적 가치체계를 역시 내면화했다. "생산의 모든 도구의 급속한 완전화에 이어, 또 소통의 끊임 없는 향상 덕에 부르주아지는 문명에서 가장 야만적인 국가까지도 달려 들어간다. 그것은 문명이라는 이름으로 그 나라들을 부르주아 국가로 만든 것이다. 한 마디로, 자신의 이미지를 따라서 세계를 창조한다."41)

그러나 자끄 엘륄은 칼 마르크스가 예견하지 못한 다른 변동을 관찰한

---

35) 참조. 엘륄, 1973, p.316.
36) KM, "Le manifeste communiste", in *Philosophie, op.cit.*, p.399.
37) 앞의 책, p.594.
38) 앞의 책,
39) 참조. 엘륄, 1973, p.187.
40) 참조. 엘륄, 1967a.
41) KM, "Le manifeste communiste", in *Philosophie, op.cit.* p.404. 참조. 엘륄, 1982, p.155.

다. 만약 과거의 프롤레타리아가 점점 계발 국가에서 사라지고, 기계에 의해서 대체된다면, 그것은 비참과 기아를 제외하고는 이전과 똑같은 성격을 보이면서, 또 다른 프롤레타리아적 조건이 출현한다. 이것은 기술, 소비, 기술사회에 모든 순응화의 양상과 관계된 소외가 문제이다. 새로운 프롤레타리아는 기술에 예속되어서 만성적인 피로와 문명의 질병들에 쉽게 노출되어 뿌리를 잃고, 시간과 자기 자신을 박탈당한다. 그러나 전체적으로는 그러한 상태에 만족한다. 칼 마르크스가 기술한 프롤레타리아와는 달리, 이 사람들이 어떻게 자신이 상태를 자각하고 계급투쟁에 연대하고 참여할지 알기 어렵다[42]. 따라서 "계급투쟁"이라는 개념을 다루는 것은 불합리하다. 이는 오늘날의 마르크스주의자들이 모든 것을 설명하기 위해서 보편적 열쇠를 가지고 설명하는 것과 마찬가지이다.[43]

하지만, 새로운 프롤레타리아는 이중적이다. 기술에 의해 최면에 걸린 프롤레타리아의 곁에는 부적응으로 말미암아 사회에서 소외된 프롤레타리아들이 있다. 배제는 실제로 경제적 문제 이전에 기술적 문제이다. 자끄 엘륄은 그의 마지막 저술들 가운데 하나에서 이 주제에 취급한다.─ 『불관용의 우리 시대에서 일탈과 일탈자들』*Déviances et déviants dans notre société intolérante*, [44] 칼 마르크스는 뿌리의 상실이 19세기 프롤레타리아의 속성이었다는 것을 잘 보았다. 마찬가지로 이 속성은 오늘날의 부적응한 프롤레타리아에게도 적용된다. "기술사회에 대한 일탈은 정확하게 19세기 자본주의 사회에 대한 관계와 똑같다. 결국, 우리는 마르크스의 표현을 다시 취할 수 있다. 그는 자본이 부정적이었다고 말할 수 있었다(왜냐하면, 그것은 당시 인간을 부정하는 것이었기 때문이다). 그리고 프롤레타리아는 이 부정의 부정이었다. 그러나 역시 그리고 이것은 다시 한

---

42) 참조. 엘륄, 1982, p.197-220.
43) 참조. 엘륄, 1973, p.162; 1984b, p.180-181.
44) 참조. 엘륄, 1992a.

번 부정된다. 자본은 프롤레타리아의 부정에 맞서 세우는 주장이었기 때문이다. 여기서 프롤레타리아는 정확히 똑같다. 기술 체계는 자본주의가 했던 어떤 것보다 더욱더 인간의 본질적인 부정이다. 결과적으로 그 기술 체계에 편입되지 못하거나 들어가기를 원하지 않는 사람들은 사실상 이 부정의 부정이 된다."45) 따라서 칼 마르크스 저술의 수용에서, 엘륄은 여기서 용어를 빌려오고, 방법론을 취하고, 형식적 전이를 한다.

자끄 엘륄은 마찬가지로 프롤레타리아에 대한 마르크스주의의 평가와 기술사회의 부적응자들에 대한 자신의 시각 사이의 유사성을 찾아냈다.

"나는 역시 일탈자를 사례나 모델로도 생각하지 않는다. 그가 옳은 사람이라고 생각하지도 않는다. 신중하게 의미의 왜곡을 피해야 한다. 여기서 나는 마르크스에게서 빌려온 비교를 다시 취한다. 그에게 프롤레타리아는 인간이 되어야 하는 그 무엇이 아니다. 마찬가지로 프롤레타리아적 삶의 방식이 사회의 미래를 대표하지 않는다. 반대로 그는 '반인간' 이다. 하지만, 그는 있는 그대로 그를 그렇게 만들도록 강제한 사회의 해체이다. 나는 정확하게 같은 분석을 할 것이다.(…) 일탈자는 엄격하고, 기술화되고, 중앙화되고, 전체주의적인 이 진보 사회의 모순이다.(…) 만일 우리가 그 문제의 인간적 차원을 고려한다면, 일탈은, 만약 그것이 없어지거나 회복되지 않는다면, 우리가 갇혀 있는 막다른 골목에서 탈출시킬 수 있는 변증법적 모순이다. 그러나 이것은 일탈자들에게 '정당성을 부여' 해야 하는 것은 아니다. 분명 이것은 일탈자들이 사회의 지도자가 되도록 뒤집어엎는 생각을 하는 것이 아니다!(…) 하지만 이 모든 것이 폐쇄적이고 엔트로피로 치닫는 사회체 안에서 하나의 출구를 낳는다."46)

---

45) 앞의 책, p.112. 참조, KM, Ebauche d´une critique de l´economie politiquem in philosophie, *op, cit*. 140-222, p.210-222.
46) 엘륄, 1992, p.122-123.

여기에 완벽한 유비가 있다. 만일 오늘날의 일탈자들이 어제의 프롤레타리아가 아니라면, 칼 마르크스와 자끄 엘륄에게는 일탈자와 프롤레타리아가 각각의 형식적인 정체성을 갖고 있다는 것은 사실이다.

f) 이데올로기

마르크스적 분석의 어떤 매개 변수들을 다른 맥락으로 옮기고 변형하는 것은 새로운 대상으로의 확장을 의미한다. 만일 칼 마르크스가 경제적 소외로부터의 탈출이 참된 인간이 되게 하기 위한 조건이라고 옳게 지적했다면, 오늘날은 국가가 새로운 수단을 통해 가져온 정치적 소외로부터 우리는 출구를 찾아야만 한다.[47] 따라서 마르크스주의는 논쟁의 여지가 없는 기정사실이지만, 심도 있는 개념적 변형 없이는 우리 시대를 위한 어떤 해결책도 어떤 치료제로서 더 생각할 수 없다. 마찬가지로, 만일 칼 마르크스가 명백하게 보여 준 대로[48] 이데올로기가 착취를 엄폐하는 데 이용된다면, 그것은 이어서 기술사회의 무시무시한 강제들에 그것을 적용하기 위해서 인간의 뿌리를 파괴하면서 기술화, 국가화의 장애물들을 분쇄하도록 할 수 있다.[49] 이데올로기의 이런 기능은 칼 마르크스가 간파해 냈었던 것에 비해서 새롭다. 그리고 우리는 같은 통찰에서부터 확장할 수 있다. 마르크스주의 사상은 여기서 절대 문제시되지 않지만, 반대로 적든 많든 중대한 변화를 할 수밖에 없게 만드는 새로운 정보의 통합에 의해서 살찌워진다.

이 변화들 가운데서, 우리는 예기치 않게 칼 마르크스의 사상을 그 자신과 그 후계자들의 사상과 대치되도록 칼 마르크스의 논제들을 뒤엎을 필요성을 발견하게 된다. 자끄 엘륄이 보기에는 어떻게 해서 지배계급이

---

[47] 참조. 엘륄, 1965, p.312.
[48] 참조. KM, "L´idéologie allemande", in *Philosophie*, op.cit., p.287-392, p.328.
[49] 참조. 엘륄, 1965, p.360-361.

지배 이데올로기를 만들어내어 그것을 피지배계급에 부과하는지를 보여주었을 때 칼 마르크스는 옳았다. "모든 시대에 지배 계급의 사상은 지배적 사상이었다. 달리 말해서, 사회의 지배적 물질적 힘을 가진 계급은 동시에 지배적 영적 힘을 가진 계급이다. 물질적 생산수단을 이용할 수 있는 계급은 이 사실로부터 동시에 지적 생산수단을 누릴 수 있다. 결국, 일반적으로 그 지배 계급은 이 수단이 없는 자들의 사상에 영향력을 행사할 수 있다."50) 자끄 엘륄은 피지배계급 역시 권력을 쟁취했을 때, 사회 전체에 부과하는 이데올로기와 신화들을 만들어 낸다는 사실을 통합해 넣으려고 칼 마르크스의 표현을 뒤집을 것을 제안한다.51) 오늘날 지배 이데올로기는(60, 70년대에) 정확히 말해서…. 마르크스주의이다!52)

g) 유토피아

자끄 엘륄은 마르크스의 후계자들을 공격하기 위해서 칼 마르크스가 계발한 유토피아에 대한 비판을 전체적으로 자신의 견해에서 다시 취하고 있다. 사실 1968년 이후로 공상주의자들은 마르크스주의자들이다. 반면 "마르크스는 사회주의적 공상주의자들에게 부드럽지 않았다! 유토피아는 그에게 비과학적인 것의 무더기로 비춰졌다."53) 엘륄은 『철학의 빈곤』*Misère de la philosophie*을 인용하는데 그것은 사실 프루동의 『빈곤의 철학』*Philosophie de la misère*에 대한 반박이었다. "프롤레타리아가 계급을 이룰 만큼 아직 충분히 발달하지 않고, 결과적으로 부르조아지와 프롤레타리아 투쟁이 아직 정치적 성격을 갖지 않는 한, 이 이론가들은 압제당하는 계급의 결핍을 예방하기 위해서 체계를 급조하고, 재생과학을 좇는 공상주

---

50) KM. "L'idéologie allemande", in *Philosophie, op.cit.*, p.338.
51) 참조. 엘륄, 1973a, p.187.
52) 참조. 엘륄, 1979, p.23-29.
53) 참조. 엘륄, 1973, p.184.

의자에 불과하다."54) 그리고 자끄 엘륄은 다음의 말로 논평한다. "오늘날 우리는 이렇게 전제들을 변형시키며 이 판단을 정확하게 보존할 수 있다. 프롤레타리아가 더는 사회 계급이 아니고, 정치적 투쟁이 더는 환상에 불과한 것이 아닐 때…"55) 오늘날 유토피아적인 것은, 따라서 "유토피아로서 마르크스의 사상을 다시 새롭게 취하는 것이다."56)

h) 참된 혁명과 거짓 혁명

자끄 엘륄은 자본주의의 모순들과 위기들에 대한 마르크스의 분석이 근거가 있다고 인정한다. 즉, 자본의 집중, 프롤레타리아의 성장 그리고 상품의 초과생산은 분열로만 귀결되게 된다.57) 그러나 그것에서 연유한 혁명은 반드시 그에게 그 필연성의 성격 때문에 인간을 위한 해방적 사건으로 보이지 않는다. 진정한 혁명, 즉 권력의 쟁취가 아닌 자유를 목표로 하는 기독교 혁명과는 달리, 마르크스주의 혁명은 역사의 논리적 흐름의 역전이 아니라 반대로 이같은 논리의 흐름이 앞으로 치닫는 것이다. 그리고 결과적으로 인간 조건의 표면적인 수정이다.58) 공산주의와 자본주의는 같은 자료에 의존하고 있고, 따라서 바닥에서 같은 규칙을 따르고 있다. 인간은 어떤 면에서 더 자유롭지 않다. 인간은 다양한 생산 수단에 단순히 이용될 따름이다.59) 사실 혁명에 대한 마르크스의 접근을 특징짓는 굴종은 대표적 반혁명적 입장이다. 중대한 의미에서 역사에 종속된 거짓 혁명과 의지와 자유에 대한 목마름을 바탕으로 한 참된 혁명 사이의 균열을 설명하기 위해서, 자끄 엘륄은 크레온을 안티고네에게 대립시킨 것처럼 마르크스를 푸루동에 대립시킨다.60) 이것은 마르크스를 크레온에 연

---

54) KM, *Misère de la philosophie*, Paris, Payot (coll. Petite bibliothéque Payot), 2002.
55) 엘륄, 1973, p.184.
56) 엘륄, 1975b, p.141.
57) 참조. 엘륄, 1982, p.7-34.
58) 참조. 엘륄, 1948, p.37.
59) 참조. 앞의 책, p.38.

결하는 것이다! 또한, 만일 마르크스주의가 1900년에 혁명적이었다면, 1950년에는 순전한 순응주의가 되었다. 지나가 버린 것, 혁명이 아닌 것은 바로 "혁명"이라는 단어이다…. 61)

i) 소외疎外

자유의 윤리를 세우려고 자끄 엘륄은 소외의 현상에서 출발한다. 그러나 그는 칼 마르크스가 제시한 분석에 전적으로 동의한다. 소외는 착취자와 피착취자 사이에서 노동 분업에서 출발한 모든 인간의 조건이다. 노동에 의해서 착취된 인간은 어디에도 속하지 않는다. 그는 물질적으로 파탄되었고, 정신적으로 백치가 되었다. 판매된 상품은 그것에 노동력을 더한 인간의 일부다. 돈은 역시 그것을 가지고 있지 않은 사람에게 소외의 한 요인이다. 그러나 그것을 가진 사람도 마찬가지다.62) 종교는 자기 자신의 상황을 그에게 숨기고 다른 이에 의해서 자신의 해방을 기다리게 하면서 신자를 소외시킨다. 그리고 노동, 돈, 종교에 의한 소외들 전체는 자기 자신으로부터 배제된 프롤레타리아에서 절정에 이른다. 왜냐하면, 그의 운명은 전적으로 집단적, 총체적 현상에 의존되어 있기 때문이다.

이 분석은 자끄 엘륄이 자신의 『자유의 윤리』63)의 첫 권의 시작에서 상기시키고 동의하는 분석으로 『마르크스주의 사상』 *La pensée marxiste* 64)을

---

60) 참조. 앞의 책, p.40-41.
61) 참조. 엘륄, 1984, p.61.
62) 예상과는 전혀 다르게, 자끄 엘륄은 과감하게도 돈에 대해서 코헬레트, 예수 그리고 마르크스 사이에 합일을 허용한다. 코헬레트에서는, 돈 자체가 악이 아니라, 돈에 집착하면서 무에 매달리는 것이 악이다. "당신이 당신의 소유를 늘릴수록, 당신은 적게 갖게 된다."(엘륄, 1987c, p.90). 그러나 칼 마르크스에게는, "존재는 소유를 추구하는 것과 다른 의미가 있다. 이 소유를 증가시키는 것은, 자신의 존재를 잃어버리는 것이다."(앞의 책, p.91). 그리고 "예수는 다르게 말하지 않았다. '사람이 만일 온 천하를 얻고도 목숨을 잃으면 무엇이 유익하리요. 사람이 무엇을 주고 제 목숨을 바꾸겠느냐?'(마16:26)
63) 참조. 엘륄, 1975a, tome1, p.23-27. 종교와 관련해서 자끄 엘륄은 명확하게 말한다. "종교는 인간 소외의 지속적인 힘 중 하나이다. 내가 말했던 대로, 나는 포이에르바흐와 마르크스의 분석을 전적으로 수용한다."(앞의 책, p.180)
64) 참조. 엘륄, 2003, p.224-230.

주제로 한 강의에서 다시 찾아볼 수 있다. 여기에서 엘륄은 역시 다양한 소외의 형태(노동, 돈, 종교)를 제시한다. 그러나 그는 그것에 대해서 비판을 연장하지 않는다. 반대로, 『자유의 윤리』에서 자끄 엘륄은 분석을 기술사회로 옮긴다. 결정적인 사실은 더는 착취가 아니라 기술이다. 그리고 현대인을 소외시키고, 물신화하는 것은 바로 기술이다. 기술사회에서 그를 둘러싸는 것에 대해 어떤 힘도 행사하지 못한다. 그는 점점 더 자신의 삶의 주인이 되지 못한다.[65] 칼 마르크스가 기술하는 외부적 조건화에 광고와 선전에 의한 내부적 조건화가 첨가된다.[66] 이러한 확장은 칼 마르크스의 논제들을 거부하는 것을 의미하지 않는다. 오히려 그 반대이다. "소외의 원인은 마르크스가 지적한 것에 있지 않다는 것, 소외의 그러한 측면은 사라졌었다고 하는 것은 내 생각으로는 현대인에 대한 마르크스의 시각의 정확성을 훼손시키지 않는다. 우리는 이 분석을 예리하고도 예언적이라고 받아들어야만 한다."[67]

j) 마르크스주의 윤리의 비판

자끄 엘륄은 자유의 기독교 윤리와 마르크스주의의 자유에 대한 접근 사이의 몇 가지 병행점을 분간해 낸다. 그는 특히 인간이 자신의 자유를 확인할 때는 바로 자신이 필연성에 묶여 있다는 것을 인정할 때라고 말하는 칼 마르크스에게 특히 동의한다.[68] 또한, 엘륄에 따르면, 분명히 칼 마르크스는 결코 인간이 필연적인 의식에 의해서 더는 조건화되지 않는다고 말하지 않았고, 인간은 이때 조건화되는 동시에 자유롭다고 말했다고

---

[65] 참조. 엘륄, 1975a, tome 1, p.26-27.
[66] 참조. 앞의 책, p.128.
[67] 앞의 책, p.26. 마찬가지로, 자그 엘륄이 19세기 이래로 물신화 절차의 과정을 조사할 때, 그 전이는 칼 마르크스의 접근을 타당화하는 것에 불과하다. "농업사회에서 소비사회로의 이행이라는 사실은 문제에서 어떤 것도 바꾸어 놓지 않는다. 이것은 마르크스의 소유에 의한 물신화에 대한 분석이 오늘날 소비에 의한 물신화에 대한 분석으로서 다시 받아들여진다는 것으로 말미암아 증명된다."(엘륄, 1984b, p.24)
[68] 참조. 엘륄, 1988a, p.730.

한다. 이것은 변증법과 관련되지 하나의 대안이나 상호적 배타성의 관계가 아니다.69)

또한, 자끄 엘륄은 칼 마르크스에게서 회심이 우선되어야 한다는 것을 찾아냈다고 생각한다. 다시 말해서, 무엇이 되었든 간에 외부에 있는 것을 바꾸려면 인간 내부의 변화가 필요하다는 것이다. 그리고 그 반대는 성립하지 않는다. 사실, 칼 마르크스에게, 혁명의 길은 불가피하게 의식의 각성으로 시작한다. 결과들은 덜 직접적이다. 노동은 더욱 느리지만, 이것이 없이는 아무것도 되지 않는다. 혁명으로 인도하는 것은 바로 회심이다.70) 그러나 "회심"과 "의식의 각성"을 이렇게 확인한 다음에, 자끄 엘륄은 의식의 각성은 기독교적 관점에서는 아무런 의미가 없다고 말한다. 기독교적 관점에서는 성육신은 내적인 생활과 외부적 실천 사이에 구분을 철폐했다.71)

저자는 마르크스주의 윤리에 대해서 상당한 거리를 둔다. 그 윤리는 사실 두 심각한 장애를 안고 있다. 물질주의와 집단주의가 그것이다. 물질주의 윤리는 자끄 엘륄의 눈에 받아들여지기 어려운 것이다. 사실 선은 '행함' 속에서 찾아지는 것이지 단지 '존재' 안에만 있는 것이 아니다.72) 칼 마르크스는 우리 자신의 힘으로 더 나은 세상을 만들려는 의지의 증인이지만, 반면 성서는 하나님의 결정적인 행동에 의해서만 가능한 것, 즉 지상에서의 하나님의 왕국을 세우는 것은 오류라고 고발한다.73)

그러나 마르크스주의 윤리는 단지 물질주의적이다. 그것은 집단주의적이다. 그리고 그러한 지향의 회의적 한계의 가장 의미심장한 예는 가난한 자들에 대한 태도에서 분명하게 찾아볼 수 있다. 마르크스의 주장에

---

69) 참조. 엘륄, 1987c, p.170-171.
70) 참조. 엘륄, 1984b, p.155,252-253.
71) 참조. 앞의 책, p.181-182.
72) 참조 엘륄, 1964b, p.28-29.
73) 참조, 엘륄, 1991a, p.190.

맞서서, 자끄 엘륄은 가난한 자가 던지는 질문은 사회학적 질문이 아니라, 개인화된 질문이다. 그 질문은 경제 체제가 답변할 수 없고, 인격적인 참여만이 답을 줄 수 있다. 가난에 대한 정치적 처방은 책임을 다른 이에게 떠넘기는 것이고 해결책을 미래로 미루는 것이다.[74] 이러한 지향성은 사회주의적 기독교인들이 취하는 태도이기 때문에 더더욱 받아들일 수 없다. 그들에게는 가난한 자는 배타적으로 경제적 관점에서 고려된다. 이것은 성서에서 말하는 가난한 자의 이미지와 대치된다. 왜냐하면, 그들의 눈에는 가난한 자가 아니라, 가난한 자의 계급이 중요하다. 따라서 그것이 가난의 원인이고 고찰되어야 하는 것은 경제-정치적 체제이다. 반면, 가난한 자는 늘 긴장을 하고 있어야 한다. 가난한 자에 대한 추상화와 총체화는 정치 이데올로기의 결과이지 복음의 결과가 아니다.[75] 50년대에 발전한 이 생각들은 『하나님이냐 돈이냐』 *L'homme et l'argent*에서 표현된다. 이 책은 성서 본문에 대한 마르크스의 글에 대한 매서운 비판을 가하고 있다.

k) 마르크스주의 주석 비판

마르크스주의자들 가운데서, "공산주의 기독교인들이 최악이다!"[76] 분명하게 이 판단이 가리키는 대로, 자끄 엘륄은 우리는 기독교인과 마르크스주의자가 동시에 될 수 없다. "우리는 복음을 무엇으로 만들어 버렸는가?" *Que fait-on de l'Evangile?* [77]라는 부제를 달고 『기독교와 마르크스주의』 *L'idéologie marxiste chrétienne*라는 책을 쓴 것은 이러한 뒤섞임을 고발하기 위함이다. 엘륄에 따르면, 마르크스주의 기독교인들은 유물론 철학과 초월에 대한 신앙 사이의 양립 불가능성의 문제를 충분하게 던지지 않는다.

---

74) 참조. 엘륄, 1954b, p.333-334.
75) 참조. 앞의 책, p.341-345.
76) 엘륄, 1981a, p.58.
77) 참조. 엘륄, 1979.

마르크스주의 사상의 여과기를 통해서 기독교를 재해석하면서, 그들은 사실 마르크스주의 이데올로기에 충실하게 결속되어 있다는 것을 보여준다.78) 하지만 자끄 엘륄은 마르크스주의와 기독교 신앙 사이에 모순을 세우지는 않는다. 그리고 결과적으로 배타적이고 치명적인 전투에 참여가 아닌 변증법적 갈등 관계가 존재한다.79) 바로 여기에 칼 마르크스에 호소하는 현대인을 향하여 기독교 신앙을 증거 해야 할 이유가 있다. 마르크스는 엘륄이 이 세계를 이해하고 거기에 사는 인간들을 이해하도록 돕는다. 그에게 성서는 인간적 그리고 사회적 실재를 읽을 수 있는 좌표를 제공한다. 왜냐하면, 그것은 대답을 제공하는 책이 아니라, 하나님이 인간에게 던지는 질문을 담은 책이기 때문이다.80)

그러나 자끄 엘륄이 역시 마르크스주의를 비판하는 바는, 그것이 진정한 종교가 되었다는 사실에 있다. 이 세속종교는 신론, 구원론, 종말론, 그리고 윤리를 갖고 있다.81) 그것은 에덴동산을 원리 공산주의로 대체했고, 타락을 자본주의 체제, 죄를 경제적 소외로, 메시아를 프롤레타리아로, 구원을 혁명으로, 재림을 다가올 공산사회로 대체한다.82) 따라서 마르크스주의 이데올로기는 마르크스주의 기독교 이데올로기를 수평적인 신학으로 취한다. 이것은 포이에르바흐를 흉내 내서 하나님을 인류로 바꾸는 것일 뿐이다.83)

---

78) 참조. 앞의 책, p.21-22.
79) 참조. 앞의 책, p.84.
80) 참조. 엘륄, 2003, p.11.
81) 참조. 엘륄, 1979, p.39. 참조. 엘륄, 1973, p.259-263.
82) 참조. 엘륄, 1979, p.57. 마르크스주의의 종교적 성격은 마르크스에게 속하는 것인가 아니면 그의 후계자들에 속한 것인가? 자끄 엘륄은 "마르크스의 사상은 세상의 종교 사상에 의해 그 본질적 부분에서 먹혀 버렸다."(엘륄, 1973, p.243). 결과적으로 마르크스에게 이미 마르크스주의의 메시아적 차원이 존재했다. 이것은 자끄 엘륄이 비천해지고, 타락하고 나서, 일으켜지고, 승리하고, 영광스러워지는 프롤레타리아에 대해 제시하는 인용이 그것을 증명한다. "보편적 고통이라는 이유로 보편적 성격이고 우리가 특별한 피해를 주어서가 아니라, 절대적인 피해를 주기 때문에 어떤 특정한 권리도 주장할 수 없는, 그리고 역사적 권리를 더는 주장할 수 없고, 다만 인간적 권리만을 주장할 수 있는…. 다른 모든 사회 영역에서 해방됨 없이 그리고 결과적으로 어떤 것에서도 해방되지 않는, 다시 말해, 인간 전체의 상실이거나 아니면 인간의 모든 재

『기독교와 마르크스주의』는 격렬한 성공을 일으킨 두 권의 책 페르난도 벨로Fernando Belo의 『마가복음의 유물론적 읽기』Lecture matérialiste de l'Evangile de Marc 84)와 조르즈 까잘리George Casalis의 『정의의 관념은 하늘에서 떨어지지 않는다』Les idées justes ne tombent pas du ciel 85)에 대한 답변이다.

페르난도 벨로는 "마르크스를 통해서 마가복음을 읽게 하기를" 원한다.86) 그는 계급투쟁이라는 읽기의 좌표로 삼아 1세기 팔레스타인 사회를 묘사한다.87) 그는 팔레스타인이 "하부 아시아적"88)생산 양식, 즉 생산력이 빈약하게 발전하고, 대제사장과, 토지 소유자, 상인 그리고 고위 공직자의 지배, 그리고 로마의 점령에 의해서 과도하게 결정된 지배에 의해 특징되는 전前 자본주의 단계를 경험한다. 가난한 자들은 종교적 짐과 경제적 짐을 동시에 짊어졌었다. 그것에서부터, 벨로는 마가복음에 대해서 정치적 읽기(종교적 읽기가 아닌)를 하고 있다. 예수는 여기서 비혁명적 공산주의자로 비추어진다. 그는 생산관계, 정치권력, 그리고 이데올로기적 관계를 의문시하지만, 권력을 잡으려고는 하지 않는다.89) 그는 총체적 생산 양식을 공격하지 않는 히피 공동체처럼, 생산관계의 나눔과 부재에 기초한 "공산주의적 교회성"ecclésialité communistes 90)을 세운다. 부활에 대해서 말하자면, 그것은 열려 있는 문제이다. 그것은 관념주의 신학에서

정복에 의해서 자기 자신을 정복하지 못하는…. 프롤레타리아가 현 세계의 해체를 공포할 때, 그것은 단지 자신의 고유 존재의 신비를 말할 뿐이다. 왜냐하면, 그것은 이 세계의 효과적인 해체이기 때문이다…."(Literarische Nachlass, 3 vol. publiés par Mehring, I, 398; cité in JE, 1973, p. 278). 자끄 엘륄은 마르크스주의의 종교적 성격은 간교한 종교성과 그것이 결합할 때 꽃피운다고 덧붙 연다(참조, 엘륄, 1973, p.260).
83) 참조. 엘륄, 1979, p.61.
84) 참조. Fernando BELO, Lecture matérialiste de l'Evangile de Marc. Récit, pratique, idéologique, Paris, Le Cerf, 1974.
85) 참조. George CASALIS, Les idées justes ne tombent pas du ciel. Eléments de théologie inductive", Paris, Le Cerf, 1977.
86) Fernando BELO, op.cit., p.18.
87) 참조. 앞의 책, p.63-126.
88) 참조. 앞의 책, p.50-54.
89) 참조. 앞의 책, p.350-352.
90) 앞의 책, p.352.

와같이 종말론으로 돌려보내질 수 없다. 따라서 그것은 우리의 정치 실천과 오늘날의 해방적 경제에 뿌리를 내리고 있어야 하고 건설해야 할 공산사회와 동일시해야 한다.[91]

페르난도 벨로의 유물론적 주석을 향한 엘륄의 비판은 매우 가차없다.[92] 그는 마르크스주의 도식에 복음을 집어넣도록 하는 역사적 수준의 셀 수 없는 오류를 정리한다. 그리고 그는 벨로가 알뛰세르Althusser의 텍스트를 통해서만 아는 마가복음 텍스트에 대한 잘못된 이해를 채찍질한다. 엘륄은 무엇보다도 그가 마가의 배경이 아닌 예수의 사회 경제적 여건을 분석한 것을 비난한다.[93] 또한 세리와 창녀를 가난한 자로, 바리새인을 부한 자로 본 것(당시 사실은 반대였다)[94], 그리고 제자들의 무리가 의미심장하게 부자와 가난한 자 그리고 열심당과 제국에 협력하는 사람들로 구성되어 있었고[95], 바로 물질주의적 삶을 고발하는 복음서를[96] 정치적, 물질주의적으로 축소한 것, 그리고 마지막으로 이데올로기적 차원의 수단인 것을 진정하고 과학적인 유일한 독해라고 제시한 것[97]을 비난한다.

조르쥬 까잘리의 책인 『정의의 관념은 하늘에서 떨어지지 않는다』는 페르난도 벨로의 책보다 덜 주석적이고 더 신학적이다. 죠르즈 까잘리는 "지배" 신학과 그가 "연역적"(다시 말해서, 계시로 주어진 것에서 출발하여 구축된)이라고 규정한 "지배의 신학"과 그가 "귀납적"(다시 말해서, 계급투쟁의 구체적이고 체험된 실천에서 출발하는) 이라고 규정한 반신학 contre-théologie을 대립시킨다.[98] 정의의 관념은 하늘에서 내려올 수 없고,

---

91) 참조. 앞의 책, p.388-397
92) 참조. 엘륄, 1979, p.113-153.
93) 참조. 앞의 책 p.130-131.
94) 참조. 앞의 책, p.92, 101, 139-141.
95) 참조. 앞의 책, p.141.
96) 참조. 앞의 책, p.148-150.
97) 참조. 앞의 책, p.153.
98) George CASALIS, *op.cit.*, p.13.

구체적 실천에만 존재한다.99) 그러나, 유물론적 관념에 따르면, 모든 신학은 모든 이데올로기처럼 귀납적이다. 왜냐하면, 그것이 이윤을 생산하는 계급의 이익을 엄폐하는 연역적인 신학을 포함하여, 어떤 사회적 실천을 반영하기 때문이다. 가령, 지배 신학은 어떤 성서 텍스트를 도구화한다. 그것은 본문들을 생산의 사회 정치적 조건에 위치시키지 않는다. 이것은 이웃에 대한 사랑과 화해의 이야기를 갈등 해체의 실천과 대결의 중단으로 삼기 위함이다.100) 죠르즈 까잘리는 이처럼 어떤 교회들이 이웃에 대한 사랑이 분리된 인종 그룹 사이의 윤리적 규범이 될 수 있다는 것을 선포하면서, 인종 차별을 정당화하는 성서 구절을 인용한다.101) 따라서 이것은 비단 주석만이 아니라 성격상 정치적인 설교이다.102) 죠르즈 까잘리는 종교에 관한 마가의 주요 본문으로 돌아온다. 그것에 대해서 그는 대담한 읽기를 하고 있다. "종교적 비참함은 실재적 비참함의 표현임과 동시에 실재적 비참함에 대한 저항이기도 하다."103) 따라서 조르즈 까잘리는 종교적 사실의 시대에 다른 이런저런 측면의(확언적 또는 대항적) 변증법적 성격은 마르크스주의, 기독교 계급투쟁의 틀에서 대항적 측면에 가치를 부여할 수 있게 해준다. 그리고 실재 비참함에 가면이 되지 않으려고, 종교는 혁명적 실천에서 살아 있는 것이 될 수 있다.104)

조르즈 까잘리의 저작에 대한 자끄 엘륄의 비판은 매섭다.105) 그의 신학은 귀납적이라고 자처하지만, 실상은 연역적이다. 왜냐하면, 그것이 교의학적 전제에서 나온 것이기 때문이다.106) 실제로 조르즈 까잘리의 입장은 실천에 입각하고 있지 않고, 마르크스주의 원리에 근거한다. 그가

---

99) 참조. 앞의 책, p.35-36.
100) 참조. 앞의 책, p.47-53, 178, 197.
101) 참조. 앞의 책, p.42-43.
102) 참조. George CASALIS, *Prédication, acte politique*, Paris, Le Cerf, 1970.
103) KM, "Pour une critique de la philosophie du droit de Hegel", in *Philosophie, op.cit.*, p.90.
104) 참조. George CASALIS, *Les idées juste ne tombent pas du ciel, op.cit.*, p. 108, 199-200.
105) 참조. 엘륄, 1979, p.155-196.
106) 참조. 앞의 책, p.156, 161, 172.

한 것은 성서에서 교의를 도출하기 위해서 성서의 원리를 마르크스주의 원리로 대체한 것이다. 이 암묵적인 신경信經, credo은 몇 가지 조항으로 표현된다. 마르크스는 늘 옳다. 마르크스주의는 과학이다. 정치는 먼저 그리고 무엇보다도 (한 인격의 진리를 판단하는 것은 바로 정치적 실천에 있다) 계급투쟁은 과학적 진리이다. 사회주의는 가난한 자와 억압받는 자의 표현이다. 혁명은 사회주의적일 수밖에 없다. 실제적인 사회주의 체제를 말해서는 안 된다. 혁명은 신학적인 이유를 위해서 결코 의문시되어서는 안 된다. 민중은 자발적으로 늘 옳다. 투사만이 예수의 말을 이해할 수 있다. 예수를 공적으로 그리스도로 시인하는 것은 결국 어떤 중요성도 없다.[107] 이처럼, 조르즈 까잘리의 사이비 "귀납적 신학"의 근본적인 연역적 성격은 명백하다. 기독교적 관점에서, 귀납적인 신학이라는 것은 상상할 수 없다. 왜냐하면, 예수 그리스도의 말씀이 그의 실천의 표현이 아니라 계시의 표현이기 때문이다.[108] 귀납적 신학이라고 자처하는 신학은 사회를 자연으로 대체하는 자연신학일 따름이다.[109] 그러나 인간의 현실에서 출발하는 신학은 늘 잘못되었다. 왜냐하면, 하나님의 생각은 늘 인간의 생각과 다르기 때문이다.[110] 그리고 우선이 되는 것은 실천이 아니라, 믿음이다. 다시 말해서, 예수가 그리스도라고 하는 것이다.[111] 자끄 엘륄이 귀납과 연역 사이에서 선택하기를 좋아하지 않고 사상과 체험 사이의 변증법[112]을 세우고 해방 신학을 자유의 윤리로 대체하는 것을 선호한 이유이다.[113]

마지막 논쟁의 대상을 조금 더 고찰해 볼 가치가 있다. 그것은 "회심"

---

107) 참조. 앞의 책, p.159-160.
108) 참조. 앞의 책, p.172.
109) 참조. 앞의 책, p.161.
110) 참조. 이사야 55장 8-9절.
111) 참조. 엘륄, 1979, p.178.
112) 참조. 앞의 책, p.163-164.
113) 참조. 앞의 책, p.76.

의 개념과 관련된다. 조르즈 까잘리는 늘 주어진 "계급의 상황"과 늘 선택할 수 있는 "계급의 입장"을 구분했다.114) 그리고 이 선택은 그가 보기에 "회심"이다. 마르크스주의 부르주아와 그의 근원이 된 환경의 분리를 정당화하기 위해서 그리고 대중에 의한 그들의 수용을 정당화하기 위해서, 그는 마르크스를 인용한다. "철학은 프롤레타리아에서 그들의 물질적 무기를 찾는다. 이것은 프롤레타리아가 철학에서 그들의 지적인 무기를 찾는 것과 마찬가지다."115)

자끄 엘륄은 그가 마르크스 사상의 도구화라고 간주하는 것에 완강하게 반응한다. "계급의 '상황'에서 선택된 계급의 '입장'으로 지나가는 것을 가능하게 하는 경탄스러운 선회(마르크스에게는 없는 것이다)가 있다." 프롤레타리아는 계급의 상황 속에 있다. 그는 압제당하는 자이다. 그러나 이데올로기적으로 (다른 방식으로는 불가능하다) 프롤레타리아의 진영에 있기를 선택하는 부르조아지는 정확하게 있어야 할 곳을 선택한다. 이것이 바로 회심이다! 누가 그가 압제당하는 자, 착취당하는 자, 상품을 생산하는 자라고 믿게 하겠는가? 그리고 까잘리는 "인민 대중"은 마르크스를 그들의 하나라고 환영한다고 과감하게 쓰고 있다. 이것은 그가 사실을 잘 모르고 있고 자신의 상상력에 이끌린 것이다. 이것은 마르크스와 바꾸닌 사이의 논쟁이다. 바꾸닌은 프롤레타리아에 대해서 덜 존경심을 가지고 그들이 혁명의 방향을 지도할 권리를 가지고 있지 않다는 것을 알고 있었다! 이 "회심"에 대해 말하는 모든 부르조아 지식인들과는

---

114) 참조. George CASALIS, *Les idées juste ne tombent pas du ciel*, op.cit., p.37. 107.
115) KM, "Critique de la philosophie de Hegel", in *Philosophie*, op.cit., p.107. 조르즈 까잘리(George Casalis)는 공산당 선언(*Manifeste communiste*)의 유명한 구절을 인용할 수 있을 것이다. "계급투쟁이 결정적인 시간에 다가설 때는, 지배 계급, 나아가 전 사회가 그 정당성의 상실이 가속화되고 매우 폭력적이고 매우 예민한 성격을 띠게 되어서 지배 계급의 한 작은 부분이라도 응집력을 잃어버리게 되고, 혁명 계급으로 모이게 된다. 이 계급의 손에 미래는 달렸다. 전에 귀족에서 부르조아로, 부르조아의 일부가 프롤레타리아로, 옮겨간 것처럼, 특히 부르조아의 공상가들이 프롤레타리아로 옮겨가 역사의 일반적 운동의 이론적 지성으로 높아진다."(KM, "Le manifeste communiste", in *Philosophie*, op.cit., p.411)

반대이다. 요컨대, 계급 정치에 동조하는 이데올로기 운동, 다시 말해서, 마르크스주의 혁명 운동은 프롤레타리아 딱지를 붙이고 있다. 따라서 기독교적이다. 왜냐하면, 기독교의 유일한 기준은 가난한 자와 연대하는 것이기 때문이다. 반면 계급 관계 밖에서 하나님과의 만남을 표현하는 이데올로기 운동은 아무런 의미도 없다.

> "마지막으로 프롤레타리아 계급이 되려면 마음의 동화가(그리고 실천의 연습) 중요함을 상기하자. 이 계급은 따라서 잉여 가치를 생산하는 프롤레타리아적 상황, 소외, 상품 노동을 겪는 부류와 아무 것도 겪지 않고 그들과 마음을 같이하는(…) 사람들로 구성된다. 나는 이 표현이 충격을 줄 것이라는 것을 알고 있다. 우리는 그들의 전투인 투쟁에 들어갔다.… 그렇다 하지만… 마르크스에게는 이러한 투쟁과 전투는 우리가 처한 상황 속에서만 이끌려 나올 수 있다. 엄격해져야 한다. 사실 의식의 현상과 실천을 결정하는 것은 사회-경제적 조건이다. 그리고 우리는 결과적으로 유물론자이다. 그러나 이것은 부르조아지가 프롤레타리아의 실천을 결코 가질 수 없다는 것은 아니다. 실천을 결정짓는 것은 이데올로기적 선택이다. 그때 우리는 유물론자가 아니다." [116]

이러한 긴 인용은 우리에게 자끄 엘륄이 어떤 점에서 카를 마르크스가 마르크스주의자들과 대립하는지를 그리고 특별히 죠르즈 까잘리가 대표하는 기독교 마르크스주의자들과 대치되는지를 보여준다. 그는 그를 칼 마르크스의 저술과 생애를 동시에 모른다는 것을 비난하고 그의 저술의 모순 그리고 그들의 이론의 무가치함을 비난한다. 그렇지만, 카를 마르크스의 이론 역시 비판의 대상이 되고 그를 무정부주의 저자들과 대립시킨다.

---

[116] 엘륄, 1979, p.165-166.

I) 기독교 신앙에서 마르크스주의의 의의

자끄 엘륄은 기독교 신앙의 여러 점에 마르크스주의가 의의를 줄 수 있는 점을 정리한다.[117]

1. 마르크스주의는 사회 부정의를 고발한다. 교회가 사회 부정의를 재생산한다면, 복음에 불충실한 것이다.
2. 마르크스주의는 가난한 자 편에 선다. 기독교도 마찬가지지만 실제로는 그렇지 않다.
3. 마르크스주의는 엄격하게 이론과 실천을 연결한다. 그러나 기독교인들은 말과 행동의 일치가 부족하다.
4. 마르크스주의는 구체적인 삶, 일상적인 활동에 관심이 있지만, 기독교는 추상에 머물러 있다. 그는 구약성서의 지상적 현실과 신약성서의 성육신에서 멀리 떨어져 있다.
5. 마르크스주의는 투사이고 공동체 주의자이다. 기독교는 비참여적이고 개인주의 적이다.

이처럼, 기독교는 전적으로 계시를 종교적 영성으로 바꾸어 왜곡하였다. 우리도 모르는 사이에 일어난 이 왜곡을 칼 마르크스는 우리에게 드러내 준다. 그는 구체적인 삶의 중요성을 상기시킨다. 그도 모르게 그는 기독교가 감추었던 것을 다시 살린다. 그는 영적인 것으로 도피해 버리고, 정체되어 있다. 그것은 살아남을 수 있을 것인가 아닌가? 이것이 바로 "마르크스는 기독교인들을 계시가 된 진리로 되돌려 보낸다."[118]라고 말할 수 있는 이유이다.

---

117) 참조. 앞의 책, p.11-16.
118) 앞의 책, p.15.

m) 마르크스 작품의 자유로운 읽기

칼 마르크스의 사상을 자끄 엘륄이 다루는 양식은 상당히 다양하다. 오늘날을 위해 한 명제를 완전히 다시 취하는 것, 큰 오류를 거부하는 것, 방법론적 가정을 취하는 것, 산업 사회의 분석을 다양한 강조점을 가지고 옮기는 것, 그 시대를 위해서 자신의 이론의 적실성을 인정하나 오늘날은 타당하지 않음, 그의 상속자들에 의해 그의 사상이 왜곡된 것, 그의 논증 구조의 극이 바뀐 것, 기독교 신앙을 정화하기 위해서 그의 의도를 넘어서 종교 비판을 진지하게 수용하는 것…. 독서는 분명히 자끄 엘륄에게 자유의 행사이다. 이러한 사실은 다른 저자들의 저술에서도 확증될 것인가? 우리는 그렇다고 가정할 수 있다.

III. 바르트의 독자 엘륄 – 신학적 측면의 원천.

"신학의 영역에서는 바르트가 스승이요 설계자였다. 나는 역시 그에게서 신학적 사고의 수단을 얻었다."[1] 쇠렌 키에르케고르를 다룬 넬리 비알라네Nelly Viallaneix의 책의 서문에서 자끄 엘륄이 주장한 것처럼 그의 작품의 신학적, 성서적, 윤리적 측면은 바르트에게서 끌어온 원천에 의존하고 있다. 엘륄은 다른 곳에서 칼 바르트를 "20세기의 가장 위대한 신학자"[2]로 규정한다. 그렇다고 해서 그의 바르트 읽기가 맹목적이지는 않다. 오히려 신중하고, 결과적으로 쇠렌 키에르케고르와 칼 마르크스의 저술들을 다룰 때만큼이나 선택적이다. 지금 저자가 보여주고자 하는 바가 바로 이것이다.

---

1) Nelly VIALLANEIX, *Ecoute Kierkegaard*, op.cit., p.II.
2) 엘륄, 1985, p.23 1988b, p.18. 이상하게도 에띠엔느 쥬리에(Etienne Jurié)는 결코 자신을 신학자라고 소개한 적이 없는 자끄 엘륄에 관해서 가장 가까운 표현을 다시 취하고 있다. "20세기 가장 중요한 신학자 중의 하나"(엘륄, 2007c, p.9).

a) 칼 바르트의 발견

자끄 엘륄이 칼 바르트를 발견한 것은 22세 때 개혁파 신학자인 장 보스Jean Bosc덕분이다.3) 회심 이후 그는 깔뱅의 『기독교 강요』를 읽었고, 칼 바르트는 그를 점차적으로 정통 깔뱅주의로부터 멀어지게 했다. "내가 칼 바르트를 읽기 시작했을 때 깔뱅주의자가 되는 것을 그만두었다"4) "나는 깔뱅주의자가 아니라 바르트주의자이다"5) 바젤의 신학자 탄생 100주년을 맞아, 1986년에 발표된 글에서 자끄 엘륄은 칼 바르트가 자신의 세대를 대표함을 환기시킨다.

> "우선 내가 보기에 중요해 보이는 것은 많은 개신교 젊은이들이 겪는 '터짐'déblocage 감정을 환기시키는 것에 있다. 전통적인 대립의 표출은 정통 교회(깔뱅의 사상에 상당히 충실한)와 자유주의 교회(이성과 과학을 기독교 자료의 해석에 있어 우선시하려고 하는)사이에서 일어났다. 이 대립은 1880년과 1920년 사이에 가장 격렬했는데, 점차 안정화되었다. 하지만, 이 세대의 젊은이들에게는 어느 쪽이건 간에 신뢰를 상실했다. 깔뱅은 스콜라주의와 도덕주의에 매우 가깝게 남아있었고. 자유주의자들은 우리가 성서에서 읽는 것과 꽤 멀리 있는 것으로 비쳤다. 그리고 갑자기 바르트가 나타났다. 그는 깔뱅이 옳다면 오늘날 계시를 다시 생각해야 한다고 선포한다(16세기 맥락이 아니라). 그리고 자유주의자들은 신학 영역에 사고, 연구의 막대한 풍부함을 가져다주었다. 그리고 그것을 사용하고 다시 생각해야 한다고 선포한다."6)

하여간 자끄 엘륄은 인간의 전적 타락의 원리, 전적 타자Tout-Autre로서의 하나님의 표상表象, 성서의 권위를 유지한다. 하지만, 이 세 가지 점

---

3) 참조. 엘륄, 1981a, p.27.
4) Daniel B. CLENDENIN, *Theological method in Jacques Ellul*, Lanham, University Press of America, Lanham, 1987, p.10.
5) 엘륄, 1994, p.81.
6) 엘륄, Aimez vous Barth, in *Réforme*("Jacques Ellul. Actualité d'un briseur d'idoles. Cinquante ans de chroniques dans *Réforme*"), hors-série Réforme, Paris, 2004, p.40.

은 역시 칼 바르트에게서도 발견할 수 있다. 그러나 그는 깔뱅의 예정교리, 자연 신학, 율법의 세 번째 사용, 교회의 직제, 국가에 관한 깔뱅의 교리를 거부한다. 칼 바르트처럼 그도 또한 계시와 종교를 대립시키고, 신적 자유와 인간적 자유 사이의 변증법을 명확하게 하며, 성서와 하나님의 말씀을 동일시하며, 보편구원을 지지한다. 우리는 계속해서 이 네 가지 점을 고찰하게 될 것이다.

b) 계시와 종교의 대립

칼 바르트는 계시와 종교 사이의 근본적인 단절을 세운다. 그러나 그의 사고에서 기독교는 유일한 참된 종교, 다시 말해서, 계시에 충실한 종교로 간주한다. 그의 변증법적 단계를 재구성하는 것이 중요하다.[7] 처음에는 바르트는 모든 "종교"(여기에는 기독교가 포함된다)를 "계시"에 대립시킨다. 종교라는 것은 그에게는 인간적인 실재이다. 이것은 인간의 편에서 자기의인화autojustification와 자기성화autosantification와 연결되고, 따라서 죄(다시 말해, 하나님과의 단절)와 결부된다. 종교가 짊어지는 짐은 그의 귀납적인 성격에 기인한다. 다시 말해, 인간은 자기 자신에게서 출발하여 하나님에게로 향한다. 따라서, 자신의 이미지와 자신의 기준에 따라 하나님에게 나간다. 반면, 연역적인 방식은 하나님이 인간에 대해 말씀하시는 것과 인간에게 원하시는 것을 이해하기 위해 계시에서 출발한다. 인간은 하나님의 형상대로 만들어졌기 때문에 상호성이라는 것은 사실이 아니다. 하나님은 그렇다고 인간의 이미지로 생각되지 않는다. 반대로 계시를 기꺼이 신뢰하는 것으로 이해되는 신앙은 인간을 종교에서 해방한다. 신앙은 겸손하게 계시를 수납하는데 그것은 인간이 아닌 하나님이 주도권을 지니고 계신다. 하나님의 말씀은 종교들의 거짓말을 폭로한

---

[7] 참조. KB, Dogmatique, 1ᵉʳ, vol, tomb 2ᵉ**, n° 4, Genéve, Labor et Fides, 1954, p.71-147.

다. 따라서 칼 바르트는 근본적으로 기독교를 다른 종교와 구별하려 하지 않는다. 기독교가 다른 종교와는 달리 우상 숭배와 율법주의에서 벗어난다고 생각하는 것은 순전한 착각이다.

그럼에도, 칼 바르트는 "참된 종교"의 존재에 대해 질문을 던진다. 어떤 종교도 그 자체가 진리가 아니라는 것을 확언하고서, 그는 그것으로부터 기독교는 인간적 평가에서가 아닌 계시라는 사실로 말미암아 참된 종교라고 주장한다. 계시에 대한 응답이라고 주장하는 다른 종교들은 거짓말들이다. 이것은 진리가 거짓에 대립하는 것처럼 유대교와 이교주의가 기독교에 대립하는 것과 마찬가지이다. 그리고 역설적으로 계시, 다시 말해, 하나님의 말씀만이 종교들의 우상숭배를 고발하고 그 가운데 살도록 해준다. 사실 기독교가 유일한 참된 종교라는 사실은 기독교인들의 태도도, 그들의 종교의 행태도 아니고 그들의 우상 숭배적인 종교성에서 불구하고 그들을 용서하는 하나님의 은혜에만 근거한다. 그 자체만 보았을 때 기독교는 다른 모든 종교와 흡사하다. 그것은 불신앙, 우상숭배, 자기의 인화로 점철되어 있고, 그 구조는 신적 조명을 받기에 더욱 적합한 것이 아니다. 이처럼 기독교의 참됨의 근거는 인간적 사실과 현상에서가 아니고, 다른 종교가 아닌 기독교에 진리의 인장印章을 부여하는 하나님의 은혜에 있다. 하나님 선택의 절대적 기준이 기독교를 유일한 종교로 만드는데, 그것은 예수 그리스도의 이름이다. 그리스도를 믿는 누구에게든지 그의 은혜와 구원의 표시인 아버지의 사랑을 나타내 보이려고 이 땅에 보내신 그의 아들을 알게 하신 것은 바로 하나님의 주도권에 의해서이다. 따라서 기독교는 하나의 책이 아니라 인격에 중심을 두고 있다. 그것은 하나님 자신의 선택으로 아들을 통해서 자신을 계시하셨다는 사실 때문이다.

『의심을 거친 신앙』*La foi au prix du doute* 8)이라고 명명된 자끄 엘륄의 책은 곧바로 바르트의 유산에 속한다. 저자는 책의 '서언'에서 그 사실을 주장한다. "이 책은, 논고, 묵상, 참여로서 자율적인 저작도 아니고 무로부터 창조된 작품도 아니다. 이 책은 자신의 풍토를 지니고 있다. 이것은 뿌리들을 가지고 있다. 그리고 무엇보다도 나는 독자들에게 그것을 알려주어야 한다. 그것은 깊고 먼 뿌리들을 가지고 있다. 그것은 키에르케고르와 칼 바르트의 비옥한 땅에서 늘 자양분을 얻는다. 다른 신학자들은 별다른 무게가 없다."9) 자끄 엘륄은 다시 자기 나름대로 계시와 종교의 대립을 취하고 있다. 그는 그것은 "바르트에 의해 제기된(…) 중심적 문제"10)라고 간주한다. 그리고 그는 이 대립적인 짝을 "믿음/종교심"의 짝에 접목시킨다. 믿음은 계시의 영역에 속한 것이지만, 종교심은 종교의 영역에 속한 것이다11). 종교심은 인간의 질문과 불안에 대해서 답변을 주지만 믿음은 그에게 질문을 던진다.12) 종교심은 말을 하고 말들에 젖어 있지만, 믿음은 우선 듣는 것이고 침묵 속에서만 힘을 얻는다.13) 신앙은 모이게 하지만 믿음은 고립시킨다.14) 종교심은 의심을 배제하지만, 믿음은 그것을 가정한다.15) 종교심은 늘 끝에서 둘째이지만 신앙은 늘 궁극적이다.16) 믿음과 종교심은 종종 혼합된다. 그러나 종교심에서 신앙으로 옮겨가는 것은 불가능하다. 하지만, 신앙은 종종 종교심으로 변질된다.17) 모든 종교심은 신앙의 장애물이다. 왜냐하면, 그것은 신앙의 대체물로 종교적 욕구를 충족시키는 것이기 때문이다.18) 마지막으로 계시에 대한 신앙과 종

---

8) 엘륄, 1980a.
9) 앞의 책, p.21.
10) 앞의 책, p.164, 참조. 엘륄, 1984b, p.219-220.
11) 참조. 엘륄, 1980a, p.127-128.
12) 참조. 앞의 책, p.134.
13) 참조. 앞의 책, p.137-138.
14) 참조. 앞의 책, p.139.
15) 참조. 앞의 책, p.144.
16) 참조. 앞의 책, p.153.
17) 참조. 앞의 책, p.158.
18) 참조. 앞의 책, p.159.

교심 사이에 절대적인 불연속성을 세우는 이 모든 이유를 위해 자끄 엘륄은 역설적으로 말한다. "나는 신앙을 가지고 있다."는 사실상 종교심에 속한다. "우리가 진리 안에서 말할 권리가 있는 것은 바로 '믿음이 나를 가지고 있다'이다. 나머지는 신심에 속한다."19) 모든 이 사고들은 섞임 없이 바르트적 사고에 뿌리를 두고 있다.

믿음과 종교심 사이의 대립처럼, 계시와 종교 사이의 대립은 자끄 엘륄에게 만큼이나 칼 바르트에게서 참된 하나님을 확인하는 목적이 있다. 계시와 신앙의 하나님은 종교와 신심의 하나님이 아니다. 자끄 엘륄은 이 점에서 그가 믿는 하나님에 대해 말하려고, 칼 바르트의 표현을 다시 취한다. 그는 전적 타자로 이 속성이 없으면 그는 하나님이 아니다. 그리고 동시에 그는 아버지이시다. 이것이 없으면 그는 예수 그리스도의 하나님이 아니다. 그리고 그는 전적 타자로서의 아버지이고, 아버지로서의 전적 타자이다.20)

c) 명백한 바르트적 윤리

자끄 엘륄은 자신의 윤리를 구체화하는 데 있어 마찬가지로 칼 바르트에게 진 빚을 인정한다. "그것(엘륄의 윤리)은 어느 정도 칼 바르트의 신학에 영감을 받는다. 나는 그것을 부정하지 않는다. 그러나 나는 무조건적 바르트주의자도 역시 아니다. 하지만, '신신학' nouvelle theologie, 자연과 은총의 이분법을 거부하여 신스콜라주의에 대항한 프랑스의 카톨릭 신학-옮긴이주이 뽐내는 대부분 질문은 이미 교의학에서 포함되고, 요약되고, 심지어 때론 완전히 다루어진다."21) 자끄 엘륄은 주저치 않고 칼 바르트의 신학적 갱신을 한물간 것으로 간주하는 포스트 바르트주의자들을 비난한다. 그들은 사실

---

19) 앞의 책, p.161. 참조, 엘륄, 1980a, p.127. 1992b, p.149.
20) 참조. 엘륄, 1987b, p.228-230. Jacque Ellul aime à citer Karl Barth: "Quand Dieu se révèle à l'homme, il se révèle comme l'Inconnaissable" (엘륄, 1988, p56)
21) 엘륄, 1975a, tome 1, p.8.

상 "바르트보다 50년이나 뒤져 있다!"[22] 엘륄은 이 바젤의 신학자를 추종한다고 하는 바르트주의자들이 그의 사상을 얼마나 왜곡하고 변질시켜 결국 성서계시를 왜곡했는지를 비판한다.

> "얼마나 많이 기독교인들이 자신들의 동료 그리스도인들을 속이고 비난하기 위해서 '사랑과 자애'라는 이름으로 비겁함, 선견지명의 결여, 진리의 왜곡에 불과한 것을 위해서 실수를 저질렀는지 모른다. 이것은 특별히 늘 제도 기독교가 구축하는 애매모호함과 관련된다. 그렇게 되면 지적으로 완전한 정통신학을 정식화하기 쉬워진다. 그러나 이것이 실제 생활 속으로 들어가는 순간부터, 즉 기독교의 구체적이고 체험된 표현으로 들어간 순간, 우리는 가장 정통적인 신학이 매우 적고 나쁜 형태로 구체화한다. 신앙의 구체화의 필요성 앞에서, 우리는 그때 기독교 진리를 정식화할 필요가 생기는 데, 이는 결국 그것이 체험될 수 있도록 하기 위함이다. 그리고 이 순간부터 우리는 이단으로 몰고 가는 신학적 작업을 돕게 된다. 현재 바르트 신학은 이 어려움 앞에 서 있다. 그리고 세상의 도덕과 화해하는 시도가 다시 등장하고 있다. 바르트주의자들이 사회학적 조류에 유유부단하게 순응하려는 극단적인 입장을 취하든지 (가령 정치에서 사회주의에 대한) 아니면 이미 시도된 도덕적 체계화이든지 간에, 둘 중 어떤 경우이든, 새롭게 진리의 신학적 형성에 이르게 한다."[23]

따라서 자끄 엘륄은 이단과 성서 진리를 대립하는 것과 같이 칼 바르트와 바르트주의자들을 대립시킨다. 그러면서 그는 신학자들의 책에서만큼이나 성서에서도 기독교인의 삶은 도덕에 있지 않고 신앙에 있다는 것과 신앙의 중심에는 선이 아니라 예수 그리스도가 있다는 것을 상기시

---

22) 엘륄, 1984, p.306.
23) 엘륄, 1964년, p.76-77 참조, 1964a, p.74-75.

킨다. "여기서 기독교 윤리는 그 어떤 형태로든 모든 도덕과 단절한다." 24) 그러나 자끄 엘륄은 칼 바르트가 성서의 계시를 충실하게 변호하고 있다고 간주한다. 그는 주저치 않고 그의 사상을 확장해서 그가 동의하지 못하는 영역에까지 그의 사상을 밀고 가거나, 적어도 바르트적이라기 보다는 엘륄적인 정식화로 향한다.

다음의 표현은 어떻게 해서 이런 변화가 일어났는지 분명히 지시해준다. "바르트가 보여 준 대로 기독교와 종교 사이에 화해할 수 없는 대립이 존재하는 것처럼, 또한 기독교와 도덕 사이에 확고한 대립이 존재한다. 우리가 나중에 분명히 보게 되겠지만 우리는 어떤 의미에서 기독교는 하나의 반도덕이라고 말할 수 있을 것이다."25) 우리는 칼 바르트를 근본적으로 "기독교"와 "종교"를 대립시키도록 이끄는 변증법적 사고를 따라갔다. 우리가 여기서 확인할 수 있는 것처럼, 자끄 엘륄은 칼 바르트의 사상에 기대고 있는데 그것은 그의 사상을 넘어서는 유추類推를 감히 시도하기 위함이다. 이것은 "기독교"와 "도덕"26)을 근본적으로 대립시키기 위해 그가 채택한 것과 마찬가지 방식이다.

자끄 엘륄은 한 발자국 더 넘어선다. 이는 바르트의 신학의 이름으로 거부된 바르트, 신新 바르트, 그리고 후기 바르트의 입장만을 말하지 않고, 자끄 엘륄의 눈에 바르트의 말년에 그의 초기 저술의 특징이 지나치게 벗겨진 칼 바르트를 말하는 것이다. 엘륄은 이렇듯 이전의 처지에 있던 바젤의 신학자를 상기시킨다. 이것은 그의 변증법적 방법이 완화되었던 것처럼 보였기 때문이다. 자끄 엘륄은 바르트 신학의 첫 통찰들이 그것이 그의 변증법 안에서 취해져야 한다고 주장하며 그것을 변호한다. 이것을 단지 그의 신적 초월성을 보존하는 것과 관련되어 있다. 이것은 결

---

24) 엘륄, 1964b, p.77.
25) 앞의 책, p.73.
26) 참조. 앞의 책, p.5-93. 1984a. p.108-147.

코 세상이 근본적으로 하나님을 잃어버리고 적이 되었다는 사실을 잊어 버린 것이 아니다.27) 죄와 심판의 "아니오"와 부활과 구원의 "예" 사이의 변증법은 유지되어야 한다. 그러나 우리는 너무 자주 "아니오"를 잃어버린다. 과거에 교회는 배타적으로 "아니요"를 공포했었다. 그리고 칼 바르트 자신은, 다른 모든 신학자처럼 그 생의 말년에 가서 계시의 반쪽을 소홀히 하는 경향이 있다.28) 자끄 엘륄은 따라서 칼 바르트를 칼 바르트에 대항해서 불러온다. 그리고 그 바젤의 신학자를 그 자신보다 훨씬 충실한 것으로 초대한다….

그러나 칼 바르트가 끝까지 유지했던 것은 윤리적 입장이었다. 그리고 이것은 자끄 엘륄의 윤리 사상에 확연하게 비옥함을 준 것이 확실하다. 다시 말해서, 하나님의 자유와 인간의 자유의 변증법적 긴장이 그것이다.

"하나님과의 관계보다 더욱더 인간을 강하게 특징짓는 것은 없다. 이 관계는 누멘numen을 통한 마술적인 연합과 전혀 다르다. 이 관계에서는 인간이 우주의 노예가 되고 자신이 우주의 최고 마법사로 상상하게끔 하는 상위의 힘과 연결된다(두 가지 종종 함께 간다!) 그러나 하나님과의 관계는 완전히 자유로운 관계이다. 그러나 그렇기 때문에 역시 완전한 관계이다. 그것은 인간 예수는 하나님 안에서 '하늘에 계신 우리 아버지' 이신 분을 인정하고 소유한다는 사실에 의해 확립된다. 이것은 하나님이 그에게 권위를 가지신 '완전한' 존재인 것과 같다. 예수는 하나님의 요구에서 예외가 아니다. 그러나 그는 그에게 완전히 순종한다. 그는 그에게 복종한다. 그러나 이것은 어떤 운명이나 임의적으로 세워진 규칙에 맹목적으로 복종하는 것을 말하지 않는다. 이것은 하나님께서 허락하신 한 개인의 순종이다. 그는 하나님의 자유로운 자비를 누린다. 그리고 그는 하나님의 위엄 앞에서 압도되기 때문에 완전히 하나님의

---

27) 참조. 엘륄, 1964a, p.12-19.
28) 참조. 앞의 책, p.24-25.

손에 달려 있게 된다. 이것은 자유로운 인간이 자유로운 하나님에 대한 순종과 관련된다. 그리고 바로 이 때문에 이것은 올바른 순종의 지표가 된다."29)

자끄 엘륄은 다음과 같이 서로가 서로에게 귀속된 이 이중적 자유를 달리 표현한다. "하나님의 자유로운 결정 속에서 인간의 자유로운 결정." 30)

자끄 엘륄은 바로 그의 성서주석에서 가장 기껍게 이 표현을 적용한다. 『하나님의 책략과 인간의 책략』31)의 주제는 이 두 가지 자유 사이의 연결부를 중심으로 축이 형성된다. 사무엘상에서 백성은 하나님의 경고에도 완고하게 군다. 그리고 하나님은 이 불순종을 받아들인다.32) 그럼에도 그는 그 백성을 구원하는 것을 포기하지 않으신다. 그는 목이 곧은 백성의 독립으로 만들어진 새로운 상황에 개입하신다. 그는 사울을 버리시고 나서, 다윗을 보내서 이 반역의 결과를 모든 순종을 성취하기 위해서 오게 될 분에 대한 표징, 예언 그리고 조상으로 삼고자 이용하신다.33) 이처럼 하나님은 인간의 불합리한 결정에 눈을 맞추신다.34) 그리고 열왕기하서는 구체적으로 하나님의 자유 안에서 인간이 자유를 어떻게 누릴 것인지를 구체적으로 보여준다.35) 이는 성서 전체에 걸쳐서 펼쳐지는 대도시의 역사에서도 마찬가지이다.36) 인간은 자신의 안전과 하나님을 필요로 하지 않으려고 도시를 건축한다. 하나님은 우리가 우리의 역사를 쓰도

---

29) KB, *Dogmatique*, 2e vol., tome 2e**, n°9, *op.cit.*, p.54. 참조. 엘륄, 1975a, tome1, p.123.
30) 엘륄, 1966a, p.352; 1994, p.16. 참조. KB, *Dogmatique*, 3e vol., tome 3e*, n° 13, Genéve, Labor et Fides, 1962, p.58-271.
31) 참조. 엘륄, 1966a.
32) 참조. 사무엘상 8장 1절-22절.
33) 참조. 사무엘상 16장 11절-18절.
34) 참조. 엘륄, 1966a, p.352-358.
35) 참조. 앞의 책, p.352.
36) 참조. 엘륄, 1975c.

록 내버려 두신다. 그리고 어떤 것을 정정하기 위해서 또는 어떤 것을 막으려고 개입하실 뿐이다. 그러나 무엇이 되었든지 우리를 강제하지는 않는다.[37] 종말에 가서 천상의 예루살렘을 가로질러 하나님은 한 도시를 제공해 줄 것이다. 그러나 그것은 정원이 아니다. 인간의 모든 역사가 그에게서 벗어났다는 것에 대해 책임질 것이다.[38] 이처럼 "하나님의 자유 안에서 스스로 역사를 만들어 가는 인간의 전적 자유가 있다."[39]

칼 바르트의 사상을 확장하면서 자끄 엘륄은 장기판의 비유로 이 신학적 주제를 설명한다. 하나님은 모든 것을 예견하시는데 이것은 인간을 결정하지는 않는다. "무한한 시각을 가진 장기판 경기자인 하나님은 모든 결정의 모든 가능성을 예견하신다. 인간의 가능한 모든 선택을 그리고 각 가능성 각각에 대하여. 하나님은 미리 자신의 대답과 자신의 계시를 미리 준비하신다."[40] 어떤 식으로든 인간은 하나님은 대항해서 장기를 둔다. 그는 무한하지 않은 숫자의 규칙을 따르지 않으면서 그리고 하나님은 인간을 자신에게 향하도록 자신의 장기를 둔다. 하나님의 뜻은 인간이 자유로워지는 것이다. 그리고 예수가 인간을 해방하기 위해서 죽는 것이다.[41]

그러나 두 종류의 자유가 있다. 자연적인 자유와 그리스도 안에서의 자유이다. 자연적인 자유를 누리며 인간은 늘 자기 주위에 대해서 자신의 세계를 닫는 경향이 있다. 그러나 그의 자유에서 하나님은 늘 가능한 새로운 장을 늘 여신다.[42] 자끄 엘륄은 기독교적 자유는 우리를 늘 처음으로 되돌려놓는다는 것을 강조하기 위해서 칼 바르트를 다시 한 번 참조한다. 바르트가 말한 바로는 우리 각자는 앞으로 나아간 다음, 다시 시작하

---

37) 참조. 엘륄, 1985, p.23.
38) 참조. 엘륄, 1975c, p.308-324.
39) 엘륄, 1985, 23쪽. 자끄 엘륄은 구체적으로 말한다. "하나님은 인간이 결국 '예' 라고 말하기까지 백 가지 수단을 사용하실 것이다. 강제가 아닌 느린 설득에 의해서."(엘륄, 1991a, p.37).
40) 엘륄, 1991a, p.92.
41) 참조. 엘륄, 1994, p.161.
42) 참조. 엘륄, 1981a p.75.

기 위해서, 뒤에 계신 그리스도를 향해 돌아간다. 그리스도 안에 있는 자유는 근원으로 영구적으로 돌아가는 것이다.[43] 자끄 엘륄은 그리스도 안에 있는 자유는 서로가 서로에 대한 판단을 중단시킨다는 자신의 주장을 뒷받침하기 위해 또 칼 바르트를 인용한다. "(주님의) 이 자유가 계시가 될 때마다, 하나님의 심판 아래서 서로 심판하기 위해서 한자리에 모이는 것은 객관적으로 불가능하다. 반대로 주님을 위해서 상호 간에 자유롭고, 자유로운 연합 속에서 서로서로 위해서 살 수 있는 것은 객관적으로 반드시 가능하다."[44]

자끄 엘륄이 율법 문제를 다룰 때, 그는 칼 바르트에게 역시 영감을 받는다. 그는 칼 바르트와 함께 "율법"과 "계명"을 구분한다. 율법은 내 생명 바깥에 있다. 이것은 상황을 고려하지 않는다. 계명은 나에게 말해진 개인적인 말씀이다. 다시 말해, 독특하게 개인과 개인의 관계이다.[45] 자끄 엘륄은 전적으로 계명에 대해서 바르트적 입장을 취한다. 이것은 사실 그것을 삶과 죽음 사이의 연결선으로 삼는 것이다.[46] 그것의 위반은 우리를 죽음의 영역으로 들여보낸다.[47]

d) 내포된 바르트의 해석학

자끄 엘륄의 작품 속에서 칼 바르트를 참조한 부분은 많다. 특히 그의 윤리적 저술에서 두드러지지만, 명시적으로 인용한 부분과 함께 그의 여러 성서 주석은 묵시적으로 바르트의 해석학에 대한 답변이다. 그럼에도, 자끄 엘륄은 성서를 독창적으로 읽으려는 태도를 계속 고수한다.[48] 바르

---

43) 참조. 엘륄, 1975a, tome 2, p.163.
44) KB, *Dogmatique*, 2e vol., tome 2e**, n°9, *op.cit.*, p.215; 엘륄, 1984b, p.136.
45) 참조. 엘륄, 1970, p.703-704.
46) 참조. 엘륄, 1987c. p.280; 1991a, p.108.
47) 참조. 엘륄, 1991a, p.51.
48) 참조. Geoffrey W BROMILEY, "*Barth's influence on Jacques Ellul*", in Clifford G. CHRISTIANS et Jay M. VAN HOOK éd, *op.cit.* p.32-51.

트와 엘륄은 모든 성서를 하나님의 말씀이라고 생각한다. 그들은 자료비평이나 편집층보다 공인公認 텍스트에 더더욱 관심을 둔다. 원저자보다 있을 가능성이 있는 편집인의 역할도 역시 중요하다. 가령 요나서는 성서의 영감이라는 이유 만으로만 정경에 포함될 수 있었다.[49] 칼 바르트와 자끄 엘륄은 또한 영감의 성격보다는 그것의 영향에 더욱 관심을 둔다. 그리고 주석의 도구는 그것이 말씀의 봉사자가 되고 성서계시를 가장 잘 설명하는 조건으로 인정한다. 그러나 너무도 자주 주석가는 자신의 환자가 살아 있다는 것을 망각한 채 그 환자를 해부한다!… [50]

성서를 읽는 유일하게 정당한 관점은 따라서 성서를 계시로 받아들이는 것이다. 성서는 우리에게 해방과 언약의 하나님을 드러낸다. 우리는 다른 관점을 받아들일 수 없는데, 그것은 하나님 자신이 선택한 계시라는 양식을 거부하는 것이기 때문이다.[51] 그러나 그것은 바르트 해석학의 또 다른 기여이다. 그것은 성서 본문에 접근하는 엘륄의 방식에서 결정적이라고 할 수 있다. 다시 말해서, 인간이 하나님에게 던지는 질문들 전체로서의 성서를 받아들이는 것이다. 자끄 엘륄은 여러 번 이 통찰을 칼 바르트를 언급하지 않고 발전시키는데, 유일하게 바젤의 신학자에 대한 발견을 이야기할 때는 예외이다. "성서를 읽는 그의 방식은 놀라운 전도를 일으킨다. 성서가 더는 하나님이 우리에게 주시는 답변들의 요약이 아니다. 반대로 하나님의 우리를 향한 부르심, 다시 말해, 우리에게 던지신 질문이고 또한 우리가 답변해야 하는 질문이다. 하나님의 말씀을 듣는다는 것은 그것에 책임을 지는 것이다. 이처럼 하나님이 우리를 부르실 때 그는 인간을 무력화하는 것도, 그를 강제하는 것도 아니다. 오히려 그것은 인간을 해방한다. 이것은 우리가 우리 자신의 결정에 대해서 책임을 지우는

---

49) 참조. 엘륄, 1952, p.123.
50) 참조. 엘륄, 1975a, p.210.
51) 참조. 엘륄, 1980a, p.133.

것이다."52)

그렇지만, 자끄 엘륄은 칼 바르트가 그 자신의 동시대인들에게 말하려고 사용하는 언어에 관심을 둘 때 더욱 비판적인 어조를 취한다. 20세기로 복음의 메시지를 이동시키는 것은 역사적, 사회학적 맥락을 고려해야 한다. 그러나 성서에 충실하기는 하지만, 자신을 낮추시고 가까이 오시는 하나님의 은혜의 증거는 현대인에게는 호소력이 없다. 오직 기독교인만이 그것을 이해할 수 있다. 마찬가지로 신학은 인간이 기도할 때만 그가 해야 할 것을 말해준다. 그러나 인간이 기도하지 않을 때는 엄격히 말해 아무것도 나아지지 않는다. 기도는 자기 자신 속에 존재하지 않기 때문에 기도하거나 기도하지 않거나 하는 것은 다만 인간적인 일일 뿐이다. 신학은 기독교인에게 기도해야 할 새로운 이유를 제시한다. 그러나 인간은 기도하지 않는 인간을 기도의 자리로 옮겨놓지는 못한다.53) 칼 바르트를 통해서 현대인의 조건과 어긋난다는 이유로 신학이 재판대 위에 오르게 되었다.

e) 과도하게 해석된 바르트의 구원론

자끄 엘륄은 바르트의 구원론에 강하게 영감을 받는다. 칼 바르트에게, 예수 그리스도는 유일한 참된 유기자遺棄者이다.

"유기자는 바로 그의 죄 때문에 하나님의 심판 앞에서 부인되고 밀려난 사람이다. 이 인간은 사단과 그의 제국, 다시 말해서, 영벌을 대가로 버려졌다. 인간은 이 징벌을 받도록 정죄 받았다. 왜냐하면, 그는 하나님의 반감의 치명적인 힘이 그에게 쏟아졌기 때문이다. 이것은 유기자를 누르는 위협이고 각 인간이 본래 겪어야 했을 인생이다. 그러나 예수 그

---

52) 자끄 엘륄, Aimez-vous Barth? in Réforme, op.cit. p.40.
53) 참조. 엘륄, 1970, p.670-674.

리스도의 선택 안에서 이 위협은 우리 모두에게서 벗어났다. 이것은 오로지 하나님의 아들에게 집중된다. 유기자의 삶은 우리에게 객관적인 불가능성이 되었다. 왜냐하면, 하나님은 그를 자신의 아들로 정하셨기 때문이다. 부르심도, 하나님도 없이 존재하는 것은 객관적인 불가능성으로 뒤로 돌아가는 것을 의미한다. 이것은 다시 이미 집행되어 결과적으로 폐지된 위협에 자신을 스스로 드러내는 것이다. 이것이 바로 이 시도가 유해하고, 치명적으로 위험 하면도 동시에 무력한 이유이다. 그런 이유는 그것이 그의 영원한 사랑 안에서 하나님께서 정죄 받은 죄인이 된 인간을 받아들인다는 사실을 부정하는 것을 의미하기 때문이다. 치명적으로 위험하다 함은, 그것이 거리 둠, 부정, 혐오를 일으키고 한마디로 말하면 하나님에 대한 미움을 일으킨다. 그것의 어둠은 반드시 인간을 짓누른다. 무력하다 함은 그것이 아마도 인간의 죄의 결과인 처벌과 동시에 인간의 죄와 죄책을 확증하고 확인시켜줄 수 있기 때문이다. 그러나 인간은 아무것도 변화시킬 수 없다. 그것은 예수 그리스도만이 유일한 유기자이고 죄의 결과인 처벌과 또한 모든 인간의 죄와 죄책을 그가 짊어지셨다는 사실에 기인한다. 이러한 기도에 뛰어든 사람은 반드시 거짓말을 할 수 있다. 그러나 그들의 거짓말은 하나님의 자유로운 선택에 대항하는 것이다."[54]

이렇듯 진리를 증거하려고 남긴 택함 받은 사람이 있고 또 영벌에 버려질 유기된 자들이 있다면 사실상 하나님의 진노를 받는 유일한 사람은 예수 그리스도이다. 다시 말해서, 택함과 유기를 동시에 받는 하나님 자신이다. 말하자면 사람들은 생명으로 예정되었고, 예수 그리스도는 죽음으로 예정되었다.[55] 택함 받은 사람과 유기된 사람의 실제적 차이는 진리와 거짓 사이의 간격으로 귀결된다. 택함 받는 자들은 그들의 삶을 통해서 진리를 증거하고, 유기된 자들은 진리를 거스름으로서 거짓을 말한다.

---

[54] KB, *Dogmatique*, 2ᵉ vol., tome 2ᵉ**, n°8, *op.cit.*, p.344-345.
[55] 참조. Otto Weber, *op.cit.* p.77.

유기된 자들은 예수 그리스도 안에서의 선택을 반대하는 자들이다. 하나님은 그를 지복으로 정하셨지만, 그는 자기 자신의 영광을 선택한다.[56] 유기자가 목표로 하는 대상은 복음을 받아들이는 자들이다. 그리고 그 복음의 선포는 선택의 문제와 관련된다. 그의 구원 행위는 하나님의 희생이 있어야 한다. 하나님 아들의 실패는 오로지 하나님만이 감당해낼 수 있을 정도로 심각한 것이다.[57] 그는 유기되었다. 왜냐하면, 그는 하나님의 은혜를 스스로 벗어버리려 했기 때문이다. 따라서 그는 은혜의 선택이 무엇인지를 말해주는 표시이다.[58] 결과적으로 그는 진리의 복음 선포를 듣고 믿음에 이르도록 정해졌다.[59]

이러한 고찰들은 우리를 칼 바르트가 세계 급변설의 이론을 지지하는 것으로 생각하게 한다. 다시 말해, 오리겐의 모델을 따라서 보편구원을 지지하는 것으로 비추어진다. 사실은 그것과 전혀 관계가 없다. 왜냐하면, 구원은 늘 개인과 관련되어 있지 인류 전체와 관련된 것은 아니기 때문이다.[60] 그뿐만 아니라 그는 그러한 원리가 하나님의 자유에 치명상을 주기 때문이다. "선택의 폭을 결정하는 것은 바로 하나님이다. 이 폭은 인류 전체를 포괄해야 할 것이다(급변설에 따르면). 이 문제는 우리가 정식화할 수 있는 권리가 없다. 이것은 하나님의 자유를 존중하는 것이다. 하나님의 자유는 하나의 법전이 아니다. 우리는 권리와 의무들을 끄집어낼 수 있을 것이다. 은혜의 하나님이 한 개인만을 불러와 선택해야 할 의무가 없다. 동시에 그는 모든 인류를 불러 선택할 의무가 없다."[61] 하지만 칼 바르트에 따르면, 율법을 선포하며 은혜를 피하는 것보다, 은혜를 선포하면서 이 위험을 무릅쓸 필요가 있다.[62] 그는 다음과 같이 역설적인

---

56) 참조. KB, *Dogmatique*, 2e vol., tome 2e**, n°8, *op.cit.*, p.445.
57) 참조. 앞의 책, p.451.
58) 참조. 앞의 책, p.451-452.
59) 참조. 앞의 책, p.454.
60) 참조. Otto WEBER, *op.cit.* p.80.
61) 참조. *Dogmatique*, 2e vol., tome 2e**, n°8, *op., cit.*, p.414.

문구로 요약한다. "보편 구원을 가르치는 것은 미친 것임이 틀림없다. 하지만, 그것을 믿지 않는 것은 불경건한 것이 틀림없다."63)

자끄 엘륄은 이 불경건을 거부한다. 그는 보편구원을 신봉한다. 그러나 그는 그것을 가르치지는 않지만, 그것을 고백하고, 선포하고, 공포한다. "보편구원의 진리를 공포하면서, 나는 그것이 절대 진리라고 말하는 것은 아니다 이것은 하나님의 비밀을 파고드는 것이고, 영원한 하나님의 단순한 결정을 기대하는 것이고 또한 교의적인 명제로서 과학적으로 입증된 것으로 선포하지 않는다. 내가 이 진리를 선포할 때, 나는 내가 믿는 것, 성서 본문의 묵상이 나를 믿게 한 것이라고 말한다. 나는 보편 구원을 가르치지는 않지만, 그것을 공포한다."64) 자끄 엘륄에 의해 선포된 신앙은 하나의 논증에 의거하고 있다. 그것의 진술은 기독론적으로 결정적인데 다음과 같다. 만약 하나님이 지금 한 인간을 정죄한다면 스탈린이나 히틀러는 아닐 것이다. 그렇다면 예수 그리스도의 십자가와 정죄 당하심은 충분히 못 한 것이 될 것이다.65) 이 논증의 결과는 근본적이다. 우리는 단 한 인간이라도 정죄 당할 수 있다면 구원을 생각할 수 없다는 것이다.66) 바르트의 입장을 엘륄이 취급하는 방식은 질문의 여지를 남겨두지

---

62) 참조. Otto WEBER, *op.cit.* p.80.
63) 엘륄, 1985, p.84; 1994, p.173.
64) 엘륄, 1987b, p.271-272. 자끄 엘륄은 로마서 주석에서 한 단락을 길게 인용한다. 여기서 바르트는 바로가 수행한 역할은 모세가 수행한 역할만큼 중요하다는 것을 보여준다. 이것은 바르트가 말한 바로는 바로 이중 예정론의 기초를 허물어뜨리는 것이다.(참조. 앞의 책, p.264-265; KB, *L'épître aux Romains, op.cit.*, p.343: 인용은 약간의 차이가 있다. 그리고 에서는 이사야가 되었다)
65) 참조. 엘륄, 1987b. p.249-274. 특히 p.253. 1939년 12월을 날짜로 하는 칼 바르트의 "프랑스 개신교도들에게 보내는 편지(Lette aux protestants de France)"에서 단락을 살펴보는 것은 매력적이다. "예수 그리스도의 교회는 전쟁할 수도 없고 원하지도 않는다. 교회는 복음을 간절히 구하고, 믿고, 기대하고, 사랑하고, 공포하며, 듣는 것밖에 할 수 없다. 교회는 바로 우리 자신인 가난한 인간을 진정으로, 영원히, 신적으로 돕는 사건은 군사적 힘도 인간적 노력도 아닌 성령의 사역에 의한 것임을 알고 있다(스가랴서 4장 6절). 동맹국들의 명분에서, 따라서 교회는 하나님의 명분을 보지 못할 것이고, 히틀러에 대항해서 십자군을 선포하지 않을 것이다. 십자가에 달린 분은 자의건 타의건 히틀러의 깃발을 따르는 피정복민 모두를 위해서뿐 아니라 히틀러를 위해서도 돌아가셨다."(KB, "Lettre aux protestants de France", in Karl BARTH, Henri LADIER et Paul BORCHSENIUS, *La chrétienté au creuset de l'épreuve*, tome 2, Genéve, Labor et Fides, 1947, p.444).
66) 참조. 엘륄, 1985, p.84.

않는다. 신앙이 고백 되고 선포되도록 요청되는 것은 확실하다. 그러나 선포와 가르침 사이의 경계는 모호한 부분이 많은 게 분명하다. 바로 이것이 자끄 엘륄의 입장이 칼 바르트의 입장을 과대 해석한 것으로 간주하는 이유이다. 더더욱 그것을 언급하면서 엘륄은 그의 신앙에서 영벌永罰과 지옥의 "불가능한 가능성"67)을 환영하지 않는 것처럼 보인다. 이에 대해 칼 바르트는 불가능한 것이 없는 하나님에게 그의 자유를 존중하는 것이라고 볼 수 있다.68)

f) 이스라엘에 대한 동일한 사랑

자끄 엘륄은 칼 바르트에게서 유대민족에 대한 자신의 지지와 강력한 동맹관계를 발견한다. 바르트는 엘륄에게 반유대주의에 거침없이 대항해 일어선 최초의 신학자 중 하나였다는 것에 대하여 감사하는 마음을 표명한다. 1943년부터 칼 바르트는 기독교인은 유대인 학살을 인정할 수 없다고 공표했다.69) 자끄 엘륄은 1944년 7월 23일에 열렸던 그의 유명한 컨퍼런스의 유명한 초록을 길게 인용한다.

"유대 민족에 대해 무분별하고 광기에 사로잡힌 학살은(…) 우리에게 이사야가 우리에게 보여주는 대로 다른 이들을 위해서 벌을 받고 희생양이 된 '하나님의 종'의 이미지이다. 독일, 프랑스, 폴란드, 헝가리에서 우리가 총으로 쏘고, 산채로 매장하고, 짐승을 싣는 차에 싣고, 가스로 질식시키는 모든 유대인의 뒤에는 거울로 보듯이 의식을 잃는 우리 주 예수 그리스도의 모습이 볼 수 있는 것이 아닌가? 이 사실들은 계시, 편지, 말, 하나님의 증거가 아닌가? 기독교 공동체가 아무것도 보지 못하고 아무것도 관련 없는 척하는 것이 가당한 일인가? 기독교인이 무릎을

---

67) 참조. 엘륄, 1987b, p.259; 1994, p.173, p.84.
68) 참조. 엘륄, 1987b, p.259.
69) 참조. 엘륄, 1986a, p.760-761.

꿇고 나서 '당신이 세상 죄를 지셨습니다. 주님, 우리를 불쌍히 여기소서! 박해받고 학살당하는 한 유대인의 그림자 속에서 당신이 계십니다. 한 번 더 그들을 버리는 것은 바로 당신이십니다. 이 사건들이 다시 한 번 더 보여주는 것은 바로 당신의 고독한 죽음입니다.' 하나님이 그의 아들을 우리를 위해 넘겨주신 것과 마찬가지로, 2000년 전에 육신의 형제와 자매들에게 끔찍한 운명에 의해서 다시 한 번 매질 당하는 것은 바로 그리스도이다."70)

자끄 엘륄은 과장없이 예수와 오늘날의 유대인을 동일시하는 것을 다음의 주석을 하면서 환영한다. "우리가 원하든 그렇지 않든 간에, 기독교 신앙의 위대한 전환 중의 하나가 바르트와 사실 함께 시작되었다는 것이 문제이다."71)

그의 로마서 주석에서 접붙인 감람나무72)의 비유에 대한 분석은 바젤의 신학자가 이스라엘과 교회를 연결하도록 이끄는 역할을 한다.

"심지어 가롯 유다가 될지라도, 이스라엘에 속했거나 속한 사람 중 어떤 하나라도 희생해서라도 이방 그리스도인이 어떤 경우에도 교회에 속하는 것을 스스로 영광스럽게 생각하지 않기를! 과거에 어떤 일이 일어났고 현재 어떤 일일 일어나건 간에, 이 백성은 하나님의 백성이다. 이 백성은 하나님이 그의 은혜와 진노로 다루신 백성이고, 그 가운데서 그는 축복과 심판, 선택과 완고하게 함, 받아들임과 거부를 하셨다. 이 백성이 어떻든 간에, 하나님은 그들을 받으셨고 이런저런 방식으로 그를 인

---

70) 엘륄, 1991a, p.31-32. 이 컨퍼런스는 1944년 7월 23일에 바젤 교회의 지역 잔치를 맞이하여 뒤렌로트(Dürrenroth)교회에서 개최되었다. 컨퍼런스의 제목은 "교회의 희망과 책임"이었다. 그리고 부제는 "현재의 사건들 가운데서 기독교 공동체에 약속되고 지시된 것"이었다. 전 텍스트는 교회 교의학에 수록되었다. (KB, 'Une voix suisse(1939-1944)", in Karl Barth, Henri LADIER et Paul PORCHSENIUS, *La chrétienté au creuset de l'épreuve*, tome2, *op.cit.*, p.547-578. 자끄 엘륄이 출전을 표시하지 않은 두 인용은 Frdiey LOVSKY, *Antisémitisme et mystère d'Israël*; Paris, Albin Michel, 1955, p.349, 416-418.
71) 엘륄, 1991a, p.32.
72) 참조. 로마서 11장 16절-24절.

정하시기를 그치지 않으셨다. 이스라엘의 거룩하신 자의 조상과 부모로서 그에 의해서 거룩해진 이스라엘 백성은 자연적으로 아무리 뛰어나다 하더라도 이방인도 아니고, 가장 뛰어난 이방 그리스도인도 아니다. 교회에 속해 있기는 하지만 이스라엘의 거룩하신 자로 말미암아 거룩해지고 이 상태로 이스라엘이 되었다 하더라도 이스라엘은 거룩하다. 이스라엘 백성의 각 일원은 다른 백성이 누리지 못한 거룩함에 참여한다. 이 거룩함은 자연적인 뿌리를 가지고 있다. 그것은 예수 그리스도로서 마지막 버림과 이스라엘의 첫 열매이다. 이방 기독교인은 반유대주의와 반시온이즘을 동일시하기 위한 논증을 이끌어 낸다."73)

이 이스라엘의 거룩성에 관한 신랄한 본문으로부터 자끄 엘륄은 반유대주의와 반시오니즘을 동일시하기 위한 논증을 끌어낸다.74)

그러나 자끄 엘륄은 칼 바르트가 로마서 9-11장을 "유대민족의 진정한 신학적 특성"75)이라고 생각하지 않고, 무엇보다도 교회의 회개를 위한 권고라고 받아들인 것을 유감으로 생각한다.76) 그러나 그는 바르트의 해석을 긍정하기 위해 곧장 생각을 바꾼다. "바르트는 모든 본문을 교회로 적용하는 과감성을 보인다!"77) 자끄 엘륄은 칼 바르트가 과감히 시도한 유비의 맥을 다시 취해 풍성하게 한다.

"교회는 유대인을 배제한 채 계시를 점유했다. 교회는 자신을 위해서(그것이 옛 언약이라고 불렸던) 언약을 취한다. 그것은 '구약성서'라고 공표된 히브리 성서를 취했다. 그것은 예수 그리스도가 결코 부정하지 않았던(…) 그리고 바울도 역시 부정하지 않았던! 것을 이 백성에게서 박탈했다. 교회는 계시를 독점했고(정확하게 이스라엘에 가해진 비판 중

---

73) KB, Dogmatique, 2ᵉ vol. tome 2ᵉ* n8, op.cit. p.287.
74) 참조. 엘륄, 1986a, p.810-811.
75) 엘륄, 1991a, p.31.
76) 참조. KB, L'épître aux Romains, op.cit., p.346-371. 이 10장은 "교회의 유죄"라고 이름 붙여진다.
77) 엘륄, 1991a, p.120.

의 하나이다!) 교회는 계시 해석의 유일한 권리를 가졌고, 그것에 완전하고 무오류의 덕을 부여했다. 두 번째로, 바울도 유사하게 이 사실을 고발한다. 교회는 예수 그리스도의 복음을 하나의 도덕법으로 바꾸었다. 그것은 예수 그리스도 안에서 획득된 정의를 하나의 도덕으로 바꾸었다! 그것은 자유의 율법을 일련의 계명으로 만들었다. 계명과 '계율'을, 대죄와 소죄를 구분하면서 그것은 기본적 덕의 목록을 만들고 죄의 목록을 만들었다. 거기서 역시 교회는 유대민족보다도 잘못된 길로 더 나아간다.(…) 세 번째로, 교회는 교파가 어떻든지 그 앞에 이방인들이 있었다. 그러나 그것은 그들에게 복음을 전하는 법을 몰랐다. 왜냐하면, 진실로 그들이 복음이 아닌 교리와 율법을 전했기 때문이다. 따라서 교회는 이스라엘과 마찬가지 우를 범했다! 마지막으로, 만일 오늘날 교회의 쇠퇴와 기독교 신앙의 상실을 통탄해 한다면, 이것은 교회 자신이 그 원인이다. 그리고 이 죄는 그것을 인정하지 않는 데에 있다."78)

이 마지막 점은 칼 바르트의 텍스트를 문자 그대로 옮긴 것인데 ("교회는 자신의 곤궁에 대해서 죄를 짊어지고 있다. 이 죄책은(…) 정확하게 그것을 인정하지 않으려는데 있다."79) 이것은 우리가 이미 본 바대로 쇠렌 키에르케고르가 덴마크의 루터교를 공격한 것을 상기시키는 것을 빼먹지 않고 있다.80) 엘륄이 받아들이는 키에르케고르의 유산은 몇 가지 개념적인 이전을 겪기는 하지만 칼 바르트에 의해서 여기서 계승되고 있다. 그리고 마지막으로 자끄 엘륄이 명시적으로 칼 바르트에 전적으로 동감함을 인정하는 것은 바로 바울의 정식 앞에서이다. "하나님이 원 가지들도 아끼지 아니하셨는즉 너도 아끼지 아니하시리라."81) 왜냐하면, 이 구절은 "모든 것을 교회에 적용시키는 칼 바르트의 독해를 완전히 정당화

---

78) 앞의 책, p.120-121.
79) KB, *L'épître aux Romains, op.cit.* p.357.
80) 참조. SK, "Vingt et un articles de Faedrelandet", "L'instant" OC XIX, *op.cit.* p.5,30,41-42,43,48,51,215; Journal(extraits), V, 1854-1855, *op.cit.*, p.13, 220, 383. Linstatn, OC XIX, op.cit., p.215. Journal(extrait) V, 1854-1855 op.cit., p.13. 220. 383.
81) 로마서 11장 21절.

하기 때문이다."82)

엘륄은 역시 두 번 유대민족에 대한 바젤의 신학자 사상에 영감을 받는다. 교회가 이스라엘에서 분리되었음을 확언한 다음, 교회는 자신의 뿌리에서 분리되어 시들고 말았다. 그는 덧붙인다. "이것은 칼 바르트가 다음과 같이 정당하게 말한 이유이다. 이스라엘 없이는 진정한 의미에서 에큐메니즘이란 존재하지 않는다."83) 그리고 마지막으로 자끄 엘륄은 칼 바르트가 어거스틴과 만나는 것을 강조한다. "유대인은 하나님의 유일한 증거인데, 어거스틴은 그것에 가치를 부여하고 있다."84) 이 인용은 이 경우 인용의 인용으로서 전적으로 동감할 만하다.

g) 국가의 권리에 대한 엇갈린 시각

법에 대한 문제의 분석에서 그들의 엇갈린 시각을 보여줄 참고 문헌은 드물다. 자끄 엘륄의 저술에서 칼 바르트의 인용에 있어서니 칼 바르트의 저술에서 자끄 엘륄을 암시하는 내용에서도 마찬가지다. 『법의 신학적 기초』*Le fondement théoologique du droit* 85)에서 자끄 엘륄은 법의 의미에 대해서 질문을 던진다. 그는 법이 사법 영역에서 가치와 중요성이 있지만, 그것은 역시 신학적인 의의를 갖는다는 것을 보여준다. 법은 하나님을 향해 있고 예수 그리스도의 주권에 귀속되어 있다.86) 엘륄은 예수 그리스도가 부당한 선고에 복종하셨고 그것으로 법의 기초를 세우시고 법이 스스로 가질 수 없는 의미를 부여하신다는 것을 지적하기 위해서 칼 바르트를 참조하고 있다.87)

---

82) 엘륄, 1991a, p.148.
83) 앞의 책, p.150.
84) 앞의 책, p.187.
85) 참조. 엘륄, 1946.
86) 참조. 앞의 책, p.89.
87) 참조. 앞의 책, p.89. 참조, KB, "Justification divine et justice humaine" in Foi et Vie-Cahier bibliques 3/5, 1939, p.2-48.

자끄 엘륄은 이어 '언약'이라는 성서적 개념을 고찰한다.

"언약이란 무엇인가? 그것은 우선 은혜이다. 우리는 이것을 이미 어원학상으로 알 수 있다. **베리트**berith, 언약은 선택하다라는 의미의 **바라**barah와 같은 조어를 가지고 있다. 이것은 먼저 하나님이 상대방을 선택하는 장소이다. 그리고 결과적으로 그것은 근본적으로 은혜의 행위이다. 그리고 그것은 자유로운 은혜이다. 하나님은 그가 원하는 사람과 그가 원할 때 언약을 체결하신다. 그전에 그는 어떤 것에도 매여 있지 않는다. 언약을 체결하기 위해서 그는 자신의 의지와 본성인 사랑이 아닌 어떤 것에도 움직이지 않는다. 그리고 모든 언약은 이 하나님의 행위의 흔적을 지닌다. 그것은 사실 계약이지만 우리가 보는 바대로 하나님의 선택이다. 그것의 한계, 성격, 조건, 표식을 정하는 것은 바로 그분이다. 현대적 용어로 말해, 이것은 부합附合계약contrat d'adhésion, 다시 말해, 일방이 모든 성격을 정하고 상대방은 그것에 동의하는 계약이다. 여기서 하나님이 인간에게 요구하시는 모든 것은 하나님이 이미 정하신 것에 대한 부서副署일 따름이다. 성서에서 우리에게 계시가 된 모든 것은 바로 이런 유형의 것이다. 아담, 노아, 아브라함, 모세와 체결한 언약은 다 이와 같다. 그리고 이 언약에서는 하나님은 계시가 된다. 여기에 역시 그것은 은혜와 선택의 표징이다. 그는 전지전능하고, 초월적이고, 삼위일체이신 하나님이 아니라, 인간에게 다가오시고 임마누엘로서 인간과 함께 계시는 하나님으로 계시가 된다. 그리고 이 언약은 계시가 된 하나님만큼이나 그의 내용도 잘 보여준다."88)

이제는 반대로 칼 바르트가 엘륄을 참조한다. 그리고 우리가 인용한 본문을 충실한 예로서 인용한다. "이것은 '부합계약'이다.자끄 엘륄, 「법의 신학적 기초」 1948, p.37s 다시 말해서, 한 당사자가 모든 조항을 결정하고, 다른 사람은 그것을 수락하는 것에 그치는 계약."89) 이 명시적이면서 정확한

---

88) 엘륄, 1946, p.37.
89) KB, *Dogmatique*, 4e vol., t1er * n° 17, Genève, Labor et Fides, 1966, p.25.

참조는 물론 칭찬받을 만하다. 칼 바르트는 엘륄의 성서적 "언약" 개념에 동의한다. 현대 법으로 그것이 전이되었다는 것 역시 인정한다. 이 두 저자가 서로 참조하는 것은 우리의 연구에 틀에서 예외적인 사례이다. 이것이 서로 간 대화의 증거가 아니라면 적어도 서로 영감을 받은 사실을 보여준다.

자끄 엘륄은 국가에 대해서 칼 바르트와 심각하게 의견을 달리함을 분명히 표명한다.[90] 바젤의 신학자에게, 국가는 정의의 척도이자 법의 집행자이다. 그러나 성서에 따르면 국가는 법에 종속되어 있다. 법은 국가에 어떤 것도 받지 않는다. 그것은 하나님의 권위를 국가 자체로 받아들인다. 하나가 다른 하나에 대해서 우월한 어떤 동기도 없다. 그러나 국가는 법에 따라서 창설된다. 이렇게 해서 예언자들은 이스라엘 왕들이 법 위에 앉으려 할 때 그들을 고발한다.[91] 자끄 엘륄은 이처럼 칼 바르트를 대항한 논쟁에 뒷받침하기 위해 성서적 정당화를 불러온다. 어떤 부분에서 상호 동의한다는 것이 다른 부분에서 판단할 자유를 포기하는 것은 아니다.

무정부적 독자들에게 자끄 엘륄은 칼 바르트와의 불합치를 표명하는데, 이것은 점진적 진화의 열매이며 성서 연구 때문에 얻어진 거리 두기이다. "내가 연구를 하면 할수록, 나는 진지하게 성서 메시지를 통해서(비단 예수의 '부드러운' 복음만이 아니라 성서 전체를!) 나는 국가에 복종하는 것이 불가능하다는 것을 마주치게 된다. 그리고 점점 나는 성서 속에서 일종의 무정부주의적 경향을 깨닫게 된다. 물론 이러한 태도는 나에

---

[90] 우리는 칼 바르트의 저술에서 자끄 엘륄의 사상을, 이 경우 훨씬 더 비판적으로 참조하는 매우 부정확하기는 하지만 흔적을 가지고 있다. 사실 자끄 엘륄은 다음과 같이 쓰고 있다. "내가 1937년에 처음으로 사용한 사람 중 하나였던 후기 기독교라는 용어는 여러 잘못된 이해를 가져왔다. 나는 칼 바르트의 반응에 이끌렸는데, 그의 말에 따르면 예수 그리스도는 오셔서 이 세계와 역사의 주인이시고 그는 현재에도 계신다. 그는 이것과 비추어 볼 때 "후기"라는 말은 존재할 수 없다."(엘륄, 1973, p.41-42).
[91] 참조. 엘륄, 1946, p.95.

게 개인적이었고, 이것은 나를 형성했던 칼 바르트의 신학과 멀어지게 했다(그는 정치적 권위의 타당성을 계속해서 주장했다)."[92]

 자끄 엘륄이 칼 바르트에게 있어서 국가에 관해 제기한 불평은 그가 국가와 정치, 그리스도인의 국가에 대한 행동(가령 권세들을 위한 기도)과 정치적 행동 사이의 혼동이다.[93] 이것은 칼 바르트가 다음과 같이 말한 경우와 같다. "기독교인들이 검과 강제, 두려움의 질서 안에서 하나님의 섭리를 분간하기 때문에, 그들은 반정치적이거나 무정치적일 수 없다. 다시 말해, 이 질서에 마주해서 적대적이거나 심지어 간단히 무관심하거나 중립적일 수 없다."[94] 따라서 기독교인들은 국가를 충성스럽게 인정하는 일밖에 남아있지 않다. 자끄 엘륄은 "후기 바르트"[95]라고 부르는 사람이 결국 가치를 정치에 통합시켜 버렸다고 비난한다.[96] 그리고 이것은 그가 "전기 바르트"라고 하는 뜻에서 이탈한 것이다. "전기 바르트"는 젊은 시절 젊은이들의 눈에 이 문제에 대해 눈을 열어주었다. 그는 이렇게 말하고 있다. "당시1930-1936 매우 정치적으로 참여했다. 그리고 바르트에게서 '유용하다'고 할 만한 어떤 것도 찾아내지 못했다! 반대로 내가 당시 만났던 모든 젊은 바르트주의자들은 같은 말을 했다. '정치에 몰두하고 사회 문제들을 들먹이는 것이 무슨 소용이 있는가? 왜냐하면, 하나님이 모든 것을 하시고 다른 편으로 유일하게 필요한 것은 은혜의 선포이기 때문이다!'"[97] 이렇듯 "전기 바르트"에 충실하기 때문에 자끄 엘륄은 "후기 바르트" 보면서 자신의 사상을 발전시켜 주었던 스승의 변화

---

92) 엘륄, 1988b, p.10.
93) 참조. 엘륄, 1966a, p.351; 1984b, p.101-106.
94) KB, *Dogmatique*, 2ᵉ vol., tome 2ᵉʳ* n° 9, op.cit. p.221. 참조. 엘륄, 1966a, p.15; 1984b, p.106.
95) 엘륄, 1980a, p.161.
96) 하지만 다른 곳에서 자끄 엘륄은 뉘앙스를 풍기며 후기 바르트조차도 혁명에 대해서 매우 유보적이었다는 사실을 강조한다. 사회 변화를 위한 모든 인간적 노력은 상대적이고, 유일한 참된 혁명은 회개이다(참조. KB, *Dogmatique*, 3ᵉ* vol., tome5ᵉʳ*, n° 16, Genéve, Labor et Fides, 1966, p.242-243; KB, *Dogmatique*, 4ᵉ vol., tome 2ᵉʳ* ,n° 21, Genéve, Labor et Fides, 1970, p.182; 엘륄, 1984b, p.176; 1988b, p.127-130).
97) 엘륄, "Aimez vous Barth?" in *Réforme*. op.cit., p.40.

를 유감스럽게 생각한다. 그리고 그는 결국 이 서로 엇갈리는 두 길을 문제 삼는다.

자끄 엘륄은 바젤의 신학자가 무정부보다도 전제적이고 독재적인 국가를 더 선호한 깔뱅의 입장에 동조하자, 국가에 대한 칼 바르트의 입장에 대한 적의가 깊어간다. 그에게 답변하기 이전에, 그는 길게 칼 바르트를 인용한다.

"하나님은 강함에 목마른 인간을 생각한다. 그리고 그 인간이 해로운 권력에 의지하는 것은 현재 20세기의 특징적인 모습이다. 하나님은 갱생되지 않는 인간의 지성이 대표하는 그리고 인간을 스스로 지혜롭게 여기게 하는 위험을 헤아려본다. 하나님은 인간들이 서로 물고 먹는 것을 원하시지 않는다. 이것은 현재 상황을 볼 때 반드시 그렇게 될 것이다. 로마서 1장 24절에 따르면, 그는 인간이 자신의 탐심에 넘어가지 않도록 그들을 버리지 않으시며 그들의 정욕에 빠져 완전한 멸망에 이르지 않도록 하신다. 하나님은 오래 참으신다. 하나님은 타락한 인류에게 자신의 은혜를 인정하도록 기회를 주신다. 그리고 자신의 시간 속의 공동체에 이 은혜를 선포하도록 하신다. 여기에 정치적 권력의 정당성이 생긴다. 이것은 검의 질서이다. 하나님의 은혜가 인정되지 않고 순종이 없는 곳에서 하나님이 그에게 부여하셨기 때문에 강제와 두려움으로 보장된 질서이다. 이것은 검이고, 이것은 강제와 두려움이 지배하는 질서이다."[98]

자끄 엘륄은 인간의 독립성이 그 안에 있는 악을 터트릴 것을 인정하지만, 그는 독재를 정당화하는 것에는 반기를 든다. "나는 노예 상태에 빠지고, 소외되고, 국가 권력에 복종하는 것만큼 인간에게 더 좋지 못한 것은 없다고 생각할 수밖에 없다. 왜냐하면, 우리는 이 분석에서 늘 국가

---

98) KB, Dogmatique, 2ᵉ vol., tome 2ᵉ**, n° 9, op.cit. p. 220.

권력이 이론과 국가라는 추상체에 관한 것이거나 사법적임을 망각하기 때문이다. 이것은 매우 구체적이고, 실제적이고, 사람이 다른 사람과 관계하는 것이다. 그리고 왜 나는 특별히 정치인의 탁월성을 신뢰해야만 하는가?"[99]

h) 노동

자끄 엘륄와 칼 바르트 사이에 두 번째 골은 노동과 관련된다. 엘륄은 신학자들에게 그들의 현실주의의 결여를 비판한다. 노동, 사형제도, 전쟁에 대한 그들의 설명은 엘륄을 진정 실망시킨다. "그들은 실제상황을 전혀 고려하지 않는다. 그들은 추상 속에서 말하고 있다!"[100] 이 이상주의는 특히 직업의 선택에 관해서 드러난다. 칼 바르트는 이것에 대해 자유의 여지를 남겨놓는다.[101] 자끄 엘륄에 따르면 이 이상은 심리적 압력과 사회적 조건화를 도외시한 것이다. "바르트가 하나님의 결정에 대해 말한 것은 여기서 물론 완전하고 논쟁의 여지가 없지만, 인간의 선택 속에서 자유로운 책임에 대해 말하는 것은 완전히 시대착오적이다."[102]

자끄 엘륄은 칼 바르트가 다음과 같이 말했을 때 강하게 반응한다. "각 개인에 주어지고 할당된 역사적 상황에 의해서 일어난 인간 직업의 외부적 제한은 결정이 아니다! 이런 식으로 이해하며, 우리는 즉시 고대와 근대에 '운명에 대한 신앙'이라는 이름으로 우리가 '환경'이라고 부르는 것에 종종 기초한 미신으로 향하게 될 것이다. 인간은 말하기를 기후, 가정, 그의 '계급', 그 시대 사회 환경, 그가 처한 상황, 교육, 그가 받은 양성과정, 그의 주위 사람들에게서 얻은 나쁜 습관의 산물이라고 말한다.

---

99) 엘륄, 1984b, p.200.
100) 앞의 책, p.231.
101) 참조. KB, *Dogmatique*, 3e vol., tome 4e***, n° 9, *op.cit.* p.338-340.
102) 엘륄, 1984b, p.233.

이것은 진실이 아니다. 왜냐하면, 인간이 사는 영역 그리고 그가 숨을 쉬는 공기에 이 모든 것이 그 영역을 구성하기 때문이다. 이런 것들이 인간을 둘러싸고 분명히 무시할 수 없도록 영향을 준다. 그러나 그것들은 스스로 그렇게 할 수 없다. 그것들이 인간을 결정하고 인간을 만들어내는 것이 아니다."[103] 자끄 엘륄은 이 점에 대해서 칼 바르트와 자신의 "전적인 불일치"[104]를 표명한다. 칼 바르트는 엘륄에 의하면 인간의 형이상학적 운명과 사회학적 결정을 혼동한다."[105] 그리스도 안의 자유는 "일에 의한 결정이 짓누르는 것"[106]막지 못한다. 자끄 엘륄은 칼 마르크스와 동조하며 칼 바르트에는 반대하는 것 같다.

자끄 엘륄은 칼 바르트가 다시 이처럼 말할 때, 그와 불일치를 확언한다. "노동은 자신의 인간을 먹여 살리는데 주관적으로 이바지하면서 크든 작든 간에 때로는 일반적인, 때로는 특별한 매우 급한 조건을 창조해낸다. 이것은 인간의 존재를 좋게 만들고, 편하게 만들고, 밝게 비춰주고 아마도 화려하게 해주는 것을 목적으로 한다."[107] 노동을 인간에게 봉사해주는 것으로 말하는 것은 자끄 엘륄에게는 우리의 자본주의적 경쟁 사회에서 경건한 맹세를 정식화하는 것이고 비현실주의를 보여주는 것이다.[108] 게다가 "바르트는 반세기나 더 앞선 노동의 상황을 말하고 있다."[109] 이 영역에는 이 두 저자 사이에 어떤 화합도 보이지 않는다.

i) 칼 바르트의 키에르케고르적 비판

자끄 엘륄은 몇 가지 다른 점에서 칼 바르트와 결별한다. 인문과학에

---

103) KB, Dogmatique, 3ᵉ vol., tome 4ᵉ**, n° 16, op.cit., p.327.
104) 엘륄, 1894b, p.264.
105) 앞의 책,
106) 앞의 책, p.265.
107) KB, Dogmatique, 3ᵉ vol., tome 4ᵉ**, n° 16, op.cit., p.226.
108) 참조. 엘륄, 1984b, p.268.
109) 앞의 책, p.269.

대한 바젤의 신학자 불신은 자끄 엘륄이 사회학적 분석의 한계를 분명히 표명했음에도 그에게서 호응을 얻지 못한다. 이 질문에 대해서 우리가 보게 되겠지만, 그는 바르트보다 마르크스에 더 가깝다.[110] 그러나 자끄 엘륄의 칼 바르트와의 관계가 소원해지게 된 원인은 바로 무엇보다 그가 절대적으로 의지하는 쇠렌 키에르케고르 때문이다. 우리가 이미 말했듯이 자끄 엘륄은 칼 바르트가 키에르케고르주의자일 때 바르트주의자이다. 다시 말해서, 『로마서 주석』*L'épître aux Romains*을 썼을 때이다.[111] 그러나 엘륄은 바르트가 그의 조직신학 시기에 키에르케고르에게서 벗어났을 때, 키에르케고르와 바르트를 대립시킨다.[112] 그리고 특히 그의 **교의학** 마지막 책에서 "인본주의적" 그리고 "정치적" 선회를 했을 때 더더욱 그렇다. 둘 사이의 간격이 벌어지는 지점은 개인과 교회 그리고 국가 사이의 관계에서이다. 무정부적 성향의 자끄 엘륄은 바르트보다 키에르케고르에 훨씬 가까워진다. 바르트를 향해서는 엘륄은 정치적 환상을 지적한 바 있다.

따라서 바르트주의 자체의 궤적 안에서 키에르케고르의 저작의 수용사를 고찰하는 것이 필요할 것이다.[113] 이것은 칼 바르트의 저술을 엘륄이 어떤 관점에서 읽었는지를 밝혀주게 될 것이다. 우리는 이처럼 연속해서 수용의 양상을 밝히는 작업에 착수할 것이다. 다시 말해, 수용의 수용인 것이다. 이 분석은 이어서 자끄 엘륄의 후계자들을 구성하는 세 번째

---

110) 명시적으로 칼 바르트를 참조하지 않고서, 자끄 엘륄은 인문과학을 문제시한다는 것을 받아들이지만, 인문과학 상호 간에 문제 제기를 한다는 것도 필요하다고 주장한다(엘륄, 1970, p.711). 이 초기 입장에서 자끄 엘륄은 칼 바르트에게서 탈피한다. 그러나 이것은 그에게 반대하는 것은 아니고 오히려 반대로 그의 사상에서 자유롭게 영감을 얻는다.
111) 참조. KB, *L'épître aux Romains*, *op.cit.*
112) 참조. Vernard ELLER, *op.cit.* p.55.
113) 참조. François BOUSQUET, L'héritage morcelé: Kierkegaard chez les grands théologiens du XXe siécle" in Kairos, n°10, 1997, p.231-247, 특히 p.240-244; Jean Daniel CAUSSE "Foi et religion: Kierkegaard et sa réception dans la théologie dialectique", in Nordiques, n°10, "Soen Kierkegaard et la critique du religieux. Actes du Colloque international de la Société Søren Kierkegaard. 25-26 novembre 2005" printemps-été 2006, p.131-140.

단계를 고찰하는 것에 의해 완성될 것이다. 다시 말해, 수용의 수용의 수용….

칼 바르트가 키에르케고르에게 가장 많이 빚을 지고 있다고 인정한 것은 1922년 출간된 상당히 수정된 『로마서 주석』*Römerbrief*의 제2판에서다. 주석 서문에서 그는 키에르케고르에게 경의를 표하고 있다. "수없이 여러 번 나의 관심은 신약성서를 이해하기 위해서 키에르케고르와 도스또에프스키에게 빌려야 하는 도구에 끌렸다."114) "내가 만일 '체계'를 가지고 있다면, 그것은 키에르케고르가 시간과 영원의 '무한한 질적 차이' différence qualitative infinie 115)라고 부르는 것에 가능한 한 집요하게 내 시각을 고정하려는 것에 있다. 그리고 나는 이것을 부정적, 긍정적 의미 모두로 생각한다. '하나님은 하늘에 계시고, 당신은 바로 땅에 있다.' 이 하나님과 이 인간 사이의 관계는 이 인간과 이 하나님 사이의 관계로 전체적으로 나에게 성서의 주제와 철학의 요약이 된다."116) 이 무한한 타자성의 개념에 책의 본문에서 여러 키에르케고르적 카테고리가 덧붙여지는데 그 근거는 분명히 확인된다. 특히 "단독자"의 개념의 경우가 그렇다.117) 로마서 3장 31절을(그런즉 우리가 믿음으로 말미암아 율법을 폐하느뇨 그럴 수 없느니라 도리어 율법을 굳게 세우느니라–개역한글판) 주석하며 칼 바르트는 다음과 같이 쓰고 있다. "개인의 권리와 고립된 개인의 무한한 가치(키에르케고르!)를 구체적으로 선포하는 것은 우리다. 이는 우리가 개인의 영혼이 하나님 앞에서, 그리고 하나님 안에서 잃어버려졌고,

---

114) KB, *L'épître aux Romains, op.cit.* p.11.
115) 참조. SK, "L'école du christianisme", OC XVII, *op.cit.* p.128.
116) KB, *L'épître aux Romains, op.cit.*, p.131-140. 우리는 분명하게 이 신학적 도식이 자끄 엘륄에게서 반향되고 있음을 볼 수 있다. "만일 하나님이 진정한 하나님이라면, 사실 우리와 하나님 사이에는 일정한 거리가 존재한다."(엘륄, 1980a, p.189)
117) 드니 뮐러(Denis Müler)는 "단독자"라는 범주라는 주제에 관해서 로마서 주석 제1,2판 사이의 변화를 주장한다. 만일 제2판에서 키에르케고르의 용법에 충실하다면, 제 일판에서 "영혼"의 개념과 같은 제1판에서 그것은 그의 "사회 이론(Soziallehren)에서 트뢰췰(Troeltsch)의 개인주의에 대한 방어"에 훨씬 더 가깝다(Denis Müler, Karl Barth, Paris, Le Cerf, 2005, p.59).

그것이 하나님 안에서 폐지되고 구원되었다는 것을 선포할 때이다. 이것이 바로 인간의 모든 존재, 모든 소유, 모든 **행동**이 하나님의 심판 아래 복종 되어 있는 이유이다."118) 로마서 13장 9절을 주석하기 위해서(네 이웃을 네 자신과 같이 사랑하라), 칼 바르트는 시간과 영원의 변증법을 끌어들인다.

"(인간)은 시간 안에 있는 너를 그것과 마주하는 **영원한** 너 안에서 보고 이해한다. 그것이 없이는 나는 없다.12, 3b-6a 그는 이런저런 구체적으로 규정된 인간을 사랑한다. 정확하게 말해서 왜냐하면, 그는 그런저런 인간과 어떤 선호도 공유하지 않기 때문이다. 창조된 것들의 상태와 그것의 모습이 추하게, 조화롭지 못하게 그리고 이상하게 만들어진 그 상태 그대로 이웃을 사랑하는 것이다. 그것은 정확하게 은밀히 그것이 그의 어깨에서 떨어져야 하는 옷과 같이, 이 모습과 상태를 흔들어 놓기 때문에 사랑이다(키에르케고르). 그것은 '영원한 보상적 정의(키에르케고르)' 이다. 이것은 정확하게 그 자신 고유의 욕구에 따라서 인격을 정당화하기 위해서이다."119)

마지막으로 로마서 13장 10절-11절을 주석하면서(사랑은 이웃에게 악을 행치 아니하나니 그러므로 사랑은 율법의 완성이니라. 또한 너희가 이 시기를 알거니와 자다가 깰 때가 벌써 되었으니 이는 이제 우리 구원이 처음 믿을 때보다 가까웠음이니라, 칼 바르트는 바울의 카이로스의 개념과 키에르케고르의 "순간" 개념을 긴밀하게 연결한다. "따라서 이것은 공인된 순간이다. 이것은 측량할 수 없는 사랑의 행위가 일어나는 초월적 중요성 안에서 이해되고 포착되는 순간이다. 이전과 이후가 지금에 의해 계시로 규정되는 곳이다. 이 지금은 보이지 않게 자리를 차지하고 있다.

---

118) KB, *L'épître aux Romains*, op.cit. p.113.
119) 앞의 책, p.467.

여기서 이 행위는 사건이 되고 '사랑의 삶과 사랑의 지배'가 되는 것이다 (키에르케고르)."120) 역시 "역설" "비대칭" "효소" 그리고 물론 "변증법"의 범주를 언급해야만 할 것이다. 칼 바르트의 "변증법적 신학"은 헤겔의 사변적인 변증법에서 절대로 영향받지 않았다. 헤겔의 변증법에 따르면 모순의 고양과 지양止揚에 의해 움직이는 것이다. 그는 키에르케고르의 실존적 변증법에 영감을 받는다. 변증법적 신학이 "위기의 신학"이라고 이해되어야 하는 것은 바로 이 의미에서이다.

변증법적 신학의 토대가 되는 텍스트인 『로마서 주석』*Römerbrief*은 따라서 키에르케고르적 입장에서 분명히 숙성된 것이다. 인간에 대한 하나님(전적타자)의 근본적인 초월성과, 하나님과 세계 사이의 무한한 간격과 심지어 대립에 대한 단호한 긍정, 논리적 추상의 수단에 대해 절대적 지식을 세우는 것을 주장하고, 또한 이렇게 하나님의 말씀을 그것을 위해 이용하고 심지어 그것을 위해 하나님 말씀의 자리를 차지하려는 경향을 비판한다. 또한, 모든 자연 계시와 인본주의적 진보사상을 거절하고, 신자의 인격적 결단에서 복음의 절대적 요구를 강조하며, 성서 메시지를 위험에 처하게 하려고 시도된 모든 시도를 정죄한다. 칼 바르트는 쉴라이에르마흐의 심리주의와 하르낙의 자유주의적 역사주의를 비판하기 위해서 키에르케고르의 낭만주의와 헤겔주의의 비판을 십분 활용한다. 다시 말해, 신앙은 내재적인 종교 감정에 불과한 것이 아니고, 신앙인은 절대 속에서 비약하면서 그리스도와 동시대인이 되어야 한다. 계시는 세계와 역사를 초월한다. 그것은 객관적인 사실이 아니고 신앙만이 포착할 수 있는 진정 역설적인 실재이다.

따라서 칼 바르트는 로마서를 키에르케고르의 조명하에서 읽는다. 심지어 우리는 그의 『로마서 주석』을 "바울의 서신이라기보다는 기독교인

---

120) 앞의 책, p.468-469.

을 향한 키에르케고르의 편지"121)라고 까지 말할 수 있었다. 실제적으로는 만약 바르트가 키에르케고르주의자로 시작했다면, 그는 계속해서 키에르케고르주의자로 남아있지 않는다. 그는 키에르케고르를 필요한 과정이라고 생각할 것이다. 그러나 단지 과정에 불과하다. 미완성의 26권의 교회 교의학1932-1967은 진정 하나의 "체계"를 구축하고 있는데, 여기서는 키에르케고르에 대한 참조가 점점 불분명해진다. 그리고 심지어 비판적으로 입장이 선회한다. 기독교인의 삶을 특징짓는 고통과 불안을 강조하면서, 키에르케고르는 하나님의 은혜와 사랑, 예수와 제자들 사이의 연합, 교회의 공동체적 차원, 이웃을 섬김과 봉사, 선교와 복음화, 사회 정치적 참여… 등을 망각한다. 바르트는 진리의 기준으로서 주관성을 거부한다. 그는 거기에다가 말씀의 객관성을 대립시키는데 예수 그리스도를 광적으로 따르는 것은 종교적 감정을 지나치게 높이는 경건주의로 이끈다고 간주한다. 그러나 바르트의 신학은 경건주의만큼이나 자유주의 신학도 거부한다.

말년에 칼 바르트는 코펜하겐 여행에서 키에르케고르와의 관계로 다시 돌아오게 된다. 1963년 4월 19일에, 사실 칼 바르트가 유럽 문화를 풍성하게 하고 빛나게 한 특별한 공로를 지닌 인물들에게 수여되는 소니그 Sonnig상을 받은 것은 덴마크의 수도에서였다. 이것은 이어 윈스턴 처칠, 알버트 슈바이처, 이고르 스트라빈스키, 니엘 보르, 버틀란드 러셀, 알바 알토로…. 이뤄진다. 이는 그가 키에르케고르에게 경의를 표하고 솔직하게 자신의 영역에서 취한 거리만큼이나 키에르케고르에게 진 빚을 환기한다.122)

칼 바르트는 변덕스러운 어조로 키에르케고르가 바르트 안에서 자신

---

121) Jean-H. RILLIET, Le role de Jésus dans le Romerbrief de Karl Barth et la christologie de Søren Kierkegaard, in *Revue de Theologie et de philosophie*, tome XXX, 1942, p.228-239, 230.
122) 참조. KB, Dank und Reverenz, in *Evangelische Theologie*, 23. Jahrgang, n°7 Juli, 1963., p.337-342.

을 보면서 말할 것을 상상하는 것으로 시작한다. 이 경우 둘은 좋은 동반자이다.

> "나의 친애하는 이여, 당신은 결국 여기에 당신의 신학적 존재를 인도했다. 여기서 당신은 로마서 주석과 함께 격렬한 시작을 하고, 이어 당신의 크고 작은 자극을 일으켰던 모든 글, 그리고 많은 교의학 책들에서 진리의 용감한 증인이 되었다. 여기서 우리는 당신에게 국가가 주는 상을 수여한다(그리고 이것은 기독교적인 관점에서 보았을 때, 당신의 봉사 각각을 위한 것이다!). 내 기준에서 볼 때 이 주제에 관해서 할 말이 있겠지만, 나는 당신이 명예를 바라는 작은 천재라고 나는 늘 생각하지 않았다. 그러나 사도라고? 내가 아는 한, 상은 진정한 사도에게 주어지지 않는다. 그러나…. 당신은 내가 그렇게 생각하고 있다는 것은 알고 있다"[123]

칼 바르트는 바로 이 키에르케고르적 어조인 다소 무례한 질문에 놀라지 않는다. 그는 이 허구를 통해서 덴마크 사상가와의 관계의 시작과 우여곡절을 진술한다. 그가 『순간』L' instant을 통해서 그의 사상을 섭취하게 된 것은 바로 1909년이다. 그러나 당시 그는 하르낙의 신학에 몰두해 있었고 이어 몇 년 후에 사회주의 문제에 빠진다. "키에르케고르는 나에게 잠잠한 시간을 상당히 남겨주었다. ㅡ그리고 상호적으로!"[124] 1916년부터 제1차 세계대전의 고통에 의해서 흔들려, 그는 19세기 신학보다 더 나은 신학을 모색하느라 "길을 더듬고 나아갔다."[125] 키에르케고르의 신중심

---

[123] 앞의 책, p.337-338. 프랑소아 부스케의 영어 번역본에서의 부분적 중역에서는, 키에르케고르는 칼 바르트에게 존대어를 쓴다. 이는 친근한 어조를 경감시킨다. (참조. François BOUSQUET, 'L' heritage morcelé", op.cit. p.240). 천재와 사도 사이의 긴장은 키에르케고르의 주제(topos)를 참조하고 있다: SK, "Deux petits traités éthico-religieux- 1849)", *OC XVI, op.cit.*, p.145 ("Sur la différence entre un génie et un apÔtre- 1847")
[124] 앞의 책, p.339. ("Hatte Kierkegaard eine gute Weile Ruhe vor mir- und ich vor ihm!")
[125] 앞의 책, ("tastenden Schrittes auf den Weg.")

주의, 다시 말해서, 하나님을 신앙의 토대와 대상으로 분명히 밝혀 세우는 것은 "그의 의식에 점차 찾아왔다."126) 1919년 로마서 주석 초판은 이 결함 있는 주제를 다룬다. 따라서 이 주석의 초판과 재판 사이의 기간에 칼 바르트는 키에르케고르로 돌아온다. 우리가 살펴보았듯이 그는 사실 그의 사변적 신학에 대한 비판의 매서움에 놀라게 된다. 사변적 신학은 성서 본문을 달콤하게 하지만, "하나님과 인간 사이의 무한한 질적 차이"127)를 흐리게 한다. 그리고 그것은 복음의 강력한 요구와 개인적 결단에의 권고를 잊어버렸다. 칼 바르트는 또한 로마서 주석을 통해서 보통 "키에르케고르 르네상스"128)라고 부르는 것에 자신이 참여함을 주장한다. 이것은 새로운 질문과 새로운 대답을 하고서 새로운 시대의 여명에 신학을 자리매김한다. 따라서 그것은 변증법적 신학에 따라서 신학 영역에서 실행되는 전환을 강조한다.

칼 바르트는 이어 키에르케고르에 대해 이후 거리를 둔 영역을 다룬다. 그러나 그는 그것이 부정은 아니라는 것을 계속 처음부터 강조한다. "이는 내게 있어 헤겔이나 민스터의 감독으로 돌아가는 것을 절대 의미하지 않는다."129) 그러나 많은 질문이 떠오른다. 무엇보다도 키에르케고르의 전투적 지향에 이끌려 그의 사상의 특별한 측면을 과장하며 다른 측면을 숨기지는 않았는가? 우리는 키에르케고르가 주로 조명했던 "긴장, 모순, 그리고 심연"130)에 계속해서 중심을 둘 권리를 가지고 있었는가?

우리는 "이렇게 늘 더 엄격하게 믿음과 사랑 그리고 소망 안에서 삶과 사상의 조건을 정식화할 수 있는가?"131) 그가 "자유로운 은혜의 복음"인

---

126) 앞의 책, ("ist uns doch erst allmählich zum Bewusstsein gekommen").
127) 앞의 책, ("den unendlichen qualitativen Unterschied von Gott und Mensch.") 참조. SK, "L´école du christianisme", OC XVII, op.cit., p.128.
128) KB, "Dank und Reverenz", op.cit., p.340.
129) 앞의 책, ("Zu Hegel oder gar zu Bischof Myster gab es von damals her für mich keine Rückkehr")
130) 앞의 책, ("Gengensätze, Widersrpüche, Abgründe")
131) 앞의 책, ("die Bedingungen eines Denkens und Lebens im Glauben, in der Liebe, in der Hoffnung immer noch strenger zu formulieren")

하나님의 복음을 선포하고 설명하려고 가야 할 때 이는 허용되는 것인가?132) 독자의 유약함을 고려하지 않고서, 성서에 대해서 너무 편협하고 신랄한 독서 앞에서 주저하는 것에 대해서, 칼 바르트는 쇠렌 키에르케고르의 저술 전체에서 성서에 따른 모티브가 없는 것을 덧붙인다. "그의 가르침 속에 하나님의 백성과 공동체는 어디에 있는가?- 봉사와 선교의 명령은 어디에 있는가?-정치 사회적 의무는 어디에 있는가?133) 개인 구원에 집중한 나머지 이웃사람의 계명을 망각하고, 키에르케고르의 저술은 칼 바르트의 눈에는 "새로운 인간중심적 체계"134)처럼 축소되는 것으로 보였다. 18세기 합리주의에 반대해서 그의 가르침은 결국 "가장 높이 가장 일관되고 가장 성찰 된 경건주의의 완성이다"135) 여기서 겨냥하는 것은 키에르케고르의 실존적 주체성, 내면성에 대한 강조와 그 때문에 감정에 대한 강조이다.

칼 바르트는 그러나 키에르케고르에 대한 인정을 표명했는데 그는 이 대가를 모든 신학자가 일생에 한 번은 대면해야만 하는 사람이라고 간주한다. "그를 놓친 사람에게 화 있으라!"136) 그러나 이 사람은 다양성을 감추고 있지 않다. 컨퍼런스 끝에 칼 바르트는 3가지 점을 종합한다. 1) 하나님의 인간에 대한 '예'의 복된 소식, 2) 교회가 세계 전체에 계속해서 주어야 할 소식, 3) 위로부터 내려오는 소식. 이것은 내가 키에르케고르를 만난 뒤에 다른 대가들의 학파에 계속해서 가르쳐야 했던 세 가지 점이다."137)

---

132) 앞의 책, ("das Evangelium von seiner freien Gnade")
133) 앞의 책, ("Wo bleibt in seiner Lehre das Volk Gottesm die Gemeinde, die Kirche -wo deren diakonischer und missionarischer Auftrage-, wo ihre politische und soziale Aufgabe?")
134) 앞의 책, p.341 ("eine neue anthropozentrische Systematik") Francois BOUSQUET, "L´ érritage morcelé", op.cit. p.241.
135) KB, ("Dank und Reverenz") op.cit: p.341 ("die höchste konsequenteste, durchreflektierteste Vollendung des Pietismus")
136) 앞의 책, ("Wehe einem Jeden, der sie versäumt haben sollte!")
137) 앞의 책, p.342 ("Das Evangelium ist 1)die frohe Botschaft von Gottes Ja zum Menschen. Es ist 2)die

칼 바르트가 키에르케고르에게 이르는 불평은 놀라운 것이 아니다. 프랑소아 부스께가 옳게 지적하듯이, 키에르케고르에게서 인간에 대한 하나님의 '아니요' (역자 강조)의 선포만을 보기 위해서라면, 칼 바르트는 키에르케고르의 전체 저술을 읽을 필요는 없었다.[138] 그러나 우리는 특히 그가 하나님의 은혜와 이웃에 대한 사랑에 대한 긴 묵상인 『사랑의 역사』 Les Œuvres de l'amour [139] 그가 읽었었는지를 자문해 보게 된다. 인간에 대한 하나님의 '예'와 '아니요' (역자 강조)는 분명하게 여기에서 나타난다. 두 번째 비판은 더 고전적이다. 키에르케고르의 사상은 교회론과 선교론이 없다는 비판이다. 만약 덴마크의 작가가 교회에 관해서 어떤 체계적인 저술도 쓰지 않았다면, 그의 흩어져 있는 저술 전체에서 그의 교회론을 재구성하는 것이 가능하다.[140] 마지막으로 마지막 불평은 가장 놀랍다. 이것은 다른 불평들과 정면으로 부딪친다. 각양 좋은 은사와 온전한 선물이 다 위로부터 내려온다.[141] 따라서 칼 바르트는 분명히 키에르케고르의 저술을 가려 읽었고 자신의 사상을 구축하기 위해서 주제를 선정한다. 칼 바르트의 사상은 그 전개 과정에서 키에르케고르의 입장들을 넘어선다. 프랑소아 부스께가 말한 대로 칼 바르트에게는 키에르케고르는 "반드시 지나가야 할 통로"이다. "그는 필요하다. 하지만, 과정일 뿐이다."[142]

자끄 엘륄은 칼 바르트가 자신의 고유한 사상을 체계화하기 위해서 키

Botschaft, die die Gemeinde an die ganze Welt weiter zu geben hat. Es ist 3)die Botschaft aus der Höhe. Das sind die drei Punkte, in denen ich nach meiner Begegnung mit Kierkegaard in der Schule anderer Lehrer weiter zu lernen hatt")

138) Francois BOUSQUET "L'héritage morcelé", op.cit. p.242.
139) 참조. SK, "Les œuvres de l'amour", OC XIV, Paris, Editions de l'Orante, 1980, p.1-157.
140) 참조. Nelly VIALLANEIX, "Kierkegaard et l'Eglise", in Foi et Vie 79e année n° 1-2, janvier 1980, p.83-102, p.87; Frédéric ROGNON, "L'anticléricalisme religieux de Kierkegaard", in Revue d'histoire et de philosophie religieuse, tome 82, n°1, janvier-mars 2002, p.61-86; Frédéric ROGNON, "Kierkegaard face à l'Eglise d'Etat" in Nordiques, n°10 ("Søen Kierkegaard et la critique du religieux. Acte du Colloque international de la Société Søen Kierkegaard, 25-26 novembre 2005"), printemps-été 2006, p.91-99.
141) 참조. SK, "Toute grâce excellente et tout don parfait descendent d'en haut" OC VI, op.cit., p.29-47.
142) Francois BOUSQUET "L'héritage morcelé", op.cit. p.242.

에르케고르의 텍스트를 선별해서 읽을 권리가 있다는 것에 대해 비판하지 않는다. 자기 자신도 같은 방식으로 키에르케고르와 바르트를 읽었다! 그러나 이 경우 엘륄은 후기 바르트에게서 멀어졌을 때, 그에게 반대하기 위해서 전기 바르트를 동원한다. 정치적 영역과 관계된 문제는 가장 놀라운 예이다.『로마서 주석』Römerbrief에서 칼 바르트는 키에르케고르를 인용하지 않고 정치와 관련해서 가장 가까운 입장들을 변호한다. 로마서 13장 1절을 주석하며(각 사람은 위에 있는 권세들에 굴복하라) 그는 성서는 어떤 저항도, 어떤 혁명도, "가장 가치없는 혁명이라고 할지라도 그 자체가 기존의 것에 대한 정당화이고 강화이다"143) 키에르케고르가 정치운동과 종교운동을 비교할 때 다름 아닌 바로 이것을 말한 것이었다.144) 키에르케고르의 혁명 3부작은 바로 이러한 주장의 진술이라고 할 수 있다.145) 칼 바르트는 자신의 분석을 다음의 표현으로 연장한다. "하나님만이 악이 정해져 있는 가운데서 실재 악을 가늠하는 기준이 될 수 있다."146) 여기서 우리는 "윤리의 목적론적 유보"suspension téléologique de l' éthique 147)가 조응되는 것을 볼 수밖에 없고 자끄 엘륄의 기독교적 "반도덕"의 예고를 보게 된다.148) 그러나 칼 바르트는 키에르케고르의 입장을 이렇게 "넘어서며" 도시에서 기독교인의 정치참여를 구상할 때, 자끄 엘륄은 키에르케고르의 입장에 다시 확언한다. 다시 말해서, 그는 자신의 키에르케고르에 충실한 바르트 사상의 발전과정을 "넘어선다"는 것이다.149) 이렇듯, 만일

---

143) KB, *L'épître aux Romains*, op.cit., p.454.
144) 참조. 엘륄, 1969, 1972a, 1982.
145) 참조. 엘륄, 1969, 1972a, 1982a.
146) KB, *L'épître aux Romains*, op.cit., p.457.
147) 참조. SK, "Crainte et tremblement" *OC V, op.cit.*, p.146-158.
148) 참조. 엘륄, 1964b, p.72. 1984a, p.109.
149) 키에르케고르에 대한 출전이 명확하지 않더라도, 교의학은 교회를 섬기는 데 쓰려고 가지는 바르트의 신중함으로, "체계"는 기독교인의 삶과 자유에 굴레가 된다는 것을 주장할 때, 칼 바르트를 은근히 빗대어 말하고 있음이 분명하다(엘륄, 1975a, tome 1, p.179) 그러나 엘륄은 루돌프 불트만의 실험주의 안에 하나님은 희석시키는 것보다는 바르트에게서처럼 객관적 신학 안에 하나님은 객관화하는 것이 가장 덜 위험하다는 판단을 내린다(참조. 엘륄, 1970, p.730)

자끄 엘륄은 칼 바르트가 깔뱅에게 동조할 때만 깔뱅주의자 일 뿐이라면, 그는 분명 바르트가 키에르케고르주의자일 때만 바르트주의자이다.

j) 바르트 우파?

드니 뮐러가 자끄 엘륄은 신학적이라기보다 정치적 표현의 의미에서 '바르트 우파의 대표적 첨단'[150]이라고 규정한 것은 신학의 모든 정치화처럼 정치의 모든 신학화를 그가 거부한다는 사실에서 기인할 것이다. 사실 자끄 엘륄은 신학적 관점에서 보수주의자로 간주할 수 없다. 그는 "신학적 무정부주의"[151]의 대가이고 기독교의 전복적 성격을 진흥하려 힘쓰고 "이 점에서 초기 바르트의 행보와 매우 가깝다고"[152] 간주될 수 있다. 반대로, 드니 뮐러가 말한 바로는, 자끄 엘륄은 복음의 정치적, 윤리적 결과를 발전시키는데 이는 적든 많든 의식적으로 레온하르트 라가즈 Leonhard Ragaz의 "종교적 사회주의"와 단절한 이후의 젊은 바르트의 반혁명적 창을 다시 잡은 것이다. 그러나 "성숙기의 바르트를 뒤집어서 사회주의와 좌파에 대항해서 그것을 돌려놓는다."[153] 그의 모든 정치적 변화의 절대화의 거부에 의해서, 자끄 엘륄은 전면에서 조르즈 까잘리의 바르트주의를 전면에서 반대한다. 그는 이렇듯 바르트주의의 내부 논쟁에 들어가, 바르트 우파와 바르트 좌파로 양분된 두 진영 사이를 가르는 화해할 수 없는 간격을 강조한다. 드니 뮐러는 다음의 말로 자신의 분석을 계속한다. "엘륄은 이처럼 혼란스러운 역설을 표현했다. 그의 때늦은 수용은 1960년대에 그리고 68혁명 5월에 청년 바르트가 1920년대에 가졌던 반동적 사상을 바르트의 이름으로 옹호하게 했다. 그러나 성숙기의 바르트는(1932년부터 1968년까지) 그러한 입장을 절대로 취하지 않았다! 이

---

150) Denis Müller, *Karl Barth, op.cit.*, p.189
151) 앞의 책
152) 앞의 책
153) 앞의 책

것이 1960년대에 프랑스 개신교 내에서 대다수 바르트 우파의 운명이었다."154)

그러나 수용리듬의 특수성을 넘어서 이 경우 바르트주의의 두 측면 사이의 시간적 간격을 넘어서, 드니 뮐러는 "바르트 우파"라는 표현 앞에서 자신의 당혹스러움을 표현한다. "만약 우리가 바르트 우파라는 표현을 사용할 권리가 있다면, 이것은 오직 신학의 정치화에 대한 거부라는 의미에서이다. 따라서 무정치 신학적 바르트주의나 또는 초 정치적, 그러나 불행히도 이 바르트주의는 정치적으로 우파적 성향을 보이지 않았다"155)

드니 뮐러의 분석은 설득력 있어 보이지 않는다. 신학적이 아닌 정치적인 선택을 규정하기 위해 "바르트 우파"를 말하는 것은 벌써 다소 논의의 여지가 있다. 정치가 상대화되는 신학적 성향에다가 정치 윤리적 속성을 부여하는 남용이 아닌가? 정치에 대한 자끄 엘륄의 관계는 자신이 표현하듯이 "무無정치"나 "초超정치"가 아닌 "반反정치"정치를 거부한다는 뜻—옮긴이주, 156)에 속한다. 그러나 "바르트 우파"를 규정하는 것이 타당성을 가지려면 자끄 엘륄의 고유한 정치 입장이 "우파" 정치사상과 연결될 수 있어야 할 것이다. 이것이 의미하는 바는 개인의 사적 영역으로의 퇴행과 사회 정치학적 현상 유지status quo를 담보로 한 "무정치주의"나 "반정치주의"가 보주 정치 세력을 살찌운다는 것이다. 그러나 자끄 엘륄은 이미 여러 글에서 이 비난에 대해서 답변한 바 있다.『새로운 공통주제 해설』 *Exégèse des nouveaux lieux communs* 157)에서 그는 "모든 것은 정치적"인 세대의 격언을 해체한다. 이 격언에 따르면 "우파도 아니고 좌파도 아니라고 말하는 사람은 우파에 속한다."158) 이는 그가 말한 바로는 그 이전 세대의

---

154) 앞의 책
155) 앞의 책, p.189-190.
156) 참조. 엘륄, 1984b, p.100-108.
157) 참조. 엘륄, 1966b.

"모든 것은 종교적"이라는 사실에 대해서 부러워할 것이 없는 무정하고, 전제적인 교의적 마니교주의[극단적 이원론을 말함-옮긴이 주]에 속하는 것으로 보인다. 책 전체에 걸쳐서 채택한 비꼬는 어조에 따라서 자끄 엘륄은 이 공통의 주제의 정당성을 인정하는 것으로 보인다. 그러나 여기에는 조건이 있는데 각 선거에서 모든 부재자의 암묵적인 투표를 우파로 간주해야 한다는 것이다!159)

1975년에 "엘륄 좌파"를 실망시켰고(!) 2003년에 극우파 출판사에서 (!) 다시 출판된 『서구의 배반』, *Trahison de l' Occident* 160)에서 자끄 엘륄은 새롭게 우파와 좌파에 대한 자신의 관계를 표명한다.161) 무엇보다도 그는 좌파는 자신의 이상을 배반했고 인간의 착취와 민족주의를 가져오는 것에서 절정에 달한다.162)

> "나는 또한 모든 것을 분명히 밝히려고 좌파는 내게 세계의 미래를 짊어지는 서구의 유일한 정당한 후계자가 되는 한에서 정당성을 가진다. 이것은 결코 우파를 복권한다거나 그것을 옹호하는 문제가 아니다. 나는 한 번 더 내 눈에는 우파는 존재하지 않고, 그것은 미래도 정당성도 심지서 존재 자체도 가지고 있지 않다는 것을 거듭 말할 것이다. 나는 어떤 점에서도 우파와는 공통점이 없고 만일 우파 사람들이 내 주장들에서 그들과 비슷한 점을 취한다면 그것은 오해이다. 나는 좌파의 단순한 순응주의에서 우리는 '당신은 좌파를 비판하기 때문에, 따라서 당신은 우파에 속한다.' 또는 다시 '이렇게 말하면서 당신은 우파에게 무기를 제공하게 될 것이다.' 이런 발상은 유아적인 수준의 것이다. 실제로, 내가 생각하는 드라마는 좌파가 배반했다는 것이다. 그 이후에 아무런 변

---

158) 참조. 앞의 책, p.212-216.
159) 참조. 앞의 책, p.213.
160) 참조. 엘륄, 1975b.
161) 참조. 앞의 책, p.77-131.
162) 참조. 앞의 책, p.117.

화도 없었다. 서구의 역사는 끝이 났다."163)

따라서 우리는 엘륄의 입장들을 마르크스주의의 개념인 "객관적 동맹"을 동원해서 "좌파" 정치적 영역에 분류할 수 있을 것이다. "그러나 이 논증 역시, 자끄 엘륄이 다소 칸트적인 어조로 미리 답변했다.164) 다시 말해서, 적들에게 논증을 펼치는 것을 거부하는 것인데 이는 그들의 입장을 강화해주고 "객관적인 배반자"가 되는 것에 대한 두려움 때문이다. "이것은 히틀러에 의해 제기된 선전의 위대한 법칙이다. '적들이 조금이라도 옳은 소리를 하면 절대로 양보해서는 안 된다.' 그러나 이것은 선전의 수준에 속한다. 적이 역시 진리를 말할 수 있다는 것을 거부하는 것은 선전하고 파렴치한 토론에 들어가는 것이다.(…) 그리고 마지막으로 만일 진리가 적들을 이롭게 할 위험성이 있다고 하더라도, 어쨌건 진리를 말해야 한다."165)

마지막 논증은 자끄 엘륄의 저서를 "우파 바르트주의"라고 부르는 것에 대한 타당성을 결정적으로 떨어뜨린다. 드니 뮐러가 말한 바로는 자끄 엘륄은 권력에 대한 투쟁과 혼돈된 정치에 대한 정죄와 혁명적인 기독교의 선포가 들어 있는 로마서 주석의 전기 바르트에 동조한다. 그러나 이 혁명은 정치적이 아니라 순전히 내적이고 영적인 것이 될 것이다. 왜냐하면, 그것은 국가를 부정하기 때문이다. "복음의 혁명은(나중에 엘륄은 청년 바르트를 따라서 복음의 전복적 측면을 말하게 된다) 바르트 주석의 중심적 주제인 개인과만 관련된다."166) 이러한 분석의 오류는 그것이 개인에 대한 두 접근법을 혼동한 것에 기인한다. 즉, 행동의 폐쇄적 장으로

---

163) 앞의 책, p.118.
164) 참조. Emmanuel KANT, *Sur un prétendu droit de mentir par humanité*- 1979, Paris, Vrin (coll. Bibliographie des textes philosophiques), 1967.
165) 엘륄, 1975b, p.17. 참조. 엘륄, 1965, p.280.
166) Denis MÜLLER, Karl Barth, *op.cit.*, p.58.

서의 개인과, 영향력의 원천으로서의 개인이 그것이다. 자끄 엘륄의 입장은 기독교의 혁명적 성격을 단순한 내적인 회심으로, 사회생활에 대한 영향 없이 영적인 변화로 축소하는 것과는 거리가 멀다.167) 그의 초기 저작 중 하나인 『세상 속의 그리스도인』*Présence au monde moderne* 168)에서부터 자끄 엘륄은 기독교적 혁명의 양상들을 서술한다. "세상에서 기독교인이 처한 상황은 혁명적 상황이다."169) "그것은 본질적으로 국가의 형태나 경제의 형태를 바꾸는 것이 아니라 끊임없이 문제 제기를 해야 하는 하나의 문명에 구조들을 구체적으로 바꾸는 것과 관계된다."170) "혁명적이라 함은 아직은 아니지만(장차 오게 될) 진리의 이름으로 현재의 정황들에 대해 판단을 내리는 것이다. 그리고 그것은 이 진리를 우리를 둘러싼 실재들보다 더욱더 실재적이고 진정한 것으로 여기는 것이다. 결국, 이것은 현재에서 폭발적인 힘을 가지고 미래에 개입하는 것이다."171) "기독교인들은 다른 사람과 차별화된 삶의 양식이 아닌 구조의 무게를 피할 수 있게 해 주는 삶의 양식을 추구해야 한다. 왜냐하면, 거창한 변화를 시도하며, 어떤 결과를 창출할 수 있는 모든 수단을 동원해 세계를 재건축하기를 바라면서 구조를 직접적으로 공격하는 것이 아니기 때문이다. 구조에 대항하는 유일한 효과적인 공격은 그것을 무조건 거부하는 것이 아니라 체로 거르듯 선택적인 자세를 취하여 구조를 회피하고 전제적 사회의 주변부에 살도록 하는데 이르는 것이다. 마지막으로 이러한 질서의 삶의 양식을 가진 공동체들 안에서 새로운 문명의 씨앗이 활짝 피어날 가능성이 있다."172)

---

167) 참조. 엘륄, 1984b, p.8.("이것은 정신의 자유나, 내적인 자유를 말하는 것이 아니다. 키에르케고르가 보여 주었듯이, 정신의 자유라는 것은 기독교인이 발견할 수 있었던 가장 큰 거짓말이다. 그것은 자유의 위선이다. 오직 자유의 행동, 성육신, 자유의 표현만이 자유이다.")
168) 참조. 엘륄, 1948.
169) 앞의 책, p.42.
170) 앞의 책, p.43.
171) 앞의 책, p.48.

우리 문명의 구조를 문제시하고, 근본적으로 다르고 점점 사회 전체를 얻을 가능성이 있는 사상인 "바르트주의 우파"를 계속해서 규정한다는 것은 어려운 것 같다. 사실 개인은 자끄 엘륄의 사상에 있어서 특권적 지위의 혜택을 입는다. 그러나 영적 회심의 유일한 주체로서가 아닌 사회 변화의 출발점으로서 이해된다. 자끄 엘륄의 정치사상은 우리가 알듯이 무정부주의 저자들에게서 영향을 받는다. 우리는 진지하게 이 흐름을 "무정치적"이라고 규정할 수 있을까? 『자유의 투쟁』에서 가져온 마지막 인용은 이러한 꼬리표를 엘륄에게서 떼는 것 같다. "모든 것은 개인의 결단에서 시작한다. 어떤 것도 다른 곳에서 시작할 수 없다. 프롤레타리아의 자발성에서도 아니고, 계급에서도 아니고 국가에서도 아니다. 개인의 결단이 시작이다. 다시 말해서, 제도적, 다원적 질서에 속한 결과들은 바로 개인의 결단이 일으키고, 가정하고, 함축하는 것이다."[173]

마지막으로, 우리는 드니 뮐러의 분석이 엘륄보다 "엘륄 주의자들"에게 더더욱 효과적으로 분석되는 것이 아닌지를 자문해 볼 수 있다. 엘륄의 상당수의 제자는 분명 신학적으로 정통주의, 정치적으로 전복적이거나 무정부주의적 공기 속에서 보수주의 입장을 분명 드러낸다. "엘륄 주의자들" 가운데서 사실상 "우파 바르트주의자"가 될 "우파 엘륄주의자"와 신학자들보다 정치적 투사들이 많은 "좌파 엘륄주의자"로 구분할 수 있다. 그러나 우파 엘륄주의자는 엘륄을 매개로 해서 우파가 되었지만 사실 엘륄은 그렇게 분류될 수 없다. 역시 엘륄은 좌파가 아니었지만, 좌파 엘륄주의자들은 자연스레 좌파 바르트주의자가 된다. 새롭게 수용사를 연구하는 것은 정교한 분류학적 노력의 잘못을 드러나는 새로운 조합들을 구성해 낼 수 있게 할 수 있을 것이다.

---

172) 앞의 책, p.54.
173) 엘륄, 1984b, p.235.

k) 등불

우리는 자끄 엘륄이 쇠렌 키에르케고르가 교회를 그 오류들에서 복음의 진리로 돌려놓은 신학자 중 하나라고 간주한 것을 보았다. 이어지는 긴 인용이 가리키듯이, 칼 바르트는 다른 입장을 취한다.

"이 사람은 두 가지 도전에 응답해야 했었다. 하나는 히틀러주의의 도전이고, 다른 하나는 당시의 과학적 사상과 복음 메시지를 필사적으로 조화시키려는 자유주의 신학에 의한 복음의 훼손이다. 만약 바르트가 정치적 동기(모든 서구 세계에서 일차적인 동기)가 아니라 신학적 동기로 나치주의와의 타협에 대해 근본적 단절을 선포했다면, 그는 반대로 과학과 개신교 자유주의(가톨릭 현대주의와 약간 일치하는)에 대해서 엄청난 유연함과 분별력으로 반응했었다. 그는 '정통주의자'와 '자유주의자' 사이에 출구 없이 고정된 싸움을 넘어설 수 있었다. 그는 완벽하게 엄격한 방식으로 과학적 질문들을 던지고, 그 한계들과 이 어떤 주장들의 일시성을 보여줄 수 있었다. 그는 **과학이 제기하는 질문들을 수용하는 것에 머무르지 않고, 과학에 질문을 던진다.** 그리고 그는 이 사실에서 다음 세대를 위해서 기독교인들에게 진정 성서에 따른 사상, 신앙 갱신의 가능성, 진리의 역사에서 전진을 위한 출구를 동시에 제공한다. 그러나 나는 이러한 예들을 더할 수 있을 것이다. 나는 '등대'에서 '등대'로 가는(보들레르!) 교회의 다른 또 하나의 역사를 이루어 낼 수 있을 것이다. 그리고 이것은 순전히 지적이라고 말하지 않기를! 이것이 '엘리트'를 위한 것이라고 말하지 않기를! 등등. 이것은 잘못이다! '각 등대'는 교회 속에서 깊은 변화를 일으켰다. 물론, 그것들은 전 교회를, 모든 사상을, 제도들을, 그리고 전 세계를 변화시키지는 않았다. 그러나 내게는 성령이 소멸 되지 않았고, 그분이 늘 일하시며, 이 성서는 늘 살아 있고, 그것을 진지하게 생각한다면 새로운 봄을 탄생시킬 준비가 되어 있다는 것을 생각할 가능성이 있으면 충분하다."[174]

---
174) 엘륄, 1984a, p.307-308.

자끄 엘륄이 칼 바르트의 사상을 향해서 어느 정도나 충실 또는 불충실하였던지, 그가 이런저런 그의 입장들을 전체적으로 수용했든지 안 했든지, 그가 어떤 입장을 거부했는지, 그가 이 사상을 다른 맥락으로 옮기고 다른 사상은 지나치게 해석했든지 간에 바젤의 신학자는 그에게 "등대"로 남아 있다. 등대는 어둠 가운데서 위험과 길을 가리킨다. 우리는 길을 벗어나 바다 한가운데로 자유롭게 떨어질 수 있다. 그리고 심지어는 등을 돌리고 떠날 수도 있다. 등대는 피할 수 없는 참조 지점으로서 빛나고 있다. 이 두 가지의 입장은 엘륄의 제자들이 엘륄과 다를 수 있다는 권리를 부여해 준다. 이 사실은 칼 바르트가 쇠렌 키에르케고르와 칼 마르크스와 함께 마르지 않는 샘이 되었다는 것을 설명해 준다. 이는 우리가 곧 만나게 될 저자들과는 다른 지위를 갖게 됨을 의미한다.

B. 담화자들

자끄 엘륄의 사상을 흠뻑 적시고 깊이 있는 원천수가 되었던 세 명의 사상가 외에, 필자는 엘륄이 가장 많이 참조하는 아홉 명의 저자를 취사선택했다. 다섯 명의 철학자와(니체, 프로이트, 하이데거, 사르트르, 리꾀르), 네 명의 신학자가 그들이다(깔뱅, 본 훼퍼, 틸리히, 몰트만). 우리는 자끄 엘륄보다 앞서 살았던 인물이든, 동시대 인물이든 그 사상가들의 저술과 엘륄이 벌인 다양한 '대화'를 재구성해 볼 것이다. 몇 가지의 주제를 가로질러 엘륄의 다양한 재독해 작업을 제시하며, 우리는 자끄 엘륄이 철학자와 신학자를 진정한 대화의 상대자로서 취급하는지 아니면 자기 자신의 사상을 더욱 지탱해줄 쐐기처럼 여기는지 알아볼 것이다.

I. 의심에서 자유로

그리스도 안에 있는 자유를, 자유의 유일한 양식으로, 모든 가치론적 진술의 넘어설 수 없는 가치로, 기독교인의 존재의 불변의 표현으로 그리고 결과적으로 살아볼 만한 가치가 있는 삶의 절대적 가치로 삼고자, 자끄 엘륄은 이 가치에 대한 모든 실재를 부인하는 사람들뿐 아니라, 다른 자유의 체제를 찬양하는 사람들과도 대화에 들어간다. 그리고 이 수정주의자들과 같은 날조자들의 길 위에서, 그는 "의심의 대가"들을 반드시 만나야 한다. 바로 니체, 프로이트(우리에게 이미 보여주었던 마르크스 이후에), 그리고 역시 사르트르이다."

a) 니체와 프로이트: "인류의 악당들"

자끄 엘륄이 처음으로 니체를 참조한 것은 소망을 주제로 한 책에서이다.[1] 더 정확하게 "의심의 시대"와 관련된 곳에서다.[2] 이 표현은 "경멸의 시대"[3]와 "조소의 시대"[4]와 같이 20세기를 규정하는 표현이다. 뽈 리꾀르를 따라서 그는 마르크스, 프로이트와 더불어 그를 세 명의 "의심의 대가"로 한데 묶는다. 풍성한 철학적 자산이 될 만한 이 표현은 1961년 프로이트에 관한 뽈 리꾀르의 컨퍼런스에서[5], 그리고 1965년에 "심리분석과 현대 문화의 운동"[6]이라는 제하의 글에서 다시 발견된다. 따라서 이 표현이 등장한 것은 프로이드를 주제 삼은 텍스트 안에서다. 그러나 뽈 리꾀르는 그들의 공통점과 차이점을 서로 비교하려는 목적이 있었다. 그들을 서로 근접시키는 것은 서구 철학의 토대가 되는 의식적 주체의 지위

---

1) 참조. 엘륄, 1972b.
2) 앞의 책, p.54.
3) 앞의 책, p.49.
4) 앞의 책, p.60.
5) 참조. Paul RICŒR, *De l' interprétation*, op.cit., p.42-46.
6) 참조. Paul RICŒR, *Le conflit des interprétation*, op.cit., p.148-151.

에 대해 의심을 던지는 것에 있다. 이 세 사람 "의심의 대가"에게는 의식이라는 것은 거짓이거나 환상이다.[7] 반면, 마르크스, 니체, 그리고 프로이트를 구분 짓는 것은 " '거짓된' 의식의 절차와 동시에 해독 방법과 관련된 일반적인 가설이다."[8] 니체에게 있어 고유한 점은, 이 저자가 "가치"의 문제에 몰두했다는 것이다. – 즉 가치평가와 가치 전도의 문제–그리고 '강함' 과 '약함' 의 측면에서 거짓과 가면의 열쇠인 권력의지를 찾으려 했다는 사실이다"[9] 하지만 폴 리꾀르는 이 세 명의 "의심의 대가"에게 호의적인 시선을 보낸다. "이 셋은 '파괴적인' 비판의 수단에 의해서 뿐 아니라, 또한 새로운 해석 기술의 발명함에 의해서 더욱 진정한 말과, 진리의 새로운 지배를 위한 지평을 끌어낸다."[10]

폴 리꾀르에게서 "의심의 대가"라는 표현을 빌려오지만 자끄 엘륄은 근본적인 점들에서 그와 구별된다. 그가 이 표현에 부여하는 의미론적 내용은 실질적으로 다르다는 것이 증명된다. 해석학의 하나의 조건, 다시 말해서, 인식론적 단절의 중요한 요인이기는커녕 "의심"은 엄격한 도덕적 수용 안에서만 생각될 수 있을 뿐이다. "어떤 것도 사실과 다른 것은 없다. 우리는 배후에 있는 우리를 넘어서는 명명되지 않는 것, 이해할 수 없는 것, 깊숙한 우글거림, 감춰진 힘, 비밀들을 찾아내는 것을 배웠다. 우리에게 최고의 명확성은 최고의 저주이다. 몇 사람의 사상에서부터 출발한 의심이 모든 지식인에게 그리고 그것을 넘어 모든 사람을 장악한 것은 이상한 발전이다"[11]이 사실에서, 누구도 어떤 사실을 믿지 못하고, 어떤 이도 신뢰할 수 없고, 말을 믿을 수 없고, 감정을 신용할 수 없고, 관계의 지속을 받아들이지 않는다. 이것이 바로 자끄 엘륄이 "인류의 세 악

---

7) 참조. Paul RICŒR, *De l' interprétation*, op.cit., p.42-44.
8) 앞의 책, p.44.
9) 앞의 책, p.44-45.
10) 앞의 책, p.43-44.
11) 엘륄, 1972b, p.54.

당"12)이라고 말하면서 뽈 리꾀르의 표현을 주저치 않고 뒤바꾸는 이유이다. 그들의 악행은 그들의 격렬한 유혹의 힘에 기인한다. "이들은 현혹자들이다. 그들은 인간의 영혼과 지성을 매료시켜 근본적인 문제들에서 우리의 관심을 끊어 버린다. 그들은 출구 없이 흔적만을 찾아 나선다. 우리의 의식은 환상적이면서 과학적인 환희에 직면하게 된다. 우리는 우리가 다시 올라올 수 없는 심연으로 내려 보내져 아무런 가능한 대답도 없는 상태에 이르게 한다. 이들은 우리가 도리어 밝혀야만 하는 어두움속에 있기를 열망한다."13) 우리가 보듯이 자끄 엘륄은 마르크스, 니체 그리고 프로이드에 대항해 그들의 환상에 대한 의심과 신비화에 맞선다. 그들은 바로 신비화라는 수단을 통해서 "우리를 최면 상태에 빠지게"14) 한다. ㄴ 아마도 단순화와 급진화의 대가를 치르면서 어렵기 그지없는 그들의 사상이 불행히도 공공의 영역에 들어간 것은 바로 이들 사상의 매력적인 힘으로 설명된다. 이렇게 해서 '의심'과 '탈신성화'의 대가들이 이번에는 '의심할 수 없는' 것이 되었다. "우리는 그들을 신성화한다."15) 여기서 다시 엘륄의 단순한 비난은 곧 이들에게 다시 돌아간다. 즉 의심할 수 없다고 주장하는 의심하는 자들을 의심하도록 하고, 모든 비신성화의 챔피언을 비신성화하도록 우리는 초대된다.

자끄 엘륄은 뽈 리꾀르 못지않게, 이 세 명의 "의심의 대가"를 구분한다. "의심은 다른 세 가지 수준에서, 그들의 세 가지 지향에 따라서, 독립적인 방식으로 말미암아 아무런 관계 없이 사고의 영역에서 생겨난다. 결국, 첫 저자들은 서로 대립 되고 자주 화해할 수 없는 것으로 여겨진다." 16) 우리는 세 명의 저자 중 한 사람인 칼 마르크스는 자끄 엘륄의 사상적

---

12) 앞의 책, p.58.
13) 앞의 책
14) 앞의 책, p.59.
15) 엘륄, 1973, p.107.
16) 엘륄, 1972b, p.54.

원천 중 하나라고 간주할 수 있다고 보았다. 왜냐하면, 그가 엘륄 저작의 사회학적 측면에 결정적인 방식으로 영향을 미쳤다는 것을 보았기 때문이다. 역설적이기는 하지만 마르크스는 자끄 엘륄에게 모호한 존재, 다시 말해서, 분명한 동의와 근본적인 거부가 공존하기 때문에, 마르크스의 지위는 다른 두 저자와 차별성을 가진다. 우리는 마르크스에게 신비화된 이데올로기로서 의식은 사회적 관계의 결과라는 것을 알고 있다. 그는 자끄 엘륄 자신이 말하듯이 니체와는 상당히 다른 길을 간다. "니체는 전혀 다른 방향에서 인격과 그것이 은폐하는 현실 사이의 분리 작업을 계속한다. 그는 냉정하게 가식과 도덕적 이데올로기적 구성물들, 몰이해 위에 세워진 사회적 관계, 그리고 경제적 실현 안에서 이루어지는 모든 인간의 축소화, 노동관계, 새로운 도덕, 사회적 덕들을… 추적한다. 거기에는 아직, 깊숙하고 무서운 진리를 인식하기 위해서 인간이 내세우는 것의 이면의 진실과 관련되어 있다."[17]

　자끄 엘륄은 니체의 그 어떤 책도 정확하게 참조하지 않는다. 하지만, 그가 윤리의 영역에서 하는 논쟁은 먼저 『선악을 넘어서』*Par-delà le bien et le mal* [18]와 『도덕의 계보』*La généalogie de la morale* [19]를 우선으로 겨냥하고 있다. 이 두 텍스트에서, 니체는 도덕적 가치들의 '가치'를 묻고 있다. 그리고 이것을 위해서 그는 도덕의 기원과 발전을 끌어내려고 애쓴다. 사실, 도덕적 편견의 근원들은 그가 보기에 증명될 수 없어서 증명되지 않는다. 니체는 생에 맞서서 두 가지 유형의 태도를 구분한다. 하나는 '주인'의 태도로 신체적일 뿐 아니라 심리적인 '큰 건강'을 누린다(그들은 그들의 몸과 삶을 긍정하고, 인정하고, 창조하고 즐긴다). 그리고 '노예'의 태도인데(사회 경제적 범주로서가 아니라, 여기서도 역시 심리적인 경향으로

---

17) 앞의 책, p.55.
18) 참조. Friedrich NIETZSCHE, "Par-delà le bien et le mal", in: *Œuvres*, Paris, Robert Laffont (coll. Bouquins), tome 2, 1993, p.547-737.
19) 참조. Friedrich NIETZSCHE, "La généaologie de la morale", in: 앞의 책, p.739-889.

서) 이것은 실패하고, 비참하고, 자기 자신과 그들의 삶에 지친, 그리고 그들의 존재에 대해 고통스러운 무게를 짊어진 그리고 타인들 앞에서 비겁하게 '기는' '병자들' 이다. 니체가 '고귀한 자들' 이라고 부르는 '주인들' 은 '노예들' 을 멸시한다. 그리고 '노예' 들은 '주인들' 을 무서워한다. 따라서 "주인의 도덕과 노예의 도덕"[20]이 존재한다. 그리고 그 기원들은 부분적으로 생리학적이다.

그들 가운데서, '주인들' 은 존경심과 신실함을 보인다, 하지만 이방인들을 향해서이다. 이 사람들은 야수이다. "금발의 짐승"이다. 이들은 가차없이 죽이고 폭행하고 고문한다.[21] "주인의 도덕"에 따르면 "산다는 것은 이방인과 약자에게서 그들의 것을 빼앗고, 상처를 입히고, 정복하고, 억압하고 우리 자신의 틀을 강제로 힘들게 부과하고, 흡수하고, 못해도 그들을 착취하는 것이다"[22] 그들의 도덕은 고귀한 것과 경멸적인 것을 대립시킨다. 그러나 선과 악을 대립시키지는 않는다. 선과 악의 이분법을 세운 것은 '노예'의 도덕이다. 그리고 이것은 다음의 방식으로 이다. 만일 '노예'가 '주인'을 두려워한다면, 그는 악을 자신의 두려움의 대상에 투사하고, 반대로 그 자신을 선하다고 여기게 된다. '노예'의 도덕은 따라서 '주인'의 도덕과 비교하면 그것을 전도시키는데, 경멸할만한 것을 선한 것으로, 고귀한 것을 악과 동일시한다. 병들고 압제당하는 사람들은, 그들 처지의 약함을 가치있게 하고 힘을 몰가치 한 것으로 여김으로써만 그 처지를 이겨낼 수 있다. 이 가치의 전도는 '복수심' ressentiment에서 배양된 것이다. 니체에게 있어서 이것은 자신보다 더 강한 자를 향해서 품는 질투와 무력감에 기초한 심리적 성향과 관련되어 있다. 이것은 좋은 기회를 기다리며 복수심과 억압된 앙심을 키우는 것이다. 막스 쉘러

---

[20] Friedrich NIETZSCHE, "Par-delà le bien et le mal", *op.cit.*, p.709.
[21] 참조. Friedrich NIETZSCHE, "La généaologie de la morale", *op.cit.*, p.790.
[22] Friedrich NIETZSCHE, "Par-delà le bien et le mal" *op.cit.* p.709.

Max Scheler가 말하듯이, '복수심'은 "심리학적 자기 독살"23)이다. 그것은 '노예의 반란'으로 이어진다. 이것은 삶을 누릴 수 없는 이들이 삶과 실제 삶을 멸시하고, 육체를 경멸하며, 쾌락을 부정하고, 행복을 환상적 '피안의 세계'로 투사하게 한다. 그것들은 이렇게 "위조지폐 제조"를 하고, "모든 귀족적이고 고귀한 가치의 급진적인 전도"24)를 실행한다.

따라서 가치의 은밀하고 무의식적인 기원은 무능력을 감추려고 사랑과 연민으로 둔갑한 미움과 질투이다. 희생, 이웃에 대한 사랑, 무사심無私心, 자기 부인은 잔인한 본능에 대한 자기 자신을 향한 금지와 억압의 결과일 뿐이다. 이것은 '노예'를 결국 타인의 이익을 위해서 스스로 희생하게 하려고 자기 자신을 미워하고 학대하게 하는 것이다(이것이 "나쁜 의식"25)의 기원이다. 이처럼 기독교의 금욕주의적 이상은 자기 포기라는 대가를 치르면서 약자와 병자들의 고통에 의미를 부여한다. 다시 말해서, 현세의 삶을 향한 적대감을 느끼게 하면서. 신자들은 자신의 죄를 갚으려고 고통을 당하지만 그들의 빚은 절대로 보상되지 않을 것이다. 이것이 바로 하나님이 희생량으로 자신을 주신 이유이다. 즉 채권자가 사랑으로 자신의 채무자에게 자신을 스스로 바치는 것이다. 이 "기독교의 천재적인 일격"26) 이것은 신자가 자신을 죄인으로 지나치게 생각하고 고통 속에 빠지게 하는 것으로 니체의 눈에는 정신착란적 발작으로 생각된다. "세상은 너무도 오랫동안 이 정신병자들의 수용소였다"27)

우리는 쉽사리 니체의 철학과 엘륄의 윤리 사이의 깊숙한 골을 가늠할 수 있다. 모든 인간에게, 특히 서구인들 향해 퍼부어진 위선에 대한 의심은28) 관계들의 진정성을 훼손시킬 따름이다. 그는 인간들 사이에서 신뢰

---

23) Max SCHELER, L'homme du ressentiment, Paris, NRF Gallimard, 1958, p.14.
24) Friedrich NIETZSCHE, "La généaologie de la morale", op.cit. p.784.
25) 앞의 책, p.826.
26) 앞의 책, p.832.
27) 앞의 책, p.832-833.
28) 참조. 엘륄, 1975b, p.51.

와 믿음을 파괴한다. 나아가, 모든 초월적 간섭을 의문시하는 것은 인간의 자유에 영향을 주고 결국 그것을 파괴하는 것으로 끝난다. 이 인간의 자유라는 것은 기술체계를 감싸는 전체의 외부에 있는 하나님의 존재에 의지하고 있다. 진정한 관계를 보장하는 것은 바로 예수 그리스도 안에 있는 자유에서 이다.

> "두 인간 사이의 의심이 존재한다는 것은 자유를 가로막는 것이다. 이것은 가능하고, 가정되고, 희망되고 그리고 다른 자유에 의해 더욱 견고히 서는 자유를 파괴하기 때문만이 아니라. 또한, 자유가 없는 상황에서 그것이 나 자신을 폐쇄해 버리기 때문이다. 의심은 그것이 내가 다른 사람에게 나의 자유를 내어주면서 다른 자유를 향해 나아가는 것을 막아버리는 한 그것은 나 자신의 자유를 갉아먹게 된다. 나 자신을 내어주는 것 그것은 자유의 빛나는 증인이다. 자유는 의심을 배제해 버린다. 우리는 여기서 실행해야 할 선택에 있다. 가능한 한 타협 없이 그리고 임시변통 없이 선택하는 것이다. 내가 그리스도 안에서 자유롭다면, 나는 여기서 다른 사람을 향한 의심을 벗어버릴 수 있다. 그리고 더는 프로이트, 마르크스, 니체가 가르치는 것을 고려하지 않게 된다. 사랑의 상호적 관계 안에서만이 자유가 존재하기 때문에, 나머지 모든 것은 보잘것없는 병기고에 불과하다. 내가 그것을 사용할 수 있을지라도 나는 그것들을 한쪽으로 내팽개쳐 버릴 수 있다. 나는 무기도 갑주甲冑도 없이 다른 사람을 위하게 된다. 이것이 자유의 행동이다.29)

하지만, 자끄 엘륄은 두 번에 걸쳐서 니체에 대한 평가에서 약간의 뉘앙스를 나타내 보인다. 첫 번째 경우는 니체를 직접적으로 옹호한 것이 아니라 니체를 잘못 해석하여 결국 그의 사상의 한계를 내세우는 니체주의자들의 비판이다. 자끄 엘륄은 사실 니체의 비판의 이름으로 예수 그리

---

29) 엘륄, 1975a, tome 1, p.243.

스도의 하나님을 제거하는 것은 "비판을 받지 않을 곳에서 이 비판을 하는 것이고 이것은 예수 그리스도의 하나님 되심과 기독교의 미지근한 온화라는 합리화된 우상과 혼돈하는 것이다."30) 따라서 엘륄은 예수 그리스도의 하나님을 실추시키기 위해서 니체를 참조하는 사람들이 전투에서 잘못을 범하는 것을 비난하고 이것은 동시에 니체가 "죽었다"31)고 선언한 "하나님" 안에 있는 예수 그리스도의 하나님을 인정하지 못한 것이라고 단언한다. 그는 이렇게 기독교에 대항해 내린 니체의 파괴적인 비판을 분쇄한다. 윤리적인 측면에서 일어난 피해는 이미 심각하다.

그러나 자끄 엘륄이 풍부한 진리를 담고 있다고 인정하고 자기 자신이 그것을 자기 방식대로 받아들여 믿음 안에서 형제와 자매에게 말하려 하는 것은 어쨌거나 기독교인들에 대한 니체의 잔인한 비판 바로 그것이다. "모든 기독교인은 니체의(…)비판을 채찍으로 받아들여야만 한다. '니체의 제자들이 조금 더 구원받아야 할 것이다…. 그러나 누가 이 슬픔으로서 확신을 얻겠는가? 진실로 그들의 구원자들은 자유의 아들도 아니고 자유의 일곱 번째 하늘의 후손들도 아니다….' 꼬스뜨R. Coste는 묻는다. 어떻게 이 부활, 힘, 기쁨의 종교가 소심함, 정신과 마음의 비좁음 그리고 노예의 종교가 될 수 있는가?"32) 자끄 엘륄은 이처럼 그가 "인류의 악당"이라고 규정한 사람 중 하나에 의지해 신앙과 삶, 그리고 증언과 기쁨에 찬 밝은 표정 사이의 일치를 촉구하고 있다.

지그문트 프로이트Sigmund Freud는 "의심의 대가" 삼인방 중에서 세 번째 인물이다. 따라서 엘륄에 따르면 그도 "인류의 악당"이다. 『잊혀진 소망』33)에서 프로이트는 마르크스와 니체에게 간단히 연결된다("우리는 간

---

30) 엘륄, 1973, p.342.
31) 참조. Friedrich NIETZSCHE, "La gai savoir", in: Œuvres, op.cit., p.121, 131-132, 205; "Ainsi parlait Zarathoustra", in: 앞의 책, p.291-292, 344, 351, 488-489, 494, 510.
32) 엘륄, 1975a, tome 2, p.80. 자끄 엘륄은 니체의 인용문에 대한 출전을 달고 있지 않다. 참조. Friedrich NIETZSCHE, "Ainsi parlait Zarathoustra", op.cit., p.353.
33) 참조. 엘륄, 1972b.

단히 그들의 유일한 공통점은 정확하게 의심이라고 말할 수 있을 것이다").34) 그리고 동시에 그 자신에게 방향성에 의해 분명히 구별된다. "그리고 우리 각자는 프로이트가 따라가라고 하는 길을 알고 있다. 우리는 환자 입장에서 벗어나 우리가 의식하고, 원하고, 구축한 존재의 심연을 구성하는 것을 배우게 된다. 이것은 바로 무의식적 충동, 즉 모든 사람이 그것을 바탕으로 세워진 구조, 즉 우리가 빠져 있는 비합리적이고 비의지적인 대양을 찾는 것이다. 인격은 우리 안에 있는 힘들이 축소되고 허위화 된 하나의 평면이 되어 우리는 그것을 더는 신뢰할 수 없음을 알게 된다…".35) 따라서 자끄 엘륄이 이 "인류의 악당"의 세 번째 인물에게 가하는 비난은 윤리적 영향이라는 이름으로 이웃을 향한 파괴적인 관계 때문이다.

엘륄은 프로이트의 저술을 기독교인의 자유에 대한 도전으로 간주한다. 이것은 몰이해와 판단에 늘 부딪힌다. 왜냐하면, 그것은 눈에 보이는 특히 집단적인 결과를 낳지 않기 때문이다. "이처럼 체험된 기독교인의 자유는 인간에 의해 그렇게 받아들여지지 않는다."36) 그리고 정신분석학이라는 것은 이 불신을 견고화하기 위해 들어왔다. 이것은 프로이트 이론 체계를 정당화한다. 키에르케고르의 예는 이 전략에서 상징적이다. "우리는 키에르케고르의 저술과 삶을 둘러싼 엄청난 주석에서(…)생각해 볼 수 있을 것이다. 여기서는 그의 모든 행동이 어린 시절의 '상처'로 '설명된다.' 그리고 거기에서는 그의 저술이 예수 그리스도를 기준으로 삼는 것을 무시하면서 '설명된다.' 이것은 그가 '설명적 관점'에서 키에르케고르 본인의 엄격한 설명과 대조된다."37) 우리가 살펴보았듯이 그에게 엄청나게 영향을 준 저술을 프로이트가 축소한 사실이 자끄 엘륄과 충돌

---

34) 앞의 책, p.54.
35) 앞의 책, p.55.
36) 엘륄, 1975a, tome 1, p.311.
37) 앞의 책, p.310-311.

되게 한다. 우리는 어떻게 해서 저자의 주관성과 자신의 삶을 둘러싼 신앙을 동시에 배재 시킬 수 있을까? 그러나 이전의 저자들이 프로이트의 영향 아래서 키에르케고르에 대한 재해석 작업을 한 것보다 더 위험하게 보이는 것은 현재 심리 분석이 유행한다는 것이다. "나는 그것을 정말 불신한다. 왜냐하면, 내가 말할 수 있는 한 가까이에 정신분석의 엄청나게 많은 피해자가 있기 때문이다. 마음의 치료라는 이름으로 행해지는 것에서 엄청나게 많은 사람이 영적으로 심리적으로 파괴되었는지 모른다. 결국, 나는 그것에 대해 다소 불신하고 있다."[38] 따라서 자끄 엘륄의 논증 범위는 프로이트식 이론이 기독교 저자를 인식론적으로 축소시켜버리는 것과 함께 임상적 차원에서 실행되는 이 이론의 구체적 결과에 까지 미치고 있다.

엘륄은 성도덕의 수준에서 정신분석에 대해서 의심을 하고 고찰한다. 도덕을 위선이라고 여기는 것은 자동적으로 부도덕이 진정한 것이 아님을 말한다.

"정신분석에 따르면 인간의 심연은 성적이거나 공격적인 충동으로 되어 있다고 한다(학파들에 따르면…), 그리고 미움, 앙심, 에로티시즘은 인간 존재의 정상적인 구성요소라고 한다. 따라서 도덕적으로 살려고 한다는 것은 겉으로 자기 자신 존재의 실체를 감추려고 하는 위선이다. 부르조아지의 행동의 분석에 의해 확인되어, 겉보기에 도덕적이고 실제로는 부도덕한 이것은 문학과 영화에 의해 퍼졌다. 이 생각이 대중에게 쉽게 파고들었다. 더더욱 이것이 쉬웠던 이유는 인간의 어떤 성향들에 유일한 방해물을 제거하기 위한 과학적 핑계이고 사회적 이상이었기 때문이다. 거기에서부터 올바르고 도덕적인 행동을 하는 사람은 바로 위선이라고 비난의 대상이 된다."[39]

---
38) 엘륄, 1994, p.84.
39) 엘륄, 1975a, tome 2, p.188-189.

그러나 프로이트 이론과 부도덕한 행동 사이의 상관관계에는 뉘앙스가 있다. "교회에 의해서 성도덕이 세워지고 19세기에 부르조아지에 의해서 다시 받아들여진 것은 맹렬히 공격받았고 무너졌다. 프로이트는 적든 많든 잘못 이해했다. 생물학은 성을 순전히 재생산의 생리학적 기능으로 돌렸기 때문이다. 성경험을 '정상 심리'에 다시 통합시킨 심리학은, 다시 말해, 선과 악에 대한 평가 없이, 즉 죄책 없이 성생활을 먹거나 숨쉬는 것만큼이나 간단하고 낡은 일로 변화시킨다. 이것은 다른 기능들처럼 생리적인 기능이다. 그리고 그것과 관련된 것을 어렵게 생각해서는 안 된다."40) 그러나 프로이트는 '잘못 이해했을' 뿐 아니라, 스스로 모순을 저지르고 있다. "하지만, 너무 이상하게도, 상당히 긍정적으로 프로이트는 사실, 성이 인격의 형성 중심에 있다는 것을 보여주었다. 그리고 이 사실에서 다른 생물학적 기능보다 과도한 부분을 취한다. 모순."41) 따라서 정신분석의 이중적 역설적 효과는 성을 평범화하고 드높인다. 이것은 자끄 엘륄이 "위반의 성스러움"42)의 좋은 예라고 성을 선택한 이유이다. 비신성화된 영역은 프로이트의 이론 때문에 성스러워졌다. 왜냐하면, 성스러운 것만이 성스러운 것을 위반하고 파괴할 수 있기 때문이다.43)

니체의 경우에서처럼 자끄 엘륄은 프로이트의 저술을 명시적으로 참조하지 않는다. 이것은 구체적인 텍스트에 의존하지 않고 정신분석이 과학적으로 정당화하는 것을 이렇게 단언한다. 다시 말해서, 도덕과 동성애의 문제를 넘어서는 것이다. "프로이트가 말한 바로는 동성애는 일종의 도착이 아니고 인격의 다른 성적 기관으로 성을 옮기는 것이다."44) 그리고 자끄 엘륄은 서둘러서 성서의 윤리는 과학에 따라서 영향을 받아서는

---

40) 엘륄, 1984b, p.189.
41) 앞의 책
42) 엘륄, 1973, p.120.
43) 참조. 앞의 책 p.120-123.
44) 엘륄, 1984b, p.185.

안 된다고 덧붙인다.45) 프로이트에 대한 이 판단은 별로 놀랍지 않다. 프로이트 심리학의 잘못된 성격을 지적하기 위해서, 우리는 여러 텍스트 중에서 한 텍스트만 인용하면 된다.

> "면밀하고도 피검사자들에게 상당한 중립성과 자기 자신에 대한 절제를 요구하는 실험에서 우리는 '성생활'이 평균보다 훨씬 다르게 나타나는 집단의 존재를 확인했다. 이 '도착자들' 중 몇몇은 검사지에서 성적 차이를 삭제했다. 그들은 같은 성에게만 성적 흥분을 느낀다. 반대성, 가끔 반대성의 성기는 그들의 눈에 성적인 대상으로 비치지 않고, 극단적일 때 역겨움의 대상이 된다. 이 도착자들이 생식에 있어서 최소한의 역할도 포기했다는 것은 말할 필요도 없다. 우리는 이 사람들을 동성애자 또는 성도착자라고 부른다. 이들은 늘 그렇지는 않지만 나무랄 것 없는 교육을 받았고, 도덕적, 지적 수준에서 높지만, 이 유일하고 슬픈 비정상적 상태에 영향을 받았다.(…) 이 도착자들은 성적 대상에 대해서 정상인들이 그들의 성적 대상에게 하는 것과 같은 방식으로 행동한다."46)

도착으로서 동성애에 대한 프로이트의 분석은 의심의 여지가 없다. 따라서 이 주제에 관한 자끄 엘륄의 정보는 간접적이거나 다소 악의 섞인 해석의 영향이라고 볼 수 있다.

정신분석에 대한 가차없는 정죄에도, 프로이트의 이론에 대한 자신의 말이 적어도 한 점에 있어서 약간의 뉘앙스가 있다. "숭고화"崇古化가 그것이다. 사실 엘륄은 성적 본능의 제어라는 원칙, 순결과 정숙이라는 원칙을 프로이트의 이름으로 거부하는 것을 거절한다. 왜냐하면, 이것이 심리적 메커니즘을 규정하기 위해서 "숭고화"라는 개념을 구축했기 때문이다. 다시 말해서, 성적 충동을 비非성적, 사회적으로 가치 있는 것으로 전

---

45) 참조. 앞의 책.
46) Sigmund Freud, *Introduction à la psychanalyse*, Paris, Payot(coll. Petite bibiliothéque Payot), 1962, p.284.

이시키는 것(예술, 과학, 노동, 지적 노력, 종교…)47)을 말한다. 그렇다고 엘륄은 성을 비성적 행동을 포함한 모든 행동의 원동력으로 삼는 프로이트의 이론에 얽매이지 않는다. 자끄 엘륄은 옳지 않고 불완전하게 프로이트 이론을 참조하는 사람들을 비난하고 교정한다.

b) 사르트르의 실존주의- 절대적 반대 모델

자끄 엘륄이 보기에 장-뽈 사르트르는 용서의 여지가 없다. 엘륄은 사르트르가 그를 따르는 수만의 젊은이들의 문제를 덜어주기는커녕 더 악화시켰다고 생각한다. 장-뽈 사르트르는 자끄 엘륄에게 용수철처럼 강하게 영감을 준다. 엘륄은 자신 고유의 사상을 사르트르의 사상의 반대편에서 조목조목 반대하면서 형성한다.

자끄 엘륄이 장-뽈 사르트르를 향해서 쏟는 불평은 키에르케고르에 대한 그의 관계와 관련된다. 실존주의를 만들어내면서 그는 덴마크 사상가에게서 발견되는 존재의 생동감 있는 사상을 하나의 체계로 고정해버린다. 더 나쁜 것은 그가 신앙의 차원을 비워버렸다는 데 있다. 그것이 없이는 사상의 일관성도 생동력도 상실하게 된다. "사르트르 자신은 실존-주의existential-isme의 사용을 받아들이는데 그는 그가 말하는 것이 어떤 변질을 함축하고 있는지를 깨닫지 못하고 있다. 어쨌든 이 순간부터 존재의 사상에서 실존주의로의 변이가 발생한다. 살아 있는 원천은 일상성으로 들어감에 따라 다소 잘 정돈된, 다소 움직이지 않는 물로 변화된다."48) 자끄 엘륄은 먼저 기독교 지성인들을 경계한다. 그들은 성서적 사상의 반향으로서 간주한 나머지 사르트르의 실존주의의 함정에 의해 남용되었다. 그러나 사실상, 사르트르의 사상은 성서 사상의 절단이고 왜곡이다.

---

47) 참조. 엘륄, 1984b, p.308-309; Sigmund FREUD, Cinq leçon sur la psychanalyse, Paris, Payot (coll. Petite bibliothéque Payot), 2001, p.78-80.
48) 엘륄, 1984a, p.20.

"그들은 처음에 저항 공동체에 의해서, 그의 사상의 궤적에 의해서 마음이 끌렸었다. 그들은 특히 실존주의 명칭에 끌렸다. 그들은 성서가 보여주는 인간과 세상에 대한 시각이 실존적이다는 사실을 발견하고, 동시에 키에르케고르의 실존주의를 재발견한다. 어떻게 엄청난 진리를 담는 사르트르의 실존주의에 호의적이지 않겠는가? 더불어 그들은 유행의 성공에 끌렸다…."49)

자끄 엘륄은 이어서 실존주의의 내적인 모순을 공격한다. 이 사조의 기본적인 원칙은 장-뽈 사르트르가 '**실존주의는 휴머니즘이다**' L' existentialisme est un humanisme 50)라는 제하의 논고에서 정의된다.

"여기서 실존이 존재에 앞선다는 것은 무엇을 의미하는가? 이것은 인간이 먼저 존재하고, 서로 만나고, 세상에 출현한다. 그리고 그는 나중에 자신을 정의한다. 실존주의자들의 생각하는 인간은 정의할 수 없다면, 그것이 우선 부無이기 때문이다. 그는 나중에 오는 것이나. 그리고 그는 앞으로 그렇게 될 것이다. 이처럼, 인간의 본성이라는 것은 없다. 왜냐하면, 인간의 본성을 생각하기 위한 하나님이 없기 때문이다. 인간은 단지 그가 스스로 원하는 대로의 것일 뿐 아니라, 존재 이후에 스스로 생각하는 것으로, 존재를 향한 이 역동을 따라서 되기를 원하는 것이다. 인간은 그가 되는 것 이상 아무것도 아니다. 이것이 실존주의의 제일 원칙이다.(…) 실존주의자(…)는 하나님이 존재하지 않는 것에 거북스러워한다. 왜냐하면, 그와 함께 지성적인 천상에서 가치들을 찾을 가능성이 사라지기 때문이다. 더는 경험독립적인 선은 존재할 수 없다. 왜냐하면, 그것을 생각할 수 있는 무한하고 완전한 의식이 없기 때문이다. 그는 어느 곳에서도 선이 존재한다고 그리고 정직해야 한다고, 거짓말을 해서는 안 된다고 쓰여 있지 않다. 왜냐하면, 정확하게 우리는 오직 인간들

---

49) 엘륄, 1964b, p.97.
50) 참조. JEAN-Paul SARTRE, L'existentialisme est un humanisme, Paris, Nagel (coll. Pensées), 1970.

만이 있는 수준에서 존재하기 때문이다. 도스또에프스키는 이렇게 적은 적이 있다. '만일 신이 존재하지 않는다면, 모든 것은 허용된다.' 여기서 바로 실존주의가 출발한다. 사실 신이 존재하지 않는다면 모든 것이 허용된다. 그리고 결과적으로 인간은 내버려진다. 왜냐하면, 그는 자신 안에서 그리고 자신 밖에서 붙잡을 것이 없기 때문이다. 그는 변명을 궁리해내지 않는다. 사실 만일 실존이 본질에 앞선다면, 우리는 이미 주어지고 고정된 인간성을 기준으로 해서 결코 설명할 수 없을 것이다. 다시 말해서, 어떤 결정론도 없다. 인간은 자유롭다. 인간은 자유다. 만일 한편으로 하나님이 존재하지 않는다면, 우리는 우리 앞에서 우리의 행동을 합법화할 가치나 질서를 찾을 수 없을 것이다. 이렇듯, 우리는 우리 앞에, 그리고 우리 뒤에 가치와, 정당화 또는 변명의 영역에서 아무것도 가지고 있지 않다. 우리는 이유 없이 혼자이다. 이것이 내가 인간이 자유롭도록 저주받았다 하고 표현한 그것이다. 정죄 받았다. 이것은 자기 스스로 창조되지 않았기 때문이다. 그러나 그는 또한 자유롭다. 왜냐하면, 세상에 일단 던져지면, 그는 그가 하는 모든 것에 대해 책임이 있기 때문이다."[51]

자끄 엘륄은 이 실존주의의 원리를 비난하는데 그것은 그것들이 실존주의 저자들이 비판하거나 심지어 알기를 거부하는 전제에 의지하고 있기 때문이다. 이처럼 그들이 아무것도 미리 정하지 않는다는 주장에도, 그들은 일정한 선에 대한 정의에 기대고 있다. 다시 말해서, 합법적인 인간행동의 모델로 표현되는 소유의 취득에 근거한다.[52] 이렇듯 모든 실존주의의 담론은 계속해서 그들이 미리 존재하는 것을 부인하는 가치나 암시적인 덕들을 참조한다.

"사르트르가 정당화는 물질적인 박탈자들과의 연대에로부터만 나오며

---

51) 앞의 책, p.21-22, 35-37.
52) 참조. 엘륄, 1964b, p.167.

자유롭다는 것은 세상의 모든 불의에 대해 죄책을 갖는 것이라고 말했을 때, 그러나 '불의' 라는 것은 도대체 무엇을 말하는가? 만약 그것을 가늠할 수 있는 기준이 없다면 말이다. 만일 정의가 완전히 알려지지 않고 그것을 창조해야만 한다면 말이다. '박탈자' 란 무엇인가? 어떤 수준에서? 단순히 필요한 물질이 있지 않은 사람들인가? 그러나 이는 완전한 주관성으로 우리를 몰고 가는 것이 아닌가? 아니면 우리가 채택한 인간론을 따라서 취한 기준인가? 이 사실에서 어떤 정당화도 그것에서 끄집어 낼 수 없다. 왜 박탈자들을 위한 명분을 갖는 것이 '선' 이 되는가? 등등.(…) 어휘는 사전의 윤리적 내용으로부터 비워질 수 없다. 그러나 우리는 '그렇지 않은 것' 처럼 했다."53)

따라서 엘륄이 보기에 자신의 이름을 내세우기를 원하지 않는 실존주의 도덕이 겪는 방법론적 결손이 여기에 있다.

같은 논증이 사르트르의 타자성의 개념에 대해 펼쳐진다. "타자는 나 자신의 소외의 요구를 나타낸다. 그리고 이것은 도덕적 존재인 타자와의 만남이 가능한지 아닌지의 문제와 관련된다. 어디에서 우리는 우리 자신을 다른 사람에게 내던져야만 하는가? 어디에서 이 타자의 중요성이 오는가? 나는 실존주의에서 간단하게 전제에 대한 설명을 찾지 못한다. 사실의 확인도, 사전의 정보도 없다(왜냐하면, 그것이 부정되기 때문이다). 그것들은 순수한 긍정의 상태에 머무는 것을 정당화하지 않는다"54) 타자에 관해서 인식론적 수준의 결여에다 윤리적 실천적 결과가 덧붙여진다. 이 타자의 객관화는55) 부조리로 귀결되는데 이것은 자끄 엘륄이 『출구없음』Huis clos이라는 작품의 유명한 인용구에 의해 설명된다. "지옥은 타인들이다."56)

---

53) 앞의 책, p.113-114.
54) 앞의 책, p.113.
55) 참조. 엘륄, 1984b, p.47.
56) 엘륄, 1988a, p.368; Jean-Paul SARTRE, *Théâtre*, Paris, NRF Gallimard, 1947, p.182.

이 주제에 관해서 자끄 엘륄이 장–뽈 사르트르의 텍스트를 다루는 것을 살펴보면 흥미롭다.『출구 없음』의 독자와 관객으로서 엘륄은 삶은 부조리하다. 왜냐하면, 타인들과의 관계가 의미가 없고, "완전히 불가능"[57] 하기 때문이다. 이 무신론 철학자에게는 "타인의 시선이라는 것은 가장 견디기 어려운 것이다."[58] 그의 문학적인 표현은 우리가 "부조리의 극장에서 부조리한 극장으로"[59] 지나가게 한다.『출구 없음』에 대한 이 판단은 꽤 일반적이다. 그리고 이 작품의 줄거리는 이러한 해석을 지지한다. 우리는 이네, 에스뗄, 가르댕 셋 모두 죽었다는 것을 안다. 그리고 외부에서 닫힌 호텔의 방에서 이 친밀함을 영원히 나누도록 정죄 받는다. 셋 중 누구도 타인의 시선을 피할 수 없다. 그리고 한 남자와 두 여자가 있었고, 하나는 동성애자이지만, 삼자가 있음으로써 커플이 조성되지 못한다. 따라서 그들은 사랑을 박탈당한 이들이다(가르댕은 에스뗄에게 말한다. "나는 그녀가 나를 보고 있을 때 너를 사랑하지 못한다")[60] 따라서 그들은 그들 각자가 타인에게 던지는 시선의 힘으로 말미암아서 지옥 속에 있다는 것을 발견한다. 불도, 고통도 필요가 없다. 왜냐하면, 이네가 말하듯이 "괴롭게 하는 자는 바로 다른 두 사람을 향한 우리 각자이다."[61] 따라서 우리는 장 뽈 사르트르를 비관주의자, 비인본주의자라고 비난하고 만남과 사랑에 대한 절망적인 시각을 비난한다. 여기서 자끄 엘륄이 비관주의자라는 오해는 "실존주의는 휴머니즘"이라는 글에서 사라진다. 사실『출구 없음』은 부조리에 의해 어떤 의미에서 "공허 속에서"를 자유의 철학과 성취된 삶의 비전을 제시한다. 타인에 대한 시선에 의해 영향을 받으면서, 이 셋은 그들이 자유를 거부했기 때문에 지속을 스스로 만들어

---

57) 엘륄, 1988a, p.368.
58) 앞의 책,
59) 앞의 책, p.370.
60) Jean-Paul SARTRE, Théâtre op.cit., p.182.
61) 앞의 책, p.147.

낸다. 그러나 현실적으로, 인간은 지옥을 피할 능력이 있다. 장 뽈 사르트르는 그것을 분명하게 설명한다. "타인은 나에 대한 지식에서만큼이나 나의 존재에 있어서도 필수적이다. 이 조건에서, 나의 친밀성 발견은 동시 타인의 발견이다. 마치 이것은 나 자신을 향하거나 거스르기만 하는 나 앞에 주어진 자유와 같다. 이처럼, 곧장 우리는 우리가 상호주관성이라고 부르는 세계를 발견하게 된다. 바로 이 세계 속에서 인간은 그가 누구이고 타인이 누구인지를 결정하게 된다."[62]

자끄 엘륄의 장 뽈 사르트르의 저작에 대한 평가도 역시 비판적이다. 사르트르의 "자유"에 대한 의문시가 그것의 핵이 된다. 사회적 압력과 인간을 조이는 사회적 결정력과의 긴장 속에서 자신의 윤리의 한가운데 자유를 역시 놓으려고, 자끄 엘륄은 환상에 불과한 자유를 고발해야만 했다. 사실 이 자유는 그것 안에서 꽃피운 세계의 구조와 긴밀하게 연결된 사상의 흐름에 의해서 낳아진 것이다. "어떤 한 윤리는 공통의 가치가 더는 존재하지 않는 사회 속에서 미리 존재하는 가치를 부인한다. 그것은 기성의 도덕이 사실상 존재하지 않는 사회 속에서 도덕의 객관성을 파괴한다. 그 윤리는 물질주의화 되는 사회 속에서 도덕적 이상주의와 그리고 사회학적으로 집합되지 않는 사회 속에서 윤리적 개인주의를 저버린다. 그것은 부조리한 세상을 선포한다. 왜냐하면, 그것이 번성하는 사회는 분열되고 국가는 쇠퇴한다. 마지막으로, 그것은 윤리의 대상은 인간에게 정당화를 가져다주는데 자세히 말해서, 인간이 어디에서도 단순하고 확실한 정당화를 찾을 수 없는 사회 속에서 그렇게 됨을 나타낸다. 따라서 우리는 이 실존주의 윤리는 사건들의 반영인 지역적이고 임시적인 정황들의 순수하고 단순한 표현이라고 말할 수 있을 것이다. 이 윤리는 미국이나 구소련에서는 생각할 수 없다. 사르트르, 시몬 드 보부아Simone de

---

[62] JEAN-Paul SARTRE, *L'existentialisme est un humanisme*, op.cit., p.67.

Beauvoir 그리고 다른 이들의 유일한 역할은 정황의 단순한 산물인 것을 교조적, 형이상학적, 그리고 당위적 수준으로 끌어올리는 것일 따름이다. 그것들은 인간의 현재 상태와 그것의 영광스러움을 잘 정당화시켜주는 역할을 한다"63) 이렇듯 실존주의 출현의 결정조건을 발가벗기면서 자끄 엘륄은 결과적으로 결정적인 원칙에 도달한다. 그것은 인간의 진정한 내적 자유에 대한 긍정과 그에 따른 자유를 제약하는 모든 것에 대한 부정이다.

사회학적 요인과 제약들을 넘어서 자끄 엘륄은 실존주의 사상에 따르는 인간의 행동과 심리적인 충동 사이의 긴밀한 상관관계를 세운다. 이것은 장 뽈 사르뜨르의 눈에, 인격의 연속성은 그 자유에 대한 하나의 제약이고, 각자는 자신이 사는 한 모든 관여와 모든 신뢰 모든 약속을 끊어버리도록 권면 되기 때문이다. 어떻게 이 도덕의 보잘것없는 제약들에 대한 대항 속에서 정황들과 순간의 충동들에 의해 움직이는 훨씬 더 근본적인 노예상태의 영향을 보지 못하는가?64) 자신의 비도덕성의 실재적 요인을 억압하면서, 장 뽈 사르트르는 때론 의식적으로, 때론 무의식적으로 심지어 위선적인 인물로 비춰진다.65) 엘륄은 사르트르의 철학을 히틀러적 법의 개념에 접근시키기 위해서 불연속성의 교리에 그리고 그의 규범성에 대한 거부에 기댄다.66) 그러나 자끄 엘륄의 비판은 여전히 더욱 날카롭다. 그것은 바로 우리 사회 속에서 철학의 지위의 주변화 과정과 늘 증가하는, 강조되고 비난받는 정치적 참여 사이의 관계이다. 참여라는 것은 이렇게 지식인들의 역할이 엷어짐 앞에서 보상과 정당화의 욕망에 의해서 그리고 실재 앞에 도피의 욕망에 의해서 무르익는다.67)

---

63) 엘륄, 1964, p.114.
64) 참조. 엘륄, 1975a, tome 1, p.274-275.
65) 참조. 엘륄, 1975a, tome 2, p.202.
66) 참조. 엘륄, 1965, p.88.
67) 참조. 앞의 책, p.231.

이러한 태도는 자끄 엘륄의 보기에 비난받아 마땅하다. 왜냐하면, 그것은 여론에, 특히 젊은이들에게 영향을 주기 때문이다. 장─뽈 사르트르는 전적으로 자신이 공적으로 취하는 듯에 대한 문제들에 대해서 무능하다.68) 나아가 그는 선전으로 수천의 젊은이들을 오합지졸이 되게 한다는 생각도 없이 정치적 여론을 변하게 하는 바람개비이다(반면 그는 드골 장군의 선회를 비난한다!).69) 그러나 무엇보다도, "내가 내 동생을 지키는 자니이까?"70) 라고 자끄 엘륄은 묻는다. 이렇게 해서 그는 범죄자인 가인의 태도와 장 뽈 사르트르의 태도를 암시적으로 동일시한다.71) 장─뽈 사르트르는 영원히 어정쩡하게 왈츠 춤을 추는 사람이다. 그가 어제 비난했던 자를 오늘 숭배하고 어제 숭배했던 자를 불태우는 기억력 없는 사람72), 참여를 외치지만 결국은 아무것에도 절대로 참여하지 않는 지식인73)이다. 본질적으로 장─뽈 사르뜨르를 겨냥해서, 그리고 그를 통해서 60년대의 신화를 퍼뜨리는 자들인 좌파 부르조아를 비꼬는 어조를 가진 『새로운 공통 주제들에 대한 해설』74)에서, 자끄 엘륄은 다음의 표현들을 해체한다. "우리는 더러운 손을 가지지 않고는 행동할 수 없다." 그리고 "계란을 깨지 않고는 오믈렛을 만들 수 없다." 장 뽈 사르트르와 "참여" 지식인들은 이처럼 학살을 정당화하지만, 정작 자신들은 선언문에 서명만 할 뿐 아무것도 하지 않는다. 따라서 그들은 자신의 이웃에게 고통을 주면서 자신의 손을 더럽힐 준비가 되어 있지 않다. 그들은 다른 이들의 행동을 정당화하고 대리적으로만 자신의 손을 더럽힌다.75) "역사의 흐름을 따라가야 한다." 엘륄은 역사의 의미와 참여에의 호소 사이의 모순을 지적한

---

68) 참조. 앞의 책, p.223-224.
69) 참조. 앞의 책, p.86.
70) 참조. 창세기 4장 9절.
71) 참조. 엘륄, 1966b, p.55.
72) 참조. 엘륄, 1980a, p.262-263.
73) 참조. 앞의 책, p.112.
74) 참조. 엘륄, 1966b.
75) 참조. 앞의 책, p.42-44.

다. 왜냐하면, 만약 역사에 의미가 있다면, 그것을 짊어지는 것만으로 충분하기 때문이다.76)

자끄 엘륄은 장-뽈 사르트르의 낭만주의적 역사관을 비교하여 헐뜯으려고 심지어 역사학에 역사철학을 심어준 헤겔과 마르크스를 불러들인다. 정치적 참여에 의한 자유는 현실적으로 "사이비 현실의 인공적인 구성에 의해서 현실에서 도피하려는 수단"77)이다. 사실, 엘륄에 따르면, "우리는 최고의 솜씨에 달한, 그리고 많은 젊은이에 의해 받아들여진 신비화 앞에 있다. 왜냐하면, 정치화의 일반적인 상황에서 (…) 이들은 정치하는 것이 필요하지만, 그러나 그것에서 의미를 찾는 것도 필요하기 때문이다."78) 장-뽈 사르트르가 전달한 주제 중에서, 젊은이들에게 가장 무거운 결과를 가져다주는 것은 다음이다. "무엇보다도 자기 자신에게 진실한 것이 중요하다."79) 모든 불일치와 모든 뒤집힘은 거기에서 정당화된다. 그리고 거기에서 사르트르의 사상이 끊임없이 요동치는 것을 물론 그의 삶과 사상 사이의 넘을 수 없는 간격이 시작된다. 이 철학자는 따라서 자끄 엘륄에게 절대적인 반대 모델 역할을 한다.

II. 성서 주석에서 해석학으로

자끄 엘륄은 끊임없이 성서계시는 신학적 관점에서는 물론 윤리적 관점에서도 자신의 사상의 출발점, 방법론, 궁극 목적이라는 것을 반복해서 말한다. 이것은 과학적 주석과 근대 해석학의 흐름을 인정하는 것을 말하는가? 결코 그렇지 않다. 그가 신학자, 철학자 그리고 정신 분석가들과

---

76) 참조. 앞의 책, p.39.
77) 엘륄, 1965, p.232.
78) 앞의 책, p.232-233.
79) 참조. 엘륄, 1966b, p.53-57.

나눈 논쟁은 어느 지점에서 그의 성서 중심주의가 성서의 개인적인 묵상으로 이어지는지를 가리켜 준다. 자끄 엘륄은 다른 사람들이 성서를 읽는 방식에 앞서서 독자적으로 성서를 읽은 사람이다. 깔뱅에서 프로이트를 거쳐 리꾀르까지, 독자로서의 엘륄은 매번 다른 관계로 환원될 수 없는 자기 자신과 하나님의 말씀과의 관계로 돌아간다.

a) 깔뱅적인 성서 중심주의- 실망한 사랑의 이야기

자끄 엘륄은 16세에 회심하면서부터 장 깔뱅에게 논리적으로 기울어진다. 그가 기독교의 가톨릭이나 루터주의보다 개혁주의 전통으로 다가서도록 고무된 것은 『기독교 강요』[1]를 읽고 나서부터이다. "그것은 나의 개인적인 성서 읽기, 즉 상당히 직접적인 성서 읽기와 들어 맞는 듯이 보였다. 나는 당시에 내가 꽤 가깝게 여겼던 성 어거스틴과 내가 전혀 따라 잡을 수 없는 성 토마스를 약간 읽었다. 그러나 이것은 줄곧 가지고 있었던 나의 지적 부족함에 기인한다. 나는 결코 철학자가 아니다. 역시 나는 철학적 사상이라고 보였던 성 토마스의 사상에 완전히 갖혀있었다. 역시 나는 둔스 스코투스를 읽었고 다른 중세의 위대한 신학자들을 읽었다. 그러나 나는 이들에 대해서는 아리스토텔레스나 플라톤보다 더 흥미를 갖지 못했다."[2] 자끄 엘륄은 스스로 성 토마스 아퀴나스와 같은 "종합적 사상"보다 장 깔뱅의 사상과 같은 "분석적 사상"에 더욱 친밀감을 느낀 것을 인정한다.[3] 그리고 엘륄은 자세히 말하기를 "깔뱅은 매우 교의적이지만, 나는 그에게서 성서 본문을 계속해서 참조하고 있다는 것을 발견했다."[4]

---

1) 참조. JEAN CALVIN, *L'institution de la religion chrétienne*, Aix-en-Provence-Marne la Vallée, Editions Kerygma-Editions Farel, 3 volumes, 1995.
2) 엘륄, 1981a, p.19.
3) 참조. 앞의 책, p.19.
4) 앞의 책, p.20.

그러나 청년 엘륄을 사로잡았던 성서 중심주의를 넘어서, 그는 깔뱅의 비타협성을 높이 산다. "이 순간, 이 급진주의는 내 존재의 일부가 되었다. 깔뱅은 전투적인 저자이다. 그의 신학은 극단적으로 폐쇄적이다. 그에게는, 하나만의 진리가 있고, 다른 모든 것은 오류이다. 다시 말해서, 어떤 다원주의도 그의 사상과 양립할 수 없다. 그리고 이것은 정확하게 나의 기질과 들어맞았다고 말해야 할 것이다. 전투적이고, 엄격하고, 진리를 추구하는 것이다. 이 시대에는 반드시 배타적일 수밖에 없었을 것이다 !"5) 청년 엘륄의 이러한 깔뱅주의적 격앙은 비타협적인 사상인 마르크스주의에 그가 동조했다는 사실과 모순을 이룬다. 자끄 엘륄은 30년대에 초반에 이렇게 자기 자신의 행보를 다시 읽어낸다.

"가장 불편했던 것은 배타적이면서 또한 전제주의적인 두 사상이 앞에 서는 것이었다. 그러나 나는 이 두 사람 중 누구도 놓을 수가 없었다. 이 조건으로, 나의 사상 발전은 변증법적이 될 수밖에 없었다. 그렇지 않았다면, 나는 이 분열의 장소에서 갈기갈기 찢길 수밖에 없었을 것이다. 나는 문자 그대로 정신분열증에 걸렸었다. 아니면 모택동이 말했듯이 실존적, 정치적, 역사적 상황에 그때그때 반응하면서 내 두 다리에 의지해 걸어가며 모순을 극복해야 했다. 이것은 모순이라고 생각했고 나는 새롭게 한 걸음을 더 나아가야 했다. 모택동의 문구는-두 다리로 행진하는 것- 나에게 몇 번이나 적용되는가!"6)

자끄 엘륄이 받아들이기에는 모택동의 은유는 한계가 있었다. 그것은 중국의 지도자에게는 농업과 산업을 말하는 "두 다리"는 중국의 경제와 꼭 맞아떨어지기 때문이다.7) 엘륄은 한 편으로 마르크스주의적 세계, 경

---

5) 앞의 책, p.20.
6) 앞의 책, p.20-21.
7) 참조. 엘륄, 1982, p.101.

제 그리고 정치의 해석과 깔뱅이 말해준 계시의 실존적 진리를 한 체계 안으로 화해시키지 않으면서 그러나 "이 두 진리가 함께 체험되도록"8)한 다는 조건에서 이 두 사상을 받아들일 수밖에 없다.

우리가 이미 살펴보았듯이, 자끄 엘륄은 점차 키에르케고르와 칼 바르트에게 다가가면서 이 젊은 시절의 애정에서 멀어진다.9) 심지어 그는 프랑스 개혁교회에 속해 있으면서도 자신을 "깔뱅주의자"라고 규정되기를 거부하고 "바르트주의자"라고 스스로 말한다. "나는 '깔뱅주의자'가 아니다. 그리고 만일 나의 깔뱅 읽기가 어떤 시기에 영향을 주었다면 나는 그때 이후로는 그에 대해서 상당한 거리를 두어왔다."10) "나는 깔뱅주의자가 아니라 바르트주의자이다."11) 이러한 멀어짐은 해석하기 어렵다. 자끄 엘륄은 배타적인 입장에서 진화하여 타자성에 더욱 마음을 여는 방향으로 발전한다. "나는 점점 더 우리는 모두 같은 계시가 된 진리에 대해 일정한 해석을 하고 있으며 누구도 그것을 독점할 수는 없다고 생각하게 되었다. 우리는 우리 각자가 우리가 보지 못하는 것을 다른 사람들에게서 보도록 모든 사람과 만나야 한다"12) 그러나 키에르케고르도 칼 바르트도 분명히 상당히 온건한 수준에서라도 이 상대주의를 고쳐시키지 않았다. 자끄 엘륄의 신학적 입장의 유연화는 그가 1981년에 증언하듯이 60년대에 아마도 깔뱅과 거리를 두고 일어난 것이었다. "내 사상의 진화는 부정적인 급진주의에서 더욱 개방된 신학을 향해서 나아간다. 내가 생각하기엔, 15년 전부터 더욱 인본주의화 되었다. 나는 좀 더 유연해 진 것이 아니라 덜 분파적이 되었다. 1940년에 그리고 1945년에 역시, 신학적으로 말해서 나는 비타협적이었다. 나는 신학적으로 '하나의' 진리가 존재한

---

8) 엘륄, 1981a, p.21.
9) 참조. 앞의 책, p.20.
10) 앞의 책, p.54.
11) 엘륄, 1994, p.81.
12) 엘륄, 1981a, p.20.

다고 생각했다. 나는 더는 그렇게 생각하지 않는다. 내 진화는 개방된 방향으로 발전했다."13)

역설적으로, 그를 깔뱅에게 다가가도록 한 것도 『기독교 강요』이고 그에게서 멀어지게 한 것도 『기독교 강요』이다. 그는 다음의 말로 이 경험을 진술한다. "명백히 먼저 지적이지 않은 부분에서, 깔뱅은 냉혹한 논리로 뚫고 나간다. 그리고 거기에서 나와 맞지 않는다. (…) 나는 깔뱅을 연구했는데 그것은 내 신학연구를 위해서 나에게 기독교 강요 4부를 비판적으로 요약하라는 과제를 부여 받았기 때문이었다. 나는 그 책 전체를 읽었다. 그러나 나는 이 책이 지독히 지루하다고 생각했다. 나는 이 엄격함에 끌리지 않았다"14) 이 사실로부터, 자끄 엘륄은 "나는 깔뱅보다 훨씬 더 루터와 키에르케고르에게 영향을 받았다"15)고 단언한다. 엘륄이 루터를 참조한 것은 드물다 그리고 우리는 엘륄이 루터교 교인인 키에르케고르를 통해서 루터를 만났던 것이 아닌가? 질문할 수 있다. 그러나 자끄 엘륄이 그리스도인의 자유를 주제로 해서 둘을 비교한 두 텍스트가 있다. 하나는 이 둘을 화합시키는 것이고, 다른 하나는 서로 대립시키는 것이다. "첫 번 텍스트는 루터와 깔뱅 사이에 평행 점을 세울 뿐 아니라, 거리를 두면서 비교를 하고 심지어 이 두 사람과 성서의 뛰어난 인물들 사이에서 긍정적인 비교를 하기도 한다. "율법, 신앙 고백, 제도들은 자유가 그것들의 정당성을 거스르고 그것들을 의문시하고, 성령의 길 안에서 그것들을 어기는 것에서만 그 가치와 의미를 찾을 수 있다. 만약 자유가 행사되지 않고, 만일 인간이 자유를 포기한다면, 반면 율법이 율법주의자가 되고, 신앙고백이 교조화되어 진실과 이단을 갈라놓고 모든 계시를 전달하고, 영구적으로 남아있기를 주장하고, 제도가 법제화될 때, 이 순간부

---

13) 앞의 책, p.55.
14) 엘륄, 1994, p.81-82.
15) 앞의 책, p.82.

터는 자유가 더는 존재하지 않고, 율법을 어기려고 아브라함과 바울이 없고, 신앙고백에 대항하는 루터가 절대 없고 제도를 흔들어 놓는 깔뱅이 없고, 반면 하나님의 성령에 의한 자유로운 기독교인이 더는 없고, 반면 율법, 신앙고백, 제도가 그 의미를 상실하고 어떤 내용도 없게 된다. 왜냐하면, 이 본질적인 실재들은 그것의 자유와의 관계 속에서만 그들의 의미가 있게 되기 때문이다.16) 깔뱅에 대해서 "하나님의 성령으로 자유로운 기독교인들"이라는 표현을 통해 깔뱅에 대해서 현저하게 긍정적으로 표현한 것과 루터 쪽에서 기독교인의 자유의 기준에서 볼 때 깔뱅을 폄하한 것과 대조를 이룬다. "행위에 특별한 가치를 부여한 것이 우리가 모두 알듯이 루터의 개혁과의 분열의 지점이다. 그리스도인의 자유를 발견한 제일세대와 깔뱅에게서 볼 수 있는 도덕적 엄격성과 '그리스도 안에 생명'보다 도덕의 우위로 돌아가서 그 간격이 매우 커졌다"17) 자끄 엘륄이 느끼는 감정의 모호함과 깔뱅에 대해서 그가 내린 판단의 모호함은 그가 처음에 그 개혁가의 저술에 가장 끌렸다고 말한 것을 비난할 때 절정에 달한다. 그것은 그의 특별한 성서읽기이다. 사실 그의 눈에는 모든 신학자가 "하나님의 말씀을 있는 그대로가 듣는 것이 아니라 그들의 필요에 따라서 성서 본문을 이용했다(심지어 깔뱅조차도)."18)

    자끄 엘륄이 깔뱅에게 쏟는 불평은 세 가지 수준으로 나누어진다. 그것은 구원의 개념, 유대인들을 향한 시각, 국가와의 관계이다. 우리는 이 마지막 동기를 나중에 생각해 볼 것이다. 당장은 앞의 둘을 살펴보도록 하자. 이 둘은 깔뱅의 성격주석과 긴밀하게 연결되어 있다. 엘륄은 우선 이중예정을 인정했었다. 장 깔뱅은 이 문제를 4장에 걸쳐서 논한다.19) 그

---

16) 엘륄, 1984b, p.80.
17) 엘륄, 1984a, p.114.
18) 앞의 책, p.40.
19) 참조. Jean CALVIN, *L'institution de la religion chrétienne*, *op.cit.*, volume 2, livre III, chapitres XXI à XXIV, p.392-393.

는 이렇게 그의 주장을 종합한다. "생명의 언약이 모든 사람에게 동등하게 선포되지 않고, 선포된 곳에서도 모든 사람에게 똑같이 받아들여지지 않는다는 점에서, 즉 이 다양함 속에는 하나님의 판단의 경탄할만한 비밀이 드러난다. 왜냐하면, 이 다양함이 그의 기쁘신 뜻에 따른 것임에 의심에 여지가 없기 때문이다. 그러나 이것이 하나님의 뜻에 의한 것임이 분명하고, 구원이 어떤이들에게 베풀어지고 다른 사람들은 버려진다는 것이 분명하다면, 거기에서 커다란 질문들이 나온다. 이것은 하나님의 예정과 선택을 견고히 잡아야 한다는 것에서만 그 해결책을 찾을 수 있다."[20] 자끄 엘륄은 다음의 말로 자신의 동의 이유를 설명한다. "나는 그것을 인정해야만 한다. 그는 어떤 정치적 행동에 대항하는 폭동과 미움에 그가 연루되었고 이것은 나로 하여금 두 개로 나누어진 세계를 공유하게 한다! 그들은 내게 전적으로 하나님의 사랑 밖에 있는 것으로 비친다. 따라서 깔뱅이 옳았었다!"[21] 그러나 자끄 엘륄은 곤란에 부딪히는데 그것은 "내가 은혜 베풀 자에게 은혜를 베푼다."[22]는 하나님의 말씀을 예정 교리로 표현할 때,[23] 실존적인 확실한 사실을 하나의 철학체계의 자료로 변환시켰던 것을 보았을 때이다. 하지만 그가 신학적 선택, 특히 구원론적 선택을 흔들어 놓은 것은 바로 '범죄예방클럽'에 가입을 통해 인간의 비참함을 접하면서부터이다. "가령, 나는 내 친구 깔뱅주의자들에게 거치는 것이 될 만인 구원의 교리를 근본적으로 성서적이라고 믿게 되었다. 그러나 이것은 하나님이 그를 전혀 만날 가능성이 없는 그러한 처참한 상태에서 살아가는 사람들을 버릴 수 없다는 것을 표현한다. 바로 여기에 나의 신학적 관점의 현저한 변화가 있다."[24] 어떤 이도 이러한 변화를 우연적이

---

20) 앞의 책, p.392-393.
21) 엘륄, 1981a, p.72.
22) 출애굽기 33장 19절.
23) 참조. 엘륄, 1987c, p.158; Jean CALVIN, *L'institution de la religion chrétienne*, *op.cit.*, volume 2, livre III, chapitre XXII, n°6, p.412; chapitre XXIV, n°15, p.454.

라고 판단할 수 없을 것이다. 왜냐하면, 이것은 그의 주관적인 경험과 연결되어 있기 때문이다. 우리가 보았듯이 바르트 신학과의 만남은 견고하고 객관적인 논거 위에 자신의 새로운 구원론적 관점을 지탱하는데 기여하였다.25)

자끄 엘륄이 깔뱅에 대해서 쏟는 두 번째 불평은 로마서 9장에서 11장에 이르는 유대인과 관련한 깔뱅의 논증과 관련된다.

"깔뱅과 같이 성서 본문에 대해서 정확한 읽기에 몰두한 사람이 이런 놀라운 주석을 한 것을 믿을 수 없다. 그는 이 본문을 네 가지 주제를 발전시키면서 논거를 펼치며 분석한다. 우선 바울은 예수가 이스라엘이 기다린 메시아이고 유대인의 거부는 아무런 근거가 없다고 증명하는 경향의 유대인에 대해서 계속 논쟁을 펼친다. 이어, 그는 유대인의 불신은 '괴물적인 것'이다. 이것은 진정(그는 이 말을 하지 않았지만, 그런 방향성이 거기에 있다) '성령을 거스르는 죄'이다. 물론, 겉보기에 매우 정당해 보이지만, 깔뱅은 이중 예정을 증명하기 위해서 이 텍스트를 이용하고 있다. 그리고 아마 사실 거기서 이 신학을 볼 수 있을 것이다. 우리는 길게 이것에 대해서 생각해야만 할 것이다. 그러나 바울은 말하기를 유대인들에 대해서 '아무런 적의도 없이' 모든 논쟁을 펼친다. 바울은 그들이 '반감의 대상이 되도록' 이 아니고, '그들이 회개케 하기 위해서'였다. 우리는 깔뱅의 주석이 바울에 의해서 제기된 문제를 답하고 있지 않는 것으로 내게 보이는 것을 본다. 유대인들은 지금 무엇이 되어 있는가? 그들은 진정 완전히 '버림을 받은' 것인가(그리고 버림 받았다는 것은 무엇을 의미하는가?) 결국, 오늘날도 여전히 하나의 제도 기독교라고 부르는 16세기 사회 안에서 교회와 유대인이 가졌던 관계는 무엇인가?"26)

---

24) 엘륄, 1981a, p.70.
25) 참조. 앞의 책, p.72.
26) 엘륄, 1991a, p.29-30.

자끄 엘륄은 깔뱅의 로마서 9장-11장 주석 서문을 충실하게 기술했던 것으로 보인다. 그러나 그는 그것을 전체적으로는 읽지 않았다.27) 깔뱅은 고어로 된 프랑스어로 9장의 서문을 썼다.

"이 장에서 그는(바울) 사람들의 마음에서 예수 그리스도를 빼앗으려는 거침들을 예견한다. 왜냐하면, 유대인들은 율법의 약속을 받도록 정해졌지만, 그들은 그것을 버리고 멸시하였다. 그것으로부터 두 가지 사실이 귀결되는 것으로 보인다. 하나는 하나님의 약속이 진정한 성취를 보지 못했다는 것이다. 즉 성 바울이 말하는 예수는 유대인에게만 특별히 약속된 주 그리스도가 아니었다. 이어 바울은 이 두 문제를 잘 해결하고 있다. 그러나 그는 이 점은 너무 많이 다루어서 유대인을 향해 찌르는 말을 삼간다. 이것은 그들의 마음에 자극을 주지 않기 위해서이다. 그러나 그들에게 복음에 어떤 불이익도 부여되지 않았다. 왜냐하면, 그는 그들에게 너무도 특권을 부여하기 때문이다. 바울은 그들에게 그리스도에 대한 권리를 하나도 잃어버리지 못하게 한다. 또한, 그는 이 주제와 관련해서 사람들이 말하듯이 우리는 이 주제가 이어지지 않는 것을 보게 된다. 그러나 그는 그가 전에 다루었던 것인냥 다시 시작한다. 그러나 그는 교리를 완전히 다루고 나서 그것을 한다. 그는 유대인에 대해 숙고하면서 그들의 괴물과 같은 불신앙에 놀라고 그는 그가 전에 다루었던 것보다 더 많이 혹은 더 적게 저항을 한다…."28)

그러나 깔뱅의 주석은 계속 이어지고, 실제로 이중 예정의 교리를 확인한다.29) 그리고 11장에 가서 유대인들의 유기에 대한 문제에 대해 부정적으로 대답하며 자끄 엘륄이 그가 다루지 않았다고 주장하는 오늘날의

---

27) 참조. Jean CALVIN, *Commentaires sur le Nouveau Testament. Tome troisiéme: Sur les Epistres de S. Paul aux Romains, Corinthiens, Galathiens et Ephésiens*, Paris, Librairies de Ch. Meyrueis et Compagnie, 1855, p.155-212.
28) 앞의 책, p.155-156.
29) 참조. 앞의 책, p.166.

그들의 지위에 의해서 그것을 암시적으로 접근한다. "따라서 이처럼 바울이 이방인들에게 유대인들에 대해서 교만을 품는 것을 비난한다. 그들은 그들의 교만에 대한 대가를 치르게 될 것이다. 하나님은 이 백성을 먼저 떠났기 때문에 이 백성과 먼저 화해하실 것이다."30) 그리고 이러한 접붙인 감람나무 비유에 고무된 높은 평가는 기독교 강요에서 다시 확인된다. "그리고 주의 은혜가 아직 그들과 맺은 약속 때문에 그들 가운데서 우리가 보는 몇 반란을 경멸하지 말아야 한다. 왜냐하면, 바울이 하나님의 은사와 부르심은 후회함이 없다"롬11:29고 말하면서 하나님의 은혜가 그들에게서 결코 떠나지 않을 것이라고 증거하기 때문이다.31) 이처럼 깔뱅의 주석과 엘뤌의 묵상은 엘뤌이 생각하는 것보다 덜 떨어져 있다. 프로이트의 주석과는 다르게 나아갈 것이다.

b) 성서 본문의 정신분석적 읽기-하나의 사기

우리는 이미 프로이트의 저술에 대한 엘뤌의 논쟁적 논증의 큰 줄기를 서술했다. 그러나 정신 분석학보다 정신 분석적 성서 해석이 더욱더 자끄 엘뤌의 확신과 충돌된다. "나는 프로이트가 왜 의심 없이 권위를 가진 것으로 간주하여야 하는지, 또 절대적이고 일정한 해석학을 포함하는 것으로 간주하여야 하는지 이해하기 힘들다."32) 그리고 다음 주석에서 그는 자세히 말한다. "나는 프로이트가 '독서' 라고 제시하는 것이 무엇인지 조금 이해할 것 같다. 즉 굳이 원한다면 인간 현상에 대한 해석학이 그것이다. 그리고 나는 우리는 이 시각에 들어가고 있다고 생각하지만, 내가 아직 이해하기 어려운 것은, 기독교 철학자가 정신 분석과 기독교를 '화해시키려는' 필요를 느끼고 있다는 사실이다. 왜곡된 증명을 실행하

---

30) 앞의 책, 204.
31) Jean CALVIN, *L'institution de la religion chrétienne*, op.cit., volume 3, livre IV, chapitre XVI, n°14, p.327.
32) 엘뤌, 1972b, p.145.

는 대신에 단순히 자료들이 화합 불가능하다고 말한다면, 일반적으로 이러한 시도들은 근본적으로 정통 정신분석가들에 의해 논박된다."33) 이 텍스트에서 우리가 출전을 정확하게 찾을 수 없다면, "기독교 철학자들"과 "정통 정신분석가들" 사이의 논쟁은 여기서 뽈 리꾀르의 프로이트에 대한 논고와 뽈 리꾀르가 자신의 대담에서 다시 다루는 자끄 라깡에 대한 신랄한 비판을 겨냥하는 것으로 보인다.34) "질문: 1965년, 이미 당신이 정신분석을 문제 삼은 당신의 『의지의 철학』*La philosophie de la volonté* 3권 이후에, 당신은 『해석에 관해서』*De l'interprétation*, 『프로이트에 대한 논고』*Essai sur Freud* 35)을 출간했다. 우리가 말할 수 있는 한, 이 책이 정신분석 공동체에서 진지하게 받아들여지지 않았습니다…. 답변: 프랑스에서 이 책의 수용은 그것이 라깡 편에서 배척하는 것에 의해 지배되었습니다. 이 배척은 그의 세미나에서 공적으로 표현되거나 개인적으로 표현되었습니다. 나는 내가 빚을 지는 프로이트의 이해를 표명하지 않는다고 비난받습니다.(…) 사람들은 내가 정신분석학을 현상학에 포함할 유혹을 받을 것이라는 생각을 전달했고 해석학이라고 불리는 것에서는 더욱 그랬다. 나는 매우 정확하게 정반대라고 말한다. 그리고 거기에는 환원될 수 없는 것이 있고 현상학은 여기에서 한계에 만난다는 것을 알아야 한다고 말하고 싶다. 정신분석으로는, 의식의 이론에 저항하는 어떤 것에 대치되게 된다."36) 만일 자끄 엘륄의 비판이 실제로 뽈 리꾀르의 시도를 겨냥하고 있다면, 이렇게 초점을 분명히 밝히는 것은 적어도 논쟁적인 비난을 사전을 방지하는 미덕을 갖게 될 것이다.

그렇지만, 정신분석과 기독교 특히 성서 본문 읽기에 관해서 이 둘을

---

33) 앞의 책,
34) 참조. Paul RICŒUR, De l'interprétation. Essai sur Freud, *op.cit.*
35) 참조. Paul RICŒUR, *La critique et la conviction. Entretien avec François Azouvi et Marc de Launay*. Paris, Calmann-Lévy- Hachette littératures (coll. Pluriel), 1995, p.107-113.
36) 앞의 책, p.107, 112-113.

화해시키려는 것은 거부되는데 이것은 두 가지 목소리 즉 자끄 엘륄과 정신분석학자이자, 제도적인 심리치료 운동의 창시자인 프랑소아 또스깰Francois Tosquelle의 창세기에 대한 분석에 의해서 강하게 상대화된다.37) 따라서 우리는 다른 확신을 가진 두 대담자 사이에, 적어도 서로가 서로에게 귀를 기울인 것으로 볼 때, 진정한 대화를 기대해 볼 수 있을 것이다. 그러나 단지 그들이 하는 이야기를 청취하는 수준에서. 사실상 이것은 1985년 11월-12월에 자끄 엘륄이 개최한 일련의 컨퍼런스와, 이어 2년 뒤에 실현된 장 프랑소아 꼬르뱅Jean Francois Corbin의 프랑소와 또스깰과의 면담 그리고 마지막으로 자끄 엘륄에 의해 작성된 결론과 관련된다. 엘륄의 텍스트에서는 두 서명자가 서로 말에 대해서 어떤 암시도 보이지 않고, 결국 매우 다른 관점에 답하는 텍스트를 병치시킬 수만 있을 따름이다. 서문에서 끌로드 다비드Claud David는 이 다양성을 인정할 수밖에 없다.

그러나 그는 힘을 다해 인위적으로 연결점을 찾아 결국 공통점을 이끌어 낸다. "우리가 극히 중요하다고 여기는 이 두 사람은 같은 방향으로 가고 있다. 이것은 인간적인 수준에서는 정신이 나가지 않는 이상 자기 스스로 근거를 갖는 것이 불가능하기 때문이다."38) 이러한 주장에 대한 관심에도 정신분석과 성서해석 사이의 수렴은 상당히 미묘한 것 같다. 서문 작성자의 주장과는 반대로, "이 두 사람이 본질적인 부분에서 의견을 같이하는지는" 확실하지 않다."39)

진정한 대화의 조건들은 자끄 엘륄이 1984년에 계시록에 대해 말하려고 정신분석가 연합에 초대될 때였다.40) 컨퍼런스 끝에, 엘륄은 두 정신

---

37) 참조. 엘륄, 1987a.
38) 앞의 책, p.12.
39) 앞의 책, p.11.
40) 참조. 엘륄, 1985.

분석가와 대담한다. 그러나 우리는 마찬가지 이야기를 다시 보게 된다. 왜냐하면, 만일 자끄 엘륄이 "나는 전적으로 당신에게 동의합니다."41) 그리고 "맞습니다."42)라고 말할 때는 사실 그것은 최소한의 동의였기 때문이다. 대담자들은 죽음의 차원 없이는 삶이 가능하지 않는다는 것을 선언하는 것으로 서로 접근했다.43) 그리고 인간의 조건은 완전히 역설이고 교회가 정식화한 교의들과 정반대에 있다.44) 필자가 보기에는 자끄 엘륄과 정신분석가 사이의 대화는 이루어 지지 않았다.

c) 뽈 리꾀르의 성서 해석학- 인정과 비판

자끄 엘륄과 뽈 리꾀르는 오늘날 불어권 개신교를 대표하는 두 인물이다. 이 공통점은 그렇다고 완전히 대조되는 태도들을 감출 수는 없다. 논쟁은 두 주요한 질문과 관련되는데, 해석학적 입장과 제도의 지위에 관한 것이다. 우리는 이후에 두 번째 논쟁을 보게 될 것이다. 당장은 우리가 이미 다룬 정신분석의 지위를 넘어서 이 두 저자에게 성서 본문이 어떻게 대조적으로 접근되고 있는지에 관심을 쏟도록 하자.

뽈 리꾀르의 해석학적 입장45)은 자끄 엘륄의 사고에 미묘하게 영감을 준다. 우선 인간이 실현한 모든 것을 넘어서는 "의미의 잉여"가 늘 존재함을 리꾀르가 보여준 데 대해서 감사한다.46) 엘륄은 이것을 물질주의적으로 모든 것을 설명하려 하는 복음서의 물질주의적 읽기를 불신하기 위해서 이용하기까지 한다.47) 그러나 자끄 엘륄은 리꾀르가 신학 연구의 자유가 해석학 내에 있다고 주장할 때, 그와 결별한다. 엘륄은 이 학문 분야

---

41) 앞의 책, p.99.
42) 앞의 책, p.105.
43) 참조. 앞의 책, p.98-99.
44) 참조. 앞의 책, p.104-107.
45) 참조. Paul RICŒUR, Le conflit des interprétation, op.cit.
46) 참조. 1981a, p.77.
47) 참조. 엘륄. 1979, p.152.

는 우리 사회의 의미의 위기 반영에 불과한 것이고, 그 실행은 연구자의 사전선택에 의해서 조건 지어진다는 사실을 지적한다.48) 이것이 바로 엘륄이 계속해서 해석학이 계시가 된 자료에 대해서 행사한다고 주장하는 자유만큼이나 그가 사는 세상의 자료에 대해서도 큰 자유를 행사해야 함을 상기시켜야 하는 이유이다. 그는 특히 사전의 과학적 지식의 접근 불가능성과 해석학 자체를 신성화하는 것에서 벗어나야 한다고 지적한다.49)

자끄 엘륄은 오늘날 해석학에 대한 열광은 하나님의 침묵 표현이라고 단언한다. 이런 현상은 결국 증언이 들려지고 받아들여지려고 하나님이 '지금 여기' hic et nunc에서 말씀하실 필요가 절대적으로 없다는 것과, 인간이 하나님 없이도 잘 살 수 있다는 것을 보여주게 된다.50) "의미의 의미"를 획득하려는 시도로서 이해되는 해석학은 따라서 엘륄의 눈에는 성령의 부재를 채우려는 절망적인 시도이다.51) 이 사실에서 볼 때, 이것은 "가능한 한 의사소통의 신비와 의미Sens의 획득을 흔들림 없이 그리고 심오하게 탐구하려는" "순전히 바벨탑적인, 프로메테우스적인 기도이고 (…) 따라서 그것은 현기증을 일으킨다."52) 그러나 프로메테우스의 복권에 관해서는, 자끄 엘륄은 여러 해석학 사이에서 분별을 해내야 하는데, 그는 뽈 리꾀르를 겨냥하고 있지 않다고 덧붙인다.53) 여기에 바로 자끄 엘륄의 뽈 리꾀르에 대한 애매성이 존재한다. 다시 말해, 인정과 신랄한 비판이 설명하기 어렵게 섞여 있다는 사실이다.

---

48) 참조. 엘륄, 1975a, tome 1, p.199.
49) 참조. 앞의 책, p.205.
50) 참조. 엘륄, 1972b, p.141.
51) 참조. 앞의 책, p.143.
52) 앞의 책, p.144.
53) 참조. 앞의 책

III. 기술에서 창조로

창조에서 인간의 지위와 현대 사회에서 기술이라는 화두가 자끄 엘륄의 사상의 중심에 놓여 있다. 그의 사상은 그의 독서를 통해 어느 정도나 고취되었는가? 단지 그의 사상은 다른 사랑에 대한 사상적 반작용에 불과한 것은 아닌가? 하이데거와 몰트만이 여기서 엘륄의 입장의 독창성을 평가하도록 등장한다. 우리는 특히 이 독일의 철학자와 신학자가 엘륄과 친화적으로 보인다는 사실이 실제적인가 아니면 허구인가를 특별히 주목해 볼 것이다. 연계인가 아니면 병행인가?

a) 하이데거에 있어서 기술-철학과의 대화의 거부

자끄 엘륄와 마르틴 하이데거 사이의 관계는 덜 역설적임이 분명하다. 만일 프리드리히 니체의 전제들이나 지그문트 프로이의 전제들이 근본적으로 자끄 엘륄과 화합할 수 없는 것이라면, 독일의 철학자와도 그것은 마찬가지이다. 빠뜨릭 뜨후드-샤스뜨네Patrick Troude-Chastenet는 엘륄의 기술 삼부작은 "그를 어떤 점에서 프랑스의 하이데거가 되게 한다"[1]고 주저치 않고 말한다. 그러나 이 두 저자 사이의 친화성은 그들의 만남을 허락지는 않는다. 『기술 문제』*La question de la technique* [2]와 『기술, 세기의 도박』[3]은 같은 해 1954년에 출판된다. 따라서 이 두 저술 사이에 어떤 상호의 영향도 없다고 할 수 있다. 마르틴 하이데거는 "기술의 본질은 결코 기술적이지 않다."[4]라는 입장을 자신에 책에서 세운다. 그것은 "자연을 틀짜기Gestell에"[5] 그리고 의지에 복종, 인간이라는 존재의 드러남 속에

---

[1] Patrick TROUDE-CHASTENET, "Biographie de Jacques Ellul(1912-1994)", in Patrick TROUDE-CHASTENET éd. *Jacques Ellul, penseur sans frontières, op.cit.*, p.358.
[2] 참조. Martin Heidegger, "La question de la technique", in *Essai et conférences*, Paris, Gallimard (coll. Tel). 1958, p.9-48.
[3] 참조. 엘륄, 1954a.
[4] Martin Heidegger, *Essai et conférences, op, cit*, p.9.

거한다.6) 그러나 만일 계몽주의 시기에, 틀 짜기가 아직 인간적 목적에 종속되어 있었고 그때부터 목적을 읽기 시작했다면, 기술은 점점 맹목적이고 자율적인 힘, "의지의 의지"7)가 되었다. 기술은 인간을 실용적인 목적을 위해 불러올 수 있는 존재자가 되게 한다. 그러나 인간에게 지워진 무게는 훨씬 무겁다. 기술은 인간의 본질이 되었다. "틀짜기의 지배는 인간이 더욱 원초적인 벗겨짐으로 돌아가는 것과 더욱 최초의 진리의 부르짖음, 다시 말해서, 존재자의 존재être를 듣는 것이 거부되도록 위협한다."8) 이 때문에 마르틴 하이데거는 기술의 중립성에 반대한다. "만일 우리가 기술을 중립적인 어떤 것으로 간주한다면, 그것은 바로 우리 자신을 기술에게 최악의 방식으로 맡겨버렸기 때문이다."9) "우리가 기술적인 것들에 대한 얽매임이 현재 매우 강하기 때문에 우리는 그들의 노예가 되어버렸다."10) 이 새로운 상황에 맞서서 인간의 태도는 어때야 하는가? 그것은 한 단어에 표현된다. 평정심, 잠잠한 동의, 영혼의 평등, 스스로 의존하려는 사실을 의미하는 겔라센하이트Gelassenheit이다.11) 그리고 "이 땅에서 시인으로" 살아가는 것이다.12) 테크네τέχνη가 기술을 의미할 뿐 아니라 예술도 의미하기 때문에, 다시 말해서, 결국 위협이면서 출구를 지칭한다. 하이데거는 자신의 논고를 다음과 같이 마무리한다. "우리가 위험에 다가가면 갈수록, 구원하는 것"을 향한 길이 밝게 비추기 시작한다."13)

기술에 대해서 마르틴 하이데거와 자끄 엘륄의 생각의 갈림점과 연결점을 간추려내기는 쉽다. 둘 모두는 기술의 자율성, 그것의 비중립성, 그

---

5) 앞의 책, p.35.
6) 참조. 앞의 책, p.26-28.
7) Jean-Luc PORQUET, Jacques Ellul. L' homme qui avait (presque) tout prévu, *op.cit.*, p.259.
8) Martin HEIDEGGER, Essai et conférences, *op, cit*, p.37-38.
9) 앞의 책, p.10.
10) Martin HEIDEGGER, "Sérénité", in Questions III, Paris, Gallimard, 1966, p. 145.
11) 참조. 앞의 책, p.131-183.
12) Martin HEIDEGGER, Essai et conférences, *op.cit.*, p.47.
13) 앞의 책, p.48.

리고 인간에게 진리의 엄폐를 주장하지만, 그들은 같은 결론에 도달하지 않는다. 예술의 기능과 기술사회의 미래에 대해서는 견해 차이를 보인다. 삐에르 가르시아Pierre Garcia는 기술에 대한 두 비판을 읽는데 그에게는 원인과 결과의 망에 어떤 가치도 궁극목적도 주는 것으로 보이지 않는 기술에 대한 두 비판을 연결한다.14) 모리스 베이앙베르Maurice Weyembergh는 만일 마르틴 하이데거와 자끄 엘륄이 전적 타자를 경험했다면 하이데거에게는 그것이 존재자étant의 존재être이고 자끄 엘륄에게는 그리스도인들의 하나님이다.15) 마끄 반 덴 보쉬Marc van den Bossche는 하이데거의 '겔라센하이트' Gelassenheit와 자끄 엘륄의 '비능력' non-puissance을 접근시킨다. 그는 자끄 엘륄 사상의 가치론적 토대들은 기술의 주도권으로 이끈 서구 형이상학 전통의 내부에 있다는 것을 지적한다.16) 나아가 그는 예술의 문제에서 두 저자를 구분하는데, 자끄 엘륄에 따르면 예술은 기술체계에 의해서 통합되는 반면17), 마르틴 하이데거는 예술의 비판적 기능을 다소 남겨둔다18).

그러나 두 저자의 전제들은 너무도 가까워서 서로서로의 사상에 자극을 주었다고 할 수 없다. 그러나 두 저술이 나란히 출간된 이후에도, 그렇게 여겨질 것이다. 장-뤽 뽀뀌에Jean-Luc Porquet는 이 역설을 다음과 같은 방식으로 설명한다. "이어서 서로는 원수처럼 쳐다보았다. 엘륄은 결코 철학자들을 좋아하지 않았으며 다른 철학자들 못지않게 하이데거도 좋아

---

14) 참조. Pierre GARCIA, "L'art dans la société technicienne et l'empire du non-sens", in Patrick TROUDE-CHASTENET dir., *Jacques Ellul, penseur sans frontières*, op.cit., p.319. Pierre Garcia rapproche *La technique ou l'enjeu du siècle* (참조. 엘륄, 1954a, op.cit., p.74sq de "Qu'est ce que la métaphysique?" (참조. Martin HEIDEGGER, *Question I*, Paris, Gallimard, 1968, p.56)
15) 참조. Maurice WEYEMBERGH, "J. Ellul et M. Heidegger. Le prophète et le penseur", in Patrick TROUDE-CHASTENET dir., *Sur Jacques Ellul*, Bordeux-Le Bouscat, L'Esprit du temps, 1994, p.77-100.
16) 참조. Marc VAN DEN BOSSCHE, 'Ellul et M. Heidegger: entre oui et non à la technique", in *Foi et Vie*, vol. XCIII, n° 5-6, décembre 1994, p.125-135.
17) 참조. 엘륄, 1980b.
18) 참조. Marc VAN DEN BOSSCHE, "Technique, esthétique et métaphysique. L'art et la technique chez Ellul et Heidegger", in Patrick TROUDE-CHASTENET dir., *Sur Jacques Ellul*, op.cit. p.235-270. 자끄 엘륄이 기술사회 속에서 예술이라는 주제를 가지고 쓴 책인 『무의미의 제국』*L'empire du non-sens*에서 마르틴 하이데거는 이 주제와 관련된 참고 문헌에서조차도 한 번도 인용되지 않았다는 사실은 시사적이다.

하지 않았다. 그는 그들을 실재에서 너무도 동떨어진 개념을 선동한다고 비난한다. 하이데거 편에서는, 엘륄의 입장을 높게 평가하지 않았는데, 그가 말한 바로는 그는 틀짜기Gestell의 죄수로 남아있다는 것이다.(…) 왜냐하면, 그는 과학과 관계된 사회학적인 방법을 사용하고 있기 때문이다."[19] 샤스뜨네는 자끄 엘륄이 마르틴 하이데거의 언어를 "지나치게 추상적인"[20] 것으로 생각하고 그는 마르틴 하이데거를 "뽈 리꾀르의 텍스트를 통해서 간접적으로만 하이데거를 읽었을 뿐이다"[21]라고 확언한다. 그러나 그는 하나의 예외이다. 왜냐하면, 자끄 엘륄은 비판적 주석 없이 마르틴 하이데거의 문장을 인용하기 때문이다(이것은 자기 자신의 사고에서 동의와 통합의 가치가 있는 것이다). "바로 우리의 현실인 기술의 영역에서, 합리성은 반드시 조작적이고 도구적이다. 그것은 이성을 세상의 기술적 착취와 모든 것(인간을 포함해서)을 표상表象적인 사고를 위해서 계산 가능한 사물로 축소한다."[22] 이것은 자끄 엘륄이 마르틴 하이데거의 사상으로 자신의 사상을 지지한 유일한 예이다. 다른 경우에는, 두 사상 사이에 직접적 관련성이 없다. 엘륄이 하이데거의 사상에 거리를 두는 가장 중요한 이유는 정치적 견해 때문이다. 이 영역에서 그는 그를 치명적인 결함을 지닌 것으로 간주한다. 이것은 우리가 나중에 신학에 의한 선회 이후에 보게 될 것이다.

b) 몰트만과 창조-신학과의 대화 거부

실제로 일어나지 않았지만, 잠재적으로 영감을 주었을 독서의 역설을 강조할 필요가 있다. 위르겐 몰트만과 자끄 엘륄은 사실 창조계 내에서

---

19) Jean-Luc PORQUET, *Jacques Ellul. L'homme qui avait(presque) tout prévu*, op.cit., p.257.
20) 엘륄, 1994, p.20.
21) 앞의 책, 따라서 브루노 액커만(Bruno Ackermann)이 자끄 엘륄은 "독일 사상가와 지적인 어떤 결연도 거부하면서 하이데거를 읽었다."라고 하는 것은 다소 신중치 못한 평가 이다(Bruno ACKERMANN, op.cit., p.479)
22) 엘륄, 1988a, p.318.

동물의 지위에 대한 그들의 접근 방식에서 강한 친화성을 나타내 보이고 있다. 자끄 엘륄은 그의 초기 저술들 가운데서 하나인 요나서에 관한 책23)에서 하나님의 동물에 대한 특별한 사랑을 강조한다. 하나님은 니느웨 성을 파괴하지 않았는데 그것은 인간에 대한 사랑만큼이나 동물에 대한 사랑 때문이었다. 따라서 구원의 사역에서 하나님은 동물들을 소홀히 하지 않는다. 구원의 완성은 역시 동물들을 위한 것이기도 하다. 왜냐하면, 인간과 동물이 함께 구원되기 때문이다.24) 창세기 주석25)과 같은 훨씬 최근의 몇 개의 글26)에서 엘륄은 자신의 독해에서 다양한 윤리적 결과를 끄집어 낸다. 인간에게 내려진 "지상명령"Dominium terrae 27)은 "하나님의 형상"Imago Dei의 결과로 해석되어야 한다.28) 따라서 이것은 강제와 폭력이 아니라 사랑으로 인간이 대표하고 대리하는 하나님의 형상인 동물들을 지배해야 힘을 의미한다.29) 이렇듯 "인간은 동물의 힘의 총체를 착취할 권리가 없다. 동물들에 대한 근본적인 존경이 여기에 있다. 그러나 이것을 노동이 아니라 현대적인 방식으로 적용할 것임이 틀림없다. 왜냐하면, 인간은 더는 동물을 가지고 노동을 하지 않기 때문이다. 그러나 가령 동물을 살찌우는 새로운 방법이나, 사육에서 비열한 방식인 건전지의 사용이 도입된다. 이미 도살을 받아들이기 어렵게 되었다. 또한, 송아지, 돼지, 닭이 살아 있는 동안 고문에 가까운 방법으로 사육하는 것, 그것들에게 '경제적인' 이지만 반자연적인 여건을 마련해 준다고 하는 것은 집단 수용소만큼이나 범죄적이다."30) 유대-기독교가 현재의 생태학적 위기의

---

23) 참조. 엘륄, 1952.
24) 참조. 앞의 책, p.191.
25) 엘륄, 1987a.
26) 참조. 엘륄, "La technique et les premiers chapitres de la Genése", in Foi et Vie, volume 59, n°2, mars-avril 1960, p.97-113.; "Le rapport de l'homme à la Création selon la Bible", in Foi et Vie, volume 75, n°5-6, décembre 1974, p.137-155; "L'homme, l'animal et Dieu", in Bulletin juridique international de protection des animaux, septembre 1982-aoÛt1983, p.116-121.
27) 참조. 창세기 1장 26,28절.
28) 참조. 창세기 1장 27절.
29) 참조. 엘륄, 1987a, p.74-76. 참조. 엘륄, "Le rapport de l'homme à la Création selon la Bible", op.cit., p.138-140.

원인이라는 논제에 맞서서 자끄 엘륄은 이것은 오히려 먼저 인간이 창조주 하나님을 믿지 않는 사실에 기인한다고 단언한다. 성숙하고 성년이 되었다고 선언하는 인간은 사실상 무능력자에 불과하다.[31]

위르겐 몰트만의 생태학적 문제에 대한 관심, 특히 동물에 대한 관심은 1980년대 이후에서나 나타난다. 즉 그의 소망의 신학 시기 이후이다.[32] 우리는 여기에서 몰트만의 사상이 자끄 엘륄의 입장과 깊숙이 수렴되는 점을 발견하게 된다. 위르겐 몰트만은 현재의 생태학적 허무주의적 위기에 대한 처방책으로 영적인 토대를 제시하려 한다. 인간의 도가 넘치는 행동에 대한 책임은 성서에 있지 않다. 왜냐하면, 이것은 르네상스에 기인하고 있기 때문이다. 이것은 고작 5세기에 불과하다. 인간은 그때 기독교 전통을 도구화했고 특히 동물의 본성과 물화를 거리낌 없이 이용하려고 하나님의 초월성을 도구화한다. 하나님은 초월적일 뿐 아니라 역시 내재적이다는 사실을 창조계 내에서 하나님의 내주라는 개념을 통해서 당장 가르칠 필요가 있다. 창조자 하나님은 피조물, 인간, 동물, 식물, 바위 각자에 자신의 우주적인 성령으로 현존한다. 만일 자연이 "하나님의 형상"이 아니라면 그것은 신적 아름다움의 반사와 미광인 "하나님의 흔적" vestigia Dei이다. 따라서 피조물은 하나님의 속성으로 지속한다. 그리고 인간은 그것에 지배력을 행사할 어떤 권리도 없다. 만일 그리스도가 폭력적인 죽음으로 죽었다면, 이것은 인간의 구조적 폭력을 겪는 동물들을 포함해서 폭력을 겪는 모든 사람과 연대해 있는 것이다. 그리스도는 인간의 세계에 평화를 가져다주려고 죽으신 것이 아니고, 하늘과 땅 사이를 화해시키기 위해서 돌아가셨다.[33] 다시 말해서, 천사와 동물 사이에서 즉 창

---

30) 엘륄, "Le rapport de l'homme à la Création selon la Bible", op.cit., p.147.
31) 참조. 앞의 책, p.151-152.
32) 참조. Jürgen MOLTMANN, *Dieu dans la créaion. Traité écologique de la création*, Paris, Le Cerf(coll. Cogitatio Fidei, n° 146), 1988; *Jésus, le messie de Dieu*, Paris, Le Cerf(coll. Cogitatio Fidei, n° 171), 1993; *Le rire de l'univers. Traité de christianisme écologique*(Anthropologie réalisée et présentée par Jean BASTAIRE), Paris, Le Cerf, 2004.

조계 전체 안에 평화를 가져다주려고 돌아가셨다. 따라서 모든 피조물은 하나님 앞에서 무한한 가치와 동물이 수단적인 가치를 지니는 것 대신에 그 생명에 대해서 고유의 가치를 지니는 권리를 가진다. 위르겐 몰트만에 따르면 동물을 포함한 모든 산 존재를 위한 그리스도의 죽음은 그들의 존엄을 위한 토대를 세우고, 결과적으로 생명의 보편적 경의를 확립한다. 모든 피조물은 이렇게 그리스도 구속의 혜택을 입는다. 그리고 그와 함께 부활로 부르심을 받는다. 자연은 인간에게 혜택을 주려고 조작 가능한 물질이 아니다. 왜냐하면, "그리스도가 십자가에 죽으신 것은 모든 피조물을 포함한 세계의 화해를 위한 것이기 때문이다."[34] "동물은 하나의 사물이 아니고 또는 생산품이 아니고, 자신의 고유한 권리를 가지는 살아 있는 존재이다"[35] 이 종말론적 화해의 이상은, 제이 바울 서신에 고유한 것으로 오랫동안 신화적이거나 사변적으로 보일 수 있었다. 그러나 그 실존론적 적실성은 오늘날 생태적 위기 앞에서 힘을 얻는 것으로 보인다. 인간론적 축소는 종말론은 개인의 영혼으로 제한한다. 그러나 "누구도 다른 이들과 그리고 창조계 전체 없이 영생을 얻지 않는다."[36]

창조 신학에 대한 자끄 엘륄과 위르겐 몰트만 사이의 입장의 근접성은 더욱 놀라워 보이는데, 그것은 두 저자 중 누구도 서로 주제를 참조하지 않기 때문이다. 분명히 엘륄은 몰트만의 신학적 전회 이후의 텍스트를 읽을 시간이 없었다. 그리고 몰트만은 자끄 엘륄의 저술들을 전혀 알지 못했다. 둘은 따라서 병행적으로 놀랍게 유사한 기독교 생태 담론을 세운다. 이것은 둘 사이에서 영감의 교환이나 이후에 상대방의 사상을 확장하게나 넘어서려는 시도가 없이 일어난 일이다.

---

33) 참조. 에베소서 1장 3절-10절; 골로새서 1장 15절-20절.
34) 참조. Jürgen MOLTMANN, *Le rire de l'univers*, op cit., p.111.
35) 앞의 책, p.113.
36) 앞의 책, p.121.

IV. 문화에서 유토피아로

자끄 엘륄의 모든 저술은 현대 문화의 근본적 지향성의 영역과 근본적인 단절의 사상을 펼치고 있다. "진리"와 "실재" 사이의 변증법은 우리 현대인들의 물질적인 조건과 상징적 조건을 고려하고 동시에 인간을 이 물질적, 상징적 조건의 매개체로 축소하는 것에 대한 매서운 판단을 요구한다. 문화에 대한 정당화 특히 신학적인 정당화의 시도는 자끄 엘륄에게 있어서 이제부터는 하나님 없이 살 수 있다고 믿는 현대인의 자기 우상화와 연결되어 있다. 우리는 이 격렬한 논쟁에서 본 훼퍼와 틸리히를 만나게 된다. 그렇다고 현재의 문화비평은 엘륄을 미래의 "유토피아"의 건설로 끌고 가지 않는다. 엘륄이 보기에 유토피아는 정확하게 가장 도착적인 합리화의 담론이라고 할 수 있다. 이 담론은 가장 순응적인 사람들에 의해서 거짓된 이데올로기가 없으면 견디기 어려운 기술사회를 잡아 삼킨다. 이데올로기와 유토피아를 동화시키기는커녕 뽈 리꾀르는 그것은 풍성한 긴장의 두 극으로서 정립한다. 우리가 앞으로 살펴보겠지만, 이 생각은 자끄 엘륄에게는 전혀 호응을 얻어내지 못한다.

a) 본훼퍼와 세속화— 현대인은 성숙했는가?

자끄 엘륄의 본 훼퍼 저술의 독서는 논쟁적이다. 그 독서는 사실 하나님-가설이 더는 정립되지 않는 현대인의 성숙성을 공박한다.

> "불트만과 본훼퍼 이래로 모든 신학이 낳은 첫 번째 오류는 인간과 관련되어 있다. 이것은 현대인에 관한 유명한 해석이다. 그것에 따르면 인간은 과학적으로, 이성적으로 성숙했다고 한다. 나는 우리가 기념비적인 왜곡, 실재와의 완전한 단절, 우리 사회와 인간의 실재에 대한 과학적 무지, 사실과 무관한 교조주의라고 불러야 하는 것에 대한 비판을 다시

취하지 않는다. 현대인이 신앙에 접근할 수 없고, 만일 신앙 메시지의 선포가 그에게 전혀 이상하다면, 그것은 그것의 과학성 때문이 아니고, 그것이 신화적 정신구조에서 벗어나서가 아니고, 또 그를 어린애로 만드는 메시지는 받기를 거부해서가 아니라, 이 모든 원인은 신학자 자신에게 있다. 그들은 믿는데 어려움을 가지고 있고 그들 자신의 문제를 그들이 '현대인' 이라고 부르는 것에 투사시킨다."[1)]

엘륄은 엄격한 비판을 한다. 그는 본훼퍼에게 영감을 받은 세속화 이론을 겨냥한다.[2)] 자끄 엘륄에게 현대인은 결코 비종교적이지 않다. 성스러운 것은 간단히 기독교 신앙의 대상에서 비신성화의 도구 자체, 즉 기술로 옮겨간다.[3)] 만일 하나님이 오늘날 침묵하신다면, 이것은 따라서 우리가 성숙했기 때문이 아니라, 우리가 다른 신들을 위해서 하나님을 버렸기 때문이다.[4)]

디트리히 본훼퍼의 논제에 대한 고발은 본 훼퍼가 "종교 없는 기독교"라는 개념을 내세운 1944년 4월 30일의 유명한 옥중 서신에 본질적으로 바탕을 두고 있다.

"우리는 우리 앞에 전적으로 비종교적인 시대로 나아간다. 있는 그대로 인간은 더는 단순히 종교적일 수 없다. 종교적이라고 스스로 공표하는 사람들도 어떤 종교도 실천하지 않는다. 따라서 그들은 이 용어를 전혀 다른 의미로 사용한다. 우리의 모든 계시와 기독교 신학은 1900년이나 된 인간의 '전제된 종교성'에 의존하고 있다. '기독교'는 늘 하나의 종교 형태였다(아마도 참된 형태로). 만일 우리가 어느 날 이 전제가 존재하지 않고 그것이 역사에 의존해 있고 그저 유한한 인간의 한 표현 형태라는 것을 발견하면, 따라서 만일 인간이 근본적으로 비종교적이 된다

---

1) 엘륄, 1972, p.79.
2) 참조. 엘륄, 1973, p.35-37, 53.
3) 참조. 앞의 책, p.93-102.
4) 참조. 엘륄, 1972b, p.102-103.

면−나는 적어도 이미 이것이 사실이라고 생각한다(가령 이 전쟁이 다른 모든 전쟁과는 반대로 종교적인 저항을 일으키지 않는다는 사실은 어디에서 연유하는가?(…) 만일, 결국, 우리가 기독교의 서구적 형태를 완전한 비종교성의 시작으로 간주해야 한다면, 우리에게 그리고 국가에게 어떤 상황이 결과될 것인가? 어떻게 그리스도가 비종교적인 사람들에게 주님이 될 것인가? 종교 없는 기독교인이 있는가? 만일 종교가 기독교의 한 옷일 따름이라면−그리고 여러 시대가 그 옷을 갈아 입었다면−그렇다면 종교 없는 기독교란 무엇인가? 이 방향에서 처음으로 생각하기 시작한 유일한 사람인, 바르트는 그의 사상을 심화시키고 끝까지 가져가지 않았다. 그러나 그는 하나의 계시의 '실증주의'에 도달한다. 이것은 결과적으로 하나의 회복으로 축소되는 것이다. 그렇다면 교회, 교구, 설교, 예전, 기독교인의 생활이 종교 없는 세상에서 의미하는 바는 무엇인가? 종교 없이 하나님을 어떻게 말해야 하는가? 다시 말해서, 형이상학, 내면성 등의 사전에 주어진 것 없이 하나님에 대해 무엇을 말할 수 있는가? '세속적'으로 어떻게 하나님을 말해야 하는가? (아니면 지금에 이르기까지 하나님에 대해서 말하는 방식으로 더는 말할 수 없는 것인가?) 어떻게 비종교적 그리고 세속적 기독교인이 되는가? 종교적 측면에서 우리를 소명 받은 자들, 특권 받은 자들이라고 생각하면서 동시에 세상에 완전히 속한 사람들이라고 간주하면서 어떻게 교회ἐκκλησία를 이룰 것인가? 그럼 그리스도는 더는 종교의 대상이 되지 않고, 실제로 세상의 구조와 전혀 다른 것이 될 것이다. 그러나 이것이 의미하는 바는 무엇인가? 비종교성 내에서 기도와 예배가 의미하는 것은 무엇인가? 이것은 은닉의 제자도 Arcani disciplina이다. 따라서, 최종적 실재와 최종 이전의 실제 사이의 구분(당신이 내게서 이미 알고 있는 구분)은 여기서 새로운 중요성을 갖게 되는가?"5)

우리가 확인하듯이 이 긴 발전과정은 본질적으로 대화적이다. 이것은

---

5) Dietrich BONHOEFFER, *Résistance et soumission. Lettres et notes de captivité*, Genéve, Labor et Fides, 1973, p.288-289.

근본적으로는 자끄 엘륄이 거부하는 전제들에 덜 의지하는 것은 아니다. 인간은 오늘날 성년이 되었다고 해야 할 것 같다. 따라서 이 새로운 상황을 고려하고 설교가 더 잘 들리도록 기독교인들이 현대인을 상대로 하는 설교양식을 바꾸어야 할 것이다.6) 모든 세속화 이론을 확고하게 반대하며, 가운데 자끄 엘륄은 가끔 좀 더 신속하게 디트리히 본훼퍼와 사신 신학자 토마스 알타이져Thomas Altizer와 윌리엄 헤밀턴William Hamilton 7)의 신학 사이에 연계관계를 주저치 않고 설정한다. 그러나 그는 다른 글에서 "다른 관점"을 말한다. "본훼퍼의 비종교적 기독교를 출발점으로 삼으면서, 우리는 신의 죽음의 신학에서 하나님은 하나의 단순한 종교 개념이기 때문에, 만일 우리가 종교를 비워버린다면 우리가 기독교가 종교가 아니라는 것을 이해하게 되면, 우리는 무신론적 기독교에 이르게 된다. 이것은 완전히 공허하고 비일관된 사상이 십 년 동안이나 지속하도록 허용했다. 그러나 이것은 진보의 정점에 있는 체 할 수 있었고, 스스로 말하기를 불신자, 무신론자에게 다가가는 것을 가능하게 했다고 한다. 왜냐하면, 우리는 그들의 문제제기에 아무런 해를 발견하지 못했기 때문이다."8) 그리고 자끄 엘륄은 서둘러서 인간적인 전투로 축소된 수평적 신학에 맞서서 디트리히 본훼퍼는 "이 신학을 절대로 받아들이지 않았을 것이다!"9) 라고 분명히 말한다. 따라서 엘륄은 옥중서신을 도구로 삼는 자들 앞에서 독일의 신학자의 변호인이 된다. "분명 사람들은 이 텍스트가 말하는 것 이상의 것을 말하게 했다. 그들은 본훼퍼의 저술 전체와 이 텍스트를 분리해서 생각한다. 반대로 이 텍스트는 전체 저술에 의해서 해석되어야 할 것이다. 이 경우 본훼퍼의 저술의 영향력은 줄어들 것이다."10)

---

6) 참조. 엘륄, 1973, p.75.
7) 참조. 앞의 책
8) 엘륄, 1980a, p.163-164.
9) 앞의 책, p.164.
10) 엘륄, 1973, p.328.

이러한 특별한 주제에 대한 엘륄의 평가는 디트리히 본훼퍼를 향한 그의 근본적인 비판을 완전히 철회하는 것은 아니다. 그 비판은 그가 "우리가 3세기 전부터 알아온 신비적이고, 종교적이고, 비합리적인 엄청난 폭발 가운데 그가 살았음에도"[11] 합리적이고 비종교적이라고 부르는 근대 세계에 대해 맹목성을 가지고 있었다는 점이다. 우리는 곧 본 훼퍼와 나치즘 관계에 대한 엘륄의 비판으로 돌아올 것이다.

b) 틸리히와 문화 −화합의 신학이 성서적인가?

폴 틸리히는 자끄 엘륄에게 신앙과 문화의 관계에 대한 엘륄 사상의 촉진제가 된다. 엘륄은 자발적으로 다른 이들의 연구를 이어받은 폴 틸리히가 주도하는 "문화와 계시의 통일과 화합의 영역"[12]의 연구를 비판하기 위해서 키에르케고르적 어조를 동원한다. "이것 아니면−저것"[13]의 관점만이 "성서에 맞는다."[14] 이것은 "종합과, 화합에 대항하는 것으로, 각 세대는 새로운 수단으로 새로 이 노력을 재개했다. 계속되는 역사적 실패에도 유연함과 관용에 굶주린 사람들을 치료하지 못했다."[15] 자끄 엘륄이 폴 틸리히에게 쏟는 불평은 따라서 성서의 내용에 충실하지 못하고, 과거에서 교훈을 끄집어 내지 못하는 무능력에 있다.

이 비난의 엄중함은 이 두 저자 사이의 근본적인 인간학적 차이에 기인한다. 자끄 엘륄은 폴 틸리히에 대해 논평하기 전에 그를 인용한다.

> "윤리적 권위가 절대적이지 않기 때문에, 모든 도덕적 행동은 위험을 포함한다…. 인간은 만일 그가 자신의 인간성을 실현하기를 원한다면 그의 순진무구의 상태를 위반해야 한다. 그가 그것을 거스르면, 그는 자신

---

11) 앞의 책, p.329.
12) 엘륄, 1975a, tome 1, p.78.
13) 참조. SK, "L'alternative", OC III-IV, *op.cit.*
14) 엘륄, 1975a, tome 1, p.78.
15) 앞의 책,

과의 모순 상태에 빠진다…. 인간은 도덕적 권위에 의해서 경계가 지워진 안전지대를 늘 넘어서야 한다. 그는 불안정과 불확실의 영역 안으로 파고들어야 한다…. 진정한 도덕성이란 위험의 도덕성이다. 그것은 존재에의 용기, 인간으로서의 인간의 역동적인 자기주장에 근거한 도덕성이다. 이러한 자기 긍정은 비존재, 죽음, 유죄, 무의미의 위협을 끌어안아야 한다."16)

자끄 엘륄의 주석은 가차없다. "이 경탄스러운 텍스트는 그것이 그리스도 안에서 얻어진 자유 안에서 있는 도덕적 상황을 기술하고 있다면, 이것은 신학적으로 지지가 될 수 없다. 왜냐하면, 이것은 완전히 관념론적인 기술로서, 인간이 그 본성으로 하나님과 분리되어서 참된 도덕을 달성할 수 있다고 주장하는 것 때문이다."17) 이렇듯 자끄 엘륄은 폴 틸리히를 인간의 본성에 관해서 그리고 도덕적 진보의 능력에 대해 지나친 확신에 찬 낙관주의로 우를 범한 계몽주의에서 출발한 19세기 자유주의 전통에 위치시킨다. 그리고 우리 두 저자가 문화에 대해서, 다시 말해서, 인간의 행위에 대해서 가지는 다른 시각을 말해준다. 폴 틸리히가 수행한 종합의 연구는 인간의 신비에 대해 본질적으로 긍정적인 이해에 의해서 정당화된다. 자끄 엘륄이 옹호하는 분리의 입장은 예수 그리스도 안에 있는 자유 밖에 있는 인간조건에 대한 부정적인 판단에 의해서 설명된다.

c) 리꾀르, 이데올로기와 유토피아. 어떤 변증법?

유토피아의 모티브는 자끄 엘륄과 뽈 리꾀르에 의해 병행적으로 접근된 공통된 주제이다. 그러나 두 저자는 서로를 전혀 참조하지 않는다. 이것은 아마도 이 두 저자의 접근의 깊은 균열을 보여준다. 자끄 엘륄은 "유

---

16) Paul Tillich, *Théologie de la culture*, Paris, Editions Planéte (coll. L´expérience intérieure), 1968, p.218-219. 자끄 엘륄은 출전을 표시하지 않았다.
17) 엘륄, 1984b, p.82.

토피아"의 개념을 『서구의 배반』*Trahison de l' Occident* 18)에서 다룬다. 자끄 엘륄은 유토피아를 기술적 합리주의의 출구로 삼는 모든 담론에 대항한다. 그는 프랑소아 라플랑띤François Laplantine 19)에게서 강하게 영감을 받아 유토피아를 완전한 도시의 합리적인 건축물로서, 절대적이고 전제적인 계획화의 결과로서 그리고 마지막으로 "기술성의 승리"20)로서 제시한다. 따라서 이것은 유토피아가 가장 완성된 자유의 표현이라고 선전하기 위해서 그것이 가장 근본적인 필연성의 집적소임을 위장하기 위함이다. 따라서 그것은 그것의 본질을 반대로 제시한다. 그래서 만일 오늘날 우리가 유토피아의 회복을 다시 이야기한다면, 이것은 "그것이 기술사회와 완벽하게 맞아떨어지는 이데올로기이기 때문이"21)고 처음으로 "유토피아가 자신의 프로그램을 실연할 가능성을 엿보았기 때문이다."22) "유토피아" 는 "사람들의 영혼에 기술적 명령을 전달하게 해주는 견인차가 될 것이다."23)

유토피아에 대한 비판적이고 비교적 정적인 접근은 뽈 리꾀르의 변증법적 입장에 대한 반응이다. 리꾀르는 이데올로기와 유토피아를 사회적 상상체가 건설되기 위한 두 긴장의 극으로서 제시한다.24) 두 용어 각각은 그 심도에 따라서 세 가지 수준에 위치한다. 다시 말해, 이데올로기는 허위이지만 또한, 정당화이고 마지막으로 사회 통합이다.25) 마찬가지로 유토피아는 잠재성의 표현이다. 그러나 역시 권력들의 싸움이고 마지막으로 실재적인 것에서의 도피이다.26) 이 다양한 개념적 상징적 수준의 구분

---

18) 참조. 엘륄, 1975b, p.134-151.
19) 참조. François LAPLANTINE, *Les trois voix de l'imaginaire. Le messianisme, la possession, et l'utopie. Etude ethnopsychiatrique*, Paris, Editions Universitaires (coll. Je), 1974, p.179-203.
20) 엘륄, 1970b, p.136.
21) 앞의 책, 141.
22) 앞의 책, p.142.
23) 앞의 책
24) 참조. Paul RICOEUR, "L' idéoogie et l' utopie: deux expressions de l'imaginaire social", 1986, p.473-431. 참조. Paul RICOEUR, L' idéologie et l' utopie, Paris, Le Seuil (coll. La couleur des idées), 1997.
25) 참조. Paul RICOEUR, "L' idéologie et l' utopie: deux expressions de l'imaginaire social", *op.cit.*, p.419-430.

은 다양한 조합들과 집단적 행동에 의미를 주게 되어 있는 상상체를 풍성하게 하는 여러 입장을 상상해 볼 수 있게 해 준다. 이처럼 우리의 두 저자 사이의 간격은 분명하다. 그들의 전제, 그들의 방법론 그리고 결과적으로 그들의 결론은 근본적으로 차이를 나타낸다. 결국, 가능한 접촉점은 희박한 것으로 보인다. 이 경우 공통의 주제에서도 대화는 더는 불가능하고 사실 그것은 더 존재하지 않는다.

V. 정치적 권위와 제도적 규제로

자끄 엘륄의 자유주의적 반제도주의적 입장은 매우 급진적인 성격을 보여서 그것들이 다른 것에 대한 어떤 허용도 배제한다는 인상을 준다. 결국, 이는 대화적 관계의 최소한의 조건들 허용치 않는 것처럼 보인다. 그러나 그 실체는 무엇인가? 깔뱅, 하이데거, 본 훼퍼, 틸리히, 그리고 리꾀르를 하나하나 다루면서 자끄 엘륄이 그들을 정당한 대화상대로서 간주하는지 물어볼 것이다. 이를 위해 우리는 그의 저술로부터 그의 독서를 지도하는 방법론과 그의 철학적 또는 신학적 처방을 알아볼 것이다. 국가, 정치권력 그리고 제도 각각의 지위는 자끄 엘륄 사상의 대화적 성격을 우리가 밝히도록 결정적으로 역할을 한다.

a) 깔뱅과 국가: 분열의 모티브

구원론과 유대인을 향한 시각과 함께 자끄 엘륄이 깔뱅과 거리를 두게 된 세 번째 그리고 마지막 동기는 국가와의 관계와, 국가의 형태에 관한 깔뱅의 이론이다. "깔뱅은 독재를 포함해서 모든 것이 사회적 무질서보

---
26) 참조. 앞의 책, p.426-430.

다는 낫다고 말한다!"[1] 자끄 엘륄은 이 입장을 깔뱅의 인간론에 근거하여 설명한다. "깔뱅은 말하기를 권력이 존재하는 이유는 인간이 서로에게 야수가 야수를 대하듯 하기 때문이라고 말한다. 그리고 이 사실로부터 깔뱅은 말하기를 권력은 전제적이어야 한다고 말한다. 오직 국가만이 재앙에까지 이르지 못하도록 막을 수 있다. 국가만이 인간들 사이에서 정의를 실행할 수 있다. 인간들은 그들 자신끼리는 불의만 저지르게 된다. 만일 국가가 없다면, 인간들은 사회를 혼란으로 몰아가고, 세계를 파괴할 것이다. 그리고 바로 이것이 깔뱅으로 하여금 독재 국가가 무정부상태보다는 낫다고 의도적으로 말한 이유이다. 그리고 이 상황에서만 악은 최소한이 될 수 있다."[2] 인간 본성의 비관론적 개념의 가장 분명한 설명은 깔뱅의 아나뱁티스트의 입장에 대한 반박에서 나타난다. "그들이 주장하는 것에 관해서, 즉 하나님의 교회 안에 그러한 완전성이 존재해야만 한다고 하고, 그 완전성이 모든 법에 비추어서 충분하다고 하는 것을 그들은 미친 듯이 상상하고 있다. 하지만, 이것은 인간 공동체 안에서 결코 찾아볼 수 없다. 왜냐하면, 악인들의 오만함이 너무도 크고, 사악함을 다루기가 너무도 어려워서 엄한 법으로 질서를 잡기란 여간 어려운 것이 아니다. 그들의 악을 자제하도록 가까스로 행사한 노력에 고려해 볼 때, 그들이 자신을 스스로 악을 마음껏 행할 수 있는 권리가 있는 것처럼 행동한다면 그들에게 무엇을 더 기대하는가?"[3]

그러나 자끄 엘륄은 깔뱅의 인간론을 말하는 것에 만족하지 않는다. 그는 문화적 정치적 맥락에 깔뱅의 주장을 위치시키면서 자신의 뜻을 정당화하는 것 같다. "성서를 충실하게 읽는 자들과 참된 그리스도인이라 할지라도 왕과, 군주의 유용성이 분명히 있다고 하는 것에는 정신이 흐려

---

1) 엘륄, 1988b. p.69; Jean Calvin, *L'institution de la religion chrétienne, op.cit.*, volume 3, livre IV, chapitre XX, n°8, p.455-456.
2) 엘륄, 1984b, p.199.
3) Jean Calvin, *L'institution de la religion chrétienne, op.cit.*, volume 3, livre IV, chapitre XX, n°2, p.499-450.

졌었다. 그들은 이 배경 없이는 성서를 읽을 수 없었다. 오늘날 모든 체제에서 국가에 의한 인간의 파탄 앞에서, 우리는 베헤모스(욥기 40장 15절-24절에 나오는 짐승으로, 악의 화신의 이미지를 가지고 있다-옮긴이 주에 대해 문제 제기를 할 수 있다. 그리고 결과적으로 성서를 다르게 읽을 수 있다.4) "종교 개혁기에 지배적이었던 성서에 대한 전통적 관계의 유형에 정치적 정황이 추가된다.

"오늘날 나는 인간 전체를 위해서 가장 유용한 참여는 기독교인의 자유에서 가장 잘 표현된다고 평가한다. 이것은 무정부 상태에서의 참여이다. 나는 사람들이 그것에 반대한다는 것을 잘 알고 있다. 그리고 깔뱅의 입장은 이런 방향을 유일하게 받아들일 수 없다. 그리고 하나님께로부터 온 권세에 대한 성서 본문이 말하는 바이다. 나는 깔뱅의 판단이 정황에 매달려 있다고 생각하고, 나의 입장이 성서 본문과 매우 역설적으로 보이지만 모순되지 않는다고 생각한다!…깔뱅은 이처럼 당대를 향해서 마치 독일이나, 프랑스에서처럼 그가 산 현장에서 말하고 있다. 위험은 분명히 무정부였다. 즉 권력의 무능함과 군중의 열정 폭발이 문제였다. 오늘날에는 정확하게 상황이 반대되었다. 왜냐하면, 군중이 거칠게 일어나서 결국 더 강한 국가를 창설하기 위해서 반란을 일으킨다. 인간이 아는 유일한 위험은 모든 영역에 국가가 절대화되는 경향이다."5)

따라서 바로 이 역사를 뒤집어 봄으로써 자끄 엘륄은 깔뱅의 반무정부주의적 입장이 정황적이었다고 생각한다. 이처럼 그는 그 개혁자의 정치이론을 비판하지는 않지만, 사회에서 국가의 위치에서뿐 아니라, 주석적인 수준에서도 그는 역사적 요인을 고려하고 있다. 이 사실과 근본적인 인간학적 요인들, 그리고 임의적인 역사적 매개변수를 구분하면서, 자끄 엘륄은 깔뱅에게 대항해서 무정부주의 입장을 가장 덜 역설적인 것으로 지지

---

4) 엘륄, 1988b, p.70.
5) 엘륄, 1984b, p.131-132.

한다. 엘륄에 따르면 깔뱅의 역사적 정황이 더는 유효하지 않기 때문에 자신이 무정부주의자가 될 수 있고, 깔뱅과 공유하는 근본적인 인간론은 그의 무정부론이 결코 환상에 토대하는 것이 아님을 보여준다….[6] 16세기 저자와의 더 큰 친화성을 어디에서 발견하겠는가?

b) 하이데거와 나치즘: 치명적 정치적 과오

우리는 기술에 대해서 자끄 엘륄와 마르틴 하이데거 사이를 가르는 거리를 보았다. 그러나 엘륄이 보기에는 가장 큰 걸림돌은 독일 철학자가 나치 이데올로기에 동조한 사실에 있다. "하이데거는 내가 보기에 용서할 수 없는 범죄인 히틀러주의에 현혹되었다."[7] 포우Poe의 새로운 기담에서 모노Monos가 우노Uno에게 한 말이다. 이 말로서 『의심을 거친 신앙』*La foi au prix du doute*이 시작한다.[8] 그리고 모노는 자끄 엘륄의 대변인 중 하나로서 자신의 뜻을 설명한다. "내가 만일 그러한 철학에 대해 진정 명쾌성을 기대할 수 있다면, 한 편으로 그것이 나치주의가 내보인 증거보다 천배는 더 어려운 현실이 문제가 될 때, 그리고 다른 편으로 그것이 내가 아무것도 검증할 수 없을 때 어떻게 그것에 신뢰를 줄 수 있을 것인가?"[9] 이 철학자의 사상 전체는 이처럼 그의 정치적 견해의 오류에 의해서 그리고 무엇보다도 비열한 이데올로기 운동에 스스로 보증이 되면서 의식적으로 참여함으로써 무너지게 된다. 이 학파의 삶과 사상, 개인적 의견들, 공공적 참여와 철학과의 면밀한 상관관계에 대해서 자끄 엘륄은 전도서의 구절을 예로 들어 평가한다. "죽은 파리가 향기름으로 악취가 나게 한다."[10] 여기에 저자의 주석이 있다. "엄청나게 깊고, 매혹적이고, 신선함

---

6) 참조. 엘륄, 1988b, p.32; 1992a, p.146-147.
7) 엘륄, 1980a, p.112.
8) 참조. 앞의 책, p.37-123.
9) 앞의 책, p.112.
10) 참조. 전도서 10장 1절.

이 있는 매우 위대한 하이데거였지만 그는 민족사회주의의 바닥에 있는 것을 구분해낼 작은 명철함도 없었다. 몇 달간의 그의 나치즘에 대한 동조는 그의 작품의 나머지를 아무 의미 없는 것으로 간주하기에 충분하다. 어떻게 내가 『숲길』Holzweg 11)에서 제시한 길을 따라갈 수 있겠는가? 그가 이 단순한 인생 경험에서 좋은 길을 선택할 능력이 없는데도?"12) 자끄 엘륄은 거기에서 윤리적 결론을 끌어낸다. 이것은 군중 현상과 사회학적 조류를 견고히 불신하도록 하게 했다. "세련되고, 지적이고, 교양있는 사람 조차도 군중의 운동에 사로잡히면 바보가 된다. 하이데거와 나치즘. 사르트르와 스탈린적 공산주의가 그것이다."13)

장 뽈 사르트르와 뒤바뀐 병행관계는 여러 번 나타난다.14) 자끄 엘륄은 히틀러가 구소련을 상대로 전쟁에 승리한다면 마르크스적 요소들이 쓸어버려 진 유럽의 지적 풍경을 상상하는 모험을 한다.

"우리는 히틀러의 집단수용소, 집단학살, 인간에 대한 경험들을 말하려 하지 않는 것이다… 반대로 1945년에 스탈린의 범죄를 발견하게 될 것이다. 우리는 그것을 전쟁 범죄로 판단을 내릴 것이다. 우리는 유배 캠프, 우크라이나나 루마니아 같은 발칸의 국가에서 일어났던 학살 때문에 러시아에 대항에 제노사이드 범죄를 만들어 낼 것이다(…). 승리 가운데 히틀러주의는 청산해야 할 요소들을(공산주의와 같은) 청산한 이후에 점점 더 완화될 것이다. 그리고 우리는 10년이 지나고 속박을 푼 그러한 수장의 절제를 찬양하게 될 것이다. 우리는 반유대주의가 히틀러의 젊은 시절의 잘못이었고, 그가 종종 잘못 영향을 받았으며, 또 몇 몇 잘못도 있었지만, 전체적으로 볼 때 행복한 성공이었다고 인정하게 될 것이다! 역사에 대한 설명에서 계급투쟁보다도 인종투쟁은 첫 번째에 속할 것이다. 나치의 이론은 더욱더 천착 되고, 심화하고, 하이데거

---

11) 참조. Martin HEIDEGGER, *Chemins qui ne mènent nulle part*, Paris, Gallimard (coll. Idées), 1962.
12) 엘륄, 1987c, p.143.
13) 엘륄, 1987b, p.87.

와 같은 명망 있는 철학자는 거기에 이바지하게 될 것이다. 그렇지만, 마르크스주의는 지적인 관심에서 사라질 것이다. 나치의 교의에 격렬하게 반대한 기독교인들은 점점 더 기독교 신앙을 전혀 의식하지 않고서, 마르크스주의에 대해서 그들이 가졌던 똑같은 논리로 히틀러와 만나야 할 필요성을 묻게 될 것이다. 그리고 우리가 공산주의에 대해서 선전 덕분에 그것의 범죄가 정의에 대한 사랑, 구소련의 경제적 성장과 전혀 관계없지 않음을 보았던 것처럼, 민족 사회주의 이데올로기의 세례 속에서 이 모든 것이 십 년이 지나면 범죄는 잊히고 완전히 정당한 것이 될 것이다."[15]

1965년 발표된 이 수립된 가설의 논쟁적 의도가 분명 마르크스주의 철학자들과(장 뽈 샤르트르와 루이 알뛰세르와 같은) 그들과 대화를 시도한 기독교인들을 겨냥하고 있다면 이런 본문은 자끄 엘륄이 마르틴 하이데거에게 내린 판단을 알려준다. 자유로운 인간이기는커녕 그는 사회학적 이데올로기적 운동을 좇았고, 그 운동이 실패하자 그는 거기서 거리를 두었을 뿐이다.

c) 디트리히 본훼퍼: 국가와 '신성한 나치', 왜 그렇게 눈이 멀었나?

우리가 위에서 살펴본 대로 자끄 엘륄이 디트리히 본훼퍼와 나치즘 그리고 나치 국가와 맺는 관계에 대한 시각은 두 저자 각자에게 현대인이 차지하는 각각의 지휘의 더욱 광범위한 관점화 없이는 이해할 수 없었다. 자끄 엘륄은 본훼퍼가 주장했던 20세기 인간의 "성년의" 상태에 대항한다. 더군다나 본 훼퍼는 "지난 3세기 동안 신비적, 종교적, 비합리적인 요소가 최고조에 달했음을 목도했음에도"[16] 불구하고 말이다. 나치즘은 공

---

14) 참조. 엘륄, 1980a, p.112.
15) 엘륄, 1965, p.259-260.
16) 엘륄, 1973, p.329.

산주의 곁에서 성스러움에 빠진 현대인을 지탱하는 세속종교로서 발흥한다. 자끄 엘륄은 이 맹목성이 어디에서 오는 것인지를 묻지 않을 수 없다. "정치적 행동에서 보여준 그의 삶에 대해서 가지는 존경심이 무엇이건 (물론 그것은 마땅한 존경이다), 일류 신학 저술에 대해 가지는 경탄이 무엇이든, 기독교 지식인들 사이에서 가지는 독보적 권위에 대해 말하기 위해서 우리가 가져야 하는 신중함이 무엇이든 간에, 그는 틀렸고 이 믿을 수 없는 맹목성에 대해서 물어보아야 한다."17) 그리고 엘륄은 가설로서 세 가지 긴 설명을 개진하는데 이것은 서로 다른 수준에 있는 것이다. 우리는 이것을 전체적으로 인용한다.

"또한, 본 훼퍼는 자신의 체포, 자신의 감금 그리고 심문에 의해서 심하게 혼란스러웠고 상처를 받았다. 거기에서 더 모욕적인 것은 없었다. 그의 영적인 위대함에도 불구하고, 그는 실의와 불확실성의 그리고 심지어 공황 위기를 잘 넘길 수 있었다. 무엇보다도 그는 감옥 속의 세례 요한이었다…. 그때부터 그의 유명한 '질문', 고발, 그리고 새로운 신학적 문제제기는 그의 신앙에서도 특별한 명료함에서 나온 것이 아니라 죄수로서의 자신의 혼란에서 그리고 실제 사형선고를 받는 상황에서 나온 것이다. 그리고 이것은 세계에 대한 잘못된 시각을 낳았다."

"또한, 그는 명료하게도 나치주의와 그가 살았던 시대는 단순한 우연이었다고 생각했다. 여기서 나는 단순히 정치적인 그리고 사회학적인 평가의 수준에 위치해 있다. 이러한 광분한 물결은 반대로 흐르는 조수의 전체적 운동에서 하나의 조수에 불과한 것이었다. 히틀러주의는 특별한 의미 없는 부수적인 현상에 불과했다. 이 광기를 지나가도록 내버려 두면 충분했다. 그리고 우리는 이어 새로운 세상으로 돌아가게 될 것이다. 무엇보다도 그러한 오류들은 용서받을만하다. 나는 개인적으로 『저항에서 혁명으로』*De la Résistance à la Révolution*에서 1944년에 발견했던 표현의

---

17) 앞의 책, p.329-330.

힘을 다해 믿으면서 비견할만한 오류를 범했었다. 엄청난 오해만 남아 있는 것이 아니다. 우리는 그러한 오류 위에 세워진 글에서 아무것도 끄집어 낼 수 없다. 그리고 용서할 수 없는 사람은 10년 20년 뒤에 새로운 신학으로 기독교인의 새로운 임재와 새로운 교회론을 세우려고 이 사고를 토대로 삼는 사람들이다."

"그리고 마지막으로 본훼퍼의 태도는 예언자적이었다. 다시 말해서, 실재를 대항한 신앙의 긍정, 사건들에도 '불구하고' 메시지를 선포하는 것이다. 신앙이 명백한 증거에도 자신의 토대로 돌아올 때, 이것은 바로 예언자적 선포이다. 히틀러주의의 종교적 성격의 부정은, 심지어 그것을 보기를 거부하는 것은 신앙에 의해 상황을 넘어서는 것이다."

"당신은 이 상황이 이처럼 '아니다' 라고 생각한다. 그리고 그것은 진실로 전혀 다른 것이다. 그리고 그것은 바로 여기에 있다…" 물론 본훼퍼의 열렬한 찬양자들은 이러한 해석을 취하도록 유혹받을 것이다. 그러나 나를 불편하게 하는 것은, 무엇보다도 예언자적 태도가 흔들리지 않는 계시를 일반적으로 긍정하는 것이고, 정치적인 상황이나 사건들에 의한 의문시에 대항해 신앙의 확신을 긍정하는 것이다. 본훼퍼가 이 반대 방향으로 가는 것은, 사회의 어떤 새로운 실재라는 이름으로, 신앙, 교회, 신학을 의문시하는 것이다(이것은 완전히 예언자적이다). 나는 예언자들은 결코 이런 방식으로 방향을 잡지 않는다고 생각한다(무엇보다도 그 시대 종교의 의식을 거칠게 공격할 때조차도). 나를 불편하게 하는 것은, 이어서 선지자들은 일반적으로 그들의 정치적 명민함에서 일정한 확증을 받았다는 것이다. 그들은 외관을 넘어서서 다른 사람들보다 더욱 깊숙이 보았고 그들의 해석은 십 년, 이십 년 후에 확증되었다(이것은 예언자 역사가들의 합리적 설명에 따르면 사건 후 예언이라는 근거를 준다). 그러나 현재는 본훼퍼가 우리 사회에 대해 말한 것은 확증되지 않았다. 이것이 바로 이 태도가 본훼퍼에게 우연적이었다고 내가 자문하는 이유이다. 그리고 역시 의심스러운 토대를 바탕으로 세우는 것은 오류로 보인다."[18]

따라서 이것은 자끄 엘륄이 선호하는 처음 두 가설이다. 여기에서 자끄 엘륄은 디트리히 본훼퍼의 제자이기를 완전히 그만둔다. 그러나 세 가지 설명의 공통점은 이것은 자끄 엘륄의 텍스트의 의도와 그의 증명의 대상이 된다. 이것은 어떤 신학도 신뢰하기 어려운 기반에 의존할 수 없다는 것이다. 엘륄의 눈에 불신을 주는 것은 디트리히 본 훼퍼라기 보다는 가장 충실한 본 훼퍼의 계승자들이다. 과거 어떤 때보다 충실성이 여기서는 빗나감이 되었다. 왜냐하면, 토대 자체가 잘못되었기 때문이다. 본훼퍼을 올바르게 충실하게 따르는 방법은 그에게서 신뢰할만한 것은 취하고, 그 나머지는 옳게 교정하는 것이다. 다시 말해서, 결국 그의 저술 대부분과 거리를 두는 것이다.[19] 이것이 바로 자끄 엘륄이 말하는 "불충실한 충실성"이다.

디트리히 본회퍼 사상의 적실한 요소 중에서 자끄 엘륄이 기꺼이 받아들이는 요소들은, 그가 "최종 이전의 실재"에 대해 가지는 시각이다.[20] 이 표현을 통해 독일 신학자가 말하는 바는, 이 실재는 신앙의 대상인 "최종적 실재"와 구분되지만 대립하지는 않는 세상의 실재를 가리킨다. 다시 말해, 오직 은혜에 의해서 죄인의 의인 됨을 말한다.[21] 디트리히 본훼퍼는 최후 이전의 실재에 관심을 둔다. 이것은 "그것 고유의 어떤 가치를 부여하기 위함이 아니라."[22] 최종적 실재 때문이다. 왜냐하면, '최종 이전의 실재'에서 '최종적 실재'로 가는 길을 없앨 수는 없기 때문이다."[23]

---

18) 앞의 책, p.330-332.
19) 자끄 엘륄은 이렇게『옥중서신』(Dietrich BONHOEFFER, *Résistance et soumission, op.cit*) 보다『윤리학』을 선호한다.(참조. Dietrich BONHOEFFER, *Ethique*, Genéve, Labor et Fides, 1965). 사실 윤리학은 비종교적 기독교의 정식화 이전에 온다. 그것에서는 "도덕에 대한 어떤 타당한 시도도 없다."(엘륄, 1970, p.732)
20) 참조. Dietrich BONHOEFFER, *Ethique, op.cit.*, p.93-113.
21) 참조. 앞의 책, p.93-97.
22) 앞의 책, p.97.

이것이 바로 "최종적인 것들에 이르기 전에 최종 이전의 실재를 다시 한 번 돌아보아야 하는 이유이다."24) 그리고 역설적으로 "최종 이전의 실재는 최종적인 것들에 의해서 폐지될지라도 계속 유지된다."25) 따라서 디트리히 본훼퍼는 역시 두 수준의 실재 사이의 근본적인 단절을 거절한다. 이것은 하나님을 배제하고 일상적인 생활을 절대화하는 인본주의적 타협보다 하나님의 초월성에 무게를 두는 것이다.26) 두 극 사이의 긴장은 대칭인 관계가 아니다. 최종 이전의 실재는 "자기 스스로 존재하지 않고 최종적인 실재에 의존되어 있다. 그리고 최종적 실재는 궁극적으로 최종 이전의 실재에 대한 심판을 내린다."27)

우리는 자끄 엘륄에게 자유 안에서 세상적 실재에 부여된 관심과 계시에 대한 신앙과 인간의 행위 사이에 세워진 변증법적 대칭 관계를 이해하게 된다. 디트리히 본 훼퍼의 사상을 충실하게 따르면서, 엘륄은 최종 이전 실재들이 "계시의 절대성에 의해서 정죄 되거나, 은혜의 보충에 의해서도 가치를 부여받지 않는다."28)고 단언한다. 그러나 그는 자신의 분석에서 두 유형의 계시 이전 실재를 구분하면서 뉘앙스를 풍긴다. "본훼퍼가 그랬듯이 인간 행위, 기술적, 경제적, 정치적 행위는 최종적인 것들을 향해서 필요한 단계로 규정된다. 왜냐하면, 이 최종 이전의 것들은 '자기 스스로' 존재하지 않기 때문이다. 그것들은 최종적인 것과 관계에서 존재하지만, 최종적인 것으로 직접적으로 인도되지 않는다.- 심판을 통해서 지나가야 한다. 다른 쪽에서, 선과 악에 대한 지식의 계시로서 세상의 도덕은 다른 질서에 속한 것이다. 그것은 세상을 보존하는 데 필요한 것이다. 그것은 최종적인 것을 전혀 준비하지 않는다. 그것은 인간의 다른

---

23) 앞의 책
24) 앞의 책, p.98.
25) 앞의 책, p.97.
26) 참조. 앞의 책, p.99-100.
27) 앞의 책, p.104-105.
28) 엘륄, 1964b, p.84.

행위에 더욱더 적은 탁월함을 지닌다. 그러나 기독교인은 그것을 아무것
도 아닌 것처럼 간주할 수 없다. 그것이 가지는 단순한 유용성 때문이
다."29) 이처럼 자끄 엘륄은 디트리히 본 훼퍼의 사상에 강하게 영감을 받
는다. 그러나 그는 세상의 윤리에 대한 그 자신의 사상을 비옥하게 하려
고 그것을 사용하기 위해서 수정을 한다. 그리고 그는 디트리히 본훼퍼에
의해서 만들어지고 발전한 "자연적인 것"의 개념을 다시 받아들이면서
같은 방식을 취한다.30) 이는 도덕의 모든 부정을 거부하고 그것의 유용
성에 대해 반대로 존경을 표하기 위함이다.

엘륄은 정치와의 관계의 문제를 다룰 때 독일 신학자의 입장들을 향해
유사한 "불충실한 충실성을" 표명한다. 그는 무엇보다 『은혜의 대가』*Prix de la grâce* 32)의 내용에 기대고 있다. 이것은 "그리스도에로의 회심은 자기
자신에 대해서, 자신의 사회적 조건에 대해서, 그리고 자신의 재정 상태
에 어떤 무관심을 낳는다"33)는 것을 단언하기 위함이다. 그리고 자끄 엘
륄은 다음과 같이 덧붙인다. "이것들은 지나가고 부차적인 것들이고 힘
을 투자할 만한 가치가 없는 것들이다. 이것은 이런 종류의 문제들에 대
해서 '관심을 끊는 것'이고 긍정적인 또는 부정적인 변화 없이도 그것을
받아들이는 것이다." 다시 말해서, 이 순간부터 '요구'는 절대 가능하지
않다.34) "디트리히 본훼퍼가 거기까지 그를 따라가게 될지는 보장할 수
없다. 자끄 엘륄 자신은 그것에 대해서 확신하지 않는다. 예수 그리스도
와 바울이 분명히 정치적 삶에 대해서 큰 무관심을 나타내었음을 보여준
다음에(하지만 이것은 그의 시대에는 강력한 것이었다), 엘륄은 강조해서

---

29) 앞의 책, p.84-85.
30) 참조. Dietrich BONHOEFFER, *Ethique, op.cit.*, p.114-150.
31) 참조. 엘륄, 1964b, p.68.
32) 참조. Dietrich BONHOEFFER, *Le prix de la grâce*, Paris-Genéve, Le Cerf-Labor et Fides, 1985.
33) 엘륄, 1984b, p.30
34) 앞의 책

말한다 "매우 이상하다. 왜냐하면, 이것은 분명 그의 평소의 경향이 아니기 때문이다. 본 훼퍼는 그는 이렇다고 인정해야 할 것이다."35) 그의 말에 의지해서 그는 『윤리학』*Ethique*을 길게 인용한다.

"예수 그리스도는 전혀 이 세상의 문제의 해결책에 몰두하지 않는다. 그가 거기에 유인되었을 때, 그는 이상하게 빠져나간다.마22:15 눅12:13 그는 인간의 문제들에 대해서 결코 직접적으로 답변하지 않은 것과 같이 그는 늘 다른 수준에 있다. 그의 말씀은 인간적인 질문에 대한 대답이 아니고 그의 신적인 질문에 대한 인간을 향한 답변이다. 그의 말씀은 본질상 아래로부터 시작되지만, 위로부터 결정된 것이다. 그것은 해결책이 아니라 해방이다. 그것은 선과 악의 문제를 던지는 인간의 방식으로 분열에서 나온 것이 아니다. 그것은 아버지와 아들의 의지의 완전한 연합에서 나온 것이다. 그의 말씀은 모든 인간의 문제들을 넘어서 존재한다…. 누가 우리에게 세상의 모든 문제가 해결되어야 하고 해결될 수 있다고 말하는가? 아마도 하나님에게는 우리의 해결되지 않는 문제들이 그 해결책보다 더욱 중요할 것이다. 이것은 우리가 인간의 죄와 하나님의 구속을 상기시키기 위함일까? 아마도 인간의 문제가 너무도 얽혀 있어서 그리고 너무도 나쁘게 던져져서 실재적으로 해결 불가능한 것인가? 부와 빈곤의 문제는 해결되지 않는 채로 남아 있을 것이다. 세상의 악들(노예제에 대항한 전쟁, 금지, 국제사회)을 대항해서 교회의 조직된 투쟁은 '십자군의 위기를 보여준다…. 그러한 경험은 교회와 세상의 문제를 해결하는 사명을 어느 정도나 가져야 하는지를 알아야 하는 문제를 심각하게 생각하게 한다."36)

그리고 자끄 엘륄은 더 분명하게 말한다. "나는 내가 전적으로 동의하는 본훼퍼를 길게 인용하고 싶다. 이것은 진보주의자로 여겨지는 이 신학자에게 사람들이 오늘날 불순한 언어 속에 '반동주의자'로 규정할 말에

---

35) 앞의 책, p.105.
36) Dietrich BONHOEFFER, *Ethique, op.cit.*, p.301-302.

대한 책임을 남겨주기 위함이다."37) 어떤 방식으로는 자끄 엘륄은 가장 확실한 그들의 동맹자 중의 하나인 사람의 말로 대적들(정치에서 '진보' 진영)을 공격한다.

하지만, 자끄 엘륄은 디트리히 본훼퍼가 변호하는 '은닉의 제자도'에 격렬하게 반대한다. 본훼퍼는 '은닉'을 '최종적 실재와 최종 이전의 실재의 구분'으로 정의한다.38) 이것에 의해서 "기독교 신앙의 신비는 세속화에 대항해 보호되어야 한다."39) 이것은 세상에 대해서 숨어 들어가거나 분리되는 것을 말하지 않는다. 이것은 세속성 속에서 살고 세상을 섬기려고 공동체가 기대하는 신비들을 시행하는 것과 관련된다. 으뜸가는 디트리히 본훼퍼의 주석가들 중의 하나인 앙드레 뒤마André Dumas는 다음과 같이 명확히 말한다 "은닉은 숨겨진 확실성이다. 이것은 다른 사람들을 향해서 강제 속에서 펼쳐지지 않는다. 그러나 그들에게 신자의 충만하고 어디에나 있는 현존을 제공한다."40) 그리고 그는 그에게 현대의 맥락에서 특권적인 지위를 부여한다. "하나님이 없는 세상에서 하나님 앞에서 신앙의 적합한 형식이다. 그것은 그것이 부정하는 두 실증주의, 즉 복음 없는 현실과, 현실 없는 복음을 위해서 성육신을 배반하려고 하지 않는다면, 기독교인의 훈련이 된다."41) 자끄 엘륄은 그러한 세상에서 동떨어져 신자들에게만 제한된 개인적 신앙을 향해 신자의 은닉을 감추는 '은닉'에 대한 언급에는 의혹을 가진다. "이 계시의 어떤 비교秘教로 돌아가는 것은 구원의 선포와 계시의 운동에 맞지 않는다. 기도는 비밀스러운 지식에 토대라고 할 수 없다."42) 자끄 엘륄은 역설적으로 신앙의 삶과 일상의 삶의 분리에 의해서 실재의 배후에 있는 진리를 숨기는 것을 역설적으로

---

37) 엘륄, 1984b, p.105.
38) Dietrich BONHOEFFER, *Résistance et soumission, op.cit.*, p.289.
39) 앞의 책, p.295.
40) André DUMAS, *Une théologie de la réalité: Dietrich Bonhœfer*, Genéve, Labor et Fides, 1968, p.216.
41) 앞의 책, p.217.
42) 엘륄, 1970, p.710.

두려워한다. 그리고 그는 즉시 명확히 말한다. "이것은 아마도 본 훼퍼의 '숨김의 제자도'와 맞아떨어진다. 그가 의도한 바를 나는 너무도 잘 이해하는 것을 그의 주석가들의 다양한 해석을 읽을 때 확신을 하지 못하겠다."43) 그 자신의 고백으로는 자끄 엘륄은 아마도 기만당했었다. 우리는 우리 편에서 그가 자기 자신의 기도의 비전과 세상 가운데서의 소망의 비전을 더 잘 세우도록 하는 촉진제로 '은닉'의 개념을 가져왔다고 말할 것이다. 이렇게 함으로써, 그는 기도와 그가 실제로 상당히 가까웠던 소망에 관한 사고를 끄집어오는 위험을 무릅썼다.44)

d) 폴 틸리히와 정치적 권위들-대화의 실마리.

우리는 자끄 엘륄과 폴 틸리히 사이에 선명한 대조를 보았다. 인간의 행위 중에서 정치는 이 두 저자의 관심을 가장 끄는 것 중의 하나이다. 그러나 이 주제에 관해서, 기대와는 전혀 달리, 대화가 이루어진다. 자끄 엘륄은 폴 틸리히를 인용한다. 마르틴 부버Martin Buber의 "나와 너"45)의 관계에 대한 생각을 기독교인의 국가에 대한 관계로 적용한다. 우리는 국가, 즉 정치권력을 "나-그"의 절대화된 관계로 마귀들에게 넘겨준다. 그러한 굴복은 정당화되지 않는다. 심지어 국가라도 잠재적으로 하나의 관계 "나-너"로 잠재적으로 열려 있다. 우리는 그것을 부버에게 세 번째 유형의 관계인 "너-너"에 속하는 이 영적인 형태의 하나로 그것을 간주할 수 있다. 그렇게 하지 못할 이유가 없다. 왜냐하면, 창조된 모든 것은 신적인 것 안에 포함되어 있고 신성시될 수 있기 때문이다…"46) 자끄 엘륄은 폴 틸리히의 텍스트에 대해서 인정을 하면서 엄격한 판단을 동시에 하

---

43) 엘륄, 1972b, p.283.
44) Dietrich BOHNHOEFFER, *Bible, ma prière.. Introduction au livre des Psaumes*, Paris, Desclée de Brouwer, 1968, p.57-60; *De la vie communautaire*, Paris-Genéve, Le Cerf-Labor et Fides, 1983, p.44-47, 84-86.
45) 참조. Martin BUBER, *Je et Tu*, Paris, Aubier (coll. Bibliothèque philosophique), 1969.
46) Paul TILLICH, *Théologie de la culture, op.cit.*, p.297. 엘륄은 출전을 지적하지 않고 있다.

면서 뉴앙스 있게 판단을 내린다. "우리가 이러한 관계를 시도해야 한다는 것은 사실이다. 그러나 늘 그렇듯이 두 가지 혼란이 존재한다. 만일 주권자와 대화를 할 수 있다면, 그것은 국가와 하는 대화가 아니다. 분명히 틸리히는 국가가 무엇인지를 알지 못하고 있다! 그리고 그는 국가가 하나님이 창조에 속해 있다고 말할 때 그것을 드러낸다. 분명히 그의 나치에 대한 경험은 현대 국가의 실추에 대해서 생각하지 못하게 했을 것이다. 그러나 그의 시각 즉, 우리가 주권자와 대화에, 즉 인격적인 관계에 들어가지 못한다면, 우리는 '나-그'의 마귀화 된 관계로 그것을 내버린다고 하는 생각은 뛰어난 생각이다"47) 이처럼, 자끄 엘륄은 국가라는 대상을 주권으로 옮기면서, 폴 틸리히의 분석을 호의적으로 받아들인다. 이 조건에서, 이 분석은 인간의 행위(믿음과 반대되는-옮긴이 주에 대한 엘륄의 관념에 통합된다. 엘륄은 인간 행위의 특징을 '단기적 관계들'relations courtes로 삼고, 그 행위의 확장인 국가적인 유형인 제도적 규제를 불신한다. 따라서 우리는 이중적 수용과 이중적 이전을 보게 된다. 다시 말해, 폴 틸리히의 사상 속에 마르틴 부버의 사상의 수용과 자끄 엘륄의 사상 속에서 틸리히의 사상의 수용이 그것이다. 그리고 개인 상호 간의 관계에서 국가로 가는 '나-너'의 관계를 폴 틸리히가 이전시키는 것(이것은 마르틴 부버의 말이 아니었고, 자끄 엘륄의 말도 아니다), 그리고 자끄 엘륄에 의한 이 유형의 관계를 주권자와의 관계를 향해 이전시키는 것. 이 두 단계에서, 쟁점은 옮겨지고, 다시 취급되고 새로운 역동성 속에서 다시 던져지게 된다.

그러나 우리는 권위에 대한 관계라는 가까운 주제에 대해서 자끄 엘륄이 분명히 폴 틸리히의 글을 인정하는 것을 발견한다. 엘륄은 사실 "정치 권위에는 어떤 신적인 그리고 인간적인 토대도 없다"48)라는 사실을 방어

---

47) 엘륄, 1984b, p.121-122.
48) 앞의 책, p.126.

하기 위해서 틸리히에게 의존한다. 그러나 이는 정치 권위에 "신학적인 토대를 제공하는 것"49)과는 관계가 없다. 자끄 엘륄은 주석을 전혀 달지 않고 "틸리히의 훌륭한 글"50)이라고 덧붙인다. "정치적 권위의 문제는 결코 최종적인 답변을 얻을 수 없다…. 왜 정치적 권위의 문제가 최종적인 답변을 하지 않는가? 라는 질문에, 나는 불경스럽게 보일 수 있는 방식으로 답변한다. 그것은 하나님 자신이 그것에 대해서 답을 주고 계시지 않기 때문이고, 결정적 행동은 예수 그리스도의 십자가이기 때문이다. 예수 그리스도의 권위 자체도 독재자로 통치하는 인간의 신성화된 이미지가 아니다. 그는 모든 권위로부터 자기 자신을 비우는 자의 권위이다. 그는 십자가 위에 인간의 권위를 가지고 있다. 이것은 다음과 같이 말하는 것과 같다. "하나님은 영이시고 그리고 하나님은 십자가 상에서 나타나셨다. 권위들에 대항해서 그리고 권세들을 위해서 싸우는 너희들은 예수는 권세들에 대항해 싸우셨고 그는 세월 질 수 없는 권위를 세우셨다는 것 이야기를 들으라! 당신은 거기에서 이것을 제외하고는 어떤 대답을 발견하게 되지 못할 것이다. 모든 사전의 권세를 넘어서서, 당신은 하늘과 땅의 권세의 토대와 부정이신 분의 능력에 마음을 열도록 해야 한다!…" 51) 만일 자끄 엘륄이 전적으로 동의한다면, 이것은 아마도 그가 예수의 "비능력"non-puissance 52)의 개념에 대한 그의 사고에 조응하기 때문이다.

자끄 엘륄은 마찬가지로 "가족에 대한 기독교인의 비순응화에 대한 틸리히의 탁월한 연구"53)에 대해서 칭찬해 마지 않는다. 그리고 그는 덧붙인다. "그러나 이 비순응화가 그의 눈에는 부모와 자식 각자가 자신의 권위와 독립성의 한계를 인정해야 한다는 지혜와 분리할 수 없게 연결되

---

49) 앞의 책
50) 앞의 책
51) Paul Tillich, L'Etre nouveau, Paris, Editions Planète (coll L'expérience intérieure), 1969, p.124-128. 엘륄은 출전을 지적하지 않았다.
52) 참조. 엘륄, 1972c, p.573; 1984a, p.255-256; 1987b, p.199-201; 1991b, p.1007-1008; 1994, p.52.
53) 엘륄, 1984b, p.225.

어 있다."54) 엘륄은 "네 부모를 공경하라"55) 와 "이 세상을 본받지 말라." (이는 엘륄의 해석학적 열쇠이다)56)를 조화시키려는 폴 틸리히의 작업에 끌렸을 가능성이 있다.57) 폴 틸리히는 예수의 어떤 말들은 바울의 급진주의가 보수적으로 보일 만큼 가장 급진적인 비 순응성을 표현한다고 생각한다. 다음의 경우가 이를 잘 보여준다. "내가 온 것은 사람이 그 아비와, 딸이 어미와, 며느리가 시어미와 불화하게 하려 함이니 사람의 원수가 자기 집안 식구리라 아비나 어미를 나보다 더 사랑하는 자는 내게 합당치 아니하고 아들이나 딸을 나보다 더 사랑하는 자도 내게 합당치 아니하고"58) 폴 틸리히는 그러한 말에 기초한 신앙이 역사 가운데 순응주의의 가장 효과적인 수단이 되었다는 것에 매우 놀란다.59) 자끄 엘륄은 폴 틸리히는 인용하지는 않았지만 "기독교의 전복"의 다양한 영역을 제구성하기 위해 폴 틸리히의 고찰들에 영향을 받을 수밖에 없었다. 여기서 [뒤틀려진 기독교]란 전복적이고 반순응적인 신앙이 사회 질서를 옹호하는 보수적인 종교로 그리고 매력적인 도덕적, 정치적 순응주의의 종교가 되었다는 것을 말한다.60)

자끄 엘륄이 인정하는 폴 틸리히 사상의 마지막 예는 "존재에의 용기"의 힘과 덕과 관련된다. 틸리히에 따르면 이것이 인간을 정의하는 것이다.61) 자끄 엘륄은 따라서 그의 입장을 요약정리 한다. 폴 틸리히는 "기본적으로 네 가지 요소를 상기시킨다. "강건하여라"62)라고 바울이 명령할

---

54) 앞의 책
55) 출애굽기 20장 12절; 신명기 5장 16절.
56) 로마서 12장 2절.
57) 참조. Paul TILLICH, *L'éternel maintenant*, Paris, Editions Planète (coll L'expérience intérieure), 1969, p.162-164.
58) 마태복음 10장 35절-37절.
59) 참조. Paul TILLICH, *L'éternel maintenant*, op.cit. p.162.
60) 참조. 엘륄, 1984a, p.9-82.
61) 참조. Paul TILLICH, *L'éternel maintenant*, op.cit., p.169-179 (자끄 엘륄은 68쪽이라고 잘못 지적하고 있다). 참조. *Le courage d'être*, Paris, Casterman, 1967.
62) 고린도전서 16장 13절.

때, 그는 새롭거나 낯선 어떤 것을 요구하지 않고 이미 있는 존재를 요구한다. 다시 말해서, 과감히 있는 그대로의 존재가 되어라. 두 번째로, 그는 거기에다가 경계심을 추가한다("존재는 자신의 힘 안에 취약점이 있다는 사실을 의식하면서 그의 힘을 주의 깊게 살펴볼 때만 강하다").63) "경계한다는 것은 기독교인에 있어 그리스도인으로이라는 자격에 의존하지 않는다는 것을 뜻한다…."64) 세 번째로 (키에르케고르와 함께) 용기의 중요성이다(이것은 분리에 의해서 일으켜진 불안을 짊어질 용기이다). 이 용기는 신앙의 가장 친밀한 중심이 된다. 그리고 마지막으로, 이 힘은 사랑의 힘이 될 수밖에 없다. 왜냐하면, 모든 다른 힘은 타인의 연약함을 만들어 내는 독재일 뿐이기 때문이다. 사랑의 힘은 주인과 종의 변증법을 부술 수 있는 유일한 진리이다. 따라서 그것은 영웅의 힘과 관련된다. 그것은 사랑의 현실 안에서만 사는 자의 힘이다. 사랑 안에서 힘, 용기, 경계의 재능을 받은 자를 틸리히는 '기독교인의 인격'이라고 부른다.65) 우리는 그가 자유에 부여한 중요성을 본다!"66) 우리는 자끄 엘륄의 글에서 더 아름다운 칭송을 볼 수 없다. 엘륄은 틸리히에게서 이처럼 자유의 윤리의 건축에서 소중한 동맹자를 발견한다.

e) 뽈 리꾀르와 제도: 윤리와 정치

제도의 지위는 자끄 엘륄과 뽈 리꾀르 사이의 심각한 논쟁점이 된다. 뽈 리꾀르에게는 제도적 규제들은 윤리와 같은 정의 안에 포함되어야만 한다. "윤리적 목표'를 올바른 제도들 안에서 타인과 함께 그리고 타인을 위하여 '좋은 삶'의 목표라고 부르도록 하자."67) 리꾀르의 윤리는 따라서

---

63) Paul TILLICH, L'éternel maintenant, op.cit., p.173. 자끄 엘륄은 출전을 달고 있지 않다.
64) 앞의 책, 자끄 엘륄은 출전을 달고 있지 않다.
65) 참조. 앞의 책, p.178-179. 자끄 엘륄은 출전을 달고 있지 않다.
66) 엘륄, 1975a, tome 2, p.73.
67) Paul Ricoeur, Soi-même comme un autre, op.cit., p.202.

세 가지 구조로 구성된다. 첫 번째는 반성적이고, 두 번째는 대화적이며 그리고 세 번째는 개인 상호간의 대면적 관계를 훨씬 넘어서서 얼굴을 모르는 제 삼자 방향으로 나아간다. 뽈 리꾀르에게 제도는 "역사적 공동체의 함께 하는 삶의 구조(민족, 국가, 지역 등)이고 이 구조는 개인 상호간의 관계로 환원되지 않지만 현저한 중요성이 있고 그것에 다시 연결된다."68) 그러나 역시 "역할 분배의 규제"의 "시스템"으로 정의한다.69) 제도는 개인 상호간의 수준과 사회적 수준 사이의 전이를 윤리적 목표 내부로 보장하는데, 이 두 수준은 연속성의 관계 안에서 명확해진다. 평등이 제도 안에서의 삶이라면 고독은 개인 상호 간에서의 삶이다. 만일 고독이 바로 얼굴로서의 타인을 자아에 준다면, 평등은 각자인 타인에게 서로에게 자기 자신을 주는 것이다. 따라서 정의는 고독에서 어떤 것도 빼내지 못한다. 왜냐하면, 그것은 인격들을 대체 가능한 것으로 간주하지 않기 때문이다. 그러나 그것은 어떤 것을 덧붙이는데 이는 왜냐하면, 평등의 적용 분야가 인류 전체이기 때문이다.70)

『타인으로서의 자신』Soi-même comme autre에서 뽈 리꾀르의 제도에 대한 이러한 두드러진 호의적인 시각은 이미 더 오래된 책인 『사회적 개인과 이웃』Le socius et le prochain에서 이미 알려졌다.71) 저자는 거기서 이웃과의 즉각적인 만남인 "단기적 관계"relation courte와 사회적 개인socius과 제도적 매개에 의한 "장기적 관계"relations longues 사이의 선택을 거부한다. 이것은 "거짓된 대안"72)과 사실상 "사랑의 역사적 변증법"73)과 관계된다. 뽈 리꾀르는 "장기적 관계"를 희생해서 "단기적 관계"에 특권을 부여하는 종말론적 척도를 동원하는 모든 논증에 도전한다. "왜냐하면, 사실 우리

---

68) 앞의 책, p.227.
69) 앞의 책, p.234.
70) 참조. 앞의 책, p.234-236.
71) 참조. Paul RICŒR, "Le socius et le prochain", in Histoire et vérité, Paris, Le Seuil, 1955, 99-111.
72) 앞의 책, p.104.
73) 앞의 책, 107.

는 역시 그것들을 통해서 인격들에 대해서 사랑을 행사하기 때문이다. 그런 우리는 그것을 모르고 있을 따름이다."74) 왜냐하면, "최종적으로 사회적 개인과 그리고 이웃과의 관계를 지배하는 사랑은 공통적인 의도를 그들에게 주기 때문이다."75)

자끄 엘륄은 이러한 제도를 윤리적 목표에 통합하는 것을 허용할 수 없다. 뽈 리꾀르를 분명하게 참조하지 않았지만, 명백한 암시를 통해서 엘륄은 자세한 논의 이전에 그의 논제를 요약한다.

> '장기적 관계'의 이론과 사랑의 확장 이론은 우리가 잠시 숙고해볼 만큼 중요성을 가진다. 그것은 본질적으로 사랑은 창조 전체, 인간 그리고 인간의 행위들을 아우르는 것이고 이것은 예수 그리스도의 주권 안에서 분명하게 구별된다는 것을 고려하게 한다. 한 편으로, 개인, 가까운 개인, 사회적 개인, 다시 말해서, 사회학적 관계에 의해서만 엮어져 갖게 되는 사회적 관계, 사이의 모순을 거부해야 한다. 마지막으로, 사랑은 만남의 사건에서뿐 아니라 사회적 제도에서도 그 의미가 있다는 것을 생각해야 한다. 그때부터, 사랑은 역시 제도에도 말하고 대중매체나 비행기, 전화를 매개로 하는 관계에 들어가는 인간 전체를 대상으로 한다…. 그리고 이 사랑의 표현은 멀리 보아서 정치적 행동이 될 것이다…."76)

리꾀르의 글에서 언급되지 않는 원격 통신기술을 언급하는 것은 그의 논제를 향한 불평이 개인적 관계와 가까운 관계의 관계를 훼손하는 "장기적 관계"를 더욱 증대시키는 기술사회의 더 광범위한 비판 속에 포함된다. 다시 말해서, 이는 "단기적 관계"를 "장기적 관계"로 변형시키는 것이고, 이것은 기술의 변이 결과이다.77) 이 발생론적 분석, 심지어 기원론

---

74) 앞의 책, p.111.
75) 앞의 책
76) 엘륄, 1964a, p.61-62.
77) 참조. 엘륄, 1977, p.80.

적인 분석은 역시 완전히 뽈 리꾀르의 문제에는 낯선 것이다. 그러나 항변적인 논증은 성서에 따른 수준에 속한다. "장기 관계의 이론은 완전히 이단적이고 반성서적이다."78) 성서에서는, 사실, 이웃은 늘 단수이다. 이것은 사마리아인의 비유에서 두드러지게 드러난다.79) 뽈 리꾀르는 이것에 근거하고 있지만, 자끄 엘륄은 예수가 사회적 개인과의 관계에서 (사마리아인과 유대인 전체)에서 이웃의 사랑의 관계(한 유대인과 한 특정한 사마리아인)로 이행하는 것을 본다.80) 엘륄에 따르면, 아가페를 정의나 에로스 또는 연대성으로 바꾸는 경향이 있는 문명에서는 세상 속의 그리스도인은 아가페를 유지하고 그것을 다른 어떤 것과도 혼돈하지 말아야 한다고 한다. 왜냐하면, 기독교인들이 세계적인 차원에서 사랑의 확장으로서 정치를 하도록 주장하는 것은, 성서가 비록 이웃의 짐을 지라고 했는데도, 이것은 그리스도를 대신하는 일일 것이다.81) 이것은 결과적으로 '오직 성서' Sola Scriptura의 이름으로 자끄 엘륄은 기독교인을 부당하게 정치화하는 것을 정당화하는 것 같은 종교 개혁의 전통을 암묵적으로 비난하는 것이다. 그는 특히 윤리와 정치 사이에 세워진 혼돈을 거스르는데, 이것은 정치가 인격의 유일한 실현이고 신앙의 구체화라는 환상을 부추기는데, 이 환상은 '장기 관계'의 이론이 보증하는 환상이다.82) 그는 타인과의 직접적인 관계의 외부에서, 즉 '단기 관계' 외에는 어떤 사랑의 증거도 발견할 수 없다.83)

기술사회의 비판, 성서적 정통주의의 반박, 정치적 환상의 고발은 "장기 관계" 이론을 불신하기 위해 개진된 유일한 논증이 아니다. 기독교인의 자유라는 큰 목표도 역시 동원된다. 그리고 이 주제에 관해서 뽈 리꾀

---

78) 엘륄, 1964a, p.62.
79) 참조. 누가복음 10장 25절-37절.
80) 참조. 엘륄, 1964a, p. 63-64.
81) 참조. 앞의 책 p. 65-66.
82) 참조. 엘륄, 1965, p.139-141.
83) 참조. 엘륄, 1975a, tome 1, p.241-242.

르는 당장 명시적으로 언급된다. 자끄 엘륄은 뽈 리꾀르가 의미를 자유의 표현으로 간주할 때 그를 인정한다. "우리는 리꾀르의 귀한 영역으로 여기에 들어왔다."[84] 그리고 "리꾀르가 기독교인들이 사회 안에서 전적으로 의미의 피조물이 될 사명이 있다고 한 것은 전적으로 옳다. 따라서 기독교인이든 비기독교인이든 간에 모두에게 받아들여질 수 있는 의미가 필요 하다(이것은 신앙이 나에게 발견하게 해주는 최종적 의미를 보충하지 않는다)."[85]

그렇지만, 소외에서 탈출하기 위해서 의미를 주는 것만으로는 불충분하다. 왜냐하면, 이것은 그것을 더욱 견딜만하게 하기 때문이다. 따라서 비제도화 해야 한다. 그것은 소외의 힘이 제도와 관련되어 있기 때문이다.[86] 자끄 엘륄은 뽈 리꾀르를 "넘어서"고 자유에 한 조건을 덧붙이는데 그치지 않고 분명히 그의 윤리적 지향에 대해서 반대한다. "그리스도 안에 있는 자유의 첫 번째로 가는 행동 중 하나는 제도를 거부하는 것이다."[87] 엘륄에 따르면, 구조는 늘 자유의 부정이다. 결과적으로 구조를 파괴하는 것은 자유의 혁명적인 진정한 행동이다. 이것은 인간관계의 세계를 구성하는 것을 제도로 바꾸는 것을 거부하는 것이다. 다시 말해, 이것은 규제화 하는 것을 막고, 자발성과 창조성이 표현되도록 하는 것이다. 자끄 엘륄의 판단은 가차없다. " 제도는 늘 의심과 불신, 인간관계의 숨 막힘, 그리고 인간을 로봇으로 대체하는 것의 표시이다."[88] 그러나 엘륄은 자신의 사상을 분명히 밝힌다. 제도를 파괴한다는 것은 환상이다. 그것에도 역할이 있다. 왜냐하면, 자유는 제도와의 관계 속에서만 표현되기 때문이다. 그러나 제도 내부에서조차도 긴장을 넣는 것이 필요하다(이것은

---

84) 엘륄, 1984b, 235.
85) 앞의 책, p.241.
86) 참조. 앞의 책, p.246.
87) 앞의 책, p.247.
88) 앞의 책

가족, 노동, 정당, 협회와 관련된다). 이것은 자유가 행사되도록 내버려 두는 것이다.[89] 반대로 "만일 제도가 지나치게 경직되고, 신성화되고, 메마르면 그것은 어떤 역할도 할 수 없다." "만일 이 추상체와 이 관료제에 대항하는 것이 불가능"하다면, 태업怠業, sabotage을 생각해야 한다.[90] 여기서 표현되는 무정부-조합주의組合主義적 확신은 자끄 엘륄을 뽈 리꾀르의 반대극에 위치시킨다. 자끄 엘륄은 나아가 분명히 뽈 리꾀르와의 불일치를 표명하는데 이것은 리꾀르가 개인적 자유는 정치적 제도 안에서 구체화 될 때만 의미가 있고, 또 그것이 자유를 실현할 수 있게 할 때만 의미가 있다고 말할 때이다.[91] 엘륄에게, 자유와 제도는 상호 배타적인 관계 안에서 서로 지지하는 두 실재이다. 근본적으로 다른 전제로부터, 뽈 리꾀르와 자끄 엘륄은 결국 그리고 논리적으로 거의 정반대의 관점에 이른다. 그것은 우리가 보았듯이 결코(리꾀르에게 있어) 제도를 높이고 (엘륄에게 있어서) 제도를 마귀시 하는 것과는 전혀 관계가 없다. 그러나 자유라는 "주제"에 맞서서 윤리의 영역에서 다른 입장정립일 뿐이다. 그러나 자끄 엘륄과 뽈 리꾀르 간의 논쟁은 소망의 모티브까지 연장된다.

VI. 소망에서 삼위일체로

우리는 소망의 문제가 엘륄 사상의 중심에 자리를 잡고 있음을 보았다. 자신의 작품이 사회학적 측면으로 축소되면 절망으로 이끌 뿐이다. 소망은 기술사회의 규정들을 초월하려면 소망이 신학적 입장들로부터 나타나야 한다. 그러나 그는 결코 기술사회의 규정들을 부인하지는 않았다.

---

89) 참조. 앞의 책, p.249.
90) 앞의 책, p.248.
91) 참조. 엘륄, 1975a, tome 2, p.95.

자끄 엘륄의 작품의 두 극 사이의 변증법적 운동은 소망의 모티브에서 힘을 얻는다. 그러나 자유로운 부르짖음을 향해 늘 열려 있는 희망의 모티브와는 절대로 혼동되지 않는다. 이 주제에 대해서 엘륄과 그의 동시대 철학자, 신학자들이 나눈 대화의 몇 가지 시발점을 찾을 수 있을까? 이 문제에 답변하기 위해서, 우리는 뽈 리꾀르, 폴 틸리히 그리고 위르겐 몰트만의 입장들과 자끄 엘륄의 입장들을 비교해 볼 것이다. 그리고 우리의 연구를 끝내면서 자끄 엘륄의 사상의 중심에 있는 삼위일체의 문제를 다루게 될 것이다. 이 마지막 검토는 우리에게 엘륄이 그의 대화 상대자들의 작품에 대해서 거리를 두는 양식에 대해 많은 것을 가르쳐 줄 것이다.

a) 뽈 리꾀르와 폴 틸리히에게 있어서의 소망 : 급진화의 두 번의 기회

소망이라는 주제에 관해서, 자끄 엘륄은 뽈 리꾀르와의 일치점과 차이를 한정했다. 그는 "소망은 명백하고 확실하게 여겨지는 구체적인 상황과의 대결이고 사방이 막혀 있더라도 출구를 긍정하는 것"[1]이라고 말하면서 그의 입장에 동조한다. 그는 뽈 리꾀르의 사상을 급진화, 체계화하여 "항상"의 소망을 "죽음에도 불구하고", "죽음의 실재성에 대한 부인"으로 삼았다.[2] 그러나 엘륄은 리꾀르가 소망을 행동을 가능하게 하는 지식의 넘쳐남으로 축소하여 이해나 행동과 같은 차원의 것으로 생각하는 것처럼 보였을 때, 엘륄은 그에게 동의하지 못하는 바를 명백히 쓰고 있다. "적어도 내가 그를 잘 이해했다면!"[3]이라고 말한다. 리꾀르에게 "소망이란 단지 더해진 것에 불과하다."[4] 그렇지만 엘륄에게 소망은 다른 수준에 속하는 것이다. "소망이 생겨나는 것은 더는 지식이 없고 명백하게

---
1) 엘륄, 1972b, p.199.
2) 앞의 책.
3) 앞의 책, p.195.
4) 앞의 책, p.196.

가능하게 행동할 것이 없을 때이다. 그리고 소망이 다른 앎을 부르고, 그리고 분명히 현실적으로 불가능한 행동을 요구할 때 소망은 생겨난다. 그러나 그것이 이것이거나 아니면 아무것도 아니다. 다시 말해서, 만일 가능한 것의 넘침으로 그것을 국한한다면 그것은 행동 가운데서 꿈을 꾸는 것이고, 값없는 놀이가 된다. 만약 그것이 불가능한 것을 부수고, 작게 만들고, 그것을 부정하려는 굳은 의지를 갖추고 그것에 들어간다면, 그때 그것은 실재 속으로 들어가는 것이다."5) 자끄 엘륄이 할 수 있는 한 뽈 리꾀르의 사상을 급진화시켰다고 주장하는 것은 이렇듯 매력적이다. 그리고 리꾀르 사상이 급진화될 수 없다면, 그는 그것에 대항해 자기 자신의 급진화를 계속해나갈 것이다.

소망의 모티브는 마찬가지로 폴 틸리히에게서도 나타난다. 『잊혀진 소망』6)에서 자끄 엘륄은 하나님의 부재에 관해서 폴 틸리히를 길게 인용한다.7)

"그것의 부재의 원인은 무엇인가? 우리는 그것이 우리의 저항이고, 우리의 무관심이고, 우리의 진지함의 결여이고, 우리의 정직한 질문의 결여이고, 또는 반대로 부정직이고, 우리의 진지한 의심이고 아니면 반대로 냉소이다. 이 모든 대답은 하나의 진리를 담고 있다. 그러나 그것들은 결정적이 아니다. 이 질문에 대한 결정적인 답변은 무엇이 하나님을 부재하게 하는가이다. 이것은 하나님 자신이다! 우리의 시각에서 하나님을 떼어놓는 것은 바로 성령이다. 몇몇 시각에서만 아니라, 때때로 한 시대 동안에 다수의 시각에서이다. 우리는 우리가 아는 하나님이 부재하시는 시대에 살고 있다. 그러나 그가 부재 하는 하나님이심을 알면서 우리는 그에 대해서 어떤 것을 안다. 우리는 '그의 빈자리를 우리가 전에

---

5) 앞의 책.
6) 참조. 엘륄, 1972b.
7) 참조. 앞의 책. p.113-115.

속해 있었고 지금은 우리의 시야에서 사라진 어떤 것에 의해 남은 공간으로서 그 부재를 인식한다. 하나님은 늘 무한하게 가깝고 그리고 무한하게 멀다. 우리는 그의 가까이 계심과 그의 멀리 떨어짐을 동시에 경험할 때에만 그를 완전하게 의식한다. 우리의 하나님에 대한 경험이 피상적이고, 일상적이게(뜨겁지도 차갑지도 않은) 될 때, 그리고 그것이 별 관심을 끌기에는 너무 익숙할 때, 무한한 거리로서 느껴지기에 너무도 가깝게 느껴질 때 그때 그것은 부재의 하나님의 경험이 된다. 성령은 현존하기를 멈추지 않는다. 영적 임재는 사라질 수 없다. 그러나 하나님의 성령은 우리의 시야에서 하나님을 감출 수 있다. 성령을 거스르는 어떤 저항도 성령에 대한 어떤 무관심도 그것을 물러나게 할 수 없다. 그러나 우리를 향해서 늘 현존하며 거하시는 성령은 스스로 숨으실 수 있다. 이것은 그가 하나님을 숨길 수 있다는 말이다. 그렇다면, 성령은 하나님이 부재하고 그의 자리였던 우리를 둘러싼 공간 이외에는 보여주는 것이 없다. … 부재했던 사람은 그에게 속한 자리로 돌아와 그것을 취할 수 있다. 영적인 임재는 다시 우리의 의식 속으로 뚫고 들어와 그것을 깨울 수 있다. 그리고 우리의 의식은 그 임재가 우리의 의식을 구해내고 변화시킨다는 것을 인정하게 된다. 이것은 성령의 바람처럼 우리의 영적 삶의 정체 되어 있는 공기를 움직이게 한다. 폭풍은 가라앉혀질 수 있다. 그리고 새로운 정체가 생겨나고 하나님의 의식은 우리 안에 있는 비어 있는 공간의 의식으로 대체된다. 성령의 삶은 흐름과 다시 흐름이다. 우리가 하나님의 임재의 경험이나 그의 부재의 경험을 할 수 있다면! 그것은 성령의 사역이다."[8]

자끄 엘륄은 감사하는 마음으로 폴 틸리히의 "이 아름다운 페이지"[9]를 받는다. 그러나 엘륄은 그가 현실의 극심한 고됨을 경감시킨다고 비난한다. 하나님의 부재를 사실상 성령 임재의 증거인 것처럼 말하는 것은

---

[8] Paul Tillich, *L'éternel maintenant*, op.cit. p.101-102.
[9] 엘륄, 1972b, p.115.

"간편한 위로"10)이다. 그러나 이것은 하나님이 우리를 그의 진정한 부재를 통해서 깨닫기를 촉구하는 것을 알지 못하게 한다. 따라서 그것은 부재하시겠다는 하나님의 결심과 관련해 우리에게 던지는 질문에 답변하게 할 수 없다.11) 분명히 자끄 엘륄은 자신의 급진성을 되살린다. 그리고 이 사실로부터 모든 타협책을 받아들일 수 없는 것으로 평가한다. 우리는 문화, 정치권력, 소망이라는 주제를 통해서 폴 틸리히의 저술에 대한 엘륄의 읽기가 그 자체로 다원적이고 모든 종류의 가능한 조합을 가능하게 하는 것을 보게 될 것이다. 급진적인 거부, 열광적 동의, 다양한 중간적 입장, 특히 다른 대상을 향해서 문제 제기와 분석을 옮기는 것이 그것이다.

b) 위르겐 몰트만, 소망과 삼위일체 – '사상의 도약'의 기회들.

자끄 엘륄은 소망과 삼위일체라는 두 주제에 대해서 위르겐 몰트만에게 강력한 영향을 받는다. 다른 경우에서처럼 그는 그 자신의 문제의 연장선에서 그리고 그것을 통합해 넣으려고 그 신학자의 논증에서 힘을 입는다. 자끄 엘륄은 따라서 위르겐 몰트만의 "소망의 신학자"임을 자처한다.12) "우리는 이처럼 몰트만과 함께 모든 계시는 약속에 따라서 구조화되고 소망은 기독교인의 삶의 본질적인 부분이 된다는 것을 깨닫게 된다. 왜냐하면, 소망과 약속과의 관계는 불가분의 관계이기 때문이다. 이처럼 소망의 신학적 테두리 내에서 소망을 다시 놓는다. 그리고 우리는 그것을 성서적으로 정당화한다. 우리는 신학의 다른 요소들과의 관계들을 보여준다. 그것은 고립되거나 이탈되는 현상이 아니고 적어도 덧없는 감정이 아니고 기독교인의 삶의 부록이 아니고, 그것은 반대로 빛나는 중심이 되었다. 그리고 나는 전적으로 소망의 중심적 실재에 동감한다."13) 자끄 엘

---

10) 앞의 책.
11) 참조. 앞의 책.
12) 참조. Jürgen MOLTMANN, *Théologie de l'espérance, op cit.*

뢸이 보기에 위르겐 몰트만의 큰 공헌은 소망의 모티브를 중심으로 신학을 세운 것뿐 아니라 그것은 변증법적 운동에 집어넣는 것이다. "몰트만이 경이적으로 보여주었듯이(…) 우리는 약속에서 약속으로 간다. 성취된 약속은 성취해야 할 새로운 약속 안에서 소망을 북돋는다."14) 자끄 엘륄이 성서의 변증법을 밝혀낸 것은 바로 위르겐 몰트만 덕분이다. "구약 성서 전체에 걸쳐서 약속에서 그 성취로 가는 발전 과정, 그 성취는 새로운 성취로 이어지는 새로운 약속을 담고 있다."15) 따라서 기독교인의 삶은 "이미"와 "아직"의 긴장 사이에서 지속한다.

자끄 엘륄의 이 표현은 위르겐 몰트만의 구절을 해석적으로 읽은 것 같다. 사실 몰트만은 게르하르트 폰 라드Gerhard von Rad의 두 글에 의존하고 있다.

> "기다림의 '아직은 아니고'는 '이미 현재'에 개입하며 모든 성취를 넘어선다. 이것은 개입하는 각각의 완성의 실재가 더 큰 소망의 확증과 해석으로 나타나기 때문이다. 만일 '약속의 역사의 확장과 전개를' 이해하기 위해서 역사에 대한 약속의 우위의 근거를 모색하며 그것에 가치를 부여한다면, 우리는 다시 추상적인 약속–성취의 도식을 버려야만 한다. 그렇다면, 우리는 이 현상의 신학적 해석을 상기해야 한다. 약속의 가치와 역사에 대한 그것의 우위 근거는 역사적 실재에는 절대 고갈되지 않는 하나님의 약속과 자신과 완벽하게 일치하는 실재 속에서만 '안식하시는' 하나님의 마르지 않는 넘쳐남이다."16)

위르겐 몰트만은 이 고찰들로부터 다름의 종합을 제시한다. "약속들은 사건들 안에서 실현되기 위해 온다. 그러나 그것들은 어떤 사건들에서

---

13) 엘륄, 1972b, p.168.
14) 앞의 책. p.165-166.
15) 엘륄, 1987b, p.53-54.
16) Jürgen MOLTMANN, *Théoogie de l'espérance, op.cit.*, p.113.

도 고갈되지 않는다. 반대로 그것들은 늘 초과 잉여로 남아 있고 미래를 향해서 그것의 목적을 유지한다."17)

마찬가지로 자끄 엘륄은 몰트만에게서 시작했다고 믿는 "신의 현현적 종교"18)와 마르틴 부버의 접근을 규정하기 위해 사용한 "임재의 종교"라고 하는 것에의 거리를 인정한다. "약속의 종교와 부버의 (하나님)의 임재의 종교 사이에서 몰트만의 반명제는 그가 임재의 신학보다 약속의 신학을 하는 **영원한 신학**theologia perennis 속에 더욱 참되게, 더욱 정확하게 있다고 말하게 하지는 않고, 단지 실제로 유기의 시대, 하나님의 부재의 시대에 소망 외에는 다른 가능한 태도가 없어서 약속의 신학의 가능성을 시도할 수밖에 없다는 것을 뜻한다."19)

앞의 단락은 이미 위르겐 몰트만의 저술들에 대한 엘륄의 태도를 이미 보여주고 있다. 사실 몰트만은 전혀 "유기"에 대해서 말하지 않고 하나님의 부재와 침묵의 패러다임의 틀에서 약속, 소망 그리고 성취의 모티브를 위치시키지 않았다. 따라서 엘륄은 유기의 상황에서 소망의 혁혁한 지위의 비극적인 개념을 뒷받침하기 위해서, 위르겐 몰트만이 강조한 신의 현현과 약속 사이의 긴장에 기대고 있다. 위르겐 몰트만의 저술에 대한 엘륄의 이러한 태도는 몰트만의 저술에 대해 거리를 두게 될 때 확증된다. 다음과 같이 엘륄은 몰트만 저술의 적실성을 인정함과 동시에 그것에 엄격한 비판을 가한다.

"소망의 신학이나 철학을 한다는 것은 소망을 그것의 본질과 정반대되는 것으로 바꾸는 것이 된다. 그것은 소망을 하나의 대상으로 삼는 것이나 다름없다. 어떤 지적인 주의를 기울인다 하더라도 그것은 객관화된

---
17) 앞의 책. p.116.
18) 참조. 앞의 책. p.102-109.
19) 엘륄, 1972b, p.184.

다. 다시 말해서, 그것은 더는 소망이 아니다. 소망이라는 것은 잡아 줄 수 있는 것이 아니다. 따라서 그것에 대한 담론은 그것의 본질을 설명하지 않을뿐더러, 소망은 만들어지거나, 정당화되거나, 설명되거나 아니면 다른 신학의 내용과 관계를 맺는 것으로 간주할 수 없다. 왜냐하면, 이런 식으로 조작될 때, 그것은 그것의 본질과 반대가 되기 때문이다. 여기서 이것은 역시 그것의 본질적인 실재가 아닌 그것의 흔적을 잡는 것이다. 소망이라는 것은 반反담론antidiscours이면서 동시에 반反대상antiobjet이다. 따라서 그것은 설명되지도 정의되지도 않는다. 모든 소망의 신학(물론 피할 수 없고, 유용한 것이다. 탁월하게 리꾀르는 몰트만의 사상을 따르고 있다)은 소망의 한 개념의 표현이다. 그러나 몰트만의 저술들이 교회에다 소망을 불어넣는다는 것은 기뻐해야 한다. 왜냐하면, 이 저술들은 우리가 지금 가야 할 길을 가리켜 주고 있기 때문이다.(…) 그러나 내 입장에서 비판적으로 보이는 것은 신학의 구조화이다. 다시 말해서, 우리가 비난하는 교의학자가 취급하는 대로 소망을 다루고 있다는 것이다. 살아 있는 것을 해부 된 시체로, 주체를 객체로, 말하는 것을 말해진 것으로, 파악할 수 없는 것을 범주들로 바꾸는 것이다. 만일 소망이 있다면, 그것은 하나님의 진리에 너무도 가까워서 어떤 신학으로도 한정될 수 없다."[20]

따라서 자끄 엘륄이 반대하는 것은 소망의 객관화이다. 그리고 엘륄은 자신이 소망에 대한 담론을 바로 몰트만이 체계적 저술에다가 실현하려고 했던 이 기획의 과도한 주장에 대항하면서 세운다. 사실 엘륄은 소망이라는 재발견에서 그리고 신학적 사건으로서 소망의 신학의 체계화에서 유기의 지표를 끄집어낸다. 신학자들을 그들도 모르는 사이에 소망에 관심을 끌게 한 것은 바로 버려짐의 감정과 소망의 부재이다. 자끄 엘륄의 일련의 부정과 긍정은 바로 이러한 확실한 관찰에 근거한다. 이것은 위르

[20] 앞의 책. p.171-172.

겐 몰트만의 사상에서는 찾을 수 없는 것으로 오히려 그의 사상과는 거리를 두는 것이다. 약속이라는 것은 확실성 안에서 실현되는 것이 아니다. 그것은 성취되기까지 내적인 힘에 의존하지 않는다. 그것은 임의적이다. 그리고 하나님의 약속은 인간과의 거친 싸움의 끝에서 성취된다. 이 소망의 싸움이라는 것은 하나님이 자신의 침묵에서 나오시게 하고 자신의 약속을 지키시게끔 하려는 것이다.[21] 위르겐 몰트만의 입장과의 가장 명백한 차이는 몰트만에게 묵시적으로 말하는 도발적인 문구에서 나타난다. "당신이 하나님의 버리심에 의해서 산 채로 몸이 벗겨지지 않고, 당신 자신이 깊숙이 찢기지 않는다면 기대를 갖고 소망을 말하는 것이 쓸모없는 일이다. 고속도로를 건설하고 슬럼가를 없애는 싸움을 그리고 혁명하고, 신학을 하는 것을 계속하라. 이것은 매우 좋은 것이다. 그러나 예수 그리스도와 그와 관계된 다른 것에 대해 더는 말하지 않는 편이 더 나을 것이다."[22] 위르겐 몰트만과 정치신학, 해방신학자들과의 대화에 대한 암시는 거의 감춰진다. 우리는 이 무례한 어조를 비판할 수 있다. 그러나 이는 엘륄에게 준 영감에도 불구하고 몰트만과 구분되는 독자적인 자기만의 사상을 구축하기 위해 치러야 할 대가였다.

삼위일체에 관해서도 마찬가지다. 자끄 엘륄은 삼위일체의 표상에 대한 위르겐 몰트만의 복귀[23]에 동의한다. "기독교가 유일신주의이기 이전에 기독교는 삼위일체적이라는 사실을 주장한 것은 신학적 혼동기에 위르겐 몰트만의 큰 기여이다. 기독교 신앙의 진정한 특질은 바로 삼위일체이다."[24] 따라서 유일신론은 기독교 계시의 본질적이고 중심적인 특징으로서 내세워져서는 안 된다. "만일 우리가 무엇보다도 유일신론을 지나

---

21) 참조. 앞의 책. p.184-185.
22) 앞의 책. p.255.
23) 참조. Jürgen MOLTMANN, *Trinité et Royaume de Dieu. Contributions au traité de Dieu*, Paris, Le Cerf (coll. Cogitatio Fidei, n° 123), 1984.
24) 엘륄, 1987b, p.236.

치게 내세운다면, 우리는 예수 그리스도 안에 있는 계시가 무엇보다도 삼위일체적이라는 사실을 망각하는 것이다. 문제는 심각하다. 왜냐하면, 이는 예수 그리스도를 이차적인 수준으로 보내는 것이기 때문이다."25) 삼위일체의 제이 위격을 상대화하는 것은 분명 기독교 신학에 파괴적 영향력을 미친다. 왜냐하면, 오직 예수 그리스도만이 우리에게 하나님이 누구이신지를 드러내기 때문이다. 여기서 위르겐 몰트만이 자끄 엘륄에게 준 영감은 부인할 수 없다. 사실 독일의 신학자에게 엄격한 유일신주의가 "기독교회의 교리와 예배에 들어오게 된다면, 그리스도에 대한 신앙은 위협을 받게 된다. 그렇게 되면 그리스도는 하나님에게 자리를 내어주고 선지자의 지위로 격하되어야 한다. 아니면 그리스도는 하나님의 한 양상으로 흡수될 수밖에 없다. 한 분 하나님에 대한 엄격한 사상은 근본적으로 신학적 기독론에서 불가능하다. 왜냐하면, 하나라는 것은 분리될 수도, 서로 소통할 수도 없기 때문이다. 그는 자신을 표현할 수 없다. 따라서 정당하게 말해 기독교회는 유일신론을 기독교 내부의 가장 큰 위험으로 간주했다. 그래서 교회는 또한 하나님의 주권에 대해서 군주제적 개념을 취하려고 노력하였다. 엄격한 유일신론은 그리스도 없는 하나님, 그리고 결과적으로 하나님 없는 그리스도를 생각하게끔 했다."26)

만일 위르겐 몰트만이 아리안주의-예수의 신성을 부인한 초기 기독교이단, 이에 따르면, 예수는 창조되었으며 양자로 택함을 받았을 뿐이다.—옮긴이 주와 사벨리안주의-하나님은 한 분이시고, 세 가지 모습으로 자신을 계시하였다고 주장한 초대 교회이다. 양태론 또는 성부 수난 설이라고도 함—옮긴이 주 이단에 대항해서 교부시대의 기독교 정통교리를 옹호한다면,27) 자끄 엘륄의 의도는 전혀 다르다. 자끄 엘륄에게 있어 문제는 이슬람교와 기독교를 철저히 구분하려는 데 있다. 이 점에서 엘륄

---

25) 앞의 책.
26) Jürgen MOLTMANN, *Trinité et Royaume de Dieu*, op.cit. p.168.
27) 참조. 앞의 책. p.169-175.

은 위르겐 몰트만의 말에 매우 슬쩍 의지하는 것인지도 모른다. "엄격한 유일신론은 이슬람이 보여주는 바대로 신정주의적 방식으로 사고 되고 실현되어야만 한다."28) 그러나 독일의 신학자는 이어서 이슬람교에 대해서 더는 언급하지 않는다. 반대로 자끄 엘륄은 알라와 기독교의 하나님은 결코 동일시될 수 없다고 주장하기 위해서 몇 가지 개념을 분명히 분석한다. "이슬람의 하나님은 예수 그리스도의 하나님과 전혀 공통점이 없다. 오늘날 이슬람의 수용과 공통점의 모색 가운데서 우리는 어떤 합일점도 절대로 말하지 않고 있다. 이슬람교도들은 배타적인 유일신론의 개념을 극단에까지 밀고 나가서, 알라는 근본적으로 그리고 절대적으로 자기 자신에게 충족적이라고 말한다. 그는 모든 것이다. 그는 어떤 것도 필요하지 않다. 알라에게 '덧붙일' 것은 아무것도 없다. 결과적으로 창조는 아무 데도 쓸모가 없고, 꼭 필요한 것도 아니다. 알라는 태연하고, 변함이 없는 상태로 존재한다. 그는 어떤 고려도 없이 자신의 의지를 관철한다.(…) 알라는 무엇보다 사랑이신 아브라함과 예수 그리스도의 하나님이시다. 그리고 창조는 반드시 필요하다. 왜냐하면, 그는 자기 자신을 스스로 사랑하는데 만족하지 못하기 때문이다. 이 하나님은 반드시 초월적이지만, 인간과 함께 있으려고 모든 역사에 반드시 임재해 계신다. 그는 사랑이시기 때문에 그분은 인간의 기도를 들으시고 우리가 간추린 모험 안에서 인간과 동행하신다. 그는 사랑이시기 때문에, 그는 인간의 죄의 고통에 동참하신다. 하나님이 어느 정도까지 인간에게 헌신하셨고, 인간 없이는 자신을 상상할 수 없고, 인간 없이 자신을 생각할 수 있기를 **원하지 않으셨는지**를 이해하려면 하나님의 고난, 신적인 번민, 하나님 안에서의 비극에 대한 몰트만의 아름다운 글을 읽을 필요가 있다."29) 위르겐 몰트만의 『삼위일체와 하나님의 나라』*Trinité et Royaume de Dieu*에서 "하나님의 수난"

---

28) 앞의 책, p.168.
29) 엘륄, 1987b, p.238-239.

30) 에서 "신적인 번민"31) 그리고 "하나님 안의 비극"32) 에 이르는 장들은 기독교 신학의 내부적 요소로 남아 있다. 따라서 자끄 엘륄은 종교 상호 간의 대화의 장에서 논쟁적 차원에서 견고한 교의적 토대로서 그것을 활용한다.

위르겐 몰트만은 이슬람을 약간 언급하면서 2천 년 동안의 기독교 신학의 여러 흐름을 독자들에게 소개한다. 그는 "정치적 사제주의적 유일신론"33)과 "하나님의 나라와 자유의 삼위일체 교리"34) 를 대립시킨다. 자끄 엘륄은 삼월일체를 자유의 측면에서 유대-기독교와 이슬람 사이의 차이의 결정적 기준으로 삼는다. "몰트만은 유일신론이 정치적인 측면에서뿐 아니라 교권적인 측면에서도 권위주의와 전제주의를 낳는다고 말하기까지 한 것은 옳은 생각이다. 삼위일체 사상은 하나님의 자유와 동시에 인간의 자유를 보장한다. 이러한 거친 주장은 반드시 유대인과의 단절을 불러오지 않는다.(…) 왜냐하면, 그들은 같은 하나님을 믿기 때문이다. 이것은 엄격한 의미에서 이슬람교에는 불가능한 것이다."35)

만일 자끄 엘륄이 기독교를 이슬람교에 대립시키기 위해서 위르겐 몰트만의 사상을 나름대로 연장해야 한다면, 그것은 유대교와 기독교를 접근시키기 위해서다. "심지어 그리스도 이후에 이스라엘은 세계의 보편적 구원의 기능을 수행했다."36) 만일 자끄 엘륄이 자신이 골몰하는 문제를 위해서 필요한 자원을 몰트만의 논증에서 빌려온 것이라면, 그것은 이 독일 신학자가 하나님의 단일성보다는 삼위일체적 측면을 부각시킨 사실 때문이다. "어떤 누구도 그의 신적 세 위격에 대한 강조, 각 위격과 그들

---

30) 참조. Jürgen MOLTMANN, *Trinité et Royaume de Dieu*, op.cit., p.35-84.
31) 참조. 앞의 책, p.54-62.
32) 참조. 앞의 책, p.62-68.
33) 참조. 앞의 책, p.239-254.
34) 참조. 앞의 책, p.239-277.
35) 엘륄, 1987, p.237; 참조. 엘륄, 2004, p.62-78.
36) 엘륄, 1991a, p.192. 참조. Jürgen MOLTMANN, *L'Eglise dans la force de l'Esprit. Une contribution à l'ecclésiologie*, Paris, Le Cerf (coll. Cogitatio Fidei, n° 102), 1980, p.181-199.

의 단일성에 대한 이해(단일성unité-독일어 Einheit에 해당- 보다는 '연합' union-독일어 Einigkeit에 해당)가 그의 사상이 삼신론적 경향을 보인다고 생각하지 않는다(그렇다고 삼신론을 말하는 것도 아니다)."[37] 의심의 여지없이 위르겐 몰트만의 저작은 자끄 엘륄의 사상의 "촉진제"가 되었다.

자끄 엘륄이 철학자와 신학자의 작품을 다시 읽는 과정을 살펴보기를 마무리하면서 우리는 자끄 엘륄 사상의 대화적 성격의 문제를 단정적으로 떼어내서 말할 수 없다. 샤르트르를 제외하고는 자끄 엘륄이 만난 사상가들은 그에게 건설적인 대화의 진정한 상대자가 되지 못했다. 그들은 완전한 타자로서의 지위를 누리지도 못했고 진리와 오류의 대결 가운데서 그들이 촉진제가 되지도 못했다. 대부분은 연속적으로 이 두 가지 지위를 짊어졌고, 더 일반적으로 말해서 그들은 자끄 엘륄에게 "철학적 정리定理"와 "신학적 정리定理" 그리고 철학적, 신학적 담론의 통일성을 제공해 주었다. 그는 노련하게 항상 독창적이면서도 흔히 급진적인 그래서 지적인 영역에서 주변부에 있는 자기 자신의 논제들을 지지하려고 그것들을 채택하고, 전환하고, 뒤집고, 재해석하거나 또는 배척했다. 자끄 엘륄의 학문하는 방식은 다른 사상가들의 논증에 대해 부정적 태도를 보이지 않고, 오히려 그것들을 자신의 통찰을 살찌우려고 자신의 논증에 이용하는 것이다. 이는 실제적인 대화와 관련된 것인가? 저자로서의 자끄 엘륄과 그의 독자들과의 관계는 독자로서의 엘륄이 그의 독서와 저자들과의 관계를 조명해 줄 것이다. 그리고 이 두 입장의 긴장 설정은 우리의 문제에 대한 해답을 줄지 모른다.

---

37) Hubert GOUDINEAU et Jean-Louis SOULETIE, Jürgen Moltmann, Paris, Le Cerf(coll. Initiation aux théologiens), 2002, p.83.

결론 **불가능한 유산:**
어떻게 엘륄주의자가 될 수 있는가?

결론 ● 불가능한 유산 : 어떻게 엘륄주의자가 될 수 있는가?

우리의 연구 결론을 감히 내릴 때가 왔다. 달리 말해, 우리의 가설을 시험대에 올리는 것이다. 이를 위해서 우리는 두 부분으로 나누어 고찰할 것이다. 우선 우리는 자끄 엘륄의 후계자들이 이루어낸 엘륄 저서의 독서를 고찰하기 전에 자끄 엘륄 자신의 독서에 관심을 둘 것이다. 엘륄에 있어서 대화 사상의 가설은 사실 새로운 가설을 유도한다. 즉 대화적 유산의 가설이다. 다른 저자들의 작품을 엘륄이 읽는 방식은 논리적으로 엘륄의 저서에 영감을 받은 사람들이 엘륄을 읽는 방식과 유사하지 않겠는가? 사실적으로, 우리의 결론은 하나가 아니라 새로운 연구로 문을 열어주는 것이다. 이것은 더욱 풍성하고 잠재성 있는 새로운 영역으로 우리를 초대해 줄 것이다.

a) 자끄 엘륄의 독자, 그리고 그의 독서

우리가 살펴본 대로 자끄 엘륄이 참조한 저술들, 즉 그에게 영감의 원천이 되었거나, 자극을 주는 대화 상대자들인 이들을 둘러보면서 엘륄은 순전한 직관에 따라서 모든 것을 다시 발명해야 했던 로빈슨 크루소처럼 상아탑 속에 한 체계를 구축하는 학자와는 거리가 멀다. 다른 이들의 사상은 그 자신의 사상을 살찌운다. 이는 그를 반대 사상적 조류를 따라가지 않도록 해준다. 반응하는 사상은 정확히 말해 외로운 사상은 아니다. 그렇다고 그것은 대화하는 사상인가?

첫 번째 애매함은 적절치 않은 개념적 화합으로 말미암은 애매함으로 지적될 필요가 있다. 서로에게 토양이 되면서, 서로서로 비판하는 두 극 사이에 비옥한 긴장을 견뎌내는 것과, 이처럼 자신의 사상의 한가운데에 다른 사상의 자리를 허용하기 위해서 고정된 체계에서 벗어나야 한다는 것만으로 충분치 않다. 그것은 같은 주제에서 내적인 변증법들이다. 즉 모든 타자성에 저항하는 자아와 자아 사이의 운동이다. 따라서 대화의 가능성의 조건을 자세하게 정의할 필요가 있다.

프란시스 자끄François Jacques는 어떤 점에서 진정한 대화가 철저한 엄격성을 요구하는지를 보여주기 때문에 이 부분에서 우리를 크게 도와줄 것이다.[1] 대화는 의사소통이나, 협상, 심지어 서로 이야기하는 것과 혼동되어서는 안 된다. 이것은 병치 된 두 독백에서 출발하는 형식과 관계없다. 말을 번갈아 하는 것으로 불충분하다. 대화적 관계는 대화에 참여한 각각의 당사자가 자기를 뛰어넘는 능력에 바탕을 두고 있다. 다시 말해서, '나'는 '너'라고 나를 부르는 타자의 부름을 받아 들을 능력이 있어야 하고, 제 삼자에게 나와 관련한 이야기의 대상으로서 나를 인식하는 능력이 있어야 한다. 에고는 대화에서 '나'를 말할 수 있고, '너'라고 불릴 수 있고, 우리가 말하는 '그'가 될 수 있을 때에만 한 인격이 될 수 있다. 이 근본적인 조건들 없이는 나는 듣지 않으려고 말하고, 말해야 하는 두려움 때문에 듣고, 사람들이 나에 대해 말하는 것에 대해 고통을 감수하는 위험을 강하게 무릅쓴다. 내가 '너'를 말할 때, 너는 '나'를 이해한다. 이것은 나에게 '너'를 이어서 말할 수 있기 위함이다. 따라서 이것은 '나-너-

---

1) 참조. Francis JACQUES, *Dialogiques. Recherches logiques sur le dialogue*, Paris, PUF, 1979; *Différence et subjectivité. Anthropologie d'un point de vue rationnel*, Paris, Aubier-Montaigne, 1982; *L'espace logique de l'interlocution. Dialogue II*, Paris, PUF, 1985.

그'의 삼각관계를 받아 들일 수 있는 능력이다. 이 삼각관계는 각 대화자를 대화의 상황 속에 정의한다. '너'는 언어장애인이 아니다. 소리를 직접 내지 않는다고 해도 그는 공동 진술자coénonciateur이다. 우리는 타자가 그것을 들을 수 있기 때문에만 타자에게 말한다. 달리 말해서, 상호성은 대화에서 필수적인 조건이다.

이 상당히 구속력 있는 철저한 조건들은 우리의 관심을 끄는 엘륄의 저서에서 충족되는가? 프란시스 자끄에 의해 제안된 구두성口頭性의 맥락에서 독서와 글쓰기의 맥락의 모델 적용의 정당성을 입증하는 것이 첫 번째 어려움이다. 우리는 직접적인 담화와 신체에 외적인 물질적 표시에 의해 중재 된 관계, 즉 펜, 종이, 타자기, 컴퓨터에 의해 중재된 관계를 규정하기 위해서 '대화' 같은 개념을 불러들일 권한이 있는가? 더 근본적으로, 구두에서 말로 옮겨진 것은 대화적 시각의 상실을 가져오는가? 우리는 플라톤의 글쓰기에 대한 비판을 알고 있다(이것은 역설적인 비판이다. 왜냐하면, 상당한 저술을 남긴 철학자에게서 나온 것이지만, 아무것도 쓰지 않은 그의 스승 소크라테스의 입에 있었던 것이기 때문이다). 또이스Theuth신의 신화에 따르면, 테베의 황, 따무Thamous는 글자의 발명은 인간의 영혼에 망각을 가져온다. 즉 자신 안에서 재회상하는 수단을 찾는 것을 중단하게 된다는 것이다. 게다가 그들은 스스로 풍부한 정보를 획득하면서 유능하다고 스스로 믿지만, 그들은 환상에 사로잡힌 학자들에 불과하다!2) 그러나 결정적인 논증이면서 무엇보다도 우리의 관심을 끄는 것은, 신화를 확장시킨 플라톤의 주석들이다.3) "일단 쓰이고 나면, 각 이야기는 사방으로 흘러가 사라진다. 전혀 적합하지 않은 사람들뿐 아니라, 그것을 아는 젊은이들에게도 마찬가지이다. 그것이 어떤 사람들을 대상

---

2) 참조. Platon, "Phèdre", in: Œvres complétes II, Paris, NRF Gallimard(Bibliothèque de la Pléiade), 1950, p.74-75(274a-277a).
3) 참조. 앞의 책. p.76-78(275b-277a).

으로 해야 하는지 대상으로 하지 말아야 하는지를 모른다. 그러나 그것이 신랄하게 비판받을 때, 부당하게 비난받을 때, 그것은 그 아버지의 구제가 있어야 한다…. 왜냐하면, 그것은 혼자 힘으로는 자신을 방어할 수 없고 자신을 스스로 구제할 능력이 없기 때문이다."[4]

비판은 심각하다. 텍스트는 공통의 재산이다. 그것은 더는 자신의 저자에게 속한 것이 아니다. 따라서 독자는 그것의 의도를 왜곡할 수 있고 다른 목적으로 그것을 조작할 수 있다. 그것은 자기 자신의 텍스트 안에 통합시키려고 다른 방식으로 다시 쓸 수 있다. 결과적으로 원 저자와의 대화를 끊어 버릴 수 있다. 이것은 자신을 방어해 줄 수 있는 변호인이 없는 글의 궁핍이다. 따라서 글의 세계는 어떤 방식으로 나란히 세워진 독백의 은하이다. 로빈슨 크루소만큼이나 각자는 다른 조난자들의 병들을 받아서 자기 마음대로 사용한다. 어떤 대화도 그때부터는 생각할 수 없다.

플라톤에 답변하면서 글을 변호하고 심지어 그것을 찬양하게 될 사람은 뽈 리꾀르이다. 그는 독서를 수단으로 해서 글을 그 수치로부터 구원한다.[5] 사실 만일 글이 고아라면, "구원'을 가져다주는 자는 독자이다. 그는 구두적口頭的 상황에서 대화자를 차지하러 온다."[6] 글은 말을 삼중으로 해방한다. 첫째는, 발화자에 대해서. 둘째는 즉각적 대화자에 대해. 그리고 셋째는, 대화 상대자들의 공통된 상황에 대해서이다. 세 매개변수 중에서 첫 번째는 우리에게 가장 값진 것이다. "의미론적 자율성"[7] 때문에 "텍스트가 의미하는 바는 더는 저자가 말하려고 했던 것과 일치하지 않는다."[8] "텍스트의 행보는 저자의 통제를 벗어난다."[9] 그리고 "독서의

---

4) 앞의 책. p.76.(275d-e)
5) 참조. Paul Ricœr, *"Eloge de la lecture et de l'écriture"*, in: *Etudes Théologique et Religieuse*, 64e année, 1989/3, p.395-405.
6) 앞의 책. p.402.
7) 앞의 책. p.399.
8) 앞의 책. p.400.

역사에 속하게 된다."10) 따라서 리꾀르는 넓은 의미에서의 대화 개념을 우리에게 제시한다. 이것은 엄격하게 쌍방적이고 서로 얼굴을 마주 보고 두 대화자가 맞대는 단기관계에 의해서가 아니라, 제도적 규약들에 중개되고 종속된 관계에 의해서이다. 그리고 그것 중에서 첫 번째 중개는 얼굴 없는 익명의 사람들에 의한 언어적 제도이다. 왜냐하면, 만일 글이 그 독서에 의해서만 성취를 달성할 수 있다면, "저자인 아버지를 잃어버린 텍스트는 독자들 모두의 양자가 된다." 우리가 자끄 엘륄의 저술을 "대화적"이라고 규정할 수 있는 것은 바로 길을 잃은 타인의 텍스트를 제법 충실하게 양자로서 삼음을 대가로 할 수밖에 없다.11) 장기적 관계와 제도적 매개를 경멸한 저자에게 가장 큰 역설이 아닌가?

　　미셸 세르또Michel de Certeau는 우리를 한 걸음 더 나아가게 한다.12) 이 저자는 독서를 수동적인 소비의 태도로 축소하는 것에 반항한다. 미셸 세르또13)를 인용하면서, 그는 "모든 독서는 그 대상을 변화시킨다."14) 왜냐하면, "책은 독자의 결과(건설물)이기 때문이다."15) 이처럼 독자는 "텍스트의 '원래 의도'와 다른 것을 텍스트 안에서 발명해 낸다."16) 따라서 텍스트를 흡수한다는 것은 텍스트와 "비슷해지는" 것이 아니고, 그것을 자신과 "비슷하게 만드는" 것이다…17) 따라서 독자는 저자에 의해서 구성되고 정의된 범할 수 없는 창고로서 텍스트를 받아들이는 것이 아니고 텍스트에 의미를 부여하는 주체가 된다. 미셸 쎄르또는 자신의 분석을 정치적 측면에 위치시킨다. 일방적인 정보 이데올로기는 독서를 소비-집적소

---

9) 앞의 책.
10) 앞의 책, p.403.
11) 앞의 책, p.403.
12) Michel DE CERTEAU, *L'invention du quotidien*. 1-Arts de faire, Paris, Gallimard(Folio essai), 1990, p.239-255.
13) 참조. Michel CHARLES, *Rhétorique de la lecture*, Paris, Le Seuil, 1977.
14) 앞의 책, p.83.
15) 앞의 책, p.61.
16) Michel de CERTEAU, *op.cit*., p.245.
17) 참조. 앞의 책. p.241.

로 정의하는데, 이것은 정당한 독서의 유일한 담지자인 성직자와 타성적 순종으로 축소된 평신도 사이의 틈을 현실화한다. 같은 텍스트에 대한 정당한 독서의 다원성은 정통에 의해서 이단으로 평가된다. 따라서 독서의 자율성과 창조성은 텍스트와의 관계를 과도하게 결정하는 사회적 관계의 변형에 의존한다. 이것이 바로 미셸 쎄르또가 어떤 일정한 독서 모델을 위하여 싸우는 이유이다. 즉 밀렵密獵으로서의 독서이다. 그는 이렇게 비유를 정당화한다. "독서는 여행객들이다. 그들은 타인의 땅에서 오가며 유랑민으로서 그들이 타인의 글 속에서 밀렵한다. 그들은 이집트의 보물들을 즐기며 기뻐한다."18) 독자로서의 엘륄이 어떻게 텍스트를 다루는지를 이해하기 위해서 거기까지 가야만 할 것 같다. 기술사회에서 독서의 활동을 정보-선전의 소비 모델로 축소하는 저자에게 궁극적인 역설이다!19)

그렇지만, 여기서 약간의 뉘앙스가 있다. 밀렵꾼 독자 모델이나, 저자가 제안하는 요리에서 메뉴를 선택하는 모델은 한계에 봉착한다. 상상과 기대의 결정적인 기능을 독자에게 부여하는 서사적 텍스트의 경우에서조차도 독자에게 비확정된 이야기의 여백을 남겨둔다.20) 텍스트는 몇 가지의 암묵적인 규약을 수단으로 한 독서를 프로그램화하고 방향 지운다. 독서는 따라서 의미의 유일한 생산자가 아니다. 이것은 텍스트와 독자 사이의 상호작용에서 나타난다.21) 이처럼 탐정소설이 독자에게 지표를 전달해주는데 만족할 때, 이야기의 에필로그는 가설을 확증하거나 약화시키게 된다. 하물며 철학적이거나 신학적인 논고와 관련해서, 또는 인문과학 연구와 관련해서 독자는 저자의 가치론적 지향에 대항할 수 있지만, 그때 그는 그가 사용하는 논증적 기반에 근거를 둔다. 독자의 자유는 의무론적

---

18) 앞의 책. p.251.
19) 참조. 엘륄, 1962, p.163-166, p.333-342; 1966b. p251-259.
20) 엘륄의 견해로 시각 미디어보다 음성 미디어와 문자 미디어를 우월하게 만드는 것.
21) 참조. Vincent JOUVE, La Lecture, Paris, Hachette (coll. "Contours littéraires")

책임의 통제 아래에 있다. 이 변증법의 가장 좋은 예는 뽈 리꾀르에게서 찾을 수 있다. 그가 말한 바로는 독자가 텍스트의 의미에 협력한다면 그는 변호사이다. 그러나 리꾀르의 저작은 타인의 사상을 넘어서려고 자신의 사상에서 가장 엄격하게 타인의 사상의 권리를 인정하는 "환대"라는 '주제' 를 완벽하게 표현한다고 질베흐 뱅쌍Gilbert Vincent은 말한다.22) 비난받는 주요한 위험은 다른 사람을 이해하기 위해서 그것을 단순화하는 데 있다. 그리고 결과적으로 "작품의 있는 그대로의 의미에 불충실"23) 하는 대가로 그것을 요약해 버리는 데에 있다. 만일 뽈 리꾀르가 함정을 피하고 있다면 자끄 엘륄 때문이라는 것은 확실치 않다. 가령 엘륄의 마르틴 하이데거의 읽기가 한 예이다.

그러나 또 다른 논리의 양상들에 따라서 다른 의미로 자끄 엘륄의 사상을 "대화적"이라고 생각할 가능성이 있다. 이 독보적 입장의 해석학적 열쇠는 성서의 내용에 대한 시각에서 찾을 수 있다. 우리가 보았듯이 성서는 그에게 있어서 대답을 주는 책이 아니라, 인간에게 던지는 하나님의 질문들을 담은 책이다. 대답의 책임성 있는 그리고 따라서 본문에 부여된 의미의 책임성은 전체적으로 독자에게 부여된다. 이것은 말씀 속에서 자신을 계시하신 하나님과 그것을 이해하려고 애쓰는 신자 사이에 이루어지는 대화의 유형이다. 이는 질문-대답의 관계로 질문들은 정형화된 어떤 대답도 유도하지 않고 "그것에 대답하는" 사람에게 모든 자유를 남겨둔다. 성서의 이 개념을 모든 글로 옮기는 것은 무모해 보일 수 있지만, 독서를 담당하는 사람은 바로 독자 자신이다. 이 가설은 만일 자끄 엘륄의 활동이 독자로서 말하는 것처럼 보인다면, 그것은 저자의 입장에 대해서 그가 타당화 하는 것이기 때문이다. 결론적으로 자끄 엘륄이 마치 자

---

22) Gilbert Vincent, "Pensée et pratique herméneutique de l'hospitalité", in: *Foi et Vie*, vol. CIII, n°5, décembre 2004, p.11-43, p.14.
23) 앞의 책. 12쪽. 우리는 자끄 엘륄의 사상에 대하여 현 연구에서 이 결함을 결코 피하지 못했다는 것을 잘 자각하고 있다.

신에게 하나의 독서의 양식을 시험하려고 했던 것 같다. 따라서 그와 대화의 특별한 유형에 들어가려고 자기 자신의 독자에게 그것을 제안하기 전에 다른 저자들과 대화를 시도하는 것이다.

b) 저자, 자끄 엘륄, 그리고 그의 독자들.

자끄 엘륄이 그의 독자들과 세운 관계를 설명하려면 그의 사상을 추종하는 사람들이 개척한 영역을 신속하게 둘러보는 것이 중요하다. 그러면 우리는 엘륄주의자가 된다는 것이 무엇인지를 스스로 물어볼 수 있고 또 분명하게 몽떼스끼외Montesquieu의 모델을 따라서 질문을 던질 수 있다. "따라서 어떻게 엘륄주의자가 될 수 있는가?"

자끄 엘륄을 다룬 책에서 장-뤽 뽀뀌에Jean-Luc Porquet는 그의 후계자들을 조사하고 있다.[24] 정치학자인 **루시앙 스뻬**Lucien Sfez [25]는 오늘날 기술이 정치를 대체한다는 엘륄의 통찰을 발전시키는 연구에 힘을 쏟는다. 그러나 그는 자끄 엘륄의 급진성과는 생각을 같이하지 않는다. "나는 기술이 노예화로 이끈다고 말하러 온다는 것을 받아들이지 않는다. 기술은 역시 자유의 훌륭한 도구가 될 수 있다!"[26] 수필가인 **장-끌로드 쥘보**Jean Claude Guillebaud [27]는 낙관주의적 엘륄주의자로서 소개된다. 그에게 두드러진 인상을 준 것은 자끄 엘륄 작품의 기독교적 측면이다. 사실 그는 자기의 기독교적인 소망에 유대 예언자주의가 재정식화 되는 것을 본다. 그러나 그는 자기의 친이스라엘적 참여는 지나치다고 생각한다. 마지막으로, 그는 자끄 엘륄의 저작의 성공이[28] "늦게 터진 폭탄"[29]이라고 규정한

---

24) 참조. JEAN-LUC PORQUET, op.cit., p.219-248.
25) 참조. p.219-222.
26) 앞의 책, p.221.
27) 참조. 앞의 책, p.222-224.
28) 앞의 책, p.224.
29) 자끄 엘륄에게 진 지적, 영적 빚을 장 끌로드 쥐르보(Jean-Claude Guillebaud)도 인정하고 있다. 참조. Comment je suis redevenu chrérien, Paris, Albin Michel, 2007, p.16, 50, 99-100, 104, 121, 123.

다. 철학자 **도미니끄 부흐**Dominique Bourg 30)는 비판적 엘륄주의자인 것 같다. 그는 기술의 절대적 자율성의 이론을 거부하지만, 이 자율성을 상대적이라고 인정한다. 이 사실로부터, 그는 지속적 발전을 위한 그리고 "예방 원칙"을 축으로 하는 개혁적 정치적 행보는 "기술사회를 재정향"31) 할 수 있다고 결론 내린다. "급진적 엘륄주의자"라고 규정되는 경제학자 **세르즈 라뚜쉬**Serge Latouche 32)는 반대로 자끄 엘륄의 논증의 이름으로 지속 가능한 발전에 반대하는 편에 손을 든다. "지속 가능한 발전"은 그에게는 모순으로 보인다. 즉, 어떻게 자원이 한정되어 있고 세계가 유한한데 지속적으로 발전하고 느리지만 무한한 성장을 기대할 수 있겠는가? 그것은 우리가 오존층과 서구 산업에서 동시에 살아남게 하는 선전의 수단으로서 믿게끔 하는 대표적인 "기술의 허풍"이다. "지속적인 발전"이라는 신기루에서, 세르트 라뚜쉬는 주요한 생태학적 재앙을 피할 수 있는 유일한 해결책인 "즐거운 비성장"이라는 현실적인 프로젝트에 반대한다.33) 하지만, 그는 자끄 엘륄의 신학적 관심이 그에게 "완전히 낯설"34)다고 인정한다. 장-뤽 뽀뀌에는 이어서 **조제 보베**Jose Bové 35)의 여정을 자끄 엘륄의 사상의 실행이라고 소개한다. 비록 밀로Milau의 맥도널드 공장 파괴세계 무역 기구의 친미국 정책에 반대해서 조제 보베가 주도한 1999년 8월 22일 일어난 맥도날드 제조 공장 파괴 사건을 말함-옮긴이 주가 "엘륄적 행동"이라는 것에는 의심했지만!36) 조제 보배는 세 권의 책에서 강한 인상을 받는다. 기술 진보에 의한 인간의 파괴에 대항하는 전투를 정당화하는 『기술, 세기의 도박』, 대항 권력

---

30) 참조. Jean-Luc PORQUET, *op.cit.*, p.224-228.
31) 앞의 책. p.226.
32) 참조. 앞의 책. p.228-232.
33) 『비성장의 도박』*Le pari de la décroissance*이라고 명명된 책에서, 세르즈 라뚜쉬는 자끄 엘륄을 "비성장 사회의 첫째 사상가 중의 하나"라고 소개한다."(Serge LATOUCHE, *Le pari de la décroissance*, Paris, Fayard, 2006, p.231.)
34) JEAN-Luc PORQUET, *op.cit.*, p.229.
35) 참조. 앞의 책. p.232-239.
36) 앞의 책. p.237.

의 행사를 선호하면서, 국가 권력을 장악할 수 있다는 모든 주장에 대한 허구성을 폭로하는 『정치적 환상』*L' illusion politique*, 그리고 무엇보다도, "세계적으로 사고하고, 지역적으로 행동하라"라는 말을 담은 『혁명에서 반란으로』가 그것이다. 그러나 그는 이스라엘과 팔레스타인 그리고 그들의 해방 투쟁에 대한 자끄 엘륄의 판단에는 이의를 제기한다. 또한, 그의 '대안 세계화 운동' 신자유주의의 흐름에 대항하는 운동—옮긴이주적 참여는 국가의 역할을 축소하는 것을 겨냥하고 있지 않다. 오히려 경제적 흐름에 대한 규제들을 반대로 확립하는 것을 목표로 한다. 끝으로, 그는 세속적 실천에서 자끄 엘륄의 종교적 비전을 어떻게 통합해야 할지 분명하게 역시 이해하지를 못한다. 그러나 그는 자기의 신학적 저작들을 읽었음을 분명히 말한다.37) 정치학 교수인 빠뜨릭 샤스뜨네38)는 말할 것 없이 대표적 엘륄 주의자이다. 그는 '자끄 엘륄 평론' Cahier Jacques Ellul과 같은 자끄 엘륄의 친선 협회를 이끌고 있으며, 미국 잡지인 '엘륄 포럼' Ellul Forum에 협력하고 있다. 하나의 인터넷 사이트도 운영하고 있다. 정치와 선전에 대한 엘륄의 비판은 그에게 오늘날 가장 적실하다고 그에게는 비친다. 빠뜨릭 샤스뜨네는 다른 엘륄주의자들에 대해서 다음과 같은 비판적 시각을 갖고 있다. 그가 말한 바로는 조제 보베는 미디어의 노리개, 즉 선전의 노리개이고 그리고 행동의 목표는 자끄 엘륄이 주장한 비非권력과 매우 거리가 멀다. 반면 노엘 마메르Noël Mamère의 정치적 행동은 자끄 엘륄의 정

---

37) 매우 비판적인 그리고 심지어 비교적 비꼬는 어조의 분석에서, 장 자꼽(Jean Jacob)은 자끄 엘륄이 조제 보베에게 미친 영향에 대해 정치의 영역에서 엘륄의 입장의 신학적 토대들을 가지고 근대성에 대한 농업 조합의 지도자의 적개심을 해석한다.(참조. Jean JACOB, "Le paysan et le philosophe: Joese et Jacques Ellul" in Patrick TROUDE-CHASTENET, dir.," L'economie", *Cahiers Jacques Ellul*, n°3, op.cit., p.29-66) 이처럼 장 자꼽은 엘륄 "저서의 종교적 기반에 대한 알아보는 실제로 수고를 하는" 언론인들은 드물다."고 쓰고 있다. "그러나 한 신앙인이 정치의 해방적 활력 앞에서 품는 경멸감을 동시에 상기한다면 어떻게 자끄 엘륄의 정치에 대한 상황을 이해할 것인가?"(앞의 책, p.57). 장 자꼽은 마찬가지로 조제 보베의 "대안적 세계화주의"를 란자 델 바스토(Lanza del Vasto)의 영향으로 연결한다(참조. 앞의 책, p.48). 이 주제에 대한 반대에 관해서는 "Lanza de Vasto et la modernité" in *Revue et de Philosophie Religieuse*, 83e année, n°3, juillet-septembre 2003, p.325-350.

38) 참조. Jean-Luc PORQUET, *op.cit.*, p.239-244.

치 분석을 완전히 부정하는 것이다. 마지막으로, 장-뤽 뽀뀌에는 앙시끌로빼디 데 뉘장스L' Encyclopédie des Nuisances 39) 출판사의 서평에서 엘륄의 진정한 계승자들을 분별해 내고 있다고 믿는다. 그러나 우리는 거기에서 두려움의 교육학에 관해서 특히 엘륄의 입장들과의 불일치점을 찾을 수 있다. 여기서는 기술사회에서 근본적인 무정부주의적 비판을 전개한다. 자끄 엘륄이 믿었던 것과는 반대로 재앙들은 전혀 자각되지 않았지만, 재앙은 오히려 시스템에 부가된다. "우리는 재앙의 상황들에 오래전부터 익숙해져서 대파괴 속에서 하나의 문턱을 넘어설 때 우리는 어떤 방식으로든 그것에 더 잘 익숙해진다."40)

우리가 확인한 대로 엘륄주의자들은 많으면서도 다양하다. 우리는 최소한 두 가지 범주로 그들을 분류할 수 있을 것 같다. 하나는 자끄 엘륄의 사회학적 저작의 흐름에 속했던 사람들이고, 다른 하나는 신앙인으로서 엘륄에게 애착을 갖는 이들이다. 장-뤽 뽀뀌에의 저작들은 다양한 상속자들을 제시하는데 그 자신은 첫 번째 범주에 위치한다. 왜냐하면, 그는 "엘륄의 신앙"41)에 관해서는 단 여섯 페이지에 걸쳐서 다룬다. 자끄 엘륄 사후 11년을 기념하기 위해서, 두 사건이 같은 날에 일어났는데 뽀와티에 Poitiers 대학의 콜로키움과42) 뽕뜨브로Fontevraud 수도원에서 열린 프로테스탄스 연합 총회이다. 이 둘 사이는 100킬로미터도 안 되었다. 이는 우리가 엘륄 저작의 두 측면을 동시에 취해서 변증법적 운동으로 통합하는 데 어려움을 겪고 있다는 표증이다. 실뱅 뒤장꾸Sylvain Dujanvourt는 이유 있게 그의 사회학적 저작들만을 재편집하는 것은 그의 저서를 전체적이고 통일성 있게 평가하는 것에 편견을 가져다줄 수 있다고 주목했다.43)

---

39) 참조. 앞의 책. p.244-248.
40) 앞의 책. p.246.
41) 참조. 앞의 책. p.261-266.
42) 참조. Patrick TROUDE-CHASTENET dir., *Jacques Ellul, penseur sans frontières*, *op.cit.*, 2005.
43) 참조. Sylvain DUJANCOURT, "Actualité éditoriale de Jacques Ellul", in; Patrick TROUDE-CHASTENET dir., "L'économie", Cahiers Jacques Ellul, n° 3, *op.cit.*, p.213-223, p.218-219.

2007년 1월에, 『도전과 새로움』*Le défi et le nouveau* 44)라고 명명된 책의 출판은(이 책은 오래 전에 절판되었던 신학적 무게를 지닌 8권의 책을 포함한다)45) 부분적으로 이러한 결손을 메꾸고 있다. 윤리 삼부작의 재편집은 충분한 균형을 다시 세우는데 일조한다. 그러나 저작 전체를 움직이는 변증법을 넘어서, 자끄 엘륄이 그의 독자들과 맺는 관계 방식을 정의하는 것이 바로 그의 글쓰기이다.

자끄 엘륄은 자신 독자들의 비위를 맞추려고 아무것도 하지 않는다. 단호하고 그리고 명백하게 그는 자기의 가장 충실한 지지자들을 절망시키기를 두려워하지 않는다. 그의 저술의 모든 독자는 매력과 격앙 사이에서, 끌림과 역겨움 사이에서 오가는 것은 안다. 우선 관찰되는 것은 자끄 엘륄이 그의 교수생활과 그의 삶 또는 더 정확하게 그의 메시지와 그것의 확산이 기대는 미디어 사이에서 취하는 눈에 보이는 엄청난 모순들과 관계된다. 수업과 책들을 통해 국가에 대한 가장 격렬한 비판자이지만46) 엘륄이 가르치고 저술할 수 있도록 해 주는 것은 바로 그의 공무원의 신분이다.47) "무정부적 그리스도인"의 짝은 말할 것도 없이, "무정부적 공무원"의 두 원소는 그에게는 모순처럼 보이지 않는다.48) 다른 한 편으로 자

---

44) 참조. 엘륄, 2007b.
45) 참조. 엘륄, 1948; 1952; 1954b; 1966a; 1970; 1972c; 1986a; 1991b.
46) 참조. 엘륄, 1954a, p. 226-265; 1984b, p.120-133; 1988b.
47) 이것은 자끄 엘륄이 약간의 악의를 가지고 쓴 혁명 예술가들에 대한 것이다. :"우리는 이 사회에 대항함으로써 급료를 받기를 원한다. 자유를 대변하는 공무원이다."(엘륄, 1980b, p.243)
48) 엘륄의 국가에 대한 비판에 관해서는, 참조. 엘륄, 1954a, p.209-288; 1962; 1988b. 엘륄이 1936년에 보르도 대학에서 법학 박사 학위로 심사받은 그의 첫 저술은(엘륄, 1936) 자식을 노예로 팔 수 있는 권리인 로마법의 '만키피움(mancipium)'의 법적 성격과 발달 과정을 다루고 있다(참조. 엘륄, 1951-1957, tome 1, p.248, 252, 348). 그러나 그의 연구 마지막에서 "소유물로서의 노예는 완전히 사라졌다.(…) 제도는 이후의 법에 대해서 어떤 영향도 미치지 않았다."(앞의 책, p.474). 그리고 이 책의 에피그라프는 성 어거스틴에 대한 인용이다. "옛날에 의인들에게 허용된 고난이 오늘날의 의인들에게 허용되지 않는다는 것은 잘못이다. 하나님이 이런저런 계명을 시간에 따라 달리 제정하셨다는 것도 오류이다. 모든 것은 영원의 의의 노예로 남아 있다. 지금 살아 있는 것이 단 한 시간 내에 존재하기를 멈출 수 있다. 다른 때에 허용된 것이 지금 여기서는 금지되고 처벌될 수 있다. 이것은 정의라는 것이 다양하고 변하는 것이라는 것을 말하는가? 아니다, 정의가 지배하는 시간은 그 흐름 속에서 변한다. 왜냐하면, 그것은 시간이기 때문이다."(Saint AUGUSTIN, *Les Confession*, III, 7, GF- Flammarion, 1964, p.58) 마니교에 대항하는 싸움에 속하는 어거스틴의 사고를 로마법에 적용하면서, 자끄 엘륄은 자신의 주제 선택을 불합리하게 정당화

신이 인정하듯이[49] 그는 일에 미친 노동자이지만, 그는 게으름의 윤리의 변호인이 된다.[50] 끝으로 우리가 보았듯이 박학다식한 독서가, 급류 같은 저술가이지만 자끄 엘륄은 문맹을 옹호하는 저자이다.[51](분명히 텍스트의 형태로 출판된 글에서!) 여기서 그는 주저치 않고 "읽기는 현대 세계에서 인간 예속화의 첫째 수단이다"[52]… 라고 확언한다. 그의 미디어에 대한 비판은 르 몽드Le Monde, 개혁Réforme, 남서부Sud Ouest 그리고 서프랑스Ouest France라는 언론[53]에 기고하는 것을 막지 못한다. 그리고 심지어 그는 텔레비전에 출현한다.

이 모순들을 넘어서 독자들이 그것을 끝까지 따라가도록 붙드는 것은 바로 자끄 엘륄의 글쓰기 자체의 논리이다. 그의 사상에 끌린 독자 개인이 그것을 어떤 점까지 따라가, 그와 함께 하나 둘의 급진성의 문턱을 넘어서고 그때까지 결코 쓰인 적이 없었던 것을 읽는 즐거움을 느끼게 된다. 그러나 새로운 급진성의 문턱이 나타난다. 그때는 그것을 넘어서기를 두려워한다. 그러나 자끄 엘륄의 결론들은 종국적인 결과까지 이르는 논증의 논리를 따라가는 것에 불과하다. 그러나 궁극적인 논제는 받아들여질 수 없다고 증명된다. 그때 우리는 두 종류의 반응을 찾아낼 수 있다. 하나는 '실족하게 하는 것이' scandale 과장되는 것이다. 이것은 문턱의 앞에 있는 모든 것을 가치 없게 하지만, 독자를 유혹한다. 그리고 우리는 뒤

한다. 모든 작업은 지나간 법에 대해 분석을 하는 것으로 보인다. 이것은 또한 이 법률 안에서 더 지나가 버린 제도에 대한 연구이다. 이런 제도는 오늘날 과거를 통해서 현재를 조명하려는 사람들에게서조차도 외면된 것이다. 이것은 효율성에 대한 관심으로만 움직이는 사회에 대한 비판처럼 행정기구에 메커니즘에 따라 움직이는 대학 사회에 경종을 울리는 것이다. 이렇듯 국가 시스템의 무용성은 엘륄의 말년에 촬영된 자료에 나타난다. (Serge STEYER, *Jacques Ellul. Le devenir de l' homme face au progrès*, Vision Seuil-Editions Montparnasse, 1955, 132분)

49) 참조. 엘륄, 1981a, p.67-68; 1994, p.55.
50) 참조. 엘륄, 1966b, p.149-158; 1972b, p.256; 1984b, p.271-283. 참조. 엘륄, "De la Bible à l' histoire du non-travail", in: Foi et Vie, 79e année, n°, juillet 1980, p.2-8; "누구를 위해서, 무엇을 위해서 일하고 있는가?", in: 앞의 책, p.74-82.
51) 참조. 엘륄, 1966b, p.251-259.
52) 앞의 책. p.258.
53) 참조. 엘륄, 2007c.

에서 과도함만 남게 된다. 어떤 문제들에 대한 맹목성은 전체 분석의 타당성을 없앤다. 또 한 가지는 실족게 하는 것이 과소평가된 경우, 나아가 엄폐시킨 경우이다. 우리는 한계 이전에 있었던 작품의 나머지를 취할 따름이다. 그러나 독자가 모든 영역에서 자끄 엘륄의 논제 전체를 취할 수 있는 독자는 극히 드물다. 이 예들이 이 글쓰기의 논리의 예가 된다.

우선 자끄 엘륄이 가끔 자신의 뜻의 급진성을 선전하고 그것이 일으키는 적대감을 예상하면서 그리고 미리 올 빈축을 방어하면서, 이 한계들을 분명하게 정리한 것을 살펴보자. "다시 한 번 더 멀리 가야 한다."54) "그러나 한 걸음 더 나아가야 한다."55) "한 가지 예를 들면서 시작해보자 아마도 지나친…."56) "나는 내 모든 독자에게 충격을 줄 것이다…."57) "나는 이 주제들이 용감한 모든 좌파 사람들을 격노시킬 것이라는 것을 잘 알고 있다."58) "나는 많은 사람을 거슬리게 할 첫 번째 주장으로 시작해야 한다."59) "나는 어느 지점에서 내가 기슬리게 할 수 있는지를 안다" 60) "내가 앞으로 개진할 내용은 빈축을 사고, 받아들여질 수 없다는 것을 안다."61) "나는 내가 설명한 이 논제가 여러 번 빈축을 산다는 것을 알고 있다…."62) "나는 여기서 가장 강렬한 반응을 일으킬 것이라는 것을 알고 있다…."63) "나는 여기서 분명히 거스르게 할 것이다."64) "나는 이 표현이 큰 비명을 일으킬 것을 알고 있다…."65) "어떤 이들은 내가 피임과 약물을 다루는 것이 거슬린다고 생각할 것이다! 그러나 이것이 바로 문제가

---

54) 엘륄, 1965, p.114.
55) 앞의 책, p.156.
56) 앞의 책, p.259.
57) 엘륄, 1975b, p.93.
58) 앞의 책, p.96.
59) 엘륄, 1986a, p.870.
60) 엘륄, 1980b, p.283.
61) 엘륄, 1991a, p.40.
62) 앞의 책, p.140.
63) 앞의 책, p.188.
64) 엘륄, 1984b, p.46.
65) 앞의 책, p.278.

되는 태도이다…."66) 등등.

　이 마지막 문턱의 정식화의 예는 논증의 힘을 보여주기 위해서 발전할 가치가 있다. 자끄 엘륄은 성에 대해서, 그리스도인의 자유가 모든 욕구의 만족에 있는 것이 아니고, 반대로 자신을 극복하는 것에 있다는 원칙에서 떠난다.67) 첫 번째 문턱은 그가 피임을 노예화라고 했을 때 넘어갔다. 왜냐하면, 그것은 모든 성적 남용을 허용하기 때문이다.68) 두 번째 문턱은 그가 유산이 피임의 한 양식으로서 "자동차에서 시작해서, 모든 기기機械에 이르기까지 현대인이 아주 좋아하는 상품 중의 하나다."69) 마지막으로, 세 번째 급진성의 문턱은 자끄 엘륄이 자유에 대한 같은 이론을 견지하면서 약물의 피임에 접근할 때 넘어서 진다. "약물과 피임 사이에는 모든 점에서 동일성이 존재하는데. 그러나 피임이 약물보다 더 심각하다."70) 마지막으로 물러나는 것은 독자의 반응을 약하게 낮추는 것일 뿐이다.

　이 윤리적인 고려 이후에 두 번째 예가 정치에 대한 분석에 의해 주어진다. 우리는 그것을 보았다. 자끄 엘륄은 책 한 권을 통째로 정치인들은 아무것도 제어하지 못하고, 권력의 장소는 우리가 믿는 곳, 즉 장관의 사무실이 아니고 전문가와 기술인들의 사무실에 있다는 것을 보여주는데 바쳤다.71) 첫 번째 한계는 이 첫 번째 환상에, 정치인들에게 고유한, 그는 정치인들을 통제하면서 정치를 통제할 수 있다고 믿는 시민이 겪는 것을 덧붙인다고 할 때 큰 논리적 엄격성을 가지고서 넘어간다.72) 두 번째 한

---

66) 앞의 책. p.315-316.
67) 참조. 엘륄, 1984b, p.287.
68) 참조. 앞의 책. p.307.
69) 앞의 책. p.315.
70) 앞의 책. p.317. 자끄 엘륄은 분별없이 피임도구의 확산과 관련된 위험들을 비난하기 위해서, 매우 과격한 비유에 호소한다. "바보에게 기관총을 주면서 작동방법을 설명해 주어라. 그리고 그에게 어떤 자세를 취하든 좋다고 말하면서 그를 내버려 두어라."(엘륄, 2007c, p.127)
71) 참조. 엘륄, 1965, p.189-221.
72) 참조. 앞의 책. p.190, 218.

계는 보편선거는 완전한 환상이라는 것을 단언하는 데 있다. 왜냐하면, 그는 진정 권력이 절대 아닌 것에 사람들을 참여시키는 것으로 귀결되기 때문이다. 끝으로, 마지막 그에게 논리적으로 전제들에 연결된 급진성의 한계는, 모든 선거에 참여하는 것을 그만두는 결정을 통해서 표출된다.73) 이 극단적인 결론은 민주주의를 위한 투표 기권의 위험을 고려하면서 또는 심지어 "인간에 의해 시작된 자유를 향한 운동, 그것은 정치적, 경제적, 지적, 도덕적, 종교적, 이 자유에 대해서 그 자체적으로 조금의 가치도 부여함 없이 결부되는"74) 것을 선택하면서 피해질 수 있다.

만일 우리가 정치의 영역에 있다면 세 번째 예는 정확하게 기독교인의 자유화 운동에 참여하는 것에 있다. 자끄 엘륄에게 있어 혁명적 투쟁은 늘 새로운 압제로 이끈다는 것을 말한다.75) 첫 번째 문턱은 기독교인들이 정치의 현장에 있어야 하지만 폭력을 거부하고 화해의 요구를 증언해야 한다고 말할 때 넘어간다.76) 그리고 두 번째 문턱은 그가 기독교인들이 정치적 승리가 달성되자마자 새로운 압제 받는 쪽에 자리를 옮기는 것을 권면 할 때 넘어간다. "우리의 태도는 배반, 불충실로 이름 붙여질 것이다. 우리는 세상의 빈축을 살 것이다. 만일 우리가 예수 그리스도에게 충실하고 우리가 이 세상의 질서에 속한 문제에 우리가 연루된다면, 우리가 세상의 질서와 다를 수 있다는 것을 알아야 한다."77)

네 번째 예는 자끄 엘륄이 우리에게 제시하는 선전 현상의 분석이다. 엘륄은 나치, 스탈린, 모택동의 선전 메커니즘을 증명한다. 그러면서 그는 선전을 대중을 대상으로 해야 하나, 동시에 각 개인을 대상으로 한다는 인상을 주어야 함을 지적한다. 이것은 미디어의 발달 덕에 가능해 진

---

73) 참조. 앞의 책, p.26, 219; 1988, p.25; 1994, p.130-131.
74) 엘륄, 1984b, p.136.
75) 참조. 앞의 책. p.171.
76) 참조. 앞의 책. p.170, 173. 참조. 엘륄, 1972c, p.613-615.
77) 엘륄, 1984b, p.206; 참조, 1972c, p.610-611.

것이다.78) 독재를 향한 모방주의와 경쟁을 통해서 민주주의 체제 내에서 같은 절차가 작동하고 있다는 것을 말할 때, 첫째 급진성의 문턱은 넘어간다.79) 두 번째 문턱은 오늘날 시민이 "사회학적 선전"의 긴급한 필요가 있다고 그가 선언할 때이다. 따라서 시민은 전적으로 선전 선동가들과 공범이다. 시민은 선전 선동가들에게 그의 필요를 충족시켜 달라고 요구한다.80) 우리는 자끄 엘륄이 우리가 더욱 정보를 많이 가질수록, 우리는 더 선전에 동화된다는 것을 보여줄 때, 세 번째 한계를 넘어서게 된다.81) 마지막으로, 네 번째 급진성의 문턱은 그가 읽기가 선전의 주요 매개체이기 때문에 그것이 "현대 세계에서 인간의 종속의 첫 번째 수단"82)이고 이것은 문맹을 찬양하도록 했을 때 도달한다.83)

다섯 번째 예는 우리에게 뒤틀려진 기독교에 대한 비판에 의해서 제공된다. 자끄 엘륄은 세 시기에 걸쳐서 이 현상의 힘을 설명한다. 우선 성서계시는 지적으로 참을 수 없다. 이것은 그것이 합리화되었기 때문이다.84) 엘륄이 신약성서의 기독교를 사회적으로 살 수 없는 것으로 제시했을 때 첫 번째 문턱에 이른다.85) "X가 진지하게 고려되자마자, 사회를 작동시키는 것은 불가능하다."86) 그러나 두 번째 급진성의 문턱은 자끄 엘륄이 성서계시가 인간의 마음에는 견디기 어렵다는 것을 단언했을 때이다. 왜냐하면, "은총은 인간의 심리의 토대를 무너뜨리기 때문이다."87)

우리는 말과 이미지의 긴장에서 여섯 번째 예를 선택할 것이다. 자끄 엘륄은 기술사회 속에서 이미지의 승리와 말의 쇠퇴를 보여준다.88) 첫

---

78) 참조. 1962, p.18-21.
79) 참조. 앞의 책. p.152-157, 258-280.
80) 참조. 앞의 책. p.120-121, 137-140. 참조. 엘륄, 1967b, p.72, 74.
81) 참조. 엘륄, 1962, p.333-342.
82) 엘륄, 1966b, p.258.
83) 참조. 앞의 책. p.251-259.
84) 참조. 엘륄, 1984a, p.239-240.
85) 참조. 앞의 책. p.240-243.
86) 앞의 책. p.242-243.
87) 앞의 책. p.245.

번째 한계는 그가 신앙이 말씀에서 나오고, 복음은 보는 것이 아니라 들려져야 한다는 것을 단언할 때 드러난다.[89] 두 번째 문턱은 그가 "어떤 텔레비전 방송도, 어떤 그림도 또 어떤 사진도 그것이 무엇이건 간에 계시가 된 진리를 전달해 주지 않는다."[90]고 결론지었을 때 이르게 된다. 그리고 우리는 급진성의 세 번째 문턱에 도달하는데, 그가 다음을 선언했을 때이다. "나는 기꺼이 신앙의 쇠퇴를 이미지의 넘쳐남과 정보들을 이미지로 축소하는 것과 결부지을 것이다. 현재 교회의 실패는 교회가 이미지 속에 파묻혀 있다는 사실에 기인한다는데 의심을 하지 않고 있다."[91]

우리는 자끄 엘륄이 이스라엘에 보내는 시선에서 일곱 번째 그리고 마지막 예를 보게 된다. 엘륄은 우리에게 이스라엘과 교회의 긴밀한 관계를 보여준다. "만일 교회가 이스라엘과 계속해서 분리되어 살아가려고 한다면(애석하게도 자주 교회가 너무도 자주 한 일이다!), 교회는 자신의 뿌리와 절단된 것이고 결국 시들 수밖에 없을 것이다."[92] 첫 번째 한계는 이스라엘 국가의 창설과 유지가 하나님의 신실하심 표시라고 제시하는 데서 보게 된다.[93] 두 번째 문턱은 자끄 엘륄이 반시온주의와 반유대주의를 분리하는 것은 불가능하다고 단언할 때 도달한다.[94] 그리고 우리는 급진성의 세 번째 문턱에 도달하는데, 그가 이 국가가 어떤 선전도 하지 않는다고 선언할 때이다.[95] 그리고 인권을 존중할 때[96] 그리고 정당한 전쟁, 따라서 예방 전쟁을 최소한의 폭력으로 수행할 때이다.[97] 팔레스타인에

---

88) 참조. 엘륄, 1981b, p.127.
89) 참조. 엘륄, 1991a, p.111-112.
90) 앞의 책. p.112. 참조. 엘륄, 1988a, p.618.
91) 엘륄, 1991a, p.112.
92) 앞의 책. p.149.
93) 참조. 엘륄, 1986a, p.785-788, 934-935.
94) 참조. 앞의 책. p.797-811, 특히 p.808.
95) 참조. 앞의 책. p.814-846.
96) 참조. 앞의 책. p.825-830.
97) 참조. 앞의 책. p.804, 846-856, 893-895, 899-904. 참조. 엘륄, 2007c, p.99-101(자끄 엘륄은 "예방 전쟁"의 개념을 옹호하면서 1935년의 히틀러에 대한 공격적인 군사 행동은 2차 세계대전을 피할 수 있었다는 의견을 내세운다.)

관해서는, 그들은 "결코, 나라를 구성한 적도 없으며 조직화한 국민이 된 적이 없다."98) 그리고 그들은 "진정한 문화"99)를 가진 적이 없으며 "그들의 땅과의 관계는 근본적이다."100)

이 몇 가지 예는 우리에게 조건 없는 엘륄주의자라 할지라도 자끄 엘륄의 독자가 엘륄의 어떤 논제들의 과격성 때문에 어떤 점에서 혼란에 빠지는지를 보여준다. 그리고 어떤 독자가 엘륄의 몇 가지 논제에 동의한다 하더라도, 모든 사람에게 그것이 타당성을 인정받을 수는 없다. 어떤 급진성의 문턱은 넘어서질 것이다. 우리가 간추린 모순들은 또한 그 자체가 급진성의 특별한 양식으로서, 결정적이고 예기된 문턱으로 여겨질 수 있다. 그러나 이 다양한 비안정화의 전략이 독자에게 어떤 결과를 미치는가? 만일 이것이 그를 어떤 일정한 점까지 인도하고 그들이 저자에게서 분리되어 자신의 주장을 만들고, 자기 자신의 사상을 건설하지 않는다면 무슨 소용인가? 이것이 자끄 엘륄이 독자들과 세운 대화의 양식이다. 그는 그들이 그와 어떤 점에서 다른지 결정하고 정당화하도록 독촉한다. 그는 독자들이 자기 자신에게 영감을 주었던 대화 상대자와 맺었던 방식을 마찬가지로 자신의 독자들이 취하도록 권면 한다. 엘륄주의자가 된다는 것은 결국 충실하면서도 불충실하게 키에르케고르주의자, 마르크스주의자, 또는 바르트주의자가 되는 것과 같은 방식을 취하는 것을 말한다.

이 가설은 두 가지 장애물에 부딪힌다. 이것은 사실상 역설에 불과하다. 무엇보다도 우리가 여러 번 강조했듯이 자끄 엘륄은 이런저런 이해되지 않는 저자들에게 불충실함을 고발하고, 성서 저자에서 출발해서 그들의 진정한 사상을 회복하는 것을 스스로 허용한다. 그는 심지어 주저치 않고 칼 바르트가 자기 자신에게 더욱 크게 충실하라고 요구한다…. 다시

---

98) 엘륄, 1986a, p.833.
99) 앞의 책. p.872.
100) 앞의 책. p.871.

말해서, 그의 청년기의 저술로! 또한, 독보적이고 자극적인 것은, 엘륄의 사상이 유일한 진리를 주장함에도, 사상은 독자의 배반, 다시 말해서, 독서의 큰 다원성을 일으킨다는 사실에 있다.

그러나 이 충실한 불충실성의 가설은 "저술가로서 저술에 대한 설명적 견해"101)에서 나타난 키에르케고르의 모델에 대해서 죽기 직전에 자끄 엘륄이 발표했던 가장 최근의 저서 중 하나에서 개진된 것이다. 『자기 자신 앞에 선 인간』L'homme à lui-même 102)이 그 작품이다. 이 저술은 보르도 대학의 수학 교수인 디디에 노흐동Didier Nordon과의 인터뷰이다. 이 사람은 자끄 엘륄의 사회학적 측면의 저술만이 중요하다고 인정하고 그의 신학은 그에게 낯설다고 생각한다.103) 자신이 학생들 사이에서 꽤 빈번한 이 사실 앞에서 자끄 엘륄은 두 진영에서 자신을 추종할 사후의 분열을 예견한다. 그러나 그의 기술 비판서만 또는 신학서만을 취하는 것은 그것이 서로 변증법적으로 연결되어 있기 때문에 통일성을 저버리는 것이다.104) 그의 사회학적 분석은 그것들이 하나님의 사랑의 관점에서 그리고 기독교적 소망의 관점에서 있다는 이유만으로 이 급진성의 지점에까지 이를 수 있다.105) 그러나 디디에 노흐동은 자문하기를 모든 독자는 자신의 해석 작업에서 하나의 왜곡자가 아닌가?106) 출판을 하는 사람은 누구든 자신의 저서를 어떤 것으로든 만들어 버릴 수 있다는 것을 인정한다. 왜냐하면, "출판한다는 것은, 곧 제공한다는 것"107)이기 때문이다. 저술은 객관적으로 모든 사람에게 가용하게 주어진 것이다. 저자의 주관적인 관점은 모든 규범적인 가치를 상실하고 독자의 다양한 시각들에 대해

---
101) 참조. SK, "Point de vue explicatif de mon œuvre d'écrivain", *OC XVI, op.cit.*, p. 1-102.
102) 참조. 엘륄, 1992b.
103) 참조. 앞의 책, p.16-17.
104) 참조. 앞의 책, p.15, 23-29.
105) 참조. 앞의 책, p.29.
106) 참조. 앞의 책, p.15.
107) 앞의 책, p.16.

서 어떤 특권도 상실한다.108) 처음에 자끄 엘륄은 이 왜곡으로서의 독서의 개념에 저항한다. 자신의 사상을 대중에게 알리는 것은 아무렇게나 할 수 있는 대상을 주는 것이 아니라, 토론에 들어가게 하는 것이다.109) 그러나 결국 그는 디디에 노흐동이 그에게 제안하는 급진성의 이 종국적 문턱을 넘어간다. 확실히 이것은 우리가 그에게 가장 충실한 것은 그를 왜곡하는 것이다. 왜냐하면, 이처럼 그들 자신의 사상에 대해서 자율적이고 책임 있는 것을 그에게 보여주어야 하기 때문이다!110)

사실 자끄 엘륄은 자신의 저작에 의해서 "자기 자신 앞에 선 인간"111)을 불러내기를 원할 뿐이다. 이것은 그가 그것을 잃어버리는 경향을 비판하고, 자기 자신의 고유한 충실성으로 깨어나도록 하기 위함이다. 따라서 그는 왜곡으로서의 독서의 모델을 받아들인다. 이것은 이것이 그것을 넘어서고 또는 다른 것을 창조하지만, 이것이 부여하는 책임에 의해서 물러나거나 놀라는 것이 아니고 또는 반대로 "더 엘륄주의자"112)가 되도록 하기 위함이라는 조건에서이다. 자끄 엘륄은 사실 무엇보다도 맹목적으로 자신이 추종 되는 것을 다시 의심했다.113)

"나는 내가 쓴 것에 의지해서 멀리 나가거나 전혀 다른 것을 말하는 젊은 사람들의 논문이나 심지어 책을 받을 때에만 행복하다. 이들은 내가 말한 것을 반복하는 사랑받는 제자들이 아니다. 그들은 그들이 무엇을 만들어 내어야 하는지를 이해했다. 그리고 내가 전혀 생각지 못한 새로운 것을 발견하는 자들이 있다.-이것은 매우 만족스러운 것이다. 역시 나는 내가 쓴 것을 열광적으로 채택하는 젊은 그리스도인이나, 젊은 신

---

108) 참조. 앞의 책, p.36.
109) 참조. 앞의 책, p.48.
110) 참조. 앞의 책, p.132, 144.
111) 앞의 책, p.144.
112) 앞의 책.
113) 참조. 엘륄, 1981a, p.5.

학자가 앞에 서게 되는 경우가 있다. 그때 나는 훨씬 입을 다물게 된다. 나는 정치적, 사회적 추종주의는 물론 신학적 열광주의도 권하지 않는다!"114)

여기에서 디디에 노흐동의 결론이 나온다. "엘륄은 자신의 독자의 자율성을 계발하기를 열망했다." 그는 아류나 노예 근성을 질색했다. 결국, 그에게 충실한 것은, 그를 왜곡하는 것이다!"115) 의미의 정확성을 위해서, "충실한 왜곡"의 모순은 두 가지 의미로 생각해 보아야 한다. 즉, 충실성의 의도와 왜곡의 의도에 의한 충실성이 그것이다. 이것이 자끄 엘륄의 사상의 자취에서 주목할 만한 모순이다. 이것은 그의 대화적 성격의 평가에 임시로 종지부를 찍는다. 왜냐하면, 만일 우리가 그와 함께 이 궁극적인 급진성의 문턱을 넘는다면, 우리가 그에게 퍼부었던 다양한 불평들은 (근사적 읽기, 자신의 자료에 거리 두기, 과격한 글쓰기, 독자의 불안정화, 또한 그들의 권리에 대한 무시) 상당히 상대화된다. 사끄 엘륄이 이 점에서 잘못 한 것은 그의 독자를 성년이고 자율적일 수 있다고 간주하기 때문이다. 물론, 사실상 대화의 가능성의 조건 중에서 어떤 것이 이 최후의 문턱을 넘어서지도 충실한 불충실성을 인정하는 것 또는 불충실한 충실성을 인정하는 것도 아니다. 우리와 관련해서 이 전제는 우리의 연구를 비옥하게 할 것이다. 이 전제는 현재 연구 전체에 걸쳐서 실험으로서 그리고 이어 의식적인 가정으로서 작동할 것이다.

이것은 사실 우리가 자끄 엘륄의 저술이 올바르게 수용해 자리매김하기 위해서 선택한 원칙들이다. 즉 어떤 문턱까지의 충실성이다. 우리는 가능한 한 가장 객관적으로 그의 사상을 알려주려고 애썼다. 이런저런 주제들에 대한 의견을 제시할 뿐만 아니라, 마찬가지로 그의 저술의 논리적

---

114) 앞의 책, p.189.
115) Didier NORDON, "Peut-on lire sans trahir?", in: Patrick TROUDE-CHASTENET dir., *Jacques Ellul, penseur sans frontières, op.cit.*, p.345.

구성을 재생산한다. 여기에서 우리는 가장 학술적인 방법론적 규칙에 복종하기만 했다. 이것은 대학에서 가르쳐지는 명확성과 엄격성의 원리이다. 대학 교직자인 자끄 엘륄은 같은 원칙을 공유한다. 그러나 가끔 그것들을 스스로 무시한다. 그는 그렇다고 객관성에 대한 실증주의의 가정에 속지 않는다. 그의 비판은 객관적이면서도 반성적이다. 우리의 독자들에게 엘륄 사상의 입문서를 제공한다는 것은 선택의 필요성을 함축한다. 거기에는 저술의 내적 논리를 설명하는 것을 포함한다. "뜻하지 않은 장애물" 앞에서, 즉 다양한 "급진성의 문턱"을 넘어가며, 우리는 자끄 엘륄의 저술의 원동력을 강조하는 것에 집중한다. 그리고 우리는 오랫동안 "지도는 땅이 아니었다"는 것을 알고 있다. 같은 맥락에서, 우리는 가능한 한 가장 충실하게 그것을 설명하도록 노력하며 우리의 대상을 구축할 것이다. 여기에서 우리는 우리 자신의 독자들을 자끄 엘륄의 저술의 독서로 인도하였다. 그들에게 엘륄의 사상의 장에서 관통하는 유일한 해석학적 열쇠를 제공하였다. 저작은 막대해서 우리는 좌우 여러 입구 중에서, 여러 시각 중에서 주저한다. 우리가 특별히 선택한 길은 유리하게 정당한 것이 분명히 아니고 우리는 우리 자신의 독해로 간주한다. 우리는 이것을 힘입어서 우리의 독자들을 감이 인도한다.

그럼 우리 자신이 대화적 저술을 쓸 것인가? 잠재성, 열정, 그리고 자끄 엘륄이 자신의 참조 저자들과 함께 인도할 줄 알고 믿은 대화의 궁지를 지적하면서 우리는 적어도 모든 수용의 역설에 대해서 교훈을 얻는다. 독자와 저자의 고유한 선취권을 약화시키지 않고 어떻게 타자성에의 권리를 행사할 것인가? 어떻게 유아론의 환상 속에 빠지지 않고서 독자적인 사상을 구축하는가? 이 난관에 맞서서, 자끄 엘륄은 아마도 풍성한 교훈을 우리게 줄 것이다.

그와 함께 우리는 독서와 글쓰기 사이의 솔직한 구체화 가운데 선포를 수용자 편에서 자유를 최고의 가치로 인정한다. 그러나 그에 대항해서 우리는 우리의 원천과 우리의 대화 상대자들을 존중해야 하는 방법론적 명령과 의무에 타협할 수 없다. 이것은 그가 늘 하지 않았던 것이다. 자유는 최고의 가치로 남아 있다. 그것은 그렇다고 절대적인 가치는 아니다. 자유를 절대화하면서, 즉 독서와 글쓰기의 작용을 포함해서, 자끄 엘륄이 그렇게도 여러 번 대항한 우상 숭배적 관계 중 하나인 것을 그것과 함께 재생산하는가? 그의 저자에 대항해서 비판적 논증으로 맞설 것인가? 자유를 절대화하는 것에 맞서는 가장 좋은 보호막은 다른 가치론적 극과 변증법적 긴장 사이에 있는 것이다. 대화 상대자들에 대한 존경, 그 안에 있는 진리에 대한 환영, 그것이 자끄 엘륄이 우리에게 물려주는 진정한 대화의 가능성의 조건에 대한 주요한 가르침이다.116)

자끄 엘륄의 독자인 우리는 따라서 그의 영역에 빚을 지고 있다. 그러나 비유에서처럼117) 엘륄이 키에르케고르에 대해서, 마르크스 또는 바르트에 대해서 빚을 지고, 자유롭게 그것으로 재산을 늘려 오히려 채권자가 되는 것처럼, 우리와 엘륄도 그런 관계를 맺고 있다.

---

116) 1979년 11월에서 1980년 10월에 이르는 1년 동안, 자끄 엘륄은 호베흐 에스까흐피(Robert ESCARPIT)와 대화하게 된다. 이 둘은 「남-서부」(Sud-Ouest) 신문의 주일 판에 역할을 담당한다 (참조. 엘륄, 2007c, p.36-80). 애석하게도 오리젠(Origène)의 글이 셀수스(Celse)를 통해 남게 된 것처럼, 호베흐 에스까흐피의 글의 인용을 통해서 자끄 엘륄의 글을 재구성할 수밖에 없다. 엘륄은 다음의 말로 이 모험을 말하고 있다. "그는 살기 위해서 진리를 추구한다. 나도 마찬가지다. 진리는 결코 끝이 없고, 절대 획득되지 않으며, 소유될 수 없다. 진리는 다른 것들과의 관계 속에서만 정당성을 얻는다. 이것 때문에 나는 나의 확신을 한 쪽에 치워버리지 않는다. 다만, 나는 그것을 정교하게 가다듬을 따름이다."(앞의 책. p.79) 또한 자끄 엘륄의 그의 비그리스도인 친구인 베르나흐 샤흐보노(Bernard Charbonneau)와의 관계도 독립적으로 연구될 가치가 있다. 우리는 거기에서 진정한 대화의 조건이 무엇인지 분별해 낼 수 있을 것이다. 참조. Daniel CEREZUELLE, "La critique de la modernité chez Charbonneau. Aspects d'un compagnonnage intellectuel", in Patrick TROUDE-CHASTENET dir., Sur Jacques Ellul, op.cit., p.61-74. 참조. la préface de Sébastien Morillon à la réédition de La foi au prix du doute, Paris, La Table Ronde (coll. Contretemps), 2006, p.10-12.

117) 마태복음 18장 23절-35절.

부록

주제어 찾아보기 | 인명 찾아보기
참고문헌 및 저술 목록

주제어 찾아보기

국가: 49, 59, 60-64, 66-67, 71-74, 77, 78, 91, 98, 107, 110, 112, 126-127, 129, 145, 159, 161-164, 166, 170-176, 184, 199, 220, 226-227, 229, 245, 247, 248, 250, 267, 286, 288-289, 290, 291, 293, 298, 306-308, 329, 336, 354, 359-364, 365, 373, 377, 406, 408, 409, 414
계명: 134, 142, 276, 285, 300, 408
계시: 24, 79, 89, 90, 100, 102, 106, 108, 112, 116, 121, 123-127, 130-133, 135, 141, 151, 161, 171, 177, 202, 208, 228-229, 233-234, 259, 261, 264, 266-268, 269, 270, 272-273, 275-277, 282, 284-285, 287, 295, 332, 334-335, 344, 353, 355-356, 366, 368, 372, 386, 390, 391, 403, 413
광고: 35, 45, 55, 67, 68, 147, 254
대안적세계화주의: 406
고통: 47, 127, 220, 228, 234, 235-237, 297-298, 316, 327, 330, 398
 -고통의 복음: 217, 235, 237
 -고통의 신학: 236
 -고통의 학교: 235
 -내적고통: 101
 -모든 고통: 127
 -보편적 고통: 257
 -죄의 고통: 391
 -중대한 고통: 203, 215
독서: 27-28, 37, 67, 99, 116, 195, 204, 265, 300, 340, 344, 348, 352, 393, 397, 399-404, 409, 417, 419-420
구원: 58, 98-99, 101, 116-119, 132-134, 139-140, 147, 155, 167, 170, 200, 215-216, 231, 236-237, 257, 268, 273-274, 280-281, 295, 318, 336-337, 346, 349, 371, 392, 400
 -개인 구원: 300
 -구원의 길: 134
 -구원의 사역: 349
 -구원의 수단: 237
 -구원의 행위: 280
 -구원의 효과: 236
 -만인 구원: 117
 -인류 구원: 216
 -자기 구원: 128
기도: 36, 111, 137, 197, 210-211, 213-214, 217, 278-279, 288-289, 344, 354, 371-372, 391
기술
 -기술과학: 184
 -기술사회: 17, 23, 25, 31-34, 42-45, 50, 53, 56, 62-63, 66-74, 78-81, 85, 87, 89, 91, 93, 96, 119, 129, 138, 140, 159, 183, 213, 223-224, 237, 243-244, 247, 248-250, 254, 347, 352, 358, 378-379, 381, 402, 405, 407, 413
 -기술문명: 42, 44, 46, 49, 82
 -기술 세계: 80, 135
 -기술정치: 25
 -기술체계: 36, 38, 42, 44, 49-50, 52-53, 74-75, 79, 81-83, 85-87, 115, 197, 203, 249, 317, 347
 -기술현상: 42, 44, 46, 49, 82
 -기술 환경: 93
노동: 76, 151, 164, 244, 253-255, 291-292, 322, 349, 380
 -강제노동: 77
 -상품노동: 263
 -노동자 계급: 247
 -노동 분업: 253
 -비 노동자: 79
 -임금노동: 244, 247
도덕: 44, 59, 124, 125, 131-136, 140, 144-145, 155, 156, 168-169, 179, 225, 228, 230, 271-272, 285, 312, 314-316, 320-321, 326, 328-329, 336, 357, 368, 369, 375, 412
도시: 77, 98, 102-104, 116, 159,

독서: 27, 28, 37, 67, 99, 116, 195, 204, 265, 300, 340, 345, 348, 352, 359, 393, 397, 399-404, 409, 417, 419, 420
돈: 25, 36, 91, 109, 124, 129, 151-153, 159, 164, 197, 253-254
등대: 310
마르크스주의: 23, 25-26, 33, 62, 70, 93, 240-245, 247-264, 306, 333, 364, 415
말: 72, 87-97, 108, 120, 127, 132, 134, 141, 177, 187, 191, 207, 212, 215, 233, 261, 267, 269, 277, 296-297, 370, 400, 403, 413
모방: 66, 125, 126, 165, 178, 195
모순: 33, 65, 79, 81, 106, 123, 130, 147, 149, 172, 195, 204, 232, 239-240, 244, 257, 263, 296-299, 321, 330, 333-357, 361, 378, 405, 408, 415, 418
 -내적인 모순: 76, 203, 243, 325
무정부: 62, 98, 107, 110, 161-164, 220, 241, 288, 290, 293, 360-361, 381, 408
  -무정부-무정부주의: 24, 40, 62, 70, 108-112, 161-164, 220-221, 263, 289, 303, 308, 362-362, 407
  -무정부사회: 161, 220
무죄지만 유죄: 196
문화: 23, 47, 66, 82, 124, 141, 173, 298, 312, 352, 356, 357, 361, 417
 -세속의 문화: 225
 -소음의 문화: 213
 -변질한 문화: 205
반복: 69, 72, 81, 123, 131, 173, 203, 237, 243, 245, 331, 417
변증법: 25, 26, 27, 28, 37, 38, 47, 50, 80, 87, 88, 106, 130, 143, 146-147, 153, 156, 157, 168, 196-202, 204, 216, 225, 239-240, 249, 255, 257, 260, 262, 267, 272-273, 295-296, 299, 333, 352, 358, 368, 376, 377, 381, 386, 397, 403, 407, 416
상호적: 93, 166, 168, 239, 255, 298
생태학: 42, 51, 349-350, 405

생태적 재앙: 182
선: 44, 64, 87-88, 91, 130-133, 135-136, 140, 144, 156, 162, 166, 178-179, 215, 218- 220, 224, 235, 237, 247, 255, 271, 315, 320, 324-326, 368-370, 416
선전: 18, 25, 32, 35-37, 42, 45, 51-52, 56, 61, 63-69, 83, 112, 126, 147, 163, 171, 173-174, 176, 182-183, 197, 244, 254, 306, 330, 358, 364, 402, 405-406, 410, 412-414
 -선전의 수단: 126, 405
 -선전의 효과: 147
성: 48, 152-154, 164, 320-323, 410
성서: 28, 36-37, 89, 90, 98-99, 102-108, 110, 112, 116-117, 123-126, 130, 133-137, 140-141, 149, 153-158, 161, 171-172, 176-177, 200, 202-203, 231-232, 237, 239, 255-257, 260, 265-266, 271-272, 274, 276-278, 281, 284-288, 294, 299, 300, 302, 309, 321, 323-324, 332, 335-336, 338, 340, 341, 343, 350, 356, 360-361, 379, 385-386, 403, 415
성령: 119, 120, 122, 127, 136 , 146, 167, 177, 211, 281, 309, 335, 336, 338, 350, 383, 384
소망: 18, 25, 32, 35-36, 38, 47, 50, 56, 86, 96-97, 112, 116, 119-123, 129, 147, 150, 153, 182, 197-199, 206, 208, 210, 212, 299, 311, 350, 372, 381-383, 385-389, 404, 416,
소외: 45, 56, 65-66, 76, 83, 129, 137-138, 140-141, 144, 156, 221, 244, 253-254, 257, 263, 290, 380
소통: 106, 128, 201, 204, 205, 207, 247, 390
순응주의: 48, 61, 69, 81, 135, 139, 142, 144, 146, 178, 194, 253, 305, 375
 -비순응주의: 32, 146
시온주의: 173,
 -반시온주의: 171, 173, 414
신앙: 18, 23, 25, 32-33, 35, 36-39, 41, 45,

56, 63, 65, 79-80, 95, 97, 99, 112-119, 122, 124, 126, 128-129, 146, 149, 158, 161-162, 164, 166, 170, 172-173, 176, 178, 180, 186, 192-194, 205-208, 213, 215-216, 223, 227-229, 240, 256, 264-267, 268-271, 281-283, 285, 291, 296, 299, 309, 318, 323, 335-336, 353, 356, 368, 371, 375-376, 379, 380, 389-390, 407, 414
 - 불신앙: 209, 268, 339
실재: 88-89, 91, 95-105, 203, 207, 223, 329, 352, 354, 359, 368
 -최종 이전의 실재: 367-368, 371
실존주의: 201, 240, 323-329
약속: 25, 96-97, 103, 121-122, 132-134, 173, 176, 179, 216, 283, 329, 339, 340, 385, 386-389
언약: 172, 277, 284, 287, 288, 336
연합: 130, 131, 134, 136, 220, 273-276, 297, 370
엄청난 지구적 혼란: 56
에큐메니즘: 171
여성: 124, 126, 154-156
예술: 25, 31-32, 43, 44, 80-87, 91, 94, 196-197, 320, 323, 346-347
 -추상예술: 81, 82
예방의 원칙: 182
예언자: 17, 24, 32-33, 54, 80, 99, 172-173, 180, 186-187, 221, 224, 246, 288, 366-
예언자주의: 404
용기: 78, 87, 151, 220, 235, 357, 375, 376
우상: 18, 35, 79, 90-91, 97, 129, 138, 153, 205, 268, 318, 352, 420
요나: 35-36, 98-101, 180-181, 187, 197, 277, 348
유기자: 118, 278, 279, 280
유일신교: 177, 178
윤리: 23, 25, 34, 37, 44, 50, 87, 97, 99, 112, 130-133, 135-138, 140, 145, 148-149, 156, 191, 197, 202, 205, 209,

212, 214-215, 217-218, 223, 226, 234-236, 243, 253-255, 257, 260, 261, 265, 270, 272, 276, 302-304, 314, 316, 319, 321, 326, 328, 331, 349, 357, 363, 367, 369-370, 377-378, 380-382, 408-409, 411
은혜: 117-118, 127, 131, 136, 139, 268, 278, 280, 283, 287, 289-290, 297, 299-301, 337, 340, 368, 369
의미의 잉여: 343
의심: 209, 112-114, 119, 123, 166, 179-180, 192, 199-200, 206, 208, 218, 269, 311-312, 316-319, 320, 322, 336, 340, 362, 381, 384, 393, 405, 414, 417
이미지: 25, 45, 60, 88-97, 118, 141, 158, 161, 183, 204, 247, 256, 267, 282, 361, 374, 413-414
이슬람
 -이슬람교: 178, 390, 393
 -이슬람교도: 54, 178, 179, 390
이스라엘: 25, 31, 32, 107, 108, 112, 170-178, 282-286, 288, 338, 393, 406, 414
 -유대인: 39, 41, 98, 134, 171-174, 179, 282-284, 286, 336, 338-340, 360, 379, 393
 -반유대주의: 171, 173, 179, 282, 284, 363, 414
인권: 174, 414
인종차별: 185
자유: 25, 31-32, 34, 36-38, 40-41, 48, 53-54, 56, 58, 61-62, 65-67, 72, 75, 77, 84, 86, 88, 90, 99, 101-102, 112, 118, 127, 130, 134, 137-151, 153-154, 156, 161-165, 170, 175, 177, 181, 183, 197, 199, 200, 210, 213-218, 220, 225, 228, 234-236, 242, 252-254, 261, 265-267, 273-275, 276, 280, 282, 285, 289, 291-292, 302, 307-308, 311, 317-318, 325, 327-329, 331, 335-336, 343, 357-358, 361, 368, 377, 380-382, 392, 393, 402-404, 408, 411-412, 420

-자유주의: 132, 145, 266, 296, 309, 357, 357
전복: 124, 127-128, 230, 234, 246, 303, 306
정보: 47-48, 52-53, 55, 59, 67-68, 93, 250, 322, 326, 398, 401-402, 413-414,
　-정보체계: 35, 50, 183,
　-정보과학: 46-48, 51-52, 79, 129,
　-정보혁명: 47, 183,
정신분석: 320-322, 340-341, 343-344
정치: 25-26, 32, 35-39, 41-42, 44, 49, 53, 57-61, 63-64, 66, 68-69, 74, 82, 87, 98, 101, 108, 110, 112, 124, 126, 128-129, 149, 151, 156-160, 163, 165, 167-169, 173-180, 183-185, 193-194, 196-198, 208, 215-219, 225, 230-231, 238, 240-241, 245-246, 250, 252, 256, 258-261, 263, 271, 289-290, 293, 297, 300, 302, 303-305, 306, 308, 329-331, 333-334, 337, 348, 359, 361-363, 365-367, 369-372, 374, 376-377, 379-381, 392-393, 401, 404-407, 411-412, 418
　-정치권력: 60, 107, 109-110, 112, 125, 161-162, 258, 359, 372, 385
제도기독교: 123-124, 211, 227-228, 230, 233-234, 271, 388
존재: 19, 33, 40, 44, 52-53, 72, 75-76, 81, 90, 95-96, 115-116, 119, 123, 125, 130-133, 135, 138, 140, 145-147, 160, 171, 194, 207, 210, 229, 232, 234, 255, 257, 260, 268, 273, 276, 286, 292, 294, 311, 317-319, 320, 322, 324, 328, 333, 334-336, 343-347, 353, 369-370, 376
주석: 35, 50, 98-99, 101-102, 106, 110, 112, 115, 141-142, 158, 192, 196, 203-204, 219-220, 223, 235, 237, 256, 259-260, 274, 276, 281, 283, 294-299, 302, 306, 319, 331, 338, 339, 348-3350, 357, 362-363, 371, 374,
주인: 49, 135, 150, 152, 161, 227, 239, 254, 314-315, 376
　-노예: 84, 129, 137-139, 144, 178, 218, 273, 290, 314-316, 346, 408, 418
지속 가능한 발전: 405
진리: 24, 45, 66, 69, 88-91, 96-99, 102-103, 106, 113, 117, 127, 149, 155, 201, 203-204, 213, 224, 229, 243, 261, 264, 268, 270, 279, 297, 312, 324, 346, 352, 376, 383, 388, 393
태업: 164, 381
투쟁: 37, 62, 91, 123, 125, 129, 148-150, 154, 162, 167, 214, 216, 217, 246, 251-252, 263, 306-308, 370, 406, 412
　-계급투쟁: 71, 247-248, 258, 260-262, 363
팔레스타인: 173-174, 258, 406
폭력: 25, 31-32, 34, 36, 59, 74, 121, 126, 155, 162, 165-169, 174-175, 178, 197, 262, 349-350, 412, 414
　-비폭력: 125, 155, 164-169
　-영적인 폭력: 121, 167
　-정치적 비폭력: 168
해석학: 32, 110, 130, 140-141, 240, 276-277, 312, 331, 340-341, 343-344, 375, 403, 419
혁명: 18, 25, 32, 36-37, 40, 43, 49, 52, 64, 69-80, 97, 123-124, 129, 147, 150, 153, 159-160, 164, 169, 183, 216, 219-220, 225, 230, 245, 252-253, 255, 257, 260, 262-263, 289, 303, 306-307, 365, 380, 390, 406, 408, 412
　-정보혁명: 47
　-필요불가결한 혁명: 72, 75
　-산업혁명: 221
　-인격주의 혁명: 70
　-전복의 전복: 127, 128, 230, 234
희망: 71, 75, 84, 86, 119, 122, 129, 140, 181, 199, 209, 210, 317, 382

인명 찾아보기

게르하르트 폰 라드: 387
끌로드 다비드: 342
노엘 마메르: 406
넬리 비알라네: 192, 195, 265
니엘 보르: 297
도미니끄 부흐: 405
도스또에프스키: 325
드골: 57, 339
드니 드 후즈몽: 40
드니 뮐러: 294, 303-304, 306, 308, 425
디디에 노흐동: 416-418
디트리히 본훼퍼: 27, 352-353, 355-356, 365-372
란자 델 바스또: 174
루돌프 불트만: 210
루시앙 스빼: 404
루이 알뛰세르: 364
레쉬 왈레사: 169
레온하르트 라가즈: 304
막스 베베: 43
막스 쉘러: 315
마끄 만 덴 보쉬: 347
마르틴 부버: 374-5, 387
마르틴 루터: 335-336
마르틴 하이데거: 27, 310, 344-348, 359, 362-365, 403
모리스 베리앙베르: 346
모택동: 64, 77, 333, 415
미셀드쎄르또: 401-402
미셀샬리: 401
미하일 알렉산트로비치 바꾸닌: 40, 43, 263
민스터: 232
버틀란드 러셀: 298
베르나르드 엘러: 192, 201
베르나흐 샤르보: 420

블레이즈 파스칼: 221-223
벵쌍 쥬브: 402
빠뜨릭 뜨후드샤스뜨네: 70, 80, 346, 347-348, 406, 407
빠뜨릭 샤스뜨네: 405
뽈 리꾀르: 27, 199, 311-313, 332, 341, 343-344, 348, 353, 359-360, 378-384, 388, 400-405
삐에르 가르시아: 80, 346
삐 에 르 조 셉 프 루 동: 40, 251
세르즈 라뚜쉬: 185, 405
소크라테스: 217, 401
쇠렌 키에르케고르: 27-28, 37, 40, 102, 107, 112, 113, 120, 123, 136, 148, 191-240, 265, 269, 285, 293-302, 309-310, 319-320, 323-324, 334-336, 357, 376, 415-418, 422
쉴라이에르마흐: 297
시몬 드 보부아: 328
스탈린: 40, 64, 67, 117, 281, 364, 415
스트라빈스키: 297
실뱅 뒤장꾸: 203, 410
아돌프 폰 하르낙: 296, 298
아쌍 메하브띠: 178
알바 알토: 297
알버트 슈바이처: 297
알뛰세르: 259, 365
앙드레 뒤마: 372
앙드레 말로: 113
앙드레 슈라끼: 170, 176
아리스토텔레스: 124, 127, 332
어거스틴: 143, 286, 332, 408
에스뗄: 327
앨더스 헉슬리: 34
엘렌 뽈리티: 192
엠마누엘 무니에: 40
위르겐 몰트만: 27, 121, 310, 345, 348-351, 383-387, 389-395-393
윈스턴 처칠: 297
윌리엄 헤밀턴: 356

이고르: 297
이네: 327
임마누엘 칸트: 137, 306
자끄 라깡: 341
자끄 엘륄: 17-19, 21-28, 31-43, 47, 49-51, 54-59, 61-73, 75-80, 82-89, 91, 93-110, 112-124, 127-137, 140, 146, 148-154, 156, 159, 161-168, 170, 172-187, 192-249, 251-257, 261-277, 280-286, 291-294, 302-339, 341-353, 355-370, 387, 389-394, 396, 403-420
장 깔뱅: 27, 163, 196, 266, 303, 311, 331-338, 340, 359-362
장 끌로드 쥘보: 240, 404
장-다니엘꼬스: 257
장-뤽 뽀뀌에: 35, 180, 182, 345, 347-348, 404-405, 407
장 마끄 베흐뚜: 27,
장 보스: 266
장-뽈 사르트르: 201, 311-312, 331-332, 363
장 프랑소아 꼬르뱅: 342
조르즈 까잘리(: 258-262, 304,
조세 보베: 405, 406
쥐드 보호: 59
지그문트 프로이트: 27, 119, 199-200, 311, 312, 320-323, 331, 340-341, 345
질베흐 뱅쌍: 403
칼 마르크스: 27, 191, 193, 234, 239-240, 242-257, 264-266, 292, 314
칼 바르트: 102, 118, 140, 171, 191, 234, 265-311, 334, 415
토마스 아퀴나스: 332
토마스 알타이져: 355
패트릭 샤스뜨네: 221
페르난도 벨로: 258-259
포이에르바흐: 254, 258
폴 틸리히: 210, 356-357, 372-374, 382, 384, 385

프랑소와 부스페: 297, 299-302
프랑시 자끄: 397
프리드리히 니체(: 27, 119, 199-200, 311-319, 322, 345
프랑소아 또스갤: 341
프랑소아 라플랑띤: 358
플라톤: 141, 200, 332, 398-400
헤겔: 71, 195, 199, 200, 239, 296, 297, 300, 331
히틀러: 126, 165, 281, 282, 304, 309, 330, 362, 363, 364, 366, 414

참고 문헌

괄호안의 쪽수는 이 책의 쪽수

A-자끄 엘륄의 저서(알파벳 순으로)

1936: *Etude sur l'volution et la nature juridique du Mancipium*, Thèse de doctorat soutenue devant la Faculté de Droit de Bordeux le 28 avril 1936, Bordeaux, Imprimerie-librairie Delmas, 1936.(121쪽)

1941: *Essai sur le recrutement de l'armée fançaise aux XVe et XVIIe siècles*, Mémoire de l'Académie des Sciences Morales, prix d'Histoire de l'Académie française, 1941.

1943: *Introduction à l'istoire de la discipline des Eglises réformées de France*, chez l'auteur, 1943.

1946: *Le fondement théologique du droit*, Cahier Théologiques de l'ctualité protestante 15/16, Neuchatel, Delachaux et Niestlé, 1946.(62, 286쪽)

1948: *Présence au monde moderne. Problème de la civilisation postchrétienne*, in *Le défi et le nouveau*. Œuvres théologiques, Paris, La Table Ronde, 2007, p.19-116: (38, 156, 159, 307쪽)

1950: *Appel aux laïcs*, avec Jacques DE SENARCLENS et al., Genève Roulet, 1950.

1951-1957: *Histoire des institutions*(tombs 1 et 2, 1951 ; tomb 3, 1953 ; tomb 4, 1956; tomb 5, 1957), Paris, PUF-Themis(coll Quadrige), 1999.

1952: *Le livre de Jonas*, in *Le défi et le nouveau*. Œuvre théologiques, Paris, La Table Ronde, 2007, p.117-198.(98, 99쪽)

1954a: *La technique ou l'enjeu du siècle*, Paris, Economica(coll Classiques des sciences sociales), 1990.(34, 46, 49, 50, 197, 347쪽)

1954b: *L'homme et l'argent*(Nova et vetera), in *Le défi et le nouveau*. Œuvres théologiques, Paris, La Table Ronde, 2007, p.199-345.(256쪽)

1962: *Propagandes*, Paris, Economica(coll. Classiques des sciences sociales, 1990)(37, 42, 63쪽)

1964a: *Fausse présence au monde moderne*, Paris, Les Bergers et les Mages(coll. Tribune libre protestante), 1964.(156, 229쪽)

1964b: *Le Vouloir et le Faire. Recherches éthiques pour les chrétiens*, Genève, Labor et Fides (Nouvelle série théologique n° 18), 1964.

1965: *L'llusion politique*, Paris, La Table Ronde(coll.La petite Vermillon), 2004.

1966a: *Politique de Dieu, politique de l'homme*, in *Le défi et le nouveau*. Œuvres théologiques, Paris. La Table Ronde, 2007, p.347-500.(215쪽)

1966b: *Exégèse des nouveaux lieux communs*, Paris, La Table Ronde(coll. La petite Vermillon), 2004.(211, 305쪽)

1967a: *Métamorphose du bourgeois*, Paris, La Table Ronde(coll. La petite Vermillon), 1998.

1967c: *Les chrétiens et l'Etat*, avec Jacques JULLIEN et Pierre L'HUILLIER, Tours, Mame(coll. Eglise en dialogue n°3), 1967.

1969: *Autopsie de la Révolution*, Paris, Calmann-Lévy(coll.Liberté de l'esprit), 1969.(37, 69, 70쪽)

1970: *L'impossible prière*, in *Le défi et le nouveau*. Œuvres théologique, Paris, La Table Ronde, 2007, p.641-751.

1971 : *Jeunesse délinquante . Des blousons noirs aux hippes. Une expérience en province*, avec Yves CHARRIER, Nantes, Editions de l'AREFPPI, 1984.

1972a: *De la Révolution aux révoltes*, Paris, Calmann-Lévy(coll. Liberté de l'Esprit), 1972.(37, 73, 76, 406쪽)

1972b : *L'espérence oubliée*, Paris, La Table Ronde(coll. Contretemps), 2004.(38, 197, 209, 383쪽)

1972c: *Contre les violents*, in *Le défit et le noveau*. Œuvres théologiques, Paris, La Table Ronde, 2007, p.501-639.(34쪽)

1973: *Les nouveaux possédés*, Paris, Mille et une Nuits, 2003.(129, 227쪽)

1975a: *Ethique de la liberté*, 2 tombes, Genève, Labor et Fides(coll. Nouvelle série théologique n°27+30), 1973, 1975.(34, 130, 137-138, 234, 236, 253-254, 쪽)

1975b: *Trahison de l'Occident*. Pau, Princi Neugue Editor, 2003.(128, 305, 359쪽)

1975c: *Sans feu ni lieu. Signification biblique de la Grande Ville*, Paris, La Table Ronde (coll. La petite Vermillon), 2003.(98, 102쪽)

1975d: *L'Apocalypse architecture en mouvement*, Paris, Desclée(coll.L' athéisme interroge), 1975.

1977: *Le système technicien*, Paris, Le Cherche Midi (coll. Documents), 2004.(40, 50, 52쪽)

1979: *L'idéologie marxiste chrétienne. Que fait-on de l'Evangile?*, Paris, Le Centurion, 1979.(256, 258쪽)

1980a: *La foi au prix du doute: "encore*

quarante jours...", Paris, La Table Ronde(coll. Contretemps), 2006.(37, 114, 192, 206, 268, 362, 쪽)

1980b: *L'empire du non-sens. L'art et la société technicienne*, Paris, PUF(coll: La politique éclatée, 1980.(80, 97, 348쪽)

1981a: *A temps et à contre temps. Entretiens avec Madeleine Garrigou-Lagrange*, Paris, Le Centurion (coll. Les interviews), 1981.

1981b: *La parole humiliée*, Paris, Le Seuil, 1981.(37, 393, 96-97쪽)

1981c: *Les idéoogies et la Parole*, avec Gabriel-Ph. WIDMER et Jean BRUN, Paris, Presses Bibliques Universitaires (coll. Points de repère), 1981.

1982: *Changer de Révolution*. L'inénuctable prolétariat, Paris, Le Seuil (coll. Empreintes), 1982.(37, 52, 69, 76, 80, 97쪽)

1983: *Ethique et technique*, Bruxelles, Edition de l'Université Libre de Bruxelles, 1983.

1984a: *La subversion du christianisme*, Paris, La Table Ronde(coll. La petite Vermillon), 2001.(123, 133, 178, 192, 194, 228쪽)

1984b: *Les combats de la liberté*, Paris-Genève, Le Centurion-Labor et Fides, 1984.(37, 62, 148, 154, 162, 216, 217, 308쪽)

1985: *Conférence sur l'Apocalypse de Jean*, Nantes, Editions de l'APREFPPI, 1985: (85, 104쪽)

1986a: *Un chrétien pour Israël, in Le défi et le nouveau. OEuvres théologiques*, Paris, La Table Ronde, 2007, p.753-936: (172, 178 쪽)

1986b: *Enjeux technologiques et relations internationales*, Paris, Economica (coll. Politique comparée), 1986.

1987a: *La Genèse aujourd'hui*, avec François TOSQUELLES, Le Collier, Editions de L'AREFPPI, 1987: (98, 105쪽)

1987b: *Ce que je crois*, Paris, Grasset, 1987: (113, 179, 212, 216, 281쪽)

1987c: *La raison d'être. Méditation sur l'Ecclésiaste*, Paris, Le Seuil (coll. Empreintes), 1987: (38, 105, 192, 203쪽)

1988b: *Anarchie et christianisme*, Paris, La Table Ronde(coll. La petite Vermillon), 1998: (62, 98, 107, 171, 220, 241쪽)

1991a: *Ce Dieu injuste? Théologie chrérienne pour le peuple d'Israël*, Paris, Arléa, 1991: (98, 112쪽)

1991b: *Si tu es le fils de Dieu. Souffrances et tentations de Jésus, in Le défi et le nouveau. Œuvres théologiques*, Paris, La Table Ronde, 2007, p.937-1016: (98, 236쪽)

1992a: *Déviances et déviants dans notre société intolérante*, Toulouse, Erès (coll. Trajets), 1992: (248쪽)

1992b: *L'homme à lui-même: correspondance*, avec Didier NORDON, Paris, Editions du Félin (coll. Vifs), 1992: (418, 419쪽)

1994: *Entretiens avec Jacques Ellul de Patrick CHASTENET*, Paris, La Table Ronde, 1994.

1995: *Silence*. Poèmes, Pessac, Opales, 1995.

1997: *Oratorio*. Les quatres cavaliers de l'Apocalypse. Poèmes, Pessac, Opales, 1997.

2003: *La pensée marxiste. Cours professé à l'Institut d'études politiques de Bordeaux de 1947 à 1979*, Paris, La Table Ronde (coll. Contretemps), 2003: (241, 244, 254, 257 쪽)

2004: *Islam et judéo-christianisme*, Paris, PUF (coll. Intervention philosophique), 2004.(176쪽)

2007a: *Les successeurs de Marx. Cours professé à l'Institut d'éudes politiques de Bordeaux*, Paris, La Table Ronde (coll. Contretemps), 2007: (240쪽)

2007b: *Le défit et le nouveau. œuvre théologiques 1948-1991*, Paris, La Table Ronde, 2007.

2007c: *Penser globalement, agir localement*. Chroniques joumalistiques, Monein, Editions PyréMonde-Princi Negue, 2007: (42, 408 쪽)

B-이 책에서 사용된 자끄 엘륄의 논문

"Le fascisme, fils libéralisme", in Esprit, année n°53, 1er février 1937, p.761-797: (40쪽)

"La technique et les premiers chapitres de la Genése", in Foi et Vie, volume 59, n°2, mars-avril 1960, p.97-113.

"Le rapport de l' homme à la Création de la Genése", in Foi et Vie, volume 59, n°5-6, décembre 1974, p.137-155.

"Une non-violence privée de son fondement", in Alternatives Non-Violentes, n°20-21, janvier 1977, p.15-18.

"De la Bible à l' histoire du non-travail", in Foi et Vie, 79e annné, n°, juillet 1980, p.2-8: (411쪽)

"Pour qui, pour quoi travaillons-nous?" in Foi et Vie, 79e année, n°4, juillet 1980, p.74-82.

"Non-violence quand même", in Réforme, 17 octobre 1981: (169쪽)

Lech Walesa et le rôle du christianisme, in Esprit, mars 1982, p.40-47: (169쪽)

"L' homme, l' animal et Dieu", in Bulletin juridique international de protection des animaux, setembre 1982-aoÛt 1983, p.116-121: (350쪽)

Préface in: André VITALIS, Informatique, pouvoir et libertés, Paris, Economica, 1988, p.v-xi: (48쪽)

C. 이차 문헌(자끄 엘륄 저서에 대한 주석서들)

Jean-Marc BERTHOUD, Jacques Ellul et l'impossible dialectique entre Marx et Calvin, in La Revue réformée, tombe XXXIII, n° 132, 1982/4, décembre 1982, p.176-191: (26쪽)

Jean-Luc BLANC, Jacques Ellul et la dialectique, in La Revue réformée, tome LXI, n°165, 1990/3, juillet 1990, p.35-45: (26쪽)

Clifford G. CHRISTIANS et Jay M. VAN HOOK éd., Jacques Ellul: interpretative essay, Urbana-Chicago-London, University of Illinois Press, 1981: (192, 240쪽)

Daniel B.CLENDENIN, Theological method of Jacques Ellul, Lanham, University Press of America, 1987: (266쪽)

COLLECTIF, Religion, société et politique. Mélanges en hommage à Jacques Ellul, Paris, PUF, 1983.

Liberté CROZON CAZIN CABOUPE, L'idée de révolution dans l' oeuvre de Jacques Ellul, in Patrick TROUDE-CHASTENET dir., Jacques Ellul, penseur sans frontièses, Le Bouscat, L' Esprit du Temps, 2005, p.149-170: (70쪽)

Sylvain DUJANCOURT, Introduction à la pensée juridique de Jacques Ellul, Mémoire de Maîtrise en Théologie protestante, Faculté de Théologie protestante, Université des Sciences Humaines de Strasbourg, 1989: (203, 409쪽)

Dominique Ellul, Hommage à Jacques Ellul. 10 ans après, 19/21 mais 2004, Bordeaux, Pissos, ouvrage publié à compte d' auteur, 2004.

Darrell J. FASCHING, The thought of Jacques Ellul: a systematic exposition, Toronto Studies in Theology, vol. 7, New York-Toronto, The Edwin Mellen Press, 1981.

Andrew GODDARD, Living in Word, Resisting the World. The life and thought of Jacques Ellul, Milton Keynes-Waynesboro-Paternoster (Paternoster Theological Monographs), 2002.

Joyce M. HANKS, Jacques Ellul: an annotated bibliography of primary works, Stanford (Connecticut), Jai Press Inc., 2000.

James Y. HOLLOWAY éd., Introducing Jacques Ellul, Grand Rapids(Michigan), Eerdmans, 1970. "Jacques Ellul. Actualité d' un briseur d' idols. Cinquante ans de chroniques dans Réforme" hors-série Réforme, Paris, 2004: (165쪽)

Assan MERABTI, "Jacques Ellul. Un Chrétien contre l'islam?", Mémoire de Maîtrise en Théologie protestante, Faculté de Théologie protestante, Université Marc Bloch, Strasbourg, 2005: (178쪽)

Marcel MERLE, "Sur un livre de Jacques Ellul: L'illusion politique", in Revue française de Science politique, volume XV, n°, août, 1965, p.767-779: (26, 148, 406쪽)

Didier NORDON, "Peut-on lire sans trahir?", in Patrick TROUDE-CHASTENET dir., *Jacques Ellul, penseur sans frontières*, (Le Bouscat, L'Esprit du Temps, 2005) p.335-345: (238, 418쪽)

Jean-Luc PORQUET, *Jacques Ellul. L'homme qui avait(presque) tout prévu.Vache folle, OGM, nucléaire, propagandae, terrorisme.*, Paris. Le Cherche Midi(coll. Documents), 2003: (35, 349쪽)

"Le siècle de Jacques Ellul", *Foi et Vie*, volume XCIII, n° 5-6, décembre 1994.

Patrick TROUDE-CHASTENET, *Lire Ellul. Introduction à l'œuvre socio-politique de Jacques Ellul*, Bordeux, Presses Universitaires de Bordeaux, 1992.

Patrick TROUDE-CHASTENET, dir., *Sur Jacques Ellul*, Bordeaux - Le Bouscat, L'Esprit du Temps, 1994

Patrick TROUDE-CHASTENET dir., "Les années personnalistes", *Cahiers Jacques Ellul. Pour une critique de la société technicienne*, n° 1, Association Internationale Jacques Ellul, Bordeaux, 2003: (40쪽)

Patrick TROUDE-CHASTENET dir., "La technique", *Cahier Jacques Ellul. Pour une critique de la société technicienne*, n°2, Association Internationale Jacques Ellulm Le Bouscat, L'Esprit du Temps, 2005.

Patrick TROUDE-CHASTENET dir., "L'économie", *Cahiers Jacques* Ellul, n°3, Association Internationale Jacques Ellul, Le Bouscat, L'Esprit du Temps, 2005: (203쪽)

Patrick TROUDE-CHASTENET dir., *Jacques Ellul, penseur sans frontières*, Le Bouscat, L'Esprit du Temps, 2005: (24, 70, 80. 238, 346, 407, 418쪽)

Patrick TROUDE-CHASTENET dir., "La propagande", *Cahiers Jacques Ellul*, n°4, Association Internationale Jacques Ellul, Le Bouscat, L'Esprit du Temps, 2006.

Patrick TROUDE-CHASTENET dir., "La politique", *Cahier Jacques Ellul*, n° 5, Association Internationale Jacques Ellul, Le Bouscat, L'Esprit du Temps, 2007.

D. 보충 참고문헌

Saint AUGUSTIN, Les *Confessions*, Paris, GF-Flammarion, 1964: (408쪽)

Bruno ACKERMANN, Denis de Rougemont. *Une biographie intellectuelle*, 2 volumes, Genève, Labor et Fides, 1996(Volume 1: *De la révolte à l'engagement. L'intellectuel responsable. Volume 2: Combats pour la liberté. Le journal d'une époque*)(40쪽)

Karl Barth, "Justification divine et justice humaine", in Foi et Vie Cahiers bibliques, 3/5, 1939, p.2-48: (287쪽)

Karl Barth, *Dogmatique*, 1er, vol., tome 2e, xx, n°4, Genève, Labor et Fides, 1954.

Karl Barth, *Dogmatique*, 2e vol., tome 2e xx, n°8, Genève, Labor et Fides, 1958.

Karl Barth, *Dogmatique*, 2e vol., tome 2e xx, n°9, Genève, Labor et Fides, 1959.

Karl Barth, *Dogmatique*, 3e vol., tome 3e xx, n°13, Genève, Labor et Fides, 1962.

Karl Barth, "Dank und Reverenz", in Evangelische Theologie, 23. Jahrgang, n°7, Juli 1963, p.337-342: (298, 300, 301쪽)

Karl Barth, *Dogmatique*, 3e vol., tome 4e xx, n°16, Genève, Labor et Fides, 1965.

Karl Barth, *Dogmatique*, 4e vol., tome 1e xx, n°17, Genève, Labor et Fides, 1966.

Karl Barth, *Dogmatique*, 4e vol., tome 2e xx, n°21, Genève, Labor et Fides, 1970.

Karl Barth, *L'épître aux Romains*, Genève, Labor et Fides, 1972: (196, 293쪽)

Karl Barth, Henri LADIER et Paul BORCHSENIUS, La *chrétienté au creuset de l'épreuve*, 2 tomes, Genève, Labor et Fides, 1947: (282쪽)

Fernando BELO, *Lecture matérialiste de l'Evangile de Marc. Récit, pratique, idéologie*, Paris, Le Cerf, 1974: (258쪽)

Dietrich BONHOEFFER, *Ethique*, Genève, Labor et Fides, 1965: (368, 369, 370, 371, 372쪽)

Dietrich BONHOEFFER, *Bible, ma prière.... Introduction au livre des Psaumes*, Paris, Desclée de Brouwer, 1968: (373쪽)

Dietrich BONHOEFFER, *Résistance et soumission. Lettres et notes de captivité*, Genève, Labor et Fides, 1973; rééd.; 2006: (356, 368, 372쪽)

Dietrich BONHOEFFER, *De la vie communautaire*, Paris- Genève, Le Cerf-Labor et Fides, 1983; rééd., Genève, Labor et Fides, 2007: (373쪽)

Dietrich BONHOEFFER, *Le prix de la grâce*, Paris- Genève, Le Cerf-Labor et Fides, 1985: (370쪽)

François BOUSQUET, "L'héritage morcelé: Kierkegaard chez les grands théologiens du XXe siècle", in Kairos, n°10, 1997, p.231-247: (299쪽)

Martin Buber, *Je et Tu*, Paris, Aubier (coll. Bibliothèque philosophique), 1969: (374쪽)

Jean CALVIN, *Commentaires sur le Nouveau Testament. Tome troisième: Sur les Epistres de S. Paul aux Romains, Corinthiens, Galathiens et Ephésiens*, Paris, Librairie de Ch. Meyrueis et Compagnie, 1855: (339쪽)

Jean CALVIN, *L'institution de la religion chrétienne*, Aix-en-Provence- Marne la Vallée, Edition Kerygma- Editions Farel, 3 volumes, 1995.

George CASALIS, *Prédication, acte politique*, Paris, Le Cerf, 1970: (260쪽)

George CASALIS, *Les idées juste ne tombent pas du ciel. Eléments de "théologie inductive"*, Paris, Le Cerf, 1977: (258쪽)

Jean-Daniel CAUSSE, "Foi et religion: Kierkegaard et sa réception dans la théologie dialectique", in Nordiques, n°10 (Søren Kierkegaard et la critique du religieux. Actes du Colloque international de la Société Søren Kierkegaard, 25-26 novembre 2005"), printemps-été 2006, p.131-140: (294쪽)

Michel DE CERTEAU, *L'invention du quotidien*, 1-Arts de faire, Paris, Gallimard(Folio essais), 1990: (403쪽)

Michel CHARLES, *Rhétorique de la lecture*, Paris, Le Seuil, 1977.

André CHOURAQUI, *Le destin d'Israël. Correspon-dances avec Jules Isaac, Jacques Ellul, Jacques Maritain et Marc Chagall. Entretiens avec Paul Claudel*, Paris, Editions Parole et Silence, 2007: (170쪽)

George CONNELL et C. Stephen EVANS éd., *Foundations of Kierkegaard's vision of community. Religion, ethics, and politics in Kierkegaard*, New Jersey et London, Humanities Press, 1992: (215쪽)

Guy DEBORD, *La société du spectacle*, Paris, Gallimard, 1967: (59쪽)

André DUMAS, *Une théologie de la réalité: Dietrich Bonhoeffer*, Genève, Labor et Fides, 1968: (372쪽)

Sigmund FREUD, *Introduction à la psychoanalyse*, Paris, Payot (coll. Petite bibliothèque Payot), 1962: (323쪽)

Sigmund FREUD, *Cinq leçon sur la psychanalyse*, Paris, Payot (coll. Petite bibliothèque Payot), 2001: (323쪽)

Hubert GOUDINEAU et Jean-Louis SOULETIE, *Jügen MOTMANN*, Paris, Le Cerf (coll. Initiations aux théologiens), 2002:

(394쪽)

Jean-Claude GUILLEBAUD, *Comment je suis redevenu chrétien*, Paris, Albin Michel, 2007: (406쪽)

Martin Heidegger, "La question de la technique", in Essai et conférences, Paris, Gallimard (coll. Tel), 1958, p.9-48: (346쪽)

Martin Heidegger, *Chemins qui ne mènent nulle part,* Paris, Gallimard (coll. Idées), 1962: (364쪽)

Martin Heidegger, "Sérénité", in Questions III, Paris, Gallimard, 1966, p.131-183: (347쪽)

Aldous HUXLEY, *Le meilleur des mondes*, Paris, Plon, 1958: (34쪽)

François JACQUES, *Dialogiques*. Recherches logiques sur le dialogue, Paris, PUF, 1979: (398쪽)

Franis JACQUES, *Différence et subjectivité. Anthropologie d'un point de vue relationnel,* Paris, Aubier-Montaigne, 1982: (398쪽)

Françis JACQUES, *L'espace logique de l'interlocution. Dialogiques II*, Paris, PUF, 1985: (398쪽)

Vincent JOUVE, *La lecture*, Paris, Hachette (coll. "Contours littéraires"), 1993: (402쪽)

Emmanuel KANT, *Sur un prétendu droit de mentir par humanité-1797*, Paris, Vrin (coll. Bibliothèque des textes philosophiques), 1967: (30쪽)

Søren KIERKEGAARD, *Journal (extraits), I (1834-1846)*, Paris, Gallimard, 1963: (208쪽)

Søren KIERKEGAARD, *Journal (extraits), III, 1849-1850*, Paris, NRF Gallimard, 1955.

Søren KIERKEGAARD, "Johannes Climacus ou De omnibus dubitandum est", OC II, Paris, Editions de l' Orante, 1975, p.313-362: (208쪽)

Søren KIERKEGAARD, "L'alternative-première partie", OC III, Paris, Editions de l'Orante, 1970, p.1-412.

Søren KIERKEGAARD, "L'alternative-première partie", OC III, Paris, Editions de l'Orante, 1970, p.1-350.

Sven KIERKEGAARD, " Crainte et tremblement", OC V, Paris, Editions l' Orante, 1972, p.97-209: (4136, 146, 202, 206, 208, 209, 210, 215, 22, 223, 302쪽)

Søren KIERKEGAARD, "Toute grâce excellente et tout don parfait descendent d'en haut", OC VI, Paris, Editions de l'Orante, 1979, p.29-47: (302쪽)

Søren KIERKEGAARD, "La vraie prière est une lutte avec Dieu où l' on triomphe par le triomphe de Dieu", OC VI, Paris, Editions de l' Orante, 1979, p.342-363.

Søren KIERKEGAARD, "Stades sur le chemin de la vie", OC IX, Paris, Editions de l' Orante, 1978, p.1-454: (196쪽)

Søren KIERKEGAARD, "Post-scriptum définitif et non scientifique aux Miettes philosophiques-volume I", OC X, Paris, Editions de l' Orante, 1977, p.1-279: (201쪽)

Søren KIERKEGAARD, "Post-scriptum définitif et non scientifique aux Miettes philosophiques-volume II", OC X, Paris, Editions de l' Orante, 1977, p.1-136.

Søren KIERKEGAARD, "Un discours de circonstance", OC XIII, Paris, Editions de l' Orante, 1966, p.7-148: (219, 220, 224쪽)

Søren KIERKEGAARD, "L'Evangile des souffrances", OC XIII, Paris, Editions de l' Orante, 1966, p.207-334: (28, 217, 220, 235쪽)

Søren KIERKEGAARD, "Les oeuvres de l' amour", OC XIV, Paris, Editions de l'Orante, 1980, p.1-357: (301쪽)

Søren KIERKEGAARD, "Point de vue explicatif de mon oeuvre d'écrivain", OC XVI, Paris, Editions de l' Orante, 1971, p.1-102: (37, 197쪽)

Søren KIERKEGAARD, La maladie à la mort", OC XVI, Paris, Editions de l' Orante, 1971, p.163-285: (210, 225쪽)

Søren KIERKEGAARD, " L'école du

christianisme", OC XVI, Paris, Editions de l'Orante, 1971, p.163-285: (204쪽)

Søren KIERKEGAARD, "Sur mon oeuvre d'écrivain", OC XVII, Paris, Editions de l'Orante, 1982, p.1-231.

Søren KIERKEGAARD, "Vingt et un articles de Færelandet", OC XIX, Paris, Editions de l'Orante, 1982, p.1-92.

Søren KIERKEGAARD, "L'instant", OC XIX, Paris, Editions de l'Orante, 1982, p.93-313: (123, 216, 226, 233, 299쪽)

Søren KIERKEGAARD, *Correspondance*, Paris, Editions des Syrtes, 2003: (217쪽)

Serge LATOUCHE, *Le pari de la décroissance*, Paris, Fayard, 2006: (405쪽)

François LAPLANTINE, *Les trois voix de l'imaginaire. Le messianisme, la possession, et l'utopie. Etude ethnopsychiatrique*, Paris, Editions Universitaires (coll. Je), 1974: (359쪽)

Fadiey LOVSKY, *Antisémitisme et mystère d'Israël.*, Paris, Albin Michel, 1955: (283쪽)

Karl MARX, "Pour une critique de la philosophie du droit de Hegel", in *Philosophie*, Paris, Gallimard (coll. Folio essais), 1982, p.89-108: (246, 260쪽)

Karl MARX, "Ebauche d'une critique de l'économie politique", in *Philosophie*, Paris, Gallimard (coll. Folio essais), 1982, p.140-222: (249쪽)

Karl MARX, "L'idéologie allemande", in *Philosophie*, Paris, Gallimard (coll. Folio essais), 1982, p.287-392.

Karl MARX, "Le manifeste communiste", in *Philosphie*, Paris, Gallimard (coll. Folio essais), 1982, p.393-440: (247, 248, 262쪽)

Karl MARX, *Misère de la philosophie*, Paris, Payot (coll. Petite bibliothèque Payot), 2002: (251, 252쪽)

Jürgen MOTMANN, *Théologie de l'espérance. Etudes sur les fondements et les conséquences d'une eschatologie chrétienne*, Paris, Le Cerf, 1970: (121쪽)

Jürgen MOTMANN, *L'Eglise dans la force de l'Esprit. Une contribution à l'ecclésiologie*, Paris, Le Cerf (coll. Cogitatio Dei, n°102), 1980.

Jürgen Moltmnn, *Trinité et Royaume de Dieu. Contributions au traité de Dieu*, Paris, Le Cerf (coll. Cogitatio Dei, n°123), 1984: (391, 392, 393쪽)

Jürgen MOTMANN, *Dieu dans la création. Traité écologique de la création*, Paris, Le Cerf (coll. Cogitatio Fidei, n°146), 1988: (351쪽)

Jürgen MOTMANN, *Jésus, le messie de Dieu*, Paris, Le Cerf (coll. Cogitatio Dei, n°171)(351쪽)

Jürgen MOTMANN, *Le rire de l'univers. Traité de christianisme écologique* (Anthologie réalisée et présentée par Jean BASTAIRE), Paris, Le Cerf, 2004.

Denis MÜLER, *Karl Barth*, Paris, Le Cerf (coll. Initiations aux théoligens), 2005: (295, 303, 307쪽)

Friedrich NIETZSCHE, "Le gai avoir", in: OEuvres, Paris, Robert Laffont (coll. Bouquins), tome 2, 1993, p.1-265"

Friedrich NIETZSCHE, "Ainsi parlait Zarathoustra", in: Œuvres, Paris, Robert Laffont (coll. Bouquins), tome2, 1993, p.267-545: (319쪽)

Friedrich NIETZSCHE, "Par-delà le bien et le mal", in: Œuvres, Paris, Robert Laffont (coll.Bouquins), tome 2, 1993, p.547-737: (315, 316쪽)

Friedrich NIETZSCHE, "La généologie de la morale", in: Œuvres, Paris, Robert Laffont (coll. Bouquins), tome2, 1993, p.739-889.

Platon, Œuvres *Complètes I*, Paris, Bibliothèque de la Pléiade, NRF Gallimard, 1950.

Platon, Œvres *Complètes II*, Paris, Biliothèque de la Pléiade, NRF Gallimard, 1950.

Hélène POLITIS, *Le vocabulaire de Kierkegaard*, Paris, Ellipses (coll. "Vocabulaire De...."), 2002: (229쪽)

Hélène POLITIS, *Kierkegaard en France au XXe siècle: archéologie d'une réception*, Paris, Editions Kimé, 2005: (192, 210쪽)

Paul RICOEUR "Le socius et le prochian", in Histoire et vérité, Paris, Le Seuil(coll. Esprit), 1955, p.99-111.

Paul RICOEUR, "L'homme non-violent et sa présence à l'histoire", in Histoire et vérité, Paris, Le Seuil (coll. Esprit), 1955, p.235-245.

Paul RICOEUR, *De l'interprétation. Essai sur Freud*, Paris, Le Seuil (coll. Points essais), 1965: (199, 312쪽)

Paul RICOEUR, *Le conflit des interprétations. Essais d'herméneutique*, Paris, Le Seuil (Coll. L'ordre philosophique), 1969: (199쪽)

Paul RICOEUR, *Philosophie de la volonté II-Finitude et culpabilité*, Paris, Aubier, 1988.

Paul RICOEUR, *Soi-même comme un autre*, Paris, Le Seuil (coll. Points essais), 1990: (137, 378쪽)

Paul RICOEUR, "L'idéologie et l'utopie: deux expressions de l'imaginaire social", in Du texte à l'action. Essai d' herméneutique II, Paris, Le Seuil (coll. Points essais), 1986, p.417-431)

Paul RICOEUR, *Lectures 3. Aux frontières de la philosophie*, Paris, Le Seuil (coll. La couleur des idées), 1994.

Paul RICOEUR, *La critique et la conviction. Entretien avec François Azouvi et Marc de Launay*, Paris, Calmann-Lévy- Hachette littératures (coll. Pluriel), 1995.

Paul RICOEUR, *L'idéologie et l'utopie*, Paris, Le Seuil (coll. La couleur des idées), 1997: (359, 360쪽)

Jean-H.RILLIET, "Le rôle de Jésus dans le *Römerbrief* de Karl Barth et la christologie de Søren Kierkegaard", in *Revue de Théologie et de Philosophie*, tome XXX, 1942, p.228-239: (297쪽)

Frédéric ROGNON, "L'anticléricalisme religieux de Kierkegaard", in *Revue d'histoire et de philosophie religieuses,* tome 82, n°1, janvier-mars 2002, p.61-86.

Frédéric ROGNON, "Lanza del Vasto et la modernité", in *Revue d'Histoire et de Philosophie Religieuses*, 83e année, n°3, juillet-septembre 2003, p.325-350.

Frédéric ROGNON, "Kierkegaard face à l'Eglise d'Etat", in *Nordiques*, n° 10 (Søen Kierkegaard et la critique du religieux. Acte du Colloque international de la Société Søren Kierkegaard, 25-26 novembre 2005") printemps-été 2006, p.91-99.

Jean-Paul SARTRE, *Théâtre*, Paris, NRF Gallimard, 1947: (327, 328쪽)

Jeans-Paul SARTRE, *L'existentialisme est un humanisme*, Paris, Nagel (coll. Pensées), 1970: (325쪽)

Max SCHELER, *L'homme du ressentiment*, Paris, NRF, Gallimard, 1958: (316쪽)

Paul TILLICH, *Le courage d'être*, Paris, Casterman, 1967: (377쪽)

Paul TILLICH, *Théologie de la culture*, Paris, Editions Planète (coll. L'expérience intérieure), 1968: (358, 374쪽)

Paul TILLICH, *L'Etre nouveau*, Paris, Editions Planète (coll. L'expérience intérieure), 1969: (376쪽)

Paul TILLICH, *L'éternel maintenant*, Paris, Editions Planète (coll. L'expérience intérieure), 1969: (376, 377, 386쪽)

Lanza DEL VASTO, *Technique de la non-violence*, Paris, Denoël (coll. Folio essais), 1971: (174쪽)

Nelly VIALLANEIX, *Kierkegaard. L'Unique devant Dieu*, Paris, Le Cerf, 1974: (207쪽)

Nelly VIALLANEIX, *Ecoute Kierkegaard, Essai sur la communication de la parole*, 2, tomes, Paris, Le Cerf, 1979: (162, 169, 235, 238, 265쪽)

Nelly VIALLANEIX, "Kierkegaard et l'Eglise", in Foi et Vie, 79e année, n° 1-2, janvier 1980, p.83-102: (302쪽)

Gilvert VINCENT, "Pensée et partique hermémeutiques de l' hospitalité", in : Foi et Vie, vol. CIII, n°5, décembre 2004, p.11-43: (403쪽)

Otto WEBER, *La dogmatique de Karl Barth. Introduction et analyse, Genèse*, Labor et Fides, 1954: (118, 208, 281쪽)

영상 자료

Jean-Pierre GALLO, *Jacques Ellul (entretien avec Michel FARIN)* Editions ADAV, 1972.

Claude VAJDA, *Jacques Ellul, portrait: entretien: Sans arme ni armure(entretien avec Olivier ABEL)*, France 2, 1992, 60m.

Serge STEYER, *Jacques Ellul. Le devenir de l'homme face au progrès: I-L'homme divisé; II L'homme entier (entretien avec Serge STYER)*, Vision Seuil-Editions Montparnasse, 1995, 132m.